बैंक इण्टरव्यू में पाएँ निश्चित सफलता

बैंक इण्टरव्यू में पाएँ निश्चित सफलता

Bank PO और Bank Clerk Interviews

में सफलता की कुंजी

एस. सी. गुप्ता

अरिहन्त प्रकाशन, (इण्डिया) लिमिटेड

卐 वाणिज्यिक कार्यालय

'रामछाया' 4577/15, अग्रवाल रोड, दरिया गंज, नई दिल्ली-110002

☎ 011-47630600, 43518550; **फैक्स :** 011-23280316

मुख्य कार्यालय

कालिन्दी, टी०पी० नगर, मेरठ (यूपी)-250002

☎ 0121-2401479, 2512970, 4004199; **फैक्स :** 0121-2401648

卐 शाखा कार्यालय

आगरा, अहमदाबाद, बरेली, बंगलुरू, भुवनेश्वर, चेन्नई, दिल्ली, गुवाहाटी, हल्द्वानी, हैदराबाद, जयपुर, जालन्धर झाँसी, कोलकाता, कोटा, लखनऊ, नागपुर, मेरठ तथा पुणे

卐 **ISBN**

978-93-5176-404-5

卐 **मूल्य : ₹ 135**

टाइप सेट : अरिहन्त डीटीपी यूनिट, मेरठ

PRINTED & BOUND BY
ARIHANT PUBLICATIONS (I) LTD. (PRESS UNIT)

'अरिहन्त' के प्रोडक्ट्स के बारे में अधिक जानकारी के लिए हमारी वेबसाइट www.arihantbooks.com पर लॉग इन करें या info@arihantbooks.com पर सम्पर्क करें।

प्रस्तावना

इण्टरव्यू का शाब्दिक अर्थ या अभिप्राय सामान्यतया एक ऐसे परीक्षण एवं पद्धति से है, जिसके द्वारा अभ्यर्थी के आन्तरिक ज्ञान एवं सम्पूर्ण व्यक्तित्व की जाँच होती है। इण्टरव्यू के माध्यम से न केवल अभ्यर्थियों के ज्ञान की परीक्षा ली जाती है, अपितु उम्मीदवारों की बौद्धिक एवं विचारों को अभिव्यक्त करने की क्षमता तथा तथ्यों के सम्बन्ध में स्पष्ट जानकारी का भी परीक्षण किया जाता है। इण्टरव्यू के माध्यम से अभ्यर्थी की जानकारियों एवं तत्सम्बन्धी अपनी भावनाओं अथवा अपने विचारों से अन्य को प्रभावित करने की कला के अतिरिक्त उक्त पद हेतु उसके योग्य एवं उपयुक्त होने का पूर्णरूप से परीक्षण किया जाता है।

प्रस्तुत पुस्तक लघुता से प्रभुता को प्राप्त करने का अदम्य ऊर्जा स्रोत है। यह पुस्तक कई इकाइयों का समन्वित रूप है। यह पुस्तक व्यक्तित्व से जुड़े विविध पहलुओं को प्रसुप्तावस्था से जाग्रतावस्था में पहुँचाने में कारगर भूमिका निभाएगी। मॉडल इण्टरव्यू प्रैक्टिस सेट बैंकिंग क्षेत्र की विविध परीक्षाओं की जटिलता, प्रश्नों की प्रकृति एवं उनके समाधान की एक रूपरेखा प्रस्तुत करते हैं। इनके अध्ययन से छात्र का इण्टरव्यू प्रक्रिया से गहरा परिचय होता है, हिन्दी भाषी छात्रों के लिए इण्टरव्यू के दौरान अंग्रेजी से सम्बन्धित होने वाली समस्याओं को ध्यान में रखते हुए अंग्रेजी में मॉडल इण्टरव्यू प्रैक्टिस सेट्स शामिल किए गए हैं।

इण्टरव्यू के लिए यह एक अतुलनीय पुस्तक है, जिसे अभ्यर्थियों के लिए अधिकाधिक उपयोगी बनाने का प्रयास किया गया है। हम अपने पाठकों से प्रस्तुत पुस्तक को और अधिक उपयोगी बनाने हेतु बहुमूल्य सुझाव की आकांक्षा रखते हैं।

शुभकामनाओं सहित!

लेखक

विषय-सूची

बैंकिंग इण्टरव्यू: परिचय एवं उद्देश्य

करियर के रूप में बैंकिंग

करियर के रूप में बैंकिंग क्षेत्र प्रतियोगी अभ्यर्थियों के लिए एक महत्त्वपूर्ण अवसर के रूप में अपनी पहचान बनाता जा रहा है, साथ ही वर्तमान समय में यह बहुत ही तीव्र गति से बढ़ने वाले क्षेत्रों में से एक है। अतः इस क्षेत्र में अभ्यर्थियों के लिए रोजगार की अपार सम्भावनाएँ हैं।

'वित्तीय समावेशन' (Financial Inclusion) नीति के लक्ष्य को पूरा करने के लिए सार्वजनिक-क्षेत्र के बैंकों में रिक्तियाँ निकाली जा रही हैं। किसी भी विषय का अभ्यर्थी इन परीक्षाओं में आवेदन कर सकता है। इन सभी कारकों ने मिलकर बैंकिंग करियर को एक आकर्षक करियर के रूप में स्थापित किया है।

वर्तमान समय में निजी व विदेशी बैंक (Private and Foreign Banks) भी भारत में अपनी शाखाएँ खोलने की गति में विस्तार कर रहे हैं, जिससे रोजगार की सम्भावनाएँ और भी तीव्र गति से बढ़ रही हैं। बैंकिंग क्षेत्र में रोजगार से न केवल रोजगार की सुरक्षा अपितु आकर्षक वेतन, सन्तोषजनक कार्य व सामाजिक सम्मान भी प्राप्त होता है।

चयन प्रक्रिया (Selection Process)

लगभग सभी बैंकों की चयन प्रक्रिया के लिए उनका अपना अलग-अलग मानदण्ड है, परन्तु आईबीपी एस द्वारा संचालित 'सम्मिलित लिखित परीक्षा' (Common Written Examination) के माध्यम से अभ्यर्थी सार्वजनिक क्षेत्र के बैंकों में रोजगार हेतु आवेदन कर सकते हैं। भारतीय स्टेट बैंक व निजी क्षेत्रों के बैंकों ने अपनी अलग प्रक्रिया निर्धारित कर रखी है; जैसे-भारतीय स्टेट बैंक इस सन्दर्भ में 'ग्रुप डिस्कशन' (Group Discussion) का आयोजन कराता है, इसके अन्तर्गत लिखित परीक्षा व इण्टरव्यू होता है।

सामान्यत: बैंकों की चयन प्रक्रिया के दो मुख्य आधार होते हैं

1. लिखित परीक्षा
2. इण्टरव्यू

इण्टरव्यू : सामान्य परिचय (Interview : General Introduction)

किसी भी प्रत्याशी की योग्यताओं का आकलन करने के लिए अन्य व्यक्ति या व्यक्तियों द्वारा उनसे बातचीत करने को इण्टरव्यू (साक्षात्कार) कहा जाता है। यह प्राय: प्रश्नोत्तर रूप में होता है। इण्टरव्यू में प्रत्याशी की योग्यताओं तथा बुद्धिमता को परखने के लिए आवेदित पद की आकांक्षाओं के अनुरूप प्रश्न पूछे जाते हैं, जिनमें सामान्यतया सामान्य ज्ञान, प्रत्याशी के व्यक्तित्व तथा सामाजिक-आर्थिक मुद्दों से सम्बन्धित प्रश्न पूछे जाते हैं।

इण्टरव्यू, नौकरी हेतु चयन का महत्त्वपूर्ण अंग है। बहुत-सी नौकरियों एवं कई महत्त्वपूर्ण कोर्सों में प्रवेश हेतु छात्रों को सर्वप्रथम लिखित परीक्षा (Written Test) पास करनी होती है, उसके बाद अन्त में इण्टरव्यू की प्रक्रिया से गुजरना होता है। लगभग सभी सरकारी, अर्द्ध-सरकारी (Government and Semi-Government) व बैंकिंग की परीक्षा की प्रक्रिया में लिखित परीक्षा के बाद इण्टरव्यू होता है। कई क्षेत्रों में सीधे इण्टरव्यू द्वारा ही अभ्यर्थियों का चयन, नौकरी हेतु किया जाता है। इस प्रतिस्पर्द्धी (Competitive) युग में इण्टरव्यू में किस तरह से अच्छे अंक प्राप्त किए जाएँ या इण्टरव्यू का किस तरह सफलतापूर्वक सामना किया जाए, यह जानना बहुत आवश्यक है।

इण्टरव्यू के उद्देश्य

- इण्टरव्यू का उद्देश्य (Objective) प्रार्थी की उस नौकरी हेतु आवश्यक योग्यता की जाँच करने के साथ-साथ उसके व्यक्तित्व के सकारात्मक एवं नकारात्मक पहलुओं का आकलन करना भी है, जो सामान्यतया या विशेष रूप से उस पद पर कार्यकुशलता हेतु आवश्यक हैं।
- लिखित परीक्षा में पास होने का अर्थ, पद पर सुनिश्चित सफलता नहीं है, कई व्यक्ति मार्केटिंग एडमिनिस्ट्रेशन में निपुण होते हैं, जबकि कई व्यक्ति एडमिनिस्ट्रेशन में सफल रहते हैं। इण्टरव्यू का उद्देश्य, नौकरी एवं पद के अनुसार, अभ्यर्थी के व्यक्तित्व का आकलन करना होता है।
- इण्टरव्यू का एक प्रमुख उद्देश्य **व्यक्तित्व का परीक्षण** (Personality Test) भी होता है, चूँकि व्यक्तित्व कई गुणों का समुचित समन्वय होता है। अत: इण्टरव्यू के माध्यम से ही अल्प समय में व्यक्तित्व की रूपरेखा की जानकारी मिल जाती है। व्यक्तित्व का यही परीक्षण सफल समूह में से सर्वश्रेष्ठ के चयन का आधार बनता है।
- इण्टरव्यू का एक अन्य प्रमुख उद्देश्य उम्मीदवारों के व्यक्तित्व के विभिन्न आयामों; जैसे-उसकी बोल-चाल, उठने-बैठने का ढंग एवं रहन-सहन तथा पहनावे की जाँच के साथ साथ उसकी मानसिक योग्यता व सतर्कता, दृष्टिकोण, शिष्टाचार, आत्मविश्वास व एकेडमिक प्रदर्शन आदि की जाँच करना है।

इण्टरव्यू के प्रकार (Types of Interview)

प्रकृति एवं क्षेत्र के आधार पर इण्टरव्यू अनेक प्रकार के हो सकते हैं; जैसे-

स्ट्रक्चरल इण्टरव्यू (Structural Interview) इस प्रकार के इण्टरव्यू को मानक या निर्देशित इण्टरव्यू भी कहते हैं। ये पूर्व-नियोजित इण्टरव्यू हैं, जिनमें त्रुटियों की सम्भावनाएँ कम-से-कम होती हैं।

अनस्ट्रक्चरल (Unstructural Interview) इस प्रकार के इण्टरव्यू को विस्तार से नियोजित नहीं किया जाता है। अत: इसे अनिर्देशित इण्टरव्यू भी कहते हैं। अपने इन्हीं गुणों के कारण इसमें लचीलेपन की सम्भावनाएँ अधिक रहती हैं। इसमें अभ्यर्थी कहीं अधिक सामान्य रह सकता है, क्योंकि उन्हें स्वयं को अभिव्यक्त करने हेतु प्रेरित किया जाता है।

ग्रुप इण्टरव्यू (Group Interview) इस प्रकार के इण्टरव्यू में अभ्यर्थियों का समूह बनाकर उनका इण्टरव्यू एकसाथ किया जाता है, यह **ग्रुप डिस्कशन** से मिलता-जुलता है। इसमें किसी भी एक विषय पर सामूहिक विचार-विमर्श होता है, जिसे इण्टरव्यू बोर्ड के द्वारा निरीक्षित किया जाता है, इस प्रकार के इण्टरव्यू से इण्टरव्यू बोर्ड के सदस्य यह सुनिश्चित कर सकते हैं कि विषय से जुड़े मुद्दों को कौन तार्किक रूप से स्पष्ट करने में, प्रभावपूर्ण तरीके से बोलने व दूसरों को प्रभावित करने में अधिक सफल रहता है।

इनफॉर्मल इण्टरव्यू (Informal Interview) यह एक प्रकार का मौखिक इण्टरव्यू है, जो किसी भी स्थान पर आयोजित किया जा सकता है, इसका उद्देश्य अभ्यर्थी के बारे में सूचनाएँ एकत्र करना होता है।

फॉर्मल इण्टरव्यू (Formal Interview) इस प्रकार के इण्टरव्यू का आयोजन औपचारिक वातावरण में किया जाता है, जिसमें अभ्यर्थी से पूर्व नियोजित प्रश्न पूछे जाते हैं।

पैनल इण्टरव्यू (Panel Interview) इस प्रकार के इण्टरव्यू में, एक चयन या इण्टरव्यू बोर्ड की नियुक्ति की जाती है, जिसमें कई सदस्य हो सकते हैं, जो अभ्यर्थी से विभिन्न प्रकार के प्रश्न पूछते हैं। उपरोक्त प्रकार के इण्टरव्यू के अतिरिक्त इण्टरव्यू के स्वरूप एवं प्रवृत्ति के आधार पर इण्टरव्यू के अन्य प्रकार भी हो सकते हैं।

इण्टरव्यू बोर्ड की अभ्यर्थी से अपेक्षाएँ

(Expectations of Interview Board from the Candidate)

सामान्यतः इण्टरव्यू के माध्यम से यह पता लगाने का प्रयास किया जाता है कि अभ्यर्थियों में सन्दर्भित पद (post applied for) हेतु उपयुक्त गुण हैं या नहीं? बैंकिंग इण्टरव्यू में इण्टरव्यू बोर्ड, अभ्यर्थी से कुछ सामान्य गुणों की अपेक्षा रखता है, जो उसके व्यक्तित्व, चरित्र व ज्ञान के माध्यम से स्पष्ट होने चाहिए।
वस्तुतः इण्टरव्यू का सर्वप्रमुख उद्देश्य है आमने-सामने वार्ता के माध्यम से अभ्यर्थी के सन्दर्भ में उपयुक्त जानकारी एकत्र करना। अब यदि अभ्यर्थी इस वार्ता को आत्मविश्वास पूर्ण प्रस्तुति से स्वस्थ, रोचक व आनन्ददायी बना सके, तो इण्टरव्यू सफल माना जाता है।

अतः इस उद्देश्य की पूर्ति इस तथ्य पर निर्भर करती है कि अभ्यर्थी के पास वे मूलभूत गुण हैं, जिनसे वह इण्टरव्यू में सफल हो सके। इन गुणों की प्राप्ति निरन्तर सही अभ्यास से ही की जा सकती है और यदि अभ्यर्थी ऐसा करने में सफल रहे अर्थात् इन मूलभूत गुणों/तत्त्वों को अपने व्यवहार के स्तर पर ला सके, तो उसकी सफलता सुनिश्चित है।

इण्टरव्यू बोर्ड द्वारा अपेक्षित कुछ महत्त्वपूर्ण गुण निम्नलिखित हैं

- प्रभाव तथा व्यवहार (Impression and Behaviour)
- बुद्धिमत्ता का उपयुक्त स्तर (Appropriate Level of Intelligence)
- संगठनात्मक क्षमता (Organisational Skills)
- सक्रियता (Attentiveness)
- सहयोगी प्रवृत्ति (Cooperational Attitude)
- नैतिकता (Morality)
- नेतृत्व की क्षमता (Leadership Quality)
- आशावादी दृष्टिकोण (Optimistic Attitude)
- संचार कौशल (Communication Skills)
- शारीरिक स्वस्थता (Physical Fitness)

इण्टरव्यू से सम्बन्धित प्रश्नों के प्रमुख प्रकार

प्रश्न केन्द्रित इण्टरव्यू
(Question Oriented Interview)

सामान्यत: इण्टरव्यू एक प्रकार की वार्ता प्रक्रिया है, जिसमें प्रश्नों के माध्यम से इण्टरव्यू सेलेक्शन बोर्ड अभ्यर्थी के विभिन्न पहलुओं; जैसे–**मनोवैज्ञानिक लक्षण**, आचरण, व्यवहार, ज्ञान व व्यक्तित्व का परीक्षण करता है। इस परीक्षण का प्रमुख उद्देश्य यह जाँचना होता है कि सम्बन्धित पद पर नियुक्ति हेतु अभ्यर्थी उपयुक्त है या नहीं। उपरोक्त विश्लेषण से यह स्पष्ट है कि इण्टरव्यू का सबसे महत्त्वपूर्ण पहलू इसमें पूछे गए प्रश्न होते हैं। अत: इस अध्याय में हम उन प्रश्नों की चर्चा करने का प्रयास करेंगे, जो इण्टरव्यू विशेषकर बैंकिंग इण्टरव्यू में सामान्यत: पूछे जा सकते हैं, साथ ही इन प्रश्नों के सन्दर्भ में अभ्यर्थी को पर्याप्त व उचित मार्गदर्शन देने का भी प्रयास किया जा रहा है। यद्यपि यह ज्ञात करने का कोई साधन नहीं है कि विभिन्न प्रकार के इण्टरव्यू में किस प्रकार के प्रश्न पूछे जाएँगे? फिर भी सामान्य रूप से सम्भावित व अधिकतर पूछे जाने वाले प्रश्नों के आधार पर हम इन प्रश्नों पर विचार अवश्य कर सकते हैं। *इस प्रयोजन से सामान्यतया पूछे जाने वाले प्रश्नों को विभिन्न श्रेणियों में वर्गीकृत किया जा सकता है*

बायोडाटा पर आधारित प्रश्न (Questions Based on Bio-Data)

बायोडाटा पर आधारित प्रश्नों के अन्तर्गत सामान्यत: इण्टरव्यू के समय प्रत्याशी से ऐसे विषयों से सम्बन्धित प्रश्न पूछे जाते हैं, जिनका उल्लेख उसने अपने बायोडाटा में किया है। इसके *अन्तर्गत निम्नलिखित शीर्षकों में प्रश्न पूछे जा सकते हैं*

स्वयं के सम्बन्ध में प्रश्न (Questions About Self)

इण्टरव्यू में प्राय: ऐसे प्रश्नों का महत्त्वपूर्ण स्थान होता है। अभ्यर्थी से स्वयं उसके बारे में प्रश्न पूछकर इण्टरव्यू बोर्ड समय-समय पर इण्टरव्यू के दौरान उसका विश्लेषण करता रहता है। इण्टरव्यू का प्रारम्भ ही सामान्यत: इस प्रकार के प्रश्नों द्वारा होता है। ऐसे प्रश्नों के माध्यम से अभ्यर्थी की क्षमताओं का निर्धारण एवं परीक्षण करना दोनों सम्भव हो जाते हैं।

इस प्रकार के प्रश्नों के अन्तर्गत सामान्यत: अभ्यर्थी से उसके गुणों, विशेषताओं, कमजोरियों से सम्बन्धित प्रश्न पूछे जाते हैं। कई बार प्रश्न आपके व्यक्तिगत Plus Points (सकारात्मक पहलू) एवं Minus Points (नकारात्मक पहलू) की जानकारी हेतु पूछे जाते हैं, इसलिए इन प्रश्नों का जवाब बहुत सतर्कता एवं समझदारी से दिया जाना चाहिए।

इस प्रकार के प्रश्नों के अन्तर्गत अभ्यर्थी से जुड़े किसी भी पहलू से सम्बन्धित **प्रश्न** पूछ लिए जाते हैं; जैसे-

- **आपके नाम का क्या अर्थ है?**
  What is the meaning of your name?
  (श्रीमान जी, मेरा नाम प्रणव है, यह एक संस्कृत शब्द है, जिसका अर्थ ओंकार होता है। इसका कई बार भगवान विष्णु के सन्दर्भ में भी उपयोग किया जाता है।)
- **अपने बारे में कुछ बताएँ।**
  Tell me about yourself?
- **अपने जन्म दिवस से जुड़ी कोई महत्त्वपूर्ण ऐतिहासिक घटना बताएँ?**
  Tell any Historical Incident related to your Birthday?
- **आपके गुणों का संगठन के लिए क्या उपयोग है?**
  How your qualities are benificial for the organisation?
- **अपनी सकारात्मक विशेषताओं को बताएँ।**
  Tell about your positive qualities?
- **आपकी कमजोरियाँ क्या-क्या हैं?**
  What are your weaknesses?
- **आपको ऐसा क्यों लगता है कि आप इस पद हेतु योग्य उम्मीदवार हैं?**
  Why you think that you are suitable candidate for this post?
- **कौन-सी बातें आपको प्रेरित करती हैं?**
  Which things motivate you?
- **कार्य के दौरान सम्बन्धित तनावों का सामना आप कैसे करेंगे? क्या कोई ऐसा उदाहरण दे सकते हैं, जब आपने तनाव के क्षण में अच्छा कार्य किया?**
  How do you handle tensions during work? Can you give any example when you performed well during tensions?
- **अपने सहयोगियों से आप कैसे अच्छा प्रदर्शन करवा सकेंगे?**
  How will you bring out the best-from your sub-ordinates?

कैसे दें ऐसे प्रश्नों के उत्तर?

सामान्यत: ऐसे प्रश्नों से इण्टरव्यू का प्रारम्भ होता है। इसके जवाब में अभ्यर्थी से यह आशा की जाती है कि वह अपनी क्षमताओं, उपलब्धियों एवं रुचियों आदि का वर्णन करे, जिससे पद के प्रति उसकी योग्यता एवं कार्यक्षमता का पता चल सके। ऐसे प्रश्नों के उत्तर देने में अभ्यर्थी को सावधान व अनुशासित रहना चाहिए, क्योंकि इण्टरव्यू के दौरान आपके द्वारा दी गई स्वयं के बारे में जानकारी पर प्रतिक्रिया प्रश्न बन सकते हैं।

आवासीय एवं पारिवारिक पृष्ठभूमि से सम्बन्धित प्रश्न

(Questions Related to Residential and Family Background)

इस प्रकार के प्रश्नों में अभ्यर्थी के परिवार व निवास स्थान से सम्बन्धित प्रश्न पूछे जाते हैं। वहाँ की विशेषताएँ, समस्याएँ, महत्त्वपूर्ण आँकड़े, लोक संस्कृति, पारिवारिक पृष्ठभूमि से जुड़े सामान्य प्रश्नों पर अधिक जोर रहता है। वर्तमान समय में यदि निवास स्थान चर्चा में रहा है, तो ऐसे प्रश्नों की सम्भावना अधिक रहती है। यदि अभ्यर्थी का जिला ऐतिहासिक सांस्कृतिक स्थल अथवा पर्यटन केन्द्र के रूप में महत्त्वपूर्ण रहा है, तो उसे उससे सम्बन्धित जानकारी एकत्र कर लेनी चाहिए।

*सामान्य जानकारी से सम्बन्धित प्रश्नों के अतिरिक्त सम्बन्धित स्थानों की समस्याओं एवं विशेषताओं पर ही सामान्यतः **प्रश्न** पूछे जाते हैं; जैसे-*

- **अपने गृह नगर की विशेषताएँ बताइए।**
  Candidate can be asked–Tell some qualities of your Home Town?
  (श्रीमान जी, मेरा गृह नगर वाराणसी भारत की धार्मिक, सांस्कृतिक एवं बौद्धिक राजधानी माना जाता है। यह विश्व का प्राचीनतम जीवित नगर है तथा गंगा के घाटों एवं मन्दिरों के लिए विश्वविख्यात है)।
- **अपने गृह नगर से जुड़ी कोई ऐतिहासिक घटना बताइए।**
  Tell about any Historical event related to your Home Town?
- **इस नौकरी में आने के लिए पारिवारिक पृष्ठभूमि ने कैसी भूमिका निभाई?**
  In which way your family background contributed you while entering this job?

कैसे दें ऐसे प्रश्नों के उत्तर?

ये इण्टरव्यू में पूछे जाने वाले सामान्य प्रश्न हैं। ऐसे प्रश्नों के उत्तर में अभ्यर्थी को अपने गृह नगर की विशेषताओं पर बल देना चाहिए; जैसे–वहाँ की संस्कृति, प्रसिद्धि आदि के बारे में बताना चाहिए। सम्बन्धित आवश्यक आँकड़ों के साथ–साथ अपने जवाब में गृह क्षेत्र के महत्त्व एवं सम्भावनाओं की बात भी करनी चाहिए।

आवासीय पृष्ठभूमि से सम्बन्धित प्रश्नों के उत्तर देने हेतु अभ्यर्थी को अपने राज्य/जिले से सम्बन्धित महत्त्वपूर्ण तथ्यों का ज्ञान होना चाहिए, वहाँ की विशेषताएँ, समस्याएँ एवं चर्चित खबरों पर भी विशेष ध्यान रखना चाहिए। इसके अतिरिक्त अभ्यर्थी को अपने प्रदेश की लोकसंस्कृति; जैसे–त्योहार, पर्व, मेले, पर्यटन स्थल आदि से सम्बन्धित सामान्य जानकारी भी एकत्रित करने का प्रयास करना चाहिए।

योग्यता एवं स्वभाव से सम्बन्धित प्रश्न

(Questions Related to Aptitude and Behaviour)

बैंकिंग–इण्टरव्यू में अभ्यर्थी के स्वभाव व अभिवृत्ति से प्रश्न पूछने की प्रवृत्ति कुछ समय से बढ़ी है। इस प्रकार के प्रश्नों के माध्यम से इण्टरव्यू बोर्ड, अभ्यर्थी की खूबियों एवं कमियों के साथ उसके व्यक्तिगत विचारों को जानने का प्रयास करते हैं; जैसे–उनके अनुसार क्यों वे इस पद के लिए उपयुक्त हैं, आपके सकारात्मक गुण क्या हैं, आपकी कमियाँ क्या हैं? आदि।

*इसके अन्तर्गत निम्न प्रकार के **प्रश्न** पूछे जा सकते हैं*

- **अपने गुणों एवं अवगुणों के बारे में बताइए।**
  Tell about your Strengths and Weaknesses?
  (श्रीमान, मैं मेहनती और लगन से कार्य करने वाला व्यक्ति हूँ, साथ ही मैं नवीन कौशलों में पारंगत होने का प्रयास करता हूँ। मेरी प्रमुख कमजोरी यह है कि मैं अत्यन्त भावुक हूँ।)

- **क्या आपको लगता है कि केवल कठिन परिश्रम आगे बढ़ने के लिए आवश्यक है?**
  Do you think only hard work is required to be successful?
- **क्या भावुकता आपकी निर्णय क्षमता को नकारात्मक रूप से प्रभावित करती है?**
  Does your emotionality affect your Decision Making Power in negative way?

कैसे दें ऐसे प्रश्नों के उत्तर?

ऐसे प्रश्नों के उत्तर देते समय अभ्यर्थी को अपनी क्षमताओं, उपलब्धियों, रुचियों एवं सकारात्मक गुणों को अधिक महत्त्व देना चाहिए, जिससे प्रस्तुत पद हेतु अभ्यर्थी को सक्षम एवं योग्य माना जाए। अपनी कमियों के बारे में बताते हुए यह ध्यान रखें कि इण्टरव्यू बोर्ड को यह संकेत न जाए कि आपकी कमियों से आपकी कार्यक्षमता पर नकारात्मक प्रभाव पड़ सकता है साथ ही यह भी कि आप अपनी कमियों को दूर करने का भरसक प्रयत्न कर रहे हैं।

रोजगार सम्बन्धी प्रश्न (Employment Related Questions)

इस प्रकार के प्रश्नों में अभ्यर्थी से सामान्यतः उसके वर्तमान नियोजक को छोड़ने के कारण पूछे जाते हैं साथ ही यह भी कि आप जिस पद हेतु आवेदन कर रहे हैं, वह कैसे आपके वर्तमान पद/रोजगार से अधिक आकर्षक है।

*इस सन्दर्भ में निम्न प्रकार के **प्रश्न** पूछे जा सकते हैं*

- **आप वर्तमान नौकरी क्यों छोड़ रहे हैं?**
  Why are you leaving your present job?
  (ऐसे प्रश्नों के उत्तर के सन्दर्भ में आपको किसी भी अप्रिय विवाद या घटना की बात न कर, सकारात्मक तथ्य देने चाहिए। जैसेकि आपकी प्रतिभा पूर्णतः उभरकर नहीं आ पा रही थी या यहाँ पर सम्भावनाएँ अधिक हैं और यह पद मेरी योग्यता व विशेषज्ञता के कहीं, अधिक अनुकूल है।)
- **पिछली नौकरी में आपकी जिम्मेदारियाँ क्या-क्या थीं?**
  What were your responsibilites in previous job?
  (ऐसे प्रश्न के उत्तर के माध्यम से आप विस्तार से अपनी सफलतापूर्वक निभाई गई जिम्मेदारियों की चर्चा कर, उन्हें नए पद की प्रकृति से जोड़ सकते हैं। उन उत्तरदायित्वों पर विशेष बल दें, जिनका सम्बन्ध उस पद से है, जिसके लिए आप इण्टरव्यू दे रहे हैं और सबसे जरूरी यह है कि ऐसे प्रश्नों के उत्तर में आप पूर्ण ईमानदारी बरतें।)
- **उन चुनौतियों के बारे में बताएँ, जिनका आपको सामना करना पड़ा और कैसे आपने उन्हें दूर किया?**
  Tell about the challanges you have faced and how you've gone through them?
  (इस प्रकार के प्रश्नों का उत्तर देते समय प्रयास करें कि आप किसी विशेष उदाहरण की चर्चा करें कि कैसे आपने किसी कठिन चुनौती को सुलझाया, उसके सन्दर्भ में आपने क्या-क्या विशेष कार्य किए अथवा योगदान दिया, जिससे चुनौती सुलझी।)
- **आपकी इस पद से क्या-क्या अपेक्षा है? पिछली नौकरी के सन्दर्भ में अपनी उपलब्धियाँ बताएँ।**
  What are your expectations from this post? Mention some achievements related to your previous job?
- **अपने विशिष्ट कौशलों के सम्बन्ध में बताएँ, जो संगठन के लिए उपयोगी सिद्ध हो सकते हैं।**
  Tell your special skills which will become helpful for the organisation?

कैसे दें ऐसे प्रश्नों के उत्तर?

ऐसे प्रश्नों के उत्तर में कुछ बिन्दुओं को बताना चाहिए, जिनके कारण आप अपनी वर्तमान नौकरी छोड़कर नए अवसर तलाश रहे हैं। *उदाहरण के लिए*

- अपेक्षाकृत बेहतर अवसर की तलाश।
- अपने उन गुणों एवं विशेषताओं/योग्यताओं के बारे में बताएँ, जिनका सही उपयोग वर्तमान रोजगार में नहीं हो पा रहा।
- वर्तमान रोजगार में विशेषीकृत प्रशिक्षण के प्रयोग की सम्भावना नहीं।
- आवेदित रोजगार से सम्बद्ध संस्थान की प्रतिष्ठा के प्रति आकर्षण।
- चुनौतीपूर्ण अवसर की सम्भावना।
- नए संस्थान का तीव्र विकास। अत: उन्नति का अधिक अवसर। नए संस्थान में कार्य की प्रेरक परिस्थिति,

ऐसे प्रश्नों में कुछ नकारात्मक उत्तरों से बचना चाहिए; जैसे–

– वर्तमान रोजगार असुरक्षित है।
– वर्तमान रोजगार में कार्य का समय अधिक है तथा अतिरिक्त कार्य हेतु कोई वेतन नहीं है।
– वर्तमान रोजगार में तनाव अधिक है अथवा वेतन कम है।
– आपको साथ कार्य करने वालों का तरीका व व्यवहार पसन्द नहीं है। ध्यान रखें कि इस प्रकार के प्रश्नों के उत्तर देते समय कभी भी मौजूदा नियोक्ता या संस्थान की आलोचना न करें।

शैक्षणिक पृष्ठभूमि से सम्बन्धित प्रश्न
(Questions Related to Educational Background)

इस प्रकार के प्रश्नों में सामान्यत: जिस विश्वविद्यालय आदि से आपकी शिक्षा पूर्ण हुई है, उसके बारे में, आपके विषय के बारे में और आपके विषय से सम्बन्धित सामान्य प्रश्न पूछे जाते हैं। इस प्रकार के प्रश्नों में अधिकतर अभ्यर्थी के विषय को आधार बनाकर वर्तमान परिदृश्य के प्रश्नों को पूछा जा सकता है।

इस प्रकार के प्रश्नों के कुछ उदाहरण निम्नलिखित हैं

- **क्या आप समझते हैं कि यह विषय आपके बैंकिंग करियर को आगे बढ़ाने में सहायक होगा?**
  Do you think that your subject is helpful in building your banking career?
  (बैंक, आर्थिक गतिविधियों के नियन्त्रण एवं निर्देशन के उपकरण के रूप में देखे जा सकते हैं। अत: अर्थशास्त्र विषय से शिक्षित होना मेरे लिए बैंकिंग गतिविधियों को समझने तथा कर्त्तव्यों के प्रभावी अनुपालन में सहायक होगा।)
- **अपने विश्वविद्यालय/महाविद्यालय के विषय में बताइए।**
  Tell about your College/University?
- **आपके व्यक्तित्व निर्माण में आपके विद्यालय/विश्वविद्यालय का क्या योगदान रहा है?**
  How your college/university contributed in your Personality Development?

कैसे दें ऐसे प्रश्नों के उत्तर?

इस प्रकार के प्रश्नों के उत्तर हेतु अपने विषय, कॉलेज, विश्वविद्यालय आदि के विषय में पूर्ण जानकारी एकत्र कर लें। विषय से सम्बन्धित प्रश्नों के उत्तर देते समय अभ्यर्थी को अपने विषय के महत्त्व एवं प्रासंगिकता के बारे में बताना चाहिए, उसकी व्यावहारिकता एवं दैनिक जीवन में उसकी उपयोगिता के साथ सन्दर्भित पद हेतु उस विषय की उपयोगिता को बताना चाहिए।

सामान्य जागरूकता से सम्बन्धित प्रश्न
(Questions Related to General Awareness)

सामान्य ज्ञान का तात्पर्य, किसी विषय के सन्दर्भ में साधारण ज्ञान से न होकर उस ज्ञान से है, जिसकी अभ्यर्थी से अपेक्षा की जाती है। यह ज्ञान अभ्यर्थी के आस-पास समाज, राजनीति, देश-विदेश की गतिविधियाँ, पर्यावरण, संस्कृति, विज्ञान व प्रौद्योगिकी एवं खेल-कूद से सम्बन्धित हो सकता है।

इस वर्ग के प्रश्नों के अन्तर्गत अभ्यर्थी से ऐसे प्रश्न पूछे जाते हैं, जो गूढ़ व जटिल न होकर ऐसे होते हैं, जिनका उत्तर कोई भी साधारण पढ़ा-लिखा व्यक्ति दे सकता है। इस प्रकार के प्रश्नों को पूछने का मुख्य उद्देश्य अभ्यर्थी की जागरूकता की जाँच से होता है। इण्टरव्यू के दौरान सहज ज्ञान सदैव लाभदायक होता है।

इस वर्ग के अन्तर्गत पूछे जाने वाले प्रश्नों को सामान्यत: तीन भागों में बाँटा जा सकता है। बैंकिंग जागरूकता, सामान्य आर्थिक जागरूकता और अन्य सामान्य जागरूकता सम्बन्धी प्रश्न। इस सन्दर्भ में यह जान लेना आवश्यक है कि इस वर्ग के अन्तर्गत बैंकिंग क्षेत्र से पूछे जाने वाले प्रश्न महत्त्वपूर्ण घटनाओं से सम्बन्धित होते हैं। इनकी प्रवृत्ति सामान्य होती है और इसमें अधिक विस्तार से उत्तर देने की आवश्यकता नहीं होती है।

*सामान्य जागरूकता के अन्तर्गत निम्न प्रकार के **प्रश्न** पूछे जा सकते हैं*

- **सर्वप्रथम नोबेल पुरस्कार से सम्मानित होने वाले भारतीय कौन थे?**
  Who was the first Indian to won the Nobel Prize?
  (श्रीमान, गुरुदेव रवीन्द्रनाथ टैगोर नोबेल पुरस्कार से सम्मानित होने वाले प्रथम भारतीय थे।)
- **विश्व का सबसे लम्बा बाँध कौन-सा है?**
  Which is the longest dam of the world?
  (श्रीमान, विश्व का सबसे लम्बा बाँध हीराकुड बाँध है, जो महानदी पर बना है।)
- **अर्थशास्त्र के लिए नोबेल पुरस्कार किस वर्ष शुरू किया गया था?**
  In which year Nobel Prize for economic started?
  (श्रीमान, वर्ष 1969 में अर्थशास्त्र के लिए नोबेल पुरस्कार की शुरुआत की गई थी।)
- **भारत का सबसे बड़ा विदेशी बैंक कौन है?**
  Which is the biggest Foreign Bank of India?
- **भारतीय महिला बैंक का मुख्यालय कहाँ है?**
  Where is the Headquarter of Indian Women Bank situated?
- **किस बैंक को भारत का विदेशी बैंक कहा जाता है?**
  Which bank is called as Foreign Bank of India?
- **सिडबी** (SIDBI) **का मुख्यालय कहाँ है?**
  Where is headquarter of SIDBI?
- **'नाबार्ड'** (NABARD) **की स्थापना कब हुई थी?**
  When was 'NABARD' established?

करण्ट अफेयर्स *ज्ञान जरूरी है*

आपने जो भी विषय लिए हैं, उनकी तैयारी इण्टरव्यू हेतु महत्त्वपूर्ण है। इसके अतिरिक्त राष्ट्रीय और अन्तर्राष्ट्रीय समस्याओं और घटनाओं की भी विश्लेषणात्मक (National and International Problems and Events) की भी अच्छे ढंग से (Analytical) तैयारी कर लें। यदि सम्भव हो, तो नोट्स बना लें एवं स्वयं को आधुनिक विकास से अद्यतन (Update) रखें।

*इस प्रकार के **प्रश्न** निम्नलिखित हैं*

- **वर्तमान में भारत में कितने राष्ट्रीयकृत बैंक कार्यरत हैं?**
  How many nationalized bank working in India at present?
  (श्रीमान, आईडीबीआई और राष्ट्रीय महिला बैंक को राष्ट्रीयकृत बैंक बनाने से वर्तमान में 21 राष्ट्रीयकृत बैंक भारत में कार्यरत हैं।)
- **हाल ही में दिलीप कुमार ने अपनी जीवनी का किस नाम से लोकार्पण किया?**
  By which name Dilip Kumar has Inaugrated his Biography recently?
  (श्रीमान, दिलीप कुमार जी ने 'सब्स्टांस एण्ड शेडो' (Substance and Shadow) नाम से अपनी जीवनी का लोकार्पण किया।)
- **हाल ही में किसे भारत के वित्तमन्त्री का कार्यभार सौंपा गया है?**
  Who is appointed as Finance Minister of India recently?
  (श्रीमान, श्री अरुण जेटली को भारत के वित्तमन्त्री का कार्यभार सौंपा गया है।)

कैसे दें ऐसे प्रश्नों के उत्तर?

वैसे तो सामान्य जागरूकता से सम्बन्धित प्रश्नों का कोई दायरा निर्धारित नहीं किया जा सकता है, परन्तु बैंकिंग इण्टरव्यू में सामान्यत: अभ्यर्थी से यह अपेक्षा की जाती है कि वह अपने आस-पास की घटनाओं पर नजर रखे अर्थात् इस सन्दर्भ में वह जागरूक रहे।

ऐसे प्रश्नों का उत्तर देते समय आस-पास की घटनाओं पर अभ्यर्थी को दृष्टि रखनी चाहिए, जो समाचार-पत्रों/चैनलों के माध्यम से सम्भव है, साथ ही सामान्य विषयों के व्यावहारिक पक्ष का भी समुचित ज्ञान अति आवश्यक है। इण्टरव्यू बोर्ड ऐसे प्रश्नों के माध्यम से अभ्यर्थी की जागरूकता के स्तर, व्यावहारिक बुद्धि एवं सहज ज्ञान का निरीक्षण करता है। अत: अभ्यर्थी इस प्रकार के प्रश्नों के उत्तर देने हेतु अपनी सामान्य जानकारी व जागरूकता पर विशेष ध्यान दें।

बैंकिंग संस्था से सम्बन्धित प्रश्न (Question Related to Banking Institution)

आप जिस बैंक में इण्टरव्यू हेतु आए हैं, उसकी जितनी अधिक जानकारी आप एकत्र कर सकें, कर लें। सरकारी/अर्द्ध-सरकारी विभागों में इण्टरव्यू के समय तो कुछ ही महत्त्वपूर्ण जानकारियों की आवश्यकता होती है।

*इसके अन्तर्गत निम्न प्रकार के **प्रश्न** पूछे जा सकते हैं*

- **आप जिस पद के लिए आवेदन कर रहे हैं, उसकी क्या-क्या जिम्मेदारियाँ हैं?**
  What are the responsibilities of the post you are applying for?
- **सरकार द्वारा विभाग से सम्बन्धित कुछ नए नियम या कानून यदि अभी बनाए गए हैं, तो उनका क्या महत्त्व है?**
  What is the importance of Recent Rules and Regulations related to the Department framed by government?
- **'वित्तीय समावेशन' के लक्ष्य की प्राप्ति के लिए आपके अनुसार क्या-क्या कदम उठाए जा सकते हैं?**
  What measures should be taken to achieve the objective of 'Financial Inclusion'?
- **वर्तमान में 'गैर-निष्पादित परिसम्पत्तियों' (NPA) में बढ़ोतरी बैंकों के लिए एक गम्भीर समस्या बनती जा रही है। इस समस्या के समाधान के लिए कुछ सुझाव दें।**
  Increase of 'Non-Performing Assets' is a major problem faced by the Banks at present? Give some suggestions to resolve this problem?

कैसे दें ऐसे प्रश्नों के उत्तर?

इस तरह के प्रश्नों के उत्तर देने के लिए विषय सम्बन्धी ज्ञान और वर्तमान समय में घट रही प्रमुख घटनाओं, दोनों की सही जानकारी आवश्यक है। विषय सम्बन्धी ज्ञान के अन्तर्गत विशेष पद के सन्दर्भ में आपके कर्तव्य और साथ ही वर्तमान में उस पद–विशेष के समक्ष बढ़ती जिम्मेदारियाँ और नवीनतम तार्किक सुझावों की जानकारी आवश्यक है।

कम्प्यूटर जागरूकता से सम्बन्धित प्रश्न (Questions Related to Computer)

वर्तमान समय में बैंकिंग इण्टरव्यू में अभ्यर्थी से उसके कम्प्यूटर ज्ञान से सम्बन्धित प्रश्न पूछे जाते हैं, क्योंकि बैंक मे रोजगार का यह एक व्यावहारिक पहलू है। अत: अभ्यर्थी को कम्प्यूटर सम्बन्धी सामान्य एवं व्यावहारिक ज्ञान अवश्य होना चाहिए; जैसे–कम्प्यूटर सम्बन्धी सामान्य शब्दावली, नई उपयोगी तकनीकें, सॉफ्टवेयर टाइपिंग आदि के ज्ञान/अभ्यर्थी का कम्प्यूटर कौशल निश्चित रूप से उसे इण्टरव्यू में वरीयता प्राप्त कराता है।

कम्प्यूटर ज्ञान से सम्बन्धित पूछे जाने वाले महत्त्वपूर्ण प्रश्नों में अधिकतर जानकारी एवं अनुभव से सम्बन्धित होते हैं; जैसे–आपके पास कम्प्यूटर सम्बन्धित क्या-क्या कौशल हैं?

*इसके अन्तर्गत निम्न प्रकार के **प्रश्न** पूछे जा सकते हैं*

- **बिट क्या है?**
  What is Bit?
  (श्रीमान, 'बिट' शब्द 'बाइनरी डिजिट' का संक्षिप्त रूप है, इसका मान '0' अथवा '1' हो सकता है। यह कम्प्यूटर प्रणाली में आँकड़ों की सबसे छोटी इकाई है।)
- **कम्प्यूटर सिस्टम एवं उसके अनुप्रयोगों के बारे में बताएँ।**
  Explain about computer system and its applications?
- **क्लाउड कम्प्यूटिंग क्या है?**
  What is Cloud Computing?
- **हार्डवेयर क्या होता है?**
  What is Hardware?

- **कम्प्यूटर की भाषा के बारे में बताएँ।**
  What do you know about computer language?
- **किन्हीं तीन कम्प्यूटर भाषाओं के नाम बताएँ।**
  Tell the name of any three computer languages?
- LAN **क्या होता है?**
  What is LAN?
- **सुपर कम्प्यूटर क्या है?**
  What is Super Computer?
- 2G/3G/4G **क्या हैं, इसके अनुप्रयोगों के बारे में क्या जानते हैं?**
  What is 2G/3G/4G and what do you know about its implications?
- **स्काईप क्या होता है?**
  What is Skype?

कैसे दें ऐसे प्रश्नों के उत्तर?

अभ्यर्थी से यह अपेक्षित है कि वह कम्प्यूटर के विषय में सामान्य जानकारी से परिचित रहे, क्योंकि कम्प्यूटर बैंकों के साथ-साथ आधुनिक जीवन के आवश्यक अंग बन चुके हैं। साथ ही बैंकिंग व्यवस्था में उपयोग की जाने वाली कम्प्यूटर प्रणालियों एवं सॉफ्टवेयर आदि के विषय में अवश्य जानकारी रखें।

ऐसे प्रश्नों के उत्तर देते समय अपनी कम्प्यूटर सम्बन्धी क्षमता को स्पष्ट करें साथ ही यदि कम्प्यूटर शिक्षा हेतु कोई कोर्स/डिप्लोमा आदि हो, तो उसका प्रमाण-पत्र अवश्य प्रस्तुत करें। कम्प्यूटर शिक्षा के साथ-साथ हाल के वर्षों में आए तकनीकी बदलावों के सुग्राही के रूप में अपने को प्रस्तुत करें।

जब उत्तर न हो मालूम

इण्टरव्यू में कई प्रश्नों का जवाब आपको नहीं आता है, तो इसमें परेशान होने की कोई बात नहीं है, इससे निराश (frustrate) न हों। पूरे इण्टरव्यू के दौरान चेहरे पर सौम्यता बनाए रखें। आपके बैठने, बोलने के ढंग से आत्मविश्वास झलकना चाहिए। Oversmartness या Dullness दोनों ही खराब हैं। आप Smart एवं Confidence से भरपूर नजर आने चाहिए।

परीक्षणात्मक प्रश्न (Evaluative Questions)

इण्टरव्यू में परीक्षणात्मक प्रश्नों के पूछे जाने का तात्पर्य अभ्यर्थी के परीक्षण से है, यह परीक्षण अभ्यर्थी के ज्ञान का, उसके व्यवहार का, उसकी विशेषज्ञता का, उसके मनोवैज्ञानिक लक्षणों के साथ उसके सम्पूर्ण व्यक्तित्व परीक्षण से सम्बन्धित हो सकता है।

*सामान्यतः इस प्रकार के **प्रश्न** अभ्यर्थी के निम्नलिखित गुणों के निर्धारण से सम्बन्धित होते हैं*

- ज्ञान के स्तर की जाँच से
- आत्मविश्वास के परीक्षण से
- ज्ञान की प्रायोजनीयता के निर्धारण से
- व्यवहार की जाँच से
- नेतृत्व व संगठनात्मक क्षमता के परीक्षण से
- विषय के ज्ञान के निर्धारण से

- एक बैंकिंग कर्मचारी के रूप में कार्य करने के लिए व्यक्ति में कौन से गुण होने चाहिए?
  What qualities a candidate should require to work as a Banking employee?
- यदि आपको किसी बैंक का मैनेजर बना दिया जाए तो आप उस बैंक के लाभ और उसके द्वारा प्रदान की जाने वाली सुविधाओं में सुधार के लिए क्या कदम उठाएँगे?
  If you are appointed as a Manager of a Bank then what steps you will take to improve the facilities provided by the Bank?

कैसे दें ऐसे प्रश्नों के उत्तर?

ऐसे प्रश्नों का उत्तर पूर्ण आत्मविश्वास से दिया जाना चाहिए। संशय की स्थिति में अपनी अनभिज्ञता प्रकट कर देनी चाहिए। अभ्यर्थी को अपनी बात सीधे एवं सुस्पष्ट तरीके से सामने रखनी चाहिए तथा गोल-मोल उत्तर देने से बचना चाहिए।

भ्रमित करने वाले प्रश्न (Hypothetical Questions)

ऐसे प्रश्नों के पूछे जाने का उद्देश्य सामान्यत: अभ्यर्थी के मानसिक गुणों एवं सतर्कता की जाँच करना होता है। ऐसे प्रश्नों के अन्तर्गत ऐसे तथ्यों अथवा मुद्दों के विषय में पूछा जाता है, जिनको लेकर अभ्यर्थी के मन में कुछ संशय होता है अथवा जिनको लेकर अभ्यर्थी के विचारों में स्पष्टता नहीं होती है।

*इसके अन्तर्गत निम्न प्रकार के **प्रश्न** पूछे जा सकते हैं*

- भ्रष्टाचार को समाप्त करने का कोई उपाय बताएँ।
  Give any suggestion to end corruption?
- क्या फाँसी की सजा उचित है?
  Is death sentence is justified?
- क्या किसी जरूरतमन्द व्यक्ति की सहायता हेतु नियमों के उल्लंघन को सही ठहराया जा सकता है?
  Is abiding of rules is justified for helping the needy?

कैसे दें ऐसे प्रश्नों के उत्तर?

- ऐसे प्रश्नों का उत्तर विस्तार से दें, मात्र 'हाँ' अथवा 'ना' में नहीं।
- यदि किसी विषय पर आपकी राय माँगी जाए, तो सन्तुलित विचार व्यक्त करें और उसे बदलें नहीं।
- अपने विचार के समर्थन में कारण अवश्य बताएँ।
- ऐसे प्रश्नों में कभी-कभी दैनिक जीवन में आपके व्यक्तिगत अनुभवों से सम्बन्धित प्रश्न किए जा सकते हैं, ऐसी स्थिति में यदि आपको अनुभव है, तो ही 'हाँ' कहें अन्यथा 'नहीं'।

इण्टरव्यू हेतु तैयारी

सामान्यत: इण्टरव्यू हेतु तैयारी की प्रक्रिया किसी भी परीक्षा की तैयारी के साथ ही प्रारम्भ हो जाती है, जो सतत् रूप से अन्तिम चयन तक स्वत: ही चलती रहती है, परन्तु इण्टरव्यू हेतु बुलावे के पश्चात् की जाने वाली तैयारी हेतु हम कुछ सामान्य नियम बना सकते हैं। इस सन्दर्भ में हम *इस प्रक्रिया को चार भागों में विभाजित कर सकते हैं*

1. इण्टरव्यू से पूर्व (Before Interview)
2. इण्टरव्यू के दिन (On the Day of Interview)
3. इण्टरव्यू के समय (At the Time of Interview)
4. इण्टरव्यू के बाद (After Interview)

इण्टरव्यू से पूर्व की तैयारी (Preparation Before Interview)

- इण्टरव्यू की तैयारी एक निरन्तर चलने वाली प्रक्रिया है, जो अध्ययन के साथ-साथ चलती रहती है पर इण्टरव्यू के बुलावे के बाद उससे पूर्व की तैयारी का स्वरूप इससे अलग होता है। इण्टरव्यू के दिन के नजदीक आने के साथ ही अभ्यर्थी की व्यस्तता एवं तनाव बढ़ता जाता है।
- कुछ ऐसे कार्य हैं, जिन्हें इण्टरव्यू के दिन से पूर्व ही सम्पन्न कर लेना चाहिए, इससे आवश्यक कार्य पूर्ण होने का सन्तोष मिलता है और तनाव कम होता है। *इस दौरान किए जाने वाले कार्यों में निम्नलिखित कार्य शामिल हैं*
  - इण्टरव्यू हेतु आवश्यक दस्तावेजों को पूर्व में ही तैयार रखना।
  - इण्टरव्यू हेतु उचित वस्त्रों को तैयार रखना।
  - यात्रा के साधनों की जाँच करना।

आवश्यक दस्तावेज (Mandatory Documents)

इण्टरव्यू हेतु *आवश्यक दस्तावेज निम्नलिखित हैं*

1. इण्टरव्यू कॉल लेटर (Call Letter) एवं इसकी फोटोकॉपी।
2. शैक्षणिक योग्यता तथा अन्य आवश्यक तथ्यों से सम्बन्धित सभी प्रपत्रों की मूल प्रतियाँ, सर्टिफिकेट्स, एक्सपीरियंस सर्टिफिकेट, मूल निवास (Domicile), आयु प्रमाण पत्र, पहचान पत्र, जाति प्रमाण पत्र तथा अनापत्ति प्रमाण पत्र (No Objection Certificate) आदि तथा इनकी फोटोकॉपी।
3. अपनी पासपोर्ट साइज की कुछ फोटो अवश्य साथ रखें। प्रयास यह रहे कि ये फोटो वही हों जो आपने फार्म भरते समय लगाई थीं।

4. एक नीला पेन अवश्य साथ रखें। आवश्यक प्रपत्रों पर हस्ताक्षर (Signatures) इत्यादि के लिए इसकी अनेक बार आवश्यकता पड़ सकती है।

नोट • सभी फोटोकॉपी स्पष्ट हों एवं किसी अधिकारी से सत्यापित (Attested) करवा लें। कई सरकारी विभाग/कम्पनियाँ स्वयं प्रार्थी द्वारा सत्यापित फोटोकॉपी माँगती हैं। ऐसी स्थिति में आप स्वयं उन्हें ढंग से सत्यापित कर लें तथा सभी प्रपत्र (Documents) अलग-अलग क्रमवार तरीके से लगा लें।
- शैक्षणिक योग्यता से सम्बन्धित प्रपत्र सामान्यत: कक्षा 10 से आगे तक माँगे जाते हैं।
- सभी प्रपत्र के साथ प्रावरण पत्र (Covering Letter) लगा दें, जिससे ध्यान रहे कि आपने क्या-क्या Documents वहाँ जमा किए हैं। यदि मूल प्रमाण-पत्र (Original Documents) उन्होंने रख लिए हैं, तो उनकी सही ढंग से रसीद अवश्य प्राप्त कर लें एवं जिस व्यक्ति को सौंपी हैं, उसका नाम, पद नोट कर लें। बाद में मूल प्रमाण-पत्र वापस प्राप्त करने में कई बार परेशानी आ जाती है।

स्वयं मूल्यांकन (Self Evaluation)

इण्टरव्यू की तैयारी के दौरान अभ्यर्थी को अपने प्रति पूरी ईमानदारी बरतते हुए अपनी योग्यताओं एवं क्षमताओं का स्वयं मूल्यांकन कर लेना चाहिए। *अभ्यर्थी को इण्टरव्यू हेतु मूल्यांकन करते हुए निम्नलिखित तथ्यों का ध्यान रखना चाहिए*

- सकारात्मक बिन्दु
- शैक्षणिक पृष्ठभूमि
- प्रशिक्षण
- पद से सम्बन्धित कौशल
- कार्य हेतु प्रशंसा एवं आलोचना
- नेतृत्व क्षमता
- नकारात्मक बिन्दु
- शिक्षणेत्तर गतिविधियाँ (रुचियाँ)
- अनुभव
- नौकरी का महत्त्व
- कम्प्यूटर सम्बन्धी ज्ञान
- अन्य लोगों से कार्य लेने की क्षमता

उपरोक्त बिन्दुओं पर इण्टरव्यू के दौरान अभ्यर्थी को विशेष ध्यान ही नहीं देना चाहिए, बल्कि उसके लिए आदर्श उत्तरों का निर्माण भी करना चाहिए, जिससे सकारात्मक गुणों के सन्दर्भ में अति-आत्मविश्वास से तो बचाव होगा ही साथ ही नकारात्मक गुणों के सन्दर्भ में अभ्यर्थी सरल एवं सकारात्मक व्याख्या के लिए भी तैयार रहेगा।

परिधान का चयन (Selection of Dress)

पुन: इण्टरव्यू हेतु परिधान का चयन एक महत्त्वपूर्ण बिन्दु है। महत्त्वपूर्ण यह है कि इण्टरव्यू में पहने जाने वाले वस्त्र स्वच्छ एवं साफ हों, ठीक से प्रेस हों। जूते एवं मोजे का भी ध्यान रखें। इन सबके रंगों का चयन भी सावधानीपूर्वक होना चाहिए, साथ ही चटख एवं चमकीले रंगों से बचना चाहिए। सामान्यत: वस्त्र साधारण, आरामदायक एवं औपचारिक होने चाहिए। साथ ही इस सन्दर्भ में किसी भी प्रकार की आपात स्थिति से बचने के लिए एक जोड़ी अतिरिक्त कपड़ों की व्यवस्था भी होनी चाहिए।

इण्टरव्यू हेतु आदर्श परिधान (Ideal Dress for Interview)

इण्टरव्यू के दौरान व्यक्ति द्वारा पहना गया परिधान उसके व्यक्तित्व की ओर संकेत करता है। सामान्यत: जिस प्रकार के पद हेतु आप इण्टरव्यू देने जा रहे हैं, वस्त्र भी उस पद के अनुरूप होने चाहिए। बैंक इण्टरव्यू में आपके वस्त्र औपचारिक होने चाहिए। इण्टरव्यू में आपको वस्त्र एवं परिधान के अतिरिक्त भौतिक रूप-विन्यास का भी ध्यान रखना होगा।

इस सन्दर्भ में निम्नलिखित बातों पर अवश्य ध्यान दें

- वस्त्र साफ व स्वच्छ हों तथा अच्छे से इस्तरी (प्रेस) किए हों।
- बाल सही तरीके से कटे हों और अच्छे से सँवरे हों।
- इत्र, तेज परफ्यूम आदि के प्रयोग से बचें।
- अपने मोबाइल फोन, को साइलेंट मोड पर करके अथवा स्विच ऑफ करके ही इण्टरव्यू में जाएँ।

पुरुष अभ्यर्थियों हेतु औपचारिक परिधान (Formal Dress Code for Men)

- पूरी बाजू की शर्ट (सफेद या हल्के रंग की) के साथ पैंट (गहरे रंग का)।
- यदि सूट पहने तो वह गहरे रंग का हो।
- जूते साफ, पॉलिश किए हुए तथा पैंट के रंग की जुराबें।
- टाई सिल्की एवं ठीक से प्रेस की हुई।
- जेब में साफ रूमाल।

निजी व विदेशी बैंकों के इण्टरव्यू में अभ्यर्थी द्वारा इण्टरव्यू में पहने जाने वाले वस्त्रों के बारे में जानकारी, सम्बन्धित बैंक के HR (ह्यूमन रिसोर्स) विभाग से बिना किसी झिझक के प्राप्त कर सकते हैं। सामान्यत: ऐसे बैंकों में ड्रेस कोड प्राय: निर्धारित रहता है।

महिलाओं हेतु औपचारिक परिधान
(Formal Dress Code for Women)

- इण्टरव्यू हेतु महिला अभ्यर्थी साड़ी या सूट पहन सकती हैं। साड़ी/सूट का रंग व्यक्तित्व को निखारने वाला होना चाहिए। बहुत गहरा या आँखों को चुभता हुआ रंग नहीं होना चाहिए। इण्टरव्यू में जीन्स नहीं पहनें।
- चप्पल या सैण्डल बिना हील की। इण्टरव्यू में जाते समय अपने साथ पर्स अलग से जहाँ तक सम्भव हो, न रखें। यदि आप नेल पॉलिश लगाते हैं, तो प्राकृतिक रंग लगाना उचित रहेगा। नाखून बढ़े हुए नहीं होने चाहिए।
- चेहरे पर मेकअप आपके व्यक्तित्व को निखारता हुआ हो। मेकअप से चेहरे की प्राकृतिक सौन्दर्यता खराब नहीं हो।
- गहने/आभूषण न्यूनतम रखें। आवश्यकता से अधिक अँगूठियाँ इण्टरव्यू में नहीं पहननी चाहिए।

यात्रा के साधनों की जानकारी (Knowledge about Means of Transport)

इण्टरव्यू स्थल पर समय से पहुँचने के लिए पूर्व में ही योजना बना लें तथा पूरी तैयारी कर लें, साथ ही एक वैकल्पिक साधन की भी व्यवस्था रखें, ताकि गन्तव्य स्थल पर समय से पहुँचने में कोई व्यवधान आने पर भी आप समय से पहुँच सकें।

इण्टरव्यू से पहले की घबराहट (Nervousness before Interview)

इण्टरव्यू से पहले घबराहट एक स्वाभाविक प्रक्रिया है पर इसे नियन्त्रित करना बहुत ही आवश्यक है, क्योंकि अधिक घबराहट इण्टरव्यू के दौरान आपको व्यापक रूप से नुकसान पहुँचा सकती है।

प्राणायाम वैसे प्रात: काल प्राणायाम करने से घबराहट नहीं होती है। ऐसा देखा गया है कि जो छात्र जल्दी उठकर प्राणायाम करते हैं वे विपरीत परिस्थितियों में भी प्रसन्नचित्त रहते हैं। अत: सम्भव हो, तो इण्टरव्यू से पन्द्रह-बीस दिन पूर्व से प्राणायाम करना शुरू कर दें। प्रात: 25, 30 मिनट का प्राणायाम आपको तरोताजा रखेगा।

घबराहट के कारण (Causes of Nervousness)

सामान्यत: इण्टरव्यू के समय होने वाली घबराहट के कुछ निश्चित कारण होते हैं, *जो निम्नलिखित हैं*

- कुछ गलत हो जाने का डर
- असफल हो जाने का डर
- असफलता के बाद के घटनाक्रमों को सोचकर लगने वाला भय

आपको यह ध्यान रखना होगा कि इस प्रकार के सभी डर को आपको स्वयं ही दूर करना होगा और साथ ही असफलता के बारे में पूर्ण नकारात्मक अवधारणा बनाना ठीक नहीं होता। इस दौर में सबसे अधिक ध्यान आपको अपने इण्टरव्यू पर रखना होगा, जो निश्चित रूप से आपके लिए किसी अन्य की अपेक्षा अधिक बेहतर होगा।

एक अन्य बिन्दु पर भी विचार करें, घबराने से आपको क्या मिलेगा। आप पूर्ण विश्वास के साथ तैयारी करें। उल्टे-सीधे विचार मस्तिष्क में आने ही न दें एवं जितना समय मिलता है उसे तैयारी करने में लगाएँ। सफलता हेतु आत्मविश्वास बहुत महत्त्वपूर्ण है।

> ***यदि आप पहली बार इण्टरव्यू हेतु जा रहे हैं तो....***
>
> पहली बार इण्टरव्यू में जाने वाले अभ्यर्थियों के लिए सलाह है कि वे किसी अच्छे इन्स्टीट्यूट में Mock Interview Classes में भाग लें। Mock Interview में आपकी कमियों/कमजोरियों का पता चल जाता है। अपनी कमियों/कमजोरियों की पहचान करने और उनमें सुधार करने में Mock Interviews अत्यन्त सहायक होते हैं। ये न केवल आपको प्रस्तुतीकरण का सही ढंग सिखाते हैं, बल्कि आपके आत्मविश्वास में भी वृद्धि करते हैं।
>
> इसकेअतिरिक्त सफल जानकार व अनुभवी व्यक्तियों से इस सन्दर्भ में की गई नियमित परिचर्चा भी आपको अच्छा लाभ पहुँचा सकती है।

इण्टरव्यू के दिन की जाने वाली तैयारी
(Preparation to be Done on the Day of Interview)

इण्टरव्यू का दिन न केवल इण्टरव्यू की दृष्टि से महत्त्वपूर्ण है, बल्कि आपके भावी कैरियर की दृष्टि से भी महत्त्वपूर्ण है। अत: इस दिन की तैयारी में *निम्नलिखित महत्त्वपूर्ण बातों को अवश्य ध्यान में रखा जाना* चाहिए

- सुबह जल्दी उठें तथा अपनी नित्यक्रियाओं को सम्पन्न कर लें।
- अपने Resume को एक बार पुन: पढ़ लें।
- जो दस्तावेज आपको ले जाने हैं वे अपने साथ ले लें।
- इण्टरव्यू के दिन निर्धारित समय से कम-से-कम 30 मिनट पूर्व अवश्य पहुँच जाएँ। अगर इण्टरव्यू स्थल पर प्रसाधन की व्यवस्था हो, तो मुहँ धोकर तरोताजा हो जाएँ। बालों में कंघी कर लें। स्वयं को सुव्यवस्थित कर लें। जो भी प्रपत्र आपको वहाँ देने हैं, सही तरीके से दे दें।
- इण्टरव्यू आरम्भ होने से पूर्व ही अभ्यर्थी को अपने आवश्यक प्रपत्रों की जाँच इण्टरव्यू स्थल पर उपस्थित प्राधिकारी से करवा लेनी चाहिए तथा अन्य कागजी औपचारिकताओं को भलीभाँति पूरा कर लेना चाहिए।

इण्टरव्यू स्थल पर पहुँचने पर आपको अन्य अभ्यर्थी भी वहाँ मिल सकते हैं, उनके साथ अच्छे ढंग से मिलें, आत्मविश्वास के साथ हाथ मिलाएँ। विनम्रता से, शिष्टाचारपूर्वक बात करें। आपस में बात करते समय आराम से बैठें। आपके बात करने या बैठने के ढंग से ऐसा प्रतीत नहीं होना चाहिए कि आप तनाव में हैं। स्वयं को हल्का एवं तनावमुक्त रखने का प्रयास करें।

इण्टरव्यू के समय (At the Time of Interview)

इण्टरव्यू हेतु आपका बुलावा आने पर, पूर्ण आत्मविश्वास के साथ जाएँ तथा *निम्न बिन्दुओं पर ध्यान दें*

- *इण्टरव्यू हॉल में प्रवेश करने से पूर्व, अनुमति माँगें।*
  May I Come in Sir/Madam?

- अनुमति मिलने पर, आप अन्दर प्रवेश करें। प्रार्थी हेतु निर्धारित कुर्सी के पास पहुँचने पर इण्टरव्यू बोर्ड का अभिवादन अवश्य करें।
  Good Morning/Afternoon/Evening Sir/Madam

- यदि दोपहर 12 बजे के आस-पास जैसे 11:45 से 12:15 के बीच में आपका Interview Call आता है, तो Good Noon कहें। उसके बाद Good Afternoon एवं 5 बजे के बाद Good Evening कहना चाहिए। अभिवादन करते समय थोड़ा झुककर, चेहरे पर मुस्कुराहट लाएँ। चेहरे पर तनाव नहीं झलकना चाहिए, बल्कि उल्लास एवं आत्मविश्वास दमकना चाहिए।

- यदि बोर्ड की अध्यक्ष के रूप में कोई महिला हो, तो पहले "Good Morning/Afternoon/ Evening Madam and Sir" कहकर अभिवादन करें। यदि बोर्ड के सदस्यों में महिला शामिल हो, तो 'Good Morning/ Afternoon/Evening Sir and Madam' कहकर अभिवादन करें।

- जैसे ही आप इण्टरव्यू बोर्ड को अभिवादन करते हैं, इण्टरव्यू बोर्ड का अध्यक्ष (Chairman of Interview Board) आपको कुर्सी पर बैठने हेतु कहता है। ध्यान रखें कई बार जान-बूझकर या भूलवश, प्रार्थी को बैठने हेतु नहीं कहा जाता, तो ऐसी स्थिति में प्रार्थी को सीधा खड़ा रहना है। बिना Offer किए कुर्सी पर नहीं बैठना है। Chair Offer होने के बाद ही कुर्सी पर बैठें एवं Thank You Sir/Madam कहकर धन्यवाद दें।

- कुर्सी पर इस तरह से बैठें की न तो आपके आसन (Posture) से तनाव झलके, न ही आपका Posture आरामतलब लगे। ढंग से, सीधे बैठें, अपने हाथ अपने पैरों पर रखें या कुर्सी के हत्थों पर भी रख सकते हैं। हाथ टेबल पर नहीं रखें। कन्धे सीधे हों, झुके हुए नहीं हों। चेहरे पर सौम्यता, हल्की मुस्कुराहट रखें। जैसे कुल मिलाकर आप आत्मविश्वास से परिपूर्ण दिखाई देने चाहिए।

- प्रश्न का उत्तर देते समय, प्रश्नकर्ता से नजर मिलाकर (With Eye Contact) उत्तर देना चाहिए। कभी-कभी अन्य सदस्यों की ओर भी देखा जा सकता है। उत्तर देते समय, चेहरे पर सौम्यता रखें एवं तनावमुक्त रहें।

- इण्टरव्यू बोर्ड को गुमराह करने का प्रयास न करें। उत्तर देते समय यदि आप कोई आँकड़े (Data) बताते हैं, तो वह सही होने चाहिए। यदि आप कोई Quotation बोलते हैं, तो Interviewers आपसे पूछ सकते हैं कि यह Quotation किसका है, तो अच्छा होगा कि आपको उसका नाम पता हो। यदि सही पता नहीं है, तो गलत नाम कभी भी नहीं बताएँ।

- यदि **आप किसी प्रश्न का उत्तर नहीं दे सके या गलत बताया है, तो घबराएँ नहीं।** गलत उत्तर देना एवं गुमराह करना दोनों अलग-अलग बात हैं। गलती हो सकती है, लेकिन जान-बूझकर दूसरे को बेवकूफ बनाने का प्रयास करना, इण्टरव्यू में आपको असफलता की ओर धकेलता है। किसी प्रश्न का उत्तर नहीं दे पाने का अर्थ अस्वीकृति (Rejection) नहीं है। यदि आपको किसी प्रश्न का उत्तर नहीं पता है, तो आप बहुत सौम्यता/सहजता से जवाब नहीं आने के सम्बन्ध में कह सकते हैं; *जैसे-*

1. सर मुझे इस प्रश्न का उत्तर पता नहीं है।
2. सर, क्षमा करें, मुझे इसका ज्ञान नहीं है।
3. मुझे खेद है कि मैंने इस टॉपिक की तैयारी नहीं की।
4. सर, इस सम्बन्ध में मेरा अनुभव बहुत कम है।

अगर आप अंग्रेजी में उत्तर दे रहे हैं, तो इसे ऐसे कहें,

1. I am Sorry, I don't know about this question.
2. Sorry Sir, I couldn't prepare this part or this topic or this segment.
3. I have a little experience in this field, but I realize that I need to improve it further.
4. If you could give me some time to think, I may answer this question precisely.
5. The problem needs some calculation and time, I may solve it, if I would be given some time to think over it.

- यदि इण्टरव्यू में इण्टरव्यू बोर्ड का कोई सदस्य आपको कोई सलाह देते हैं। विभाग या कम्पनी के सम्बन्ध में कोई बताते हैं। आपके रोजगार के सम्बन्ध में या किसी भी तरह की कोई सूचना आपको देते हैं, तो पूरे मनोयोग से सुनें। सुनते समय आपकी भाव-भंगिमा से गम्भीरता झलकनी चाहिए। गर्दन हिलाकर यह व्यक्त करें किआप ध्यान से सुन रहे हैं।

- इण्टरव्यू के दौरान आपको चाय या कॉफ़ी दी जाती है, तो धन्यवाद देते हुए शिष्टतापूर्वक मना कर देना चाहिए। यदि आपको आवश्यकता हो, तो पानी पी सकते हैं।

बॉडी लैंग्वेज का ध्यान रखें (Take Care of Body Language)

बॉडी लैंग्वेज का अर्थ शरीर के अंगों द्वारा किए जाने वाले इशारे; जैसे–चेहरे के भाव या हाथ या अँगुलियों का चलाना, आँखें मटकाना, मुँह पिचकाना, होंठ सिकोड़ना इत्यादि हैं, से है, जो प्रार्थी सामान्यतया आदतन, बिना जाने समझे बिना सोचे विचारे करता है इण्टरव्यू में इस तरह की भाव–भंगिमाओं से बचें, क्योंकि यह आपको नकारात्मक अंक दिलाती है इस तरह की Body Language से बचना चाहिए।

निम्न नकारात्मक बॉडी लैंग्वेज पर ध्यान दें, इनसे बचें

- दाँतों पर या होंठों पर बार–बार जीभ फेरना।
- मुँह खोलकर मुस्कुराना/हँसना, हँसते हुए जोर से आवाज करना।
- साड़ी के पल्लू या रुमाल को बार–बार अँगुलियों पर लपेटना।
- कान को बार–बार खेंचना, बालों में अँगुलियाँ चलाना, अँगुलियाँ चटकाना, एक हाथ को दूसरे हाथ से दबाना।
- अँगुलियाँ चलाना, अँगुलियों के पोरवे गिनना, नाखून चबाना, पेन या पेन्सिल को मुँह में लेना, अँगूठे या अँगुलियों को कड़काना, आँखें सिकोड़ना, मिचमिचाना, मुँह खोलकर रखना, बोलते समय थूक फेंकना।
- कई लोगों के सुनते समय चेहरे पर अजीब भाव बन जाते हैं, इनसे बचना।

उक्त सभी बॉडी लैंग्वेज आपके व्यक्तित्व को नकारात्मकता प्रदान करती हैं। इण्टरव्यू में इस तरह के आसन से बचें इस तरह के आसन दूर करने हेतु आप अपने किसी मित्र रिश्तेदार की सहायता लें। स्वयं का इण्टरव्यू दर्पण के सामने आपको ऐसे हाव–भावों से बचाने में सहायता करेगा। उससे निवेदन करें कि जब भी आप इस तरह का कोई इशारा करें तो वह आपको तुरन्त टोक दे। आप स्वयं भी बहुत गम्भीरता से ऐसे Gestures को नियन्त्रित करने का प्रयास करें। कम–से–कम इण्टरव्यू के दौरान इनसे बचें।

इण्टरव्यू में क्या करें, क्या न करें?

✓ क्या करें (Do's)

- ✓ इण्टरव्यू हेतु तय समय से कम–से–कम 30 मिनट पूर्व इण्टरव्यू स्थल पर पहुँच जाएँ। आपके निवास से इण्टरव्यू स्थल की दूरी, रास्ता, जाने का साधन सबकी जानकारी पहले ही कर लें। यदि कोई जाम आदि लगने की सम्भावना हो, तो घर से 30-40 मिनट का मार्जिन लेकर चलें। किसी भी स्थिति में इण्टरव्यू हेतु निर्धारित समय से देरी से न पहुँचें।
- ✓ आपका पहनावा आपके व्यक्तित्व के अनुरूप होना चाहिए।
- ✓ अन्य साथियों (Interviewers) के साथ विनम्रतापूर्ण, शिष्टता एवं सम्मान से पेश आएँ।
- ✓ अपनी भाव–भंगिमा (Body Gestures) का ध्यान रखें।
- ✓ सकारात्मक जवाब दें, इण्टरव्यू बोर्ड को गुमराह करने का प्रयास न करें। असत्य भाषण न करें।
- ✓ किसी भी प्रश्न का उत्तर पूरा वाक्य बोलकर शिष्टतापूर्वक दें।
- ✓ आपकी चाल, बैठने के ढंग, बातचीत के ढंग में आत्मविश्वास झलकना चाहिए, चेहरे पर तनाव नहीं दिखाई देना चाहिए।
- ✓ आपका व्यवहार तथा उत्तर देने के ढंग से गम्भीरता झलकनी चाहिए। इण्टरव्यू को पूर्ण गम्भीरता से लें। इण्टरव्यू बोर्ड को ऐसा प्रतीत नहीं होना चाहिए कि आपको इस नौकरी की चिन्ता नहीं है।
- ✓ इण्टरव्यू समाप्ति पर बोर्ड को बहुत विनम्रतापूर्वक धन्यवाद दें एवं कुर्सी से उठकर बहुत शालीनता से वापस मुड़कर धीरे से बाहर जाएँ। हड़बड़ाहट में कुछ भी न करें।
- ✓ इण्टरव्यू के बाद अपनी नोट बुक में लिखें कि आपने इस इण्टरव्यू में क्या गलतियाँ की हैं, जिससे वे गलतियाँ अगले इण्टरव्यू में न हों। यह बात बहुत महत्त्वपूर्ण है।

✗ क्या न करें (Don'ts)

- ✗ इण्टरव्यू में बहुत कीमती कपड़े/साड़ी, जेवर आदि हाथों में कोई भी सोने की अँगूठी पहन कर नहीं जाएँ।
- ✗ अपने पिछले कार्य एवं कार्यालय से सम्बन्धित गलत टिप्पणी न करें न ही उनकी आलोचना करें, किसी भी व्यक्ति के व्यक्तित्व पर टिप्पणी न करें।
- ✗ कम–से–कम निजी कम्पनी के इण्टरव्यू में आप जॉब के प्रति बहुत अधिक इच्छा, लालसा (Desperation) प्रकट न करें।
- ✗ इण्टरव्यू बोर्ड को अपनी व्यक्तिगत समस्याएँ बताकर प्रभावित न करें।
- ✗ इण्टरव्यू में इण्टरव्यू बोर्ड से विवाद/तर्क न करें यदि आप उनकी बात से सहमत नहीं हैं, तो एक बार विनम्रता से संयमित भाषा में अपनी बात कह दें।
- ✗ इण्टरव्यू के दौरान, आप ऐसी कोई बात न कहें, जिससे आपका अहंकार व्यक्त होता हो, चाहे आप कितने ही योग्य क्यों न हों।
- ✗ इण्टरव्यू में जाने से पूर्व मोबाइल फोन बन्द करना न भूलें।

इण्टरव्यू के बाद (After Interview)

जब आपका इण्टरव्यू समाप्त हो जाता है, तो आप कुर्सी पर से उठने से पूर्व कोई प्रमाण-पत्र/प्रपत्र आदि देना हो, तो विनम्रता से पूछ लें। कुर्सी पर से तरीके से उठें। बहुत विनम्रता से सभी सदस्यों को धन्यवाद दें। जाते समय दरवाजा आराम से खोलें एवं आराम से ही बन्द करें अर्थात् दरवाजा बन्द होते समय आवाज नहीं होनी चाहिए।

धन्यवाद देते समय, थोड़ा झुककर, चेहरे पर सौम्यता एवं मुस्कराहट रखें।

इण्टरव्यू के लिए मूलभूत तत्त्व

इण्टरव्यू के लिए मूलभूत तत्त्व निम्नलिखित हैं

व्यवहार/शिष्टाचार (Manners/Etiquettes)

इण्टरव्यू के दौरान अभ्यर्थी के व्यवहार में अनियमितता तथा असमान्यता नहीं होनी चाहिए। इण्टरव्यू के दौरान अभ्यर्थी को अपने आचरण व तौर-तरीकों को अनुशासित रखना चाहिए ताकि वह सरल, स्वाभाविक एवं सन्तुलित रहे। शिष्टाचार अर्थात् सभ्य आचरण अभ्यर्थी के व्यक्तित्व को प्रभावशाली बनाने के साथ-साथ इण्टरव्यू बोर्ड को यह संकेत पहुँचाता है कि वह कितना नियमित एवं प्रबन्ध कुशल है।

अभिव्यक्ति/वार्तालाप कुशलता (Expression/Communication Skill)

आपसी बातचीत में संवाद निपुणता ही अभिव्यक्ति कहलाती है। वार्तालाप कुशलता में ज्ञान के प्रस्तुतीकरण के साथ-साथ तथ्यों का सन्दर्भ के अनुसार तार्किक प्रस्तुतीकरण किया जाता है।

वैचारिक निरन्तरता (Consistency of Thought)

वैचारिक निरन्तरता का तात्पर्य किसी भी विषय पर स्थिर एवं स्पष्ट राय से है। वैचारिक स्थिरता प्रभावशाली व्यक्तित्व के निर्माण हेतु एक जरूरी उपकरण होता है एवं इण्टरव्यू में प्रभाव जमाने का एक महत्त्वपूर्ण तरीका भी।

नेतृत्व का गुण (Leadership Qualities)

आत्मविश्वास, धैर्य, साहस इत्यादि गुणों से नेतृत्व क्षमता का विकास होता है। नेतृत्व का गुण किसी भी क्षेत्र में सफलता अर्जित करने हेतु एक आवश्यक शर्त होती है। बैंक में टीम वर्क, कुशल प्रबन्धन एवं प्रभावी सम्प्रेषण की आवश्यकता होती है, जिसमें नेतृत्व का गुण महत्त्वपूर्ण भूमिका निभाता है।

शीघ्र निर्णय लेने की क्षमता (Capability to Take Quick Decision)

शीघ्र निर्णय लेने की क्षमता प्रभावशाली व्यक्तित्व का एक आवश्यक तत्त्व है। शीघ्र निर्णय लेने की क्षमता अभ्यर्थी को असमंजस एवं संशय से मुक्त कर स्पष्ट उत्तर देने में सहायता करती है।

मानसिक सतर्कता (Mental Alertness)

किसी विशेष सन्दर्भ में दिए गए विषय-वस्तु की तत्काल समझ को मानसिक सतर्कता कहा जाता है। एकाग्रता से मानसिक सतर्कता का गुण विकसित होता है। आस-पास की घटनाओं के प्रति जागरूकता, सतर्कता, धैर्य आदि भी मानसिक सतर्कता के विकास में सहायक होते हैं।

कैसे भरें बायोडाटा फार्म

बैंक से जुड़ी किसी भी परीक्षा के इण्टरव्यू में बायोडाटा (Bio-data) फार्म सबसे अहम् होता है। यह एक ऐसा फार्म होता है, जिसमें आवेदक की व्यक्तिगत जानकारियों के साथ-साथ उसकी शैक्षणिक योग्यताओं, कार्योत्तर गतिविधियों, रुचि/अभिरुचि एवं कार्यानुभवों का विवरण होता है। इस सन्दर्भ में ध्यान रखने वाली बात यह है कि इस बायोडाटा फार्म को आवेदक द्वारा स्वयं भरना होता है। बायोडाटा में वर्णित तथ्यों के आधार पर ही इण्टरव्यू बोर्ड अभ्यर्थी (आवेदक) से प्रश्न पूछता है।

यह बायोडाटा फार्म अभ्यर्थी को प्रिंट फोरमेट (Printed Format) में सम्बन्धित बैंक परीक्षा आयोजक द्वारा उसके इण्टरव्यू के लिए बुलावा पत्र के साथ भेजा जाता है। निर्धारित प्रपत्र में इस बायोडाटा फार्म को भरने के बाद अभ्यर्थी द्वारा इसकी चार से पाँच प्रतियाँ करवाकर इसे इण्टरव्यू में अनिवार्य रूप से ले जाना होता है।

बायोडाटा फार्म भरते समय रखी जाने वाली सावधानियाँ (Precautions to be taken while Filling Bio-data Form)

यह बायोडाटा फार्म ही एक प्रकार से तय करता है कि अभ्यर्थी से इण्टरव्यू के दौरान मुख्यत: किस प्रकार के प्रश्न पूछे जाएँगे, इसलिए बहुत जरूरी है कि अभ्यर्थी इस फार्म को भरते समय बहुत सावधानी बरतें एवं ऐसी बातों/ तथ्यों का उल्लेख करने से बचें, जिससे उनका सम्बन्ध नहीं है, *इस सम्बन्ध में निम्न बातों पर ध्यान दिया जाना चाहिए*

इण्टरव्यू का माध्यम (Medium of Interview)

इस सम्बन्ध में यह बात विशेष रूप से ध्यान देने वाली है कि छात्र उसी भाषा का चयन करें, जिसमें वह अत्यधिक प्रवीण एवं सहजता महसूस करते हों। किसी के कहने अथवा अति उत्साह में ऐसी भाषा का चयन नहीं करना चाहिए, जिसमें उत्तर देने में अभ्यर्थी को असहजता महसूस हो।

व्यक्तिगत जानकारियाँ (Personal Information)

अपना बायोडाटा फार्म भरते समय अभ्यर्थियों को अपनी व्यक्तिगत जानकारियाँ ठीक वैसी ही देनी चाहिए, जो पूर्व में दी गई हैं अर्थात् प्रारम्भिक परीक्षा के समय दी थीं, *इसके अन्तर्गत निम्न बातें आती हैं*

- पद का नाम
- अभ्यर्थी का रोल नम्बर
- अभ्यर्थी का नाम
- अभ्यर्थी की जन्म तिथि
- पद का कोड
- इण्टरव्यू की तिथि
- अभ्यर्थी के पिता का नाम
- आयु

- अभ्यर्थी का मातृ स्थल
- मातृ भाषा
- धर्म
- स्थायी पता एवं पत्र-व्यवहार का पता
- जिला
- राष्ट्रीयता
- वैवाहिक स्थिति
- पारिवारिक सदस्यों का ब्यौरा
- श्रेणी (सामान्य/ओबीसी/एससी/एसटी/अन्य, विकलांग श्रेणी)

इण्टरव्यू के लिए बुलावा पत्र अथवा किसी अन्य प्रमाण-पत्र में यदि अभ्यर्थी के नाम अथवा उसके पिता के नाम अथवा अन्य किसी तथ्य में किसी भी प्रकार की त्रुटि है, तो उसे समय रहते ठीक करवा लेना चाहिए अन्यथा इण्टरव्यू के समय अभ्यर्थी को कई परेशानियों का सामना करना पड़ सकता है।

जाति प्रमाण-पत्र

यदि छात्र अन्य पिछड़ा वर्ग (OBC) से सम्बन्धित है, तो वह यह सुनिश्चित कर लें उसका यह प्रमाण-पत्र आवेदन की तिथि से एक वर्ष से अधिक पुराना न हो, तथा यह भी सुनिश्चित कर लें कि यह भारत सरकार की नौकरियों के लिए भी वैध हो।

फोटो

बायोडाटा फार्म में निर्धारित स्थान पर अभ्यर्थी को अपना नवीनतम फोटो (सामान्य रूप से वही फोटो जो प्रारम्भिक परीक्षा में लगाया गया हो) लगाना चाहिए। फोटो पूर्ण रूप से स्पष्ट होना चाहिए तथा हल्के रंग के कपड़ों में होनी चाहिए ताकि आवश्यकता पड़ने पर जब उस पर हस्ताक्षर किए जाएँ, तो वह आसानी से दिख सकें।

नोट *टोपी एवं धूप चश्मों में खिंचवाई गई फोटो नहीं लगानी चाहिए।*

शैक्षणिक योग्यता (Educational Qualification)

बायोडाटा फार्म भरते समय अभ्यर्थी को अपनी शैक्षणिक योग्यताओं का ब्यौरा देना होता है, इसमें अभ्यर्थी को दसवीं कक्षा से शुरू करते हुए स्नातक/परास्नातक तक का ब्यौरा देना होता है, *इसके अन्तर्गत आवेदक को निम्न तथ्यों को विशेष रूप से भरना होता है*

- परीक्षा/उपाधि का नाम; जैसे-मैट्रिक, स्नातक, परास्नातक
- बोर्ड/विश्वविद्यालय/स्कूल/कॉलेज का नाम
- उत्तीर्ण करने का वर्ष
- मुख्य एवं वैकल्पिक विषयों का ब्यौरा
- वर्ष (1, 2 अथवा 3)
- प्रतिशत
- श्रेणी (प्रथम, द्वितीय, तृतीय)
- विशेष उपलब्धि/पुरस्कार/छात्रवृत्ति का वर्णन

नोट *परीक्षाओं में प्राप्त अंकों का प्रतिशत पूर्ण रूप से लिखें; जैसे–55.99% को 55.99 ही लिखें, 60% नहीं।*

कम्प्यूटर का ज्ञान (Computer Knowledge)

बैंकिंग से जुड़े लगभग सभी कार्य कम्प्यूटर के द्वारा ही निष्पादित होते हैं। अत: अभ्यर्थी से आशा की जाती है कि उसे कम्प्यूटर का ज्ञान होगा। कई बार इसकी अनिवार्य योग्यता अपेक्षित होती है। अभ्यर्थी को एमएस डॉस, एमएस विण्डो, नेटवर्किंग, एमएस ऑफिस की जानकारी बायोडाटा फार्म में देनी होती है।

कार्य का अनुभव (यदि है तो ही प्रदर्शित करें)

बायोडाटा फार्म में अभ्यर्थी को अपने कार्यानुभवों का ब्यौरा देना होता है, इसके अन्तर्गत अभ्यर्थी ने पूर्व में जहाँ-जहाँ कार्य किया हो वहाँ की जानकारी देनी होती है; जैसे-

- संगठन/संस्थान का नाम एवं पता
- अवधि
- कार्य की प्रकृति
- पदनाम
- वेतन
- नौकरी छोड़ने का कारण

नोट *अभ्यर्थी के पास उसके कार्यानुभवों से जुड़े प्रमाण-पत्र होने आवश्यक हैं।*

अन्य गतिविधियों का उल्लेख (Extra Curricular Activities)

अभ्यर्थी को अपने बायोडाटा फार्म में अपनी कार्योत्तर गतिविधियों का उल्लेख करना होता है। इसके अन्तर्गत मैट्रिक से लेकर खेल-कूद, एनसीसी, ललित कलाओं, नाटकों, निबन्ध लेखन, वाद-विवाद का वर्णन करना होता है। अभ्यर्थी यदि इनमें से किसी का भी उल्लेख अपने बायोडाटा में करता है तो इण्टरव्यू के दौरान उसका प्रमाण-पत्र भी प्रस्तुत करना होता है।

रुचि/शौक (Interest/Hobbies)

रुचि एवं शौक अभ्यर्थी के लिए एक ऐसा विषय होता है, जिसमें वह असमंजस की स्थिति में आ जाता है। ऐसे में छात्रों को उसी रुचि अथवा शौक को बायोडाटा फार्म में स्थान देना चाहिए, जिससे जुड़े प्रश्नों का जवाब वह आसानी से दे सके अर्थात् जिसके बारे में उसे गहन जानकारी हो।

सन्दर्भ (References)

अभ्यर्थी को अपने बायोडाटा फार्म में एक अथवा दो व्यक्तियों का सन्दर्भ देना होता है, इसके अन्तर्गत उसे सन्दर्भित व्यक्तियों का नाम, व्यवसाय एवं उसके पते का ब्यौरा देना होता है।

नोट *यह सन्दर्भ व्यक्ति, अभ्यर्थी अथवा उसके परिवार से जुड़ा नहीं होना चाहिए।*

हस्ताक्षर (Signature)

सभी सम्बन्धित सूचनाओं का उल्लेख करने के बाद अभ्यर्थी को बायोडाटा फार्म में दी गई घोषणा के नीचे हस्ताक्षर करना होता है। अत: यह अति आवश्यक है कि अभ्यर्थी सभी सूचनाएँ ध्यान से पढ़ें तथा यथास्थान पर हस्ताक्षर करना कभी न भूलें।

अन्य सावधानियाँ

बैंकिंग इण्टरव्यू बायोडाटा फार्म भरते समय आप उपरोक्त के अतिरिक्त *निम्न बातों का भी विशेष तौर पर ध्यान रखें*

- फार्म भरते समय ओवरराइटिंग से बचें। सम्भव हो, तो एक बार पेंसिल से भरकर देख लें।
- जहाँ तक सम्भव हो वाइटनर का प्रयोग न करें।
- अपना एवं अपने परिवार के सदस्यों के नाम की स्पैलिंग ठीक वैसे ही लिखें, जो आपके शैक्षणिक प्रमाण-पत्र में अंकित हैं।
- अपना रोल नं. एवं इण्टरव्यू की तिथि फार्म पर अवश्य लिखें।
- बायोडाटा फार्म में जो भी तथ्य आपने दिए उनके समर्थन में आप प्रमाण-पत्र अवश्य रख लें।
- सभी प्रमाण-पत्रों की मूल प्रति एवं 10 फोटो आपके पास अवश्य होनी चाहिए। इसके अलावा सभी प्रमाण-पत्रों की 4 से 5 प्रतियाँ राजपत्रित अधिकारी अथवा स्वयं द्वारा सत्यापित भी आपके पास अवश्य होनी चाहिए।

✓

INTERVIEW OPTION : HINDI / ENGLISH
(Please tick whichever is applicable)

BIO-DATA FORM

[To be filled in by the candidate in his/her own handwriting and submitted in 4 copies (1 original+ 3 xerox copies). Please read the instructions carefully before filling up this form]

Please Affix here a recent passport size photo and sign across on it

Roll No. : 0156757

Interview Date : 15-6-2014

Post for which called for Interview : Probationary Officer

Post Code : 05

1. Name in full [in Block letters] : RAJESH KUMAR SHARMA
2. Date of Birth and Age

05	08	1985
Day	Month	Year

Age : 29

3. Place of Birth : Delhi — Tehsil : Model Town
4. Native Place : Uttar Pradesh — State : Delhi

   District : Allahabad

✓

5. Father's / Husband's Name : Vijay Kumar Sharma
6. Nationality : Indian — Religion : HINDU
7. Category [Please tick whichever is applicable] :

Main Category				Sub-category			
				Persons with Disabilities			Any other (Specify)
SC	ST	OBC	GEN	VC	Hi	OC	
			✓				

8. (a) Permanent Address [in block letters] (b) Communication Address [in block letters]

(a) Permanent Address		(b) Communication Address	
B- 62 I		B-621	
NANDA ROAD		NANDA ROAD	
ADARSH NAGAR		ADARSH NAGAR	
	Pin : 110033		Pin : 110033
Phone	Res :	Phone	Res :
	Cell :		Cell :
E-mail : Rajesh1985@yahoo.com		E-mail : Rajesh1985@yahoo.com	

9. Whether you are :

   A] A member of Scheduled Caste : YES / NO, ✓ If YES, Sub-Caste :

   B] A member of Scheduled Tribe : YES / NO, ✓ If YES, Sub-Caste :

   C] A member of other Backward Class : YES / NO, ✓ If YES, Sub-Caste :

D] In case you belong to SC / ST / OBC category, indicate the serial number of Sub-caste as appearing in the Central Government list : N/A

E] An Ex-Servicemen / Disabled Ex-Servicemen : YES / NO : N/A
If YES, No. of years of service put in Defence Services, date of discharge with reasons :

F] Visually Challenged : YES / NO ✓ If YES, % of disability :

G] Hearing Impaired : YES / NO ✓ If YES, % of disability :

H] Orthopaedically Challenged : YES / NO ✓ If YES, % of disability :

NOTE Indicate whichever is applicable. A certificate in original from the Competent Authority should be produced in the case of candidates belonging to Scheduled Castes, Scheduled Tribes and Other backward classes [as per the proforma enclosed]. **OBC Certificate should not be more than 1 year old as on the date of application.** In the event of conversion or re-conversion to Hindu or Sikh religion, adequate evidence including a copy of the relevant gazette notification and also other documentary evidence should be furnished. In the case of Ex-servicemen, Discharge Certificate issued by the concerned authority should be produced. In case of Persons with disabilities, sufficient documentary evidence including the medical certificate issued by the Competent Authority should be necessarily produced.

10. Marital Status [Single ✓ / Married / Widowed / Divorced / Legally Separated] :

11. State the number of persons, who are dependent on you for support [Parents, Wife / Husband, Children, Brothers/Sisters, Others] : 2

12. Educational Qualification

[Full particulars from SSC/SSLC onwards to be given. If space is not sufficient furnish in annexure]

Certificate/ Degree/Diploma obtained		School/College / University/ Board	Date of Passing [dd/mm/yy]	Principal and optional subjects studied in brief	No. of attempts	Percentage of marks obtained	Class & rank obtained	Prizes/Scholarships & other distinctions obtained if any
SSC	Degree	CBSE	25.5.99	Hindi, Eng., Maths S.St., Science	1	60%	Ist	
+2	Degree	CBSE	28.5.2001	Hindi, Eng., Eco., Polity, Geography	1	65%	Ist	Got the certificate from Hindi Academy for getting 80% Marks in Hindi.
Grad*	Degree	Delhi Uni.	6.8.2004	Hindi, Eng. Hist., Pol. S, Eco	1	55.83%	IInd	
PG	Degree	Delhi Uni.	15.9.2006	MA Economics	1	55%	IInd	
One Year Computers Programme		NIIT	2.8.2008	Computer Programme				

* Graduation percentage should be calculated by dividing the marks obtained by the candidates in all the subjects including languages in all semesters / years, by aggregate maximum marks in all the subjects irrespective of honours / optional / additional optional / subsidiary subjects, if any. This will be applicable for those universities also where class / grade is decided on the basis of honours marks only. The fraction of percentage so arrived will be ignored *i.e.,* 59.99% will be treated as less than 60% and 54.99% will be treated as less than 55%. Please provide complete details in Page 5.

13. Do you possess computer knowledge : YES / NO Yes
If YES, Please mark the discipline

i]	MS DOS / MS Windows	✓
ii]	Basic concepts of Networking & Connectivity	✓
iii]	MS Office	✓
iv]	Others [Furnish details]	✓

14. Work experience
[Details of all previous employments, whether temporary or permanent including the present employment, if any, are to be given. If space is not sufficient furnish in annexure].

Name and address of the employer	Job Title / Designation	Period of Employment		Salary	Job Nature	Reasons for Leaving
		From	To			
ABC	Asst Manager	Jan. 2009	Till Date	23000 Per Month		—

15. a] Mother Tongue : Hindi

b] Languages Known : Hindi, English
To Speak ✓
To Read ✓
To Write ✓

16. Particulars of participation in Sports, Athletics, Scouts, NCC, Debates, Dramas or other Extra-Curricular activities in School, College and elsewhere awarded by /NCC 'B' Certificate at School level

17. Hobbies and other interests : Writing, Photography

18. a] Have you ever been arrested, prosecuted, kept under detention or bound down / fined / convicted by a Court of Law or whether any case is pending against you in a Court of Law? If yes, give full details : No

b] Have you ever been debarred / disqualified by any institution from appearing at its examination / selection or debarred in any manner from any examination or rusticated by any University or any other educational authority / Institution ? If yes, give full details : No

c] Is any case pending against you in any University or any other educational authority / Institution at the time of filling up this form? If yes, give full details : No

d] Has any case been filed against you at present or in the past by any Bank, Insurance Company etc., for non-payment of any loan taken from them ? If so, please give details : No

19. a] In case you are / were an employee of the Government/ Public Sector / Nationalised Bank/ Municipal Corpn.,/ Private Sector Organisation, please state whether there is any disciplinary case pending against you or whether any disciplinary case was taken against you during the last 3 years of your service. If so, please give details : No

b] Were you ever removed, discharged/dismissed/made to resign from such service in the past? If so, please give details. : No

20. Please furnish Name, Occupation and address of TWO respectable persons, NOT related to you, to be given as reference

1]				2]			
	Name	:	Kamlesh Gupta		Name	:	Ritu Chauhan
	Occupation	:	Editor		Occupation	:	TGT
	Address	:	B-222 Jahangir Puri, DELHI		Address	:	B-625
							NANDA ROAD
							ADARSH NAGAR
			Pin : 110033				Pin : 110033

21. In case you are selected, how soon you can join: One Month

22. Additional information if any, which you wish to furnish:

<u>The following are to be enclosed in the same order</u>

A. CERTIFIED TRUE COPIES OF

a) Printouts of IBPS CWE-PO/MT Registered Application, Bank online application, Call Letter for Group Discussion and Interview and Copies of IBPS Score Card, Identity Proof as mentioned in call letter.
b) Proof of Date of Birth [SSC / SSLC / X std Certificate with DOB or Birth Certificate] .
c) Mark lists from SSC / SSLC exam to the highest exam passed by you, including technical and professional exams of each year/semester, if any.
d) Certificate regarding graduation / post-graduation / other examinations passed.
e) Testimonials regarding proficiency in Curricular/Extra-curricular activities, if any.
f) Experience Certificate/s from the employer/s regarding present and previous employment.
g) Caste certificate issued by the Competent Authority in the Government. of India format as per the proforma enclosed in the case of SC/ST/OBC candidates.
h) Service / Discharge certificate issued by the Competent Authority in the case of Ex-servicemen.
i) Medical certificate from the authorized Certifying Authority – *i.e.,* Medical Board appointed by the State Government. at District levels comprising of Chief Medical Officer / Sub-Divisional Medical Officer/s in the District and an Orthopaedic / Opthalmologist / ENT Surgeon as the case may be, in the case of candidates belonging to persons with disabilities category.

B. ORIGINAL CERTIFICATES

1. No Objection Certificate from the employer in the case of candidates working.
2. Character certificate from two respectable persons not related to you, obtained on a recent date.

I **<u>Rajesh Kumar Sharma</u>** hereby declare that the above statements are true, complete and correct and also that no facts have been suppressed. It is understood that employment, if any, offered to me is based upon the truthfulness of the statements made herein and in the event of any information being found false or incorrect at a later date, my appointment is liable to be terminated. I further state that, if selected, I am willing to be posted to any where in India at any of the branch/office including rural branches of the Bank.

DATE : 15-5-2014
PLACE : DELHI

SIGNATURE OF THE CANDIDATE

FOR OFFICE USE

Certificates Scrutinised by :
Name :
Designation :
Office Address :
Date :

Signature

1/2012 – Probationary Officers

Name Rajesh Kumar Sharma		**DOB** 05-08-1985 Gen	
	Roll No. 0156757	**Interview Date** 15-6-2014 Venue : Delhi	**Session** Morning

Details of Graduation Course: Period: From 2001 to 2004 No. of Years:	Admission No./Roll No. .65745 University: Ram IAS college Delhi University

	I Year	**Enrolled in Year : 2001**			**II Year**	**Enrolled in Year:**			**III Year**	**Enrolled in Year :**			**IV Year**	**Enrolled in Year :**		
S. No.	Sem	Sub	Max Marks	Marks Obtained	Sem	Sub	Max Marks	Marks Obtained	Sem	Sub	Max Marks	Marks Obtained	Sem	Sub	Max Marks	Marks Obtained
1		Eng	100	55		Eng	100	60		Eng	100	50				
2		Hindi	100	65		Hindi	100	55		Hindi	100	55				
3		Eco	100	52		Eco	100	50		Eco	100	60				
4		Pol. Sc	100	53		Pol. Sc	100	55		Pol Sc.	100	60				
5																
6																
7																
8																
9																
10																
11																
12																
13																
14																
15																
16																
17																
18																
19																
20																
I Year Total			400	225	**II Year Total**		400	220	**III Year Total**		400	225				
Last paper cleared on December 2002					Last paper cleared on October 2003				Last paper cleared on August 2004							

Note: Marks means Marks or Grades; Maximum marks means maximum marks or Maximum grades allotted to the subject. In case of Grades, a copy of 'Conversion formula' notified by the University for converting grades into percentage has to be submitted.

Year	Total Maximum Marks	Total Marks Obtained
First Year	400	225
Second Year	400	220
Third Year	400	225
Fourth Year		
Grand Total	1200	670

Aggregate Percentage

$$\frac{\text{Total Marks Obtained}}{\text{Total Maximum}} = \frac{670}{1200} \times 100 = 55.83\%$$

Declaration : The information declared in this page is true, complete and correct and no facts have been suppressed. I clearly understand that I have been allowed for GD and Interview based on the above information provided by me. I agree that, if the above information is found false or incorrect at any point of time, my candidature will be treated as invalid. Attested photocopies of Yearwise/ Semesterwise mark sheets alongwith consolidated mark sheet are attached as proof.

Date :

Place :

Signature

भारतीय बैंकिंग प्रणाली: एक परिचय

भारत में आधुनिक बैंकिंग प्रणाली का विकास ब्रिटिश शासनकाल के आगमन के साथ ही 17वीं शताब्दी में शुरू हो गया था। सामान्यत: बैंक का अर्थ उस संस्था से है, जो लोगों की जमा (Deposits) को स्वीकार करता है तथा उन्हें उधार देता है अर्थात् बैंक वह है, जो मुद्रा का व्यापार करता है।

हालाँकि ऐसी सभी संस्थाओं को जो मुद्रा का व्यापार करती हैं, उन्हें बैंक नहीं कहा जा सकता। बैंक केवल उन्हीं वित्तीय संस्थाओ को कहा जा सकता है, जिनके मुद्रा व्यापार का सम्बन्ध सामान्य जनता से होता है अर्थात् ऐसी संस्थाएँ जो सामान्य जनता को ऋण देती हैं और उनकी जमाएँ स्वीकार करती हैं।
उदाहरणस्वरूप; भारतीय जीवन बीमा निगम (Life Insurance Corporation of India, LIC) को व्यापारिक बैंक नहीं कहा जा सकता, क्योंकि यह सामान्य जनता से जमा स्वीकार नहीं करता। *किसी भी बैंक के दो प्रमुख कार्य होते हैं*

1. जमा के रूप में रुपया लेना।
2. कर्ज देना अथवा लिए हुए रुपये का अन्य लाभप्रद विधियों से प्रयोग करना।

भारत में बैंकिंग प्रणाली का इतिहास

भारत में बैंकिंग प्रणाली के विकास को अध्ययन की सुविधा की दृष्टि से निम्नलिखित छ: चरणों में विभाजित किया गया है

प्रथम चरण (प्रारम्भ से 1806)

- ब्रिटिश शासनकाल से पूर्व भारत में बैंकिंग का कोई विशेष विकास नहीं हुआ था, इसमें साहूकारों एवं महाजनों का वर्चस्व था।
- 18वीं शताब्दी में ईस्ट इण्डिया कम्पनी ने बम्बई तथा कलकत्ता में कुछ एजेन्सी गृहों की स्थापना की थी।
- एजेन्सी गृह आधुनिक बैंकों की भाँति कार्य किया करते थे। इन एजेन्सी गृहों का वित्त पोषण ईस्ट इण्डिया कम्पनी के अधिकारियों एवं कर्मचारियों द्वारा किया जाता था।
- यूरोपीय बैंकिंग पद्धति पर आधारित भारत का प्रथम बैंक विदेशी पूँजी के सहयोग से एलेक्जेण्डर एण्ड कम्पनी द्वारा **बैंक ऑफ हिन्दुस्तान** के नाम से 1770 ई. में कलकत्ता में स्थापित किया गया, किन्तु यह अधिक सफल नहीं हो पाया।

द्वितीय चरण (1807-60)

इस चरण में 3 प्रेसीडेन्सी बैंकों अर्थात् **बैंक ऑफ बंगाल** (1806), **बैंक ऑफ बॉम्बे** (1840) तथा **बैंक ऑफ मद्रास** (1843) की स्थापना की गई। गौरतलब है कि 'बैंक ऑफ बंगाल' की स्थापना 1806 में 'बैंक ऑफ कलकत्ता' के रूप में की गई थी। 1809 में इसका नाम बदलकर 'बैंक ऑफ बंगाल' किया गया। वर्ष 1921 में इन तीनों बैंकों को मिलाकर **इम्पीरियल बैंक ऑफ इण्डिया** की स्थापना की गई। 1 जुलाई, 1955 को राष्ट्रीयकरण के उपरान्त इसका नाम बदलकर **स्टेट बैंक ऑफ इण्डिया** रख दिया गया।

तृतीय चरण (1861-1913)

1860 ई. में संयुक्त पूँजी अधिनियम पारित किए जाने पर भारत में संयुक्त पूँजी वाले बैंकों की स्थापना का मार्ग प्रशस्त हुआ। *इस दौरान निम्नलिखित बैंकों की स्थापना हुई*

बैंक	**स्थापना वर्ष**	**विशेषता**
इलाहाबाद बैंक	1865	देश का पहला निजी बैंक
अवध कॉमर्शियल बैंक	1881	सीमित देयता के आधार पर भारतीयों द्वारा स्थापित तथा संचालित पहला बैंक
पंजाब नेशनल बैंक	1894	पूर्ण रूप से पहला भारतीय बैंक

इसी अवधि में देश में तत्कालीन चार बड़े बैंकों की भी स्थापना हुई

- बैंक ऑफ इण्डिया (1906)
- सेण्ट्रल बैंक ऑफ इण्डिया (1911)
- बैंक ऑफ बड़ौदा (1908)
- बैंक ऑफ मैसूर (1913)

चतुर्थ चरण (1914-39)

इस काल में प्रथम विश्वयुद्ध के कारण बैंकों का विकास नहीं हो सका। वर्ष 1921 में तीनों प्रेसीडेन्सी बैंकों को मिलाकर **इम्पीरियल बैंक ऑफ इण्डिया** की स्थापना की गई।

पंचम चरण (1940-46)

यह अवधि बैंकिंग विस्तार की अवधि कही जा सकती है। द्वितीय विश्वयुद्ध के परिणामस्वरूप उत्पन्न मुद्रा प्रसार के कारण जन सामान्य की मौद्रिक आय में वृद्धि हो गई, फलतः सभी बैंकों के निक्षेप बढ़ गए। युद्धकाल में बढ़ती हुई आर्थिक समृद्धि का लाभ उठाने के लिए पुराने बैंकों ने नई-नई शाखाओं की स्थापना की तथा नए-नए बैंकों की भी स्थापना की गई।

षष्टम चरण (1947 से अब तक)

इस काल में 9 जनवरी, 1949 को रिजर्व बैंक ऑफ इण्डिया का राष्ट्रीयकरण हुआ। वर्ष 1945 में भारतीय बैंकिंग का समन्वित नियमन करने हेतु भारतीय बैंकिंग अधिनियम पारित हुआ। 1 जुलाई, 1955 को इम्पीरियल बैंक ऑफ इण्डिया का राष्ट्रीयकरण हुआ।

भारत में बैंकों का राष्ट्रीयकरण (Nationalisation of Banks)

भारत में बैंकों का सामाजिक उत्तरदायित्व सुनिश्चित करने के उद्देश्य से देश के 14 **बड़े व्यावसायिक बैंकों का 19 जुलाई, 1969 को राष्ट्रीयकरण** कर दिया गया। ये ऐसे बैंक थे, जिनकी जमा राशि ₹ 50 करोड़ या उससे अधिक थी।

जिन बैंकों का राष्ट्रीयकरण किया गया, वे निम्नलिखित हैं

1. सेण्ट्रल बैंक ऑफ इण्डिया
2. बैंक ऑफ इण्डिया
3. इलाहाबाद बैंक
4. सिण्डिकेट बैंक
5. यूनाइटेड कॉमर्शियल बैंक
6. इण्डियन बैंक
7. देना बैंक
8. पंजाब नेशनल बैंक
9. केनरा बैंक
10. बैंक ऑफ बड़ौदा
11. यूनाइटेड बैंक ऑफ इण्डिया
12. यूनियन बैंक ऑफ इण्डिया
13. बैंक ऑफ महाराष्ट्र
14. इण्डियन ओवरसीज बैंक।

पुनः लगभग 1 दशक पश्चात् 15 **अप्रैल, 1980 को छः वाणिज्यिक बैंकों का राष्ट्रीयकरण** किया गया, जिनकी जमा राशि ₹ 200 करोड़ या उससे अधिक थी, *जो इस प्रकार हैं*

1. आन्ध्रा बैंक
2. पंजाब एण्ड सिन्ध बैंक
3. विजया बैंक
4. कॉर्पोरेशन बैंक
5. ओरियण्टल बैंक ऑफ कॉमर्स
6. न्यू बैंक ऑफ इण्डिया।

4 सितम्बर, 1993 को न्यू बैंक ऑफ इण्डिया का विलय पंजाब नेशनल बैंक में किया गया, जिससे राष्ट्रीयकृत बैंकों की संख्या 19 हो गई। 1 अक्टूबर, 2004 को IDBI बैंक का निगमीकरण करके उसे एक वाणिज्यिक बैंकिंग कम्पनी का दर्जा दे दिया गया। अब भारतीय महिला बैंक की स्थापना के साथ ही सार्वजनिक क्षेत्र के बैंकों की संख्या 27 हो गई है। सबसे नया राष्ट्रीय बैंक **भारतीय महिला बैंक** है, जिसका केन्द्रीय कार्यालय नई दिल्ली में है। इसकी स्थापना 19 नवम्बर, 2013 को मुम्बई में की गई।

भारतीय बैंकिंग प्रणाली का ढाँचा

भारतीय बैंकिंग प्रणाली का ढाँचा इस प्रकार है

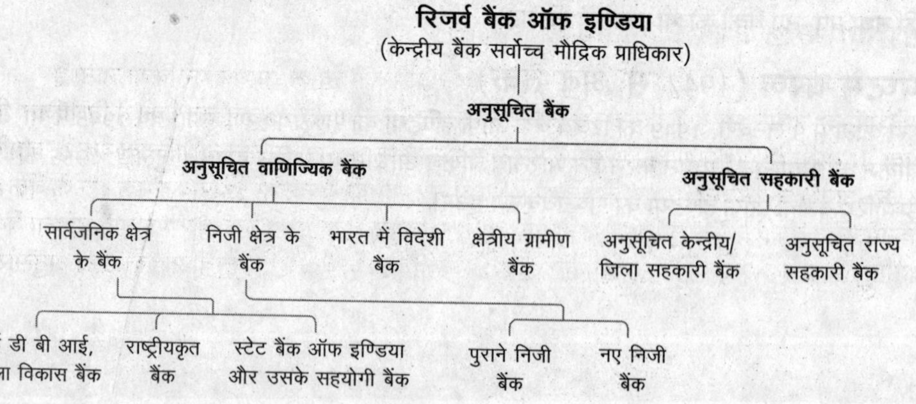

भारत में बैंक (Banks in India)

भारतीय रिजर्व बैंक (RBI) देश का केन्द्रीय बैंक है, यह देश के सभी बैंकों की शीर्ष नियामक संस्था है। भारत में केन्द्रीय बैंक के अतिरिक्त अनुसूचित बैंक, जिनमें वाणिज्य एवं अनुसूचित सहकारी बैंक आते हैं, शामिल हैं

केन्द्रीय बैंक (Central Bank)

केन्द्रीय बैंक किसी भी देश का सर्वोच्च बैंक होता है। सम्बन्धित देश के विधान के अन्तर्गत इसे कुछ विशेषाधिकार तथा शक्तियाँ प्राप्त होती हैं, जो अन्य बैंकों को प्राप्त नहीं होती। केन्द्रीय बैंक वह संस्था है, जिसे सामान्य जनहित में मुद्रा की मात्रा में विस्तार तथा संकुचन की व्यवस्था करने का दायित्व सौंपा गया हो। भारत का केन्द्रीय बैंक, **रिजर्व बैंक ऑफ इण्डिया** (RBI) है।

अनुसूचित बैंक (Scheduled Banks)

भारतीय रिजर्व बैंक अधिनियम, 1934 के अधीन बैंकों के अनुसूचित बैंक (Scheduled Bank) ऐसे बैंक हैं, जो भारतीय रिजर्व की दूसरी अनुसूची में वर्ष 1934 के कानून के अधीन दर्ज किए गए हैं। इन बैंकों की प्रदत्त पूँजी (Paid-up Capital) और संचित राशि ₹ 5 लाख से कम नहीं होती और उन्हें भारतीय रिजर्व बैंक को इस बारे में सन्तुष्ट करना पड़ता है कि इनका कार्यकलाप जमाकर्ताओं के हितों के अनुरूप किया जा रहा है। सभी वाणिज्यिक बैंक भारतीय या विदेशी, क्षेत्रीय ग्रामीण बैंक और राज्य सहकारी बैंक अनुसूचित बैंक हैं।

अनुसूचित बैंक कुछ सुविधाओं के भी अधिकारी होते हैं, ये रिजर्व बैंक से **बैंक दर** पर ऋण प्राप्त करने के अधिकृत होते हैं और इन्हें **समाशोधन गृह** (Clearing House) की सदस्यता भी प्राप्त रहती है। अनुसूचित बैंकों को रिजर्व बैंक की प्रथम श्रेणी के विनिमय पत्रों की पुनर्कटौती की सुविधा भी मिलती है।

गैर-अनुसूचित बैंक (Non-Scheduled Bank)

ऐसे बैंक जो भारतीय रिजर्व बैंक अधिनियम, 1934 की दूसरी अनुसूची में शामिल नहीं हैं, गैर-अनुसूचित बैंक कहलाते हैं। इनकी चुकता पूँजी तथा रक्षित कोष दोनों की धनराशि ₹5 लाख से कम होती है। इन बैंकों को भी सांविधिक नकद कोष शर्तों को मानना पड़ता है, पर ये इस कोष को रिजर्व बैंक के पास रखने हेतु बाध्य नहीं हैं।

वाणिज्यिक बैंक (Commercial Bank)

भारत में वाणिज्यिक बैंकों का वर्गीकरण संवैधानिक तथा स्वामित्व के आधार पर किया जाता है संवैधानिक आधार पर वाणिज्यिक बैंकों को अनुसूचित बैंक तथा गैर-अनुसूचित बैंकों में विभाजित किया गया है। भारत में 168 वाणिज्यिक बैंक कार्यरत हैं, जिनमें से 164 अनुसूचित वाणिज्यिक बैंक हैं, जबकि 4 गैर-अनुसूचित बैंक हैं। अनुसूचित बैंकों में 76 क्षेत्रीय ग्रामीण बैंक तथा 27 सार्वजनिक क्षेत्र के बैंक हैं, जिनमें स्टेट बैंक एवं उसके 5 सहयोगी बैंक, 19 राष्ट्रीयकृत बैंक, IDBI बैंक और भारतीय महिला बैंक शामिल हैं, इसके अलावा 41 विदेशी बैंक तथा 26 निजी क्षेत्र के बैंक हैं। (आरबीआई के डाटा अनुसार),

वाणिज्यिक बैंकों के कार्य (Functions of Commercial Banks)

व्यापारिक बैंकों के निम्नलिखित प्रमुख कार्य हैं

जमा स्वीकार करना (Received Deposits)

बैंकों का प्रमुख कार्य है जनता से जमा स्वीकार करना, इन जमाओं के माध्यम से बैंक बचतों (savings) को प्रोत्साहित करने का कार्य करते हैं। इन जमा बचतों पर जमाकर्ता को बैंक द्वारा ब्याज दिया जाता है। बैंक जमाकर्ताओं को उनकी सुविधानुसार *अग्रलिखित प्रकार के खातों की सुविधा उपलब्ध कराता है*

ऋण देना (To Lend Money)

यह वाणिज्यिक बैंकों का दूसरा महत्त्वपूर्ण कार्य है। बैंक अपने ग्राहकों, उत्पादकों व व्यापारियों आदि को विभिन्न प्रकार की जमानतों पर ऋण देते हैं, *वाणिज्यिक बैंक निम्नलिखित प्रकार के ऋण देते हैं*

- ओवर ड्राफ्ट (Over Draft) चालू खाता वाले जमाकर्ता को उनके खाते में जमा रकम से अधिक राशि निकालने की सुविधा।
- ऋण तथा अग्रिम (Debt and Loan)
- विनिमय पत्रों की कटौती (Retrenchment of Exchange Bills)
- नकद साख (Cash Credit)
- सरकारी प्रतिभूतियों में निवेश (Investment in Public Securities)

एजेन्सी कार्य (Agency Functions)

बैंक एजेण्ट के रूप में मुख्यत: निम्न कार्यों को करता है

- विनिमय साध्य साख-पत्रों का भुगतान करना
- भुगतानों को प्राप्त करना
- रूपये का हस्तान्तरण
- ग्राहकों की ओर रूपये का भुगतान करना
- प्रतिभूतियों का क्रय-विक्रय
- वकील की तरह काम करना

विविध कार्य (Miscellaneous Functions)

वाणिज्यिक बैंकों के विविध कार्य निम्नलिखित हैं

- प्रमाण-पत्रों तथा यात्रियों के चेकों को जारी करना
- निर्णयकर्ता के रूप में कार्य करना
- व्यापारिक सूचना तथा आँकड़े इकट्ठे करना
- सरकार तथा अन्य संस्थाओं के ऋणों का अभिगोपन करना
- धन सम्बन्धी सलाह देना
- विदेशी विनिमय का क्रय-विक्रय
- सुरक्षा सम्बन्धी कार्य

मूल्य वर्द्धित सेवाएँ (Value Added Services)

वर्तमान में वाणिज्यिक बैंक अपने ग्राहकों को सामान्य बैंकिंग क्रियाओं के अतिरिक्त निम्नलिखित मूल्य वर्द्धित सेवाएँ उपलब्ध कराते हैं

- लॉकर्स सुविधा
- विभिन्न बिल (बिजली, पानी) भुगतान सुविधा
- ई-बैंकिंग सुविधा
- एटीएम सुविधा
- एटीएम सह डेबिट कार्ड सुविधा
- यात्री चेक जारी करना तथा भुगतान करना
- ग्राहकों के पक्ष में गारण्टी पत्र
- एनीव्हेयर बैंकिंग सुविधा
- क्रेडिट कार्ड सुविधा

क्षेत्रीय ग्रामीण बैंक

कृषि, व्यापार, वाणिज्य तथा ग्रामीण क्षेत्रों में अन्य उत्पादक गतिविधियों के लिए, विशेष रूप से छोटे और सीमान्त किसानों, खेतिहर मजदूरों, दस्तकारों और छोटे उद्यमियों के लिए और उनसे सम्बन्धित मामलों के लिए ऋण और अन्य सुविधाओं के विकास की दृष्टि से 26 सितम्बर, 1975 को प्रवर्तित अध्यादेश के प्रावधानों तथा क्षेत्रीय ग्रामीण बैंक अधिनियम, 1976 के तहत क्षेत्रीय ग्रामीण बैंकों की स्थापना की गई।

- कृषि व्यवसाय का स्वरूप व आवश्यकताएँ अन्य व्यवसायों से भिन्न होती हैं। अतः कृषि अर्थ प्रबन्धन हेतु विशेष प्रकार के बैंकों की आवश्यकता पड़ती है।
- किसानों की वित्तीय आवश्यकताएँ भी अल्पकालीन एवं दीर्घकालीन दो वर्गों में बाँटी जा सकती हैं। अतः भारत में कृषि बैंकों का विकास भी दो स्तरों पर हुआ है, कृषि सहकारी बैंक (अल्पकालीन साख सम्बन्धी आवश्यकताओं की पूर्ति हेतु) एवं भूमि विकास बैंक (दीर्घकालीन ऋण सम्बन्धी आवश्यकताओं की पूर्ति हेतु)।

सार्वजनिक बैंक (Public Bank)

सार्वजनिक क्षेत्र के बैंक का नियमन सरकार द्वारा किया जाता है। इसके स्वामित्व सम्बन्धी अधिकार सरकार के पास होते हैं। सरकार की बैंक में अनिवार्य रूप से हिस्सेदारी 50% शेयरों से अधिक होती हैं। वर्तमान में सार्वजनिक क्षेत्र के बैंकों की कुल बाजार हिस्सेदारी 67.2% (आर बी आई के अनुसार) है।

सार्वजनिक क्षेत्र के बैंकों में 21 राष्ट्रीयकृत बैंक, एसबीआई और उसके 5 एसोसिएट बैंक, इण्डस्ट्रियल डेवलपमेण्ट बैंक ऑफ इण्डिया तथा नवगठित महिला विकास बैंक सहित 27 बैंक शामिल हैं।

निजी बैंक (Private Bank)

निजी कम्पनियों द्वारा स्थापित बैंक निजी बैंक होते हैं। भारत में पिछले दिनों निजी बैंकों की भूमिका में वृद्धि हुई है। इनमें 74% तक विदेशी निवेश की अनुमति है, ICICI बैंक निजी क्षेत्र का सबसे बड़ा बैंक है, इसके अलावा एचडीएफसी, एक्सिस, कोटक महिन्द्रा बैंक आदि मुख्य हैं। पिछले दिनों भारतीय रिजर्व बैंक द्वारा निजी क्षेत्र में बैंकों की स्थापना के मार्ग-निर्देशन में *कई दिशा-निर्देश जारी किए गए हैं, ये हैं*

- केवल भारतीय नागरिक द्वारा ही निजी क्षेत्र में बैंक खोला जा सकता है।
- बैंक की न्यूनतम चुकता पूँजी 500 करोड़ होनी चाहिए।
- वित्तीय अथवा गैर-वित्तीय क्षेत्र में कम-से-कम 10 वर्षों का कार्यानुभव होना चाहिए।
- स्थापना के दो वर्ष के अन्दर शेयर बाजार में सूचीबद्ध होने की अनिवार्यता।
- शेयर बाजार एव रियल एस्टेट क्षेत्र में कार्यरत कम्पनियों द्वारा बैंक की स्थापना नहीं की जा सकती।
- सार्वजनिक क्षेत्रों द्वारा निजी बैंक स्थापित नहीं किए जा सकते।

निजी क्षेत्र के प्रमुख बैंक

निजी क्षेत्र के बैंक	*मुख्यालय*	*स्थापना वर्ष*
कोटक महिन्द्रा बैंक	मुम्बई	2004
यस बैंक	मुम्बई	2004
डेवलपमेण्ट क्रेडिट बैंक लिमिटेड	मुम्बई	1995
एचडीएफसी बैंक	मुम्बई	1995
बैंक ऑफ पंजाब	चण्डीगढ़	1995
सेंचुरियन बैंक	पणजी	1995
टाइम्स बैंक	फरीदाबाद	1995
इण्डसलण्ड बैंक	पुणे	1994
ग्लोबल ट्रस्ट बैंक	सिकन्दराबाद	1994
आईसीआईसीआई बैंक	बडोदरा	1994
एक्सिस बैंक*	अहमदाबाद	1994

** एक्सिस बैंक का पहले नाम यूटीआई बैंक था। नया नाम 30 जुलाई, 2007 से प्रभावी हुआ।*

दो नए बैंकों को मिला लाइसेन्स

आरबीआई ने 2 अप्रैल, 2014 को **इन्फ्रास्ट्रक्चर डेवलपमेण्ट फाइनेन्स कम्पनी** (आईडीएफसी) तथा कोलकाता की **बन्धन फाइनेन्शियल सर्विसेज** को बैंक लाइसेन्स जारी किए हैं। इन बैंकों को जारी लाइसेन्स की अवधि 18 माह तक मान्य रहेगी। इस दौरान दोनों बैंकों को बैंक, खोलने सम्बन्धी सभी शर्तें पूरी करनी होंगी। इसके बाद ही बैंक लाइसेन्स की अवधि बढ़ाई जाएगी। 'बन्धन' गरीब महिलाओं को छोटे कर्ज देती है।

उल्लेखनीय है कि नए बैंकिंग लाइसेन्स के लिए भारतीय डाक, रिलायन्स कैपिटल,टाटा कैपिटल, आदित्य बिड़ला ग्रुप, इण्डिया बुल्स ग्रुप सहित कुल 27 आवेदन मिले थे, जिसमें से दो आवेदकों ने अपने आवेदन वापस ले लिए थे। आरबीआई ने भारतीय डाक को बैंकिंग लाइसेन्स देने के सम्बन्ध में अलग से विचार करने का फैसला किया है। भारतीय रिजर्व बैंक ने ये नए लाइसेन्स दस वर्ष बाद दिए हैं। इससे पूर्व आरबीआई ने वर्ष 2003 में **यस बैंक** को बैंकिंग लाइसेन्स तथा **कोटक महिन्द्रा** को नॉन-बैंकिंग फाइनेन्स कम्पनी से बैंक में बदलने की अनुमति दी थी। भारतीय रिजर्व बैंक द्वारा नए बैंकों को लाइसेन्स देना इस बात का परिचायक है कि भारत में बैंकिंग प्रणाली निरन्तर विकसित हो रही है तथा उसकी सेवाओं का दायरा भी उसी अनुपात में बढ़ रहा है।

सहकारी बैंक (Co-operative Bank)

सहकारी बैंकों की स्थापना राज्य सरकार द्वारा बनाए गए अधिनियम के द्वारा होती है, इनका मुख्य कार्य कृषि साख सृजन है। 1 मार्च, 1966 को बैंकिंग विनियमन अधिनियम, 1949 में विस्तार को प्रभावी करते हुए सहकारी संस्थाएँ, जो बैंकों के रूप में कार्यरत थीं, उन्हें भारतीय रिजर्व बैंक के नियमों तथा पर्यवेक्षण के अधीन लाया गया। वाणिज्यिक बैंक के बाद कृषि साख उपलब्ध कराने के मामले में यह दूसरे स्थान पर है।

भारत में सहकारी बैंकों के तीन स्तर हैं

1. **प्राथमिक साख समितियाँ** किसी गाँव या क्षेत्र में कम-से-कम दस लोग मिलकर इसकी स्थापना कर सकते हैं। ये कृषि क्षेत्र की अल्पकालीन ऋण आवश्यकता की पूर्ति करती हैं।

2. **जिला सहकारी अथवा केन्द्रीय सहकारी बैंक** इसका कार्य क्षेत्र एक जिले तक सीमित होता है। इसके खाताधारकों में प्राथमिक सहकारी समितियाँ तथा आम आदमी भी सम्मिलित होते हैं। सहकारी बैंकों में इसकी केन्द्रीय भूमिका होती है।
3. **राज्य सहकारी बैंक** इस बैंक को राज्य का शीर्ष सहकारी बैंक भी कहते हैं। यह जिला सहकारी बैंक को ऋण देता है तथा उसके कार्यों को नियन्त्रित करता है। नाबार्ड एवं राज्य सरकारों द्वारा इसे पूंजी प्रदान की जाती है। यह रिजर्व बैंक, जिला सहकारी बैंक तथा प्राथमिक सहकारी समितियों के मध्य एक कड़ी का काम करता है। **वैद्यनाथन समिति** के सुझावों के आधार पर सहकारी बैंकिंग क्षेत्र में कई महत्त्वपूर्ण सुधार किए गए हैं।भारत में कार्यरत प्रमुख विदेशी बैंक

भारत में कार्यरत प्रमुख विदेशी बैंक

बैंक का नाम	*सम्बन्धित देश*	*बैंक का नाम*	*सम्बन्धित देश*
बैंक इण्टरनेशनल इण्डोनेशिया	इण्डोनेशिया	सोनाली बैंक	बांग्लादेश
आबू धाबी कॉमर्शियल बैंक लिमिटेड	यूएई	सिटी बैंक	अमेरिका
अमेरीकन एक्सप्रेस बैंक लिमिटेड	अमेरिका	वार्कलेज बैंक पीएलसी	ब्रिटेन
स्टैंडर्ड एण्ट चार्टर्ड बैंक	ब्रिटेन	ABN-आमरो बैंक	हॉलैण्ड
क्रांग थाई बैंक पब्लिक कम्पनी लिमिटेड़	थाइलैण्ड़	DBS बैंक लिमिटेड़	सिंगापुर
मिजुहो कॉर्पोरेट बैंक लिमिटेड	जापान	सोसिएट जनरेल	फ्रांस
बैंक ऑफ बहरीन एण्ड कुवैत	बहरीन	HSBC	ब्रिटेन
बैंक ऑफ टोक्यो-मित्सुबिसी यूएफजे लिमिटेड	जापान	सिनहन बैंक	दक्षिण कोरिया
बैंक ऑफ नोवा स्कोटिया	कनाडा	ड्यूश बैंक	जर्मनी
चाइना ट्रस्ट कॉमर्शियल बैंक	ताइवान	बैंक ऑफ सीलोन	श्रीलंका
जेपी मोरगन चेंज बैंक	अमेरिका	मशरेफ बैंक लिमिटेड	यूएई
बैंक ऑफ अमेरिका	अमेरिका	BNP पारिवास	फ्रांस
ओमान इण्टरनेशनल बैंक	ओमान	एण्टवर्प डामण्ड बैंक	बेल्जियम
स्टेट बैंक ऑफ मॉरिशस	मॉरिशस	कलयोन बैंक	फ्रांस
अरब बांग्लादेश बैंक लिमिटेड	बांग्लादेश		

विदेशी विनिमय बैंक (Foreign Exchange Banks)

ये विशेष प्रकार के बैंक होते हैं, जो केवल विदेशी-व्यापार का अर्थ-प्रबन्धन करते हैं। इनका मुख्य कार्य विदेशी विनिमय-बिलों के क्रय-विक्रय द्वारा अन्तर्राष्ट्रीय भुगतानों को करना होता है। किसी देश के निर्यातकर्ता अपने माल का भुगतान अपने ही देश की मुद्रा के रूप में स्वीकार करते हैं। अत: एक देश की मुद्रा को दूसरे देश की मुद्रा में बदलने की समस्या उत्पन्न होती है। विदेशी विनिमय बैंक इसी समस्या का समाधान करने का प्रयत्न करते हैं। ये बैंक अन्तर्राष्ट्रीय ऋणों का भुगतान, प्रतिभूतियों का आयात-निर्यात तथा अग्रिम विनिमय (Forward Exchange) व्यापार के कार्य भी करते हैं।

ये बैंक विदेशी विनिमय-दरों में होने वाले भारी उतार-चढ़ाव को भी रोकते हैं और इस प्रकार व्यापारियों को अनिश्चितता के कारण उत्पन्न होने वाले जोखिम (Risk) से बचाते हैं। भारत के लगभग सभी विदेशी विनिमय बैंकों पर विदेशियों का ही आधिपत्य है। अब भारत के कुछ व्यापारिक बैंक भी विदेशी विनिमय का व्यवसाय करते हैं, परन्तु इनके बावजूद विदेशी विनिमय बैंक हमारे विदेशी व्यापार पर छाए हुए हैं। यह प्राथमिक सहकारी समितियों के मध्य एक कड़ी का काम करता है।

बैंक खातों के प्रकार (Types of Bank Accounts)

सामान्यत: बैंकों में निम्नलिखित प्रकार के खाते खोले जाते हैं

चालू खाता (Current Account)

इस खाते का उपयोग करने वालों को अधिकार है कि वे जब कभी चाहें, स्वेच्छा से रकम की निकासी एवं जमा कर सकते हैं, इसलिए अमेरिका में इसे **माँग जमा** (Demand Deposit) भी कहा जाता है। बैंक इस प्रकार के खातों पर जमा हेतु कोई ब्याज नहीं देते एवं एक निश्चित राशि कम जमा पर जमाकर्ता से व्यय वसूल करते हैं।

बचत खाता (Saving Account)

इस प्रकार का खाता प्राय: उन व्यक्तियों के लिए उपयुक्त होता है, जो कभी-कभी तथा बहुत छोटी-छोटी मात्राओं में रुपया जमा करना या निकालना चाहते हैं। बचत खाता मुख्यत: निश्चित एवं कम आय वाले गृहस्थों की सुविधा के लिए तथा उनमें धन संचय की प्रवृत्ति जाग्रत करने के लिए खोला जाता है।

इस प्रकार के खातों में से कितनी बार रुपया निकाला जा सकता है, इसकी संख्या निश्चित होती है। इसमें भी जमा की कोई निश्चित अवधि नहीं होती इस खाते में भी रकम जमा करने पर कोई प्रतिबन्ध नहीं है, लेकिन अधिकतम सीमा निश्चित है।

स्थायी खाता (Fixed Account)

इस खाते में एक निश्चित अवधि के लिए रकम जमा की जाती है। जितने समय के लिए रकम जमा की गई है, उतना समय बीत जाने पर ही निकासी हो सकती है। निश्चित अवधि के भीतर ही निकासी करना आवश्यक हो जाता है, तब स्थायी जमा की जमानत पर कर्ज मिल जाता है। खाता पहले बन्द करने पर जिस शर्त पर रुपया जमा किया गया था, उसका पालन नहीं होता। ब्याज उस समय जो रहता है, वही मिलता है। अमेरिका में इसे **मियादी जमा** (Time deposit) कहा जाता है।

चालू खाता एवं बचत खाता में अन्तर

अन्तर का आधार	चालू खाता	बचत खाता
जमा की अवधि	इसमें जमा की कोई निश्चित अवधि नहीं होती।	इसमें भी जमा की कोई निश्चित अवधि नहीं होती।
जमा पर प्रतिबन्ध	इस खाते में रकम जमा करने पर कोई प्रतिबन्ध नहीं हैं।	इस खाते में भी रकम जमा करने पर कोई प्रतिबन्ध नहीं है, लेकिन अधिकतम सीमा निश्चित है।
रकम निकालना	इस खाते में से रकम निकालने पर कोई प्रतिबन्ध नहीं है। एक सप्ताह में एक ही दिन में कई बार रकम निकाली जा सकती है।	बैंक के नियमानुसार रकम निकाली जा सकती है।
ब्याज	इस खाते में जमा की गई रकम पर अधिक ब्याज नहीं मिलता।	इस खाते में ब्याज की दर चालू खाते की दर से अधिक है, किन्तु सावधि जमा से नहीं।
चेक का प्रयोग	इस खाते में चेक का प्रयोग बहुत अधिक होता है।	चेक का प्रयोग साधारणतया कम होता है।
उद्देश्य	इस खाते का उद्देश्य व्यापारियों एवं उद्योगपतियों की रकम जमा करने तथा निकालने की सुविधा प्रदान करना है।	इस खाते से लोगों में बचत करने की आदत बढ़ती है।

नकद साख खाता (Cash Credit Account)

यह एक ऋण खाता है, इस खाते के अन्तर्गत बैंक खाताधारी को एक निश्चित मात्रा तक ऋण प्राप्त करने का अधिकार देता है। इसी सीमा के अन्दर ऋणी अपनी आवश्यकतानुसार बैंक से रुपया लेता है और जमा भी करता है। ब्याज उसी राशि पर वसूल किया जाता है, जो वास्तव में ऋण लेने वाले के पास रहती है।

गृह-बचत खाता (Home Saving Account)

इस खाते के अनुसार बैंक में रुपया जमा करने हेतु जमाकर्ता के घर में एक गुल्लक रख दिया जाता है, जिसमें समय-समय पर घर के व्यक्ति छोटी-छोटी रकम उसमें डालते रहते हैं, एक निश्चित अवधि के बाद उसे बैंक में खोला जाता है तथा प्राप्त राशि को जमाकर्ता के खाते में जमा कर दिया जाता है। इस खाते पर ब्याज की दर बहुत कम है पर छोटी बचतों को प्रोत्साहित करने का यह एक अच्छा तरीका है।

आवर्ती जमा खाता (Recurring Deposit Account)

इस प्रकार के खातों में, एक निश्चित राशि प्रतिमाह, एक निश्चित अवधि के लिए जमा कराई जाती है, बिना किसी असाधारण परिस्थिति के इसमें से रकम को, निश्चित अवधि के पूर्ण होने से पहले निकाला नहीं जा सकता। इन पर दिया जाने वाला ब्याज, जमा खाते की तुलना में अधिक होता है।

चेक

चेक (Cheque) एक प्रकार की विनिमय हुण्डी होती है, जो एक निर्दिष्ट (विशिष्ट) बैंक के ऊपर आहरित होती है तथा माँग पर ही जिसका भुगतान किया जाता है।

चेक के प्रकार (Types of Cheque)

चेक के निम्नलिखित प्रकार होते हैं

(i) साधारण या धारणा चेक (Bearer cheque)
(ii) रेखांकित चेक (Crossed cheque)
(iii) आदिष्ट चेक (Order cheque)
(iv) पावक-खाता चेक (Account payee cheque)

चेक के लाभ (Advantage of Cheque)

चेक के प्रमुख लाभ निम्नलिखित हैं

(i) बेनामी लेन देन सम्भव न होने से काले धन की अर्थव्यवस्था पर नियन्त्रण।
(ii) बड़े भुगतानों को आसानी से सम्भव बनाता है।
(iii) नकदी, नोट, सिक्के आदि को लाने ले जाने को आवश्यकता नहीं होती है।
(iv) अकाउण्टपेयी चेक से भुगतान करने पर भुगतान उसी व्यक्ति को प्राप्त होता है, जो इसके लिए अर्ह है।

इण्टरव्यू की तैयारी हेतु अभ्यास प्रश्न

1. बैंक क्या है?

⊙ साधारण भाषा में बैंक एक ऐसी वित्तीय संस्था है, जो जमा स्वीकार करता है एवं फिर इन जमा राशियों को ऋण के रूप में देकर, लाभ कमाता है।

बैंकों द्वारा कई तरह से जमा स्वीकार किए जाते हैं; जैसे–बचत खाते में, चालू खाते में, सावधि जमा (फिक्स्ड डिपोजिट) में। इसी प्रकार, बैंकों द्वारा व्यक्तिगत एवं व्यापारिक ऋण भी दिए जाते हैं। बैंक ATM एवं इण्टरनेट बैंकिंग की सुविधाएँ भी प्रदान करते हैं।

2. हमारे देश का सबसे पुराना बैंक कौन-सा है?

⊙ 1839 ई. में कुछ व्यापारियों ने मिलकर, कलकत्ता में भारत का प्रथम बैंक, जिसका नाम उन्होंने यूनियन बैंक रखा था, की स्थापना की। लेकिन 1848 ई. में यह बन्द हो गया। 1865 ई. में इलाहाबाद बैंक की एक Joint Stock Bank की तरह स्थापना की गई। वह आज भी है एवं इसे भारत के सबसे पुराने बैंक के रूप में जाना जाता है।

3. बैंक कैसे कार्य करते हैं एवं बैंक का सबसे महत्त्वपूर्ण गुण क्या है?

⊙ बैंक लोगों से जमा स्वीकर करते हैं एवं उसे ऋण के रूप में देकर, लाभ कमाते हैं। आजकल बैंक इन्श्योरेन्स तथा वित्तीय सलाहकर की तरह भी कार्य करने लग गए हैं। बैंक ड्राफ्ट जारी करने, चेक एकत्र करने, लॉकर जैसी सुविधाएँ प्रदान करने का भी चार्ज लेकर लाभ कमाने लगे हैं। बैंकों का सबसे बड़ा गुण है, 'विश्वास' (Trust) T बैंक में राशि विश्वास के लिए रखी जाती है। लोगों में बैंक के प्रति पूरा विश्वास होता है। यह विश्वास होता है कि उनका 'धन' सुरक्षित है। इसी विश्वास के आधार पर बैंक में लोग अपनी राशि जमा कराते हैं।

4. बैंकों की देश की अर्थव्यवस्था में क्या भूमिका है?

⊙ बैंकिंग किसी भी देश की अर्थव्यवस्था में महत्त्वपूर्ण भमिका अदा करती है। बैंकिंग हर क्षेत्र के विभिन्न घटकों की आवश्यकताओं की पूर्ति करती है। किसी भी अर्थव्यवस्था के विकास में, धन की आवश्यकता होती है। इस आवश्यकता की पूर्ति बैंक द्वारा की जाती है। लोगों/संस्थाओं के पास निष्क्रिय पड़ी हुई धनराशि का सही क्षेत्रों में विनिवेश, बैंकिंग के माध्यम से ही सम्भव है। देश के विकास में आधारभूत सुविधाओं के विकास के लिए भी धन, बैंकों के माध्यम से ही उपलब्ध हो सकता है।

इस तरह की परम्परागत भूमिका के अतिरिक्त बैंक देश के ग्रामीण एवं प्राथमिक क्षेत्र के विकास में भी अहम् भूमिका अदा करते हैं। कम दर एवं सुलभ ऋण देकर, किसानों एवं SC/ST एवं पिछड़े लोगों के विकास का मार्ग बैंकिंग के माध्यम से ही प्रशस्त किया जा सकता है। आज बैंकिंग अर्थव्यवस्था के प्रत्येक क्षेत्र से प्रत्यक्ष एवं परोक्ष रूप से जुड़ा हुआ है। बच्चे से लेकर, बुजुर्ग तक, नौकरी पेशा से लेकर, छोटे बड़े हर व्यवसायी, शेयर मार्केट से लेकर commodity market, foreign exchange transaction बैंकिंग के माध्यम से ही किया जाता है। इस तरह बैंकिंग का देश की अर्थव्यवस्था में बहुत ही महत्त्वपूर्ण तथा अहम् रोल है।

5. शाखा बैंकिंग से क्या तात्पर्य है?

⊙ शाखा बैंकिंग प्रणाली के अन्तर्गत बैंक के एक प्रधान कार्यालय के अतिरिक्त *उसकी अनेक शाखाएँ देश भर में फैली हैं तथा कभी-कभी कुछ शाखाएँ देश के बाहर भी होती हैं।*

6. इकाई बैंकिंग से क्या समझते हैं?

⊙ इसके अन्तर्गत एक बैंक का कार्य साधारणतया एक ही कार्यालय तक सीमित रहता है, तथापि इसमें बैंक एक सीमित क्षेत्र में ही सीमित रहे ऐसा आवश्यक नहीं। इसमें बैंक अपनी कुछ शाखाएँ भी स्थापित कर लेते हैं। इकाई बैंकिंग प्रणाली अमेरिका में लोकप्रिय है।

7. विकास बैंक (Development Bank) से आप क्या समझते हैं?

⊙ ऐसी वित्तीय संस्थाएँ जो विकासात्मक कार्यों के लिए मध्यम एवं दीर्घ अवधि के ऋण प्रदान करती हैं, Development Bank कहलाते हैं। देश में इंफ्रास्ट्रक्चर के विकास के लिए बहुत राशि की आवश्यकता पड़ती है, देश में बड़े-बड़े प्रोजेक्ट्स लगाने हेतु, बहुत राशि की आवश्यकता होती है।

इस प्रकार की गतिविधियों से देश का विकास होता है। इन activities को जो वित्तीय संस्थाएँ finance करती हैं, उन्हें Development bank कहा जाता है। भारत में इस तरह के प्रमुख बैंक हैं। IFCI (Industrial Finance Corporation of India), SFCIs (State Financial Corporation of India)।

8. वर्तमान अर्थव्यवस्था में बैंकों के महत्त्व को स्पष्ट करें।

⊙ *वर्तमान अर्थव्यवस्था में बैंकों का निम्न महत्त्व है*

- बैंकिंग व्यवस्था जनता की छोटी-छोटी बचतों को एकत्रित कर देश में पूँजी निर्माण को प्रोत्साहित करती है।
- बैंक व्यापार एवं उद्योगों के लिए पूँजी की व्यवस्था करते हैं।
- बैंकों द्वारा साख निर्माण किया जाता है तथा केन्द्रीय बैंक द्वारा साख नियन्त्रण कर देश की आर्थिक स्थिरता को बढ़ावा दिया जाता है।
- बैंक राष्ट्र में निर्मित धन के सदुपयोग में सहायता देती है।

इस प्रकार कहा जा सकता है कि बैंक देश की अर्थव्यवस्था रूपी मशीन में स्नेहक का कार्य करते हैं, जिसके अभाव में अर्थव्यवस्था जाम हो सकती है।

9. शहरी सहकारी बैंक (Urban Co-operative Bank) से आप क्या समझते हैं?

⊙ शहरी सहकारी बैंक शहरी या उप-शहरी क्षेत्र में काम करते हैं, ये बैंक अपना रजिस्ट्रेशन Societies Act, में कराकर बैंकिंग व्यवसाय हेतु Reserve Bank से अनुमति (licence) लेकर, शहरी क्षेत्र में अपनी शाखाएँ खोलते हैं, उन्हें Urban Co-operative Bank कहा जाता है।

ये भी सहकारी बैंक की भाँति रिजर्व बैंक के अन्तर्गत कार्य करते हैं एवं Banking Regulation Act, 1949 तथा Banking Laws (Co-operative Societies) Act, 1965 के प्रावधानों से बँधे होते हैं। 1996 तक urban Co-operative Bank केवल गैर कृषि उद्देश्यों हेतु ऋण दे सकते थे, लेकिन अब ऐसी कोई बंदिश नहीं है।

10. Schedule Banks क्या होते हैं?

⊙ हमारे देश में Schedule Bank वे बैंक हैं, जिनका नाम RBI Act, 1934 की द्वितीय अनुसूची (Second Schedule) में दर्ज है। RBI द्वारा ऐसे बैंकों का नाम ही इस सूची में सम्मिलित किया जाता है, जो RBI Act के Section 42(6)a में वर्णित दायरे में आते हैं, *हमारे यहाँ निम्न बैंक* Schedule Bank *के अन्तर्गत आते हैं*

1. स्टेट बैंक ऑफ इंडिया
2. SBI के एसोसिएट बैंक
3. सभी राष्ट्रीयकृत बैंक
4. सभी क्षेत्रीय ग्रामीण बैंक
5. सभी विदेशी बैंक
6. निजी क्षेत्र के बैंक

11. सहकारी बैंक (Co-operative Banks) क्या होते हैं?

जब कोई सहकारी संस्था , बैंकिंग व्यवसाय करना चाहती है, तो वह रिजर्व बैंक से बैंकिंग लाइसेन्स लेकर, बैंकिंग व्यवसाय शुरू कर सकती हैं, तब वह सहकारी बैंक सोसाइटी कहलाते हैं। सहकारी बैंक एक सोसाइटी की तरह registrar of society के नियमों से बँधे होते हैं तथा बैंकिंग व्यवसाय के सम्बन्ध में Reserve Bank के नियमान्तर्गत, बैंकिंग रेगुलेशन एक्ट 1949 तथा Banking Laws (Co-operative Societies) Act, 1965 के तहत कार्य करते हैं। हमारे देश में सहकारी बैंकों का इतिहास बहुत पुराना है। ग्रामीण क्षेत्रों के विकास में सहकारी बैंकों ने अहम् भूमिका अदा की है। आज सहकारी बैंकों ने शहरी क्षेत्रों में भी अपना कदम बढ़ा दिया है।

12. सहकारी बैंक (Co-operative Banks) कितने प्रकार के हैं?

⦿ हमारे देश में तीन प्रकार के सहकारी बैंक कार्यरत् हैं

(i) **प्राइमरी कोऑपरेटिव सोसाइटीज** ये एक अपेक्षाकृत छोटे क्षेत्र (गाँव के स्तर) पर कार्य करते हैं जिसमें हर सदस्य आपस में परिचित होते हैं।

(ii) **केन्द्रीय सहकारी बैंक** (Central Co-operative Banks) ये बैंक जिला स्तर पर कार्य करते हैं, जिनके सदस्य प्राइमरी सोसाइटीज होती हैं। ये बैंक अपनी इन सदस्य सोसाइटीज को ऋण देते हैं तथा Primary Credit Societies एवं State Co-operative Banks के मध्य एक महत्त्वपूर्ण भूमिका निभाते हैं।

(iii) **राज्य सहकारी बैंक** (Sate Co-operative Banks) ये देश के सभी राज्यों में सर्वोच्च संस्था की तरह कार्य करते हैं। ये फंड का वितरण करते हैं तथा अपने केन्द्रीय सहकारी बैंकों तथा प्राथमिक सहकारी बैंकों के माध्यम से गरीब किसानों को ऋण की आवश्यकताओं की पूर्ति करते हैं।

13. बचत जमा खाता (Saving Deposit Account) से क्या समझते हैं?

⦿ इस प्रकार के खाते लोकप्रिय खाते हैं। इन खातों में कभी भी पैसा निकाला एवं जमा कराया जा सकता है। कई बैंकों में इन खातों से पैसे निकालने की संख्या पर कुछ प्रतिबन्ध भी लगा रखे हैं। कई बैंक इन खातों में न्यूनतम जमा की माँग करते हैं, तो कई बैंकों में कोई न्यूनतम जमा रखने की आवश्यकता नहीं होती है। इन खातों पर वर्तमान में 4% ब्याज देय होता है। इन खातों में nomination की सुविधा उपलब्ध है।

14. सावधि जमा खाता (Fixed Deposit Account) किसे कहते हैं?

⦿ **सावधि जमा खाता** (Fixed Deposit Account) में एकमुश्त राशि सामान्यतया 15 दिन से 10 वर्ष तक के लिए बैंकों द्वारा जमा की जाती है। अपरिपक्व अवधि में धन की निकासी (premature withdrawal) की स्थिति में बैंकों द्वारा पेनाल्टी भी काटी जाती है। इन खातों में भी nomination की सुविधा है। यह एकमुश्त राशि प्राप्त होने वालों के लिए एक अच्छा खाता है।

15. आवर्ती जमा खाता (Recurring Deposit Account) किसे कहते हैं?

⦿ यह खाता उन लोगों के लिए है, जो एकमुश्त राशि जमा नहीं करा सकते, बल्कि हर माह कुछ राशि जमा करा सकते हैं। इनमें मासिक किश्तें एक निश्चित अवधि हेतु जमा कराई जाती हैं। बैंकों में इस तरह के खाते कम-से-कम 6 माह से 120 माह तक खोले जाते हैं। ये खाते एकल एवं साझा नामों से खोले जा सकते हैं। इन खातों में भी nomination की सुविधा उपलब्ध है। सामान्यतया अपरिपक्व निकासी (premature withdrawal) के लिए पेनाल्टी काटी जाती है। ये सैलरी प्राप्त करने वाले व्यक्तियों को बचत करने हेतु बहुत उपयोगी खाते हैं।

16. बैंकों में संसाधनों के अनुकूलतम् उपयोग से आप क्या समझते हैं?

⊙ अन्य व्यावसायिक गतिविधियों की तरह बैंकिंग व्यवसाय का भी मूल लक्ष्य लाभ प्राप्त करना है। अत: बैंकिंग दृष्टि से संसाधनों के अनुकूलतम् उपयोग से अभिप्राय संसाधनों के सर्वाधिक लाभकारी प्रयोजनों में उपयोग से है।

17. व्यक्तिगत ऋण (Personal Loan) तथा उपभोक्ता ऋण (Consumer Loan) किसे कहते हैं?

⊙ व्यक्तिगत ऋण (personal loan) एवं उपभोक्ता ऋण (consumer loan) एक ही प्रकार के ऋण हैं। व्यक्ति की दैनिक आवश्यकता की वस्तुएँ; जैसे–कार, टीवी, लैपटॉप, रेफ्रीजरेटर, वॉशिंग मशीन आदि वस्तुओं के लिए दिया जाने वाला ऋण इस श्रेणी में आता है।

18. चेक क्या होता है?

⊙ चेक (Cheque) एक लिखित प्रपत्र होता है, जिसमें बैंक का खाताधारक, बैंकों को यह आदेश देता है कि वह उस चेक में लिखे गए व्यक्ति या उसके आदेश पर किसी को या धारक को एक निश्चित राशि (जिसका उल्लेख चेक में किया गया हो) माँगने पर प्रदान करें। चेक पर खाताधारक के पूरे हस्ताक्षर होने आवश्यक हैं।

19. Bearer Cheque क्या होता है?

⊙ Bearer Cheque ऐसा चेक है, जिसका भुगतान उस cheque के धारक को किया जा सकता है। इस तरह के चेक सामान्यतया cash transaction हेतु जारी किए जाते हैं। यदि कोई सन्देह नहीं है, तो बैंक द्वारा ऐसे चेक का भुगतान बैंक में चेक प्रस्तुत करने वाले को नकद में कर दिया जाता है।

20. ऑर्डर चेक क्या होते हैं?

⊙ जब चेक में bearer शब्द को काट दिया जाता है या ऑर्डर शब्द लिख दिया जाता है, तो वह चेक ऑर्डर चेक बन जाता है। उसका भुगतान payee (जिसके नाम से चेक काटा गया है) को या उसके द्वारा आदेशित व्यक्ति को ही किया जा सकता है। इस प्रकार के cheque का भुगतान करने से पहले bank उस payee की पहचान सुनिश्चित करते हैं।

21. कम्पनी रेखांकित चेक (Company Crossed Cheque) क्या होते हैं?

⊙ जब किसी चेक पर दो समान्तर रेखाएँ खींचकर उसे crossed कर दिया जाता है एवं उन समान्तर रेखाओं के मध्य कम्पनी शब्द अंकित कर दिया जाता है, तो इस प्रकार के चेक Company Crossed cheque कहलाते हैं। इनका भुगतान बैंक द्वारा नकद में नहीं किया जा सकता, बल्कि जिसके नाम Cheque जारी किया है, उसके खाते में अथवा जिसके नाम Cheque हस्तान्तरित किया गया है, उसके खाते में किया जा सकता है। इस प्रकार के Cheques का दूसरे के पक्ष में हस्तान्तरण हो सकता है। सामान्य Crossed cheque एवं 'Company' Crossed cheque समान होते हैं।

22. अवधिपार चेक (Stale Cheque) से आप क्या समझते हैं?

⊙ भारत में cheque की अवधि 3 माह मानी जाती है। चेक जारी होने के बाद यदि उसे 3 माह तक बैंक में भुगतान हेतु प्रस्तुत नहीं किया जाता है, तो यह चेक, अवधिपार या Stale Cheque कहलाता है। इसका भुगतान बैंक द्वारा नहीं किया जाएगा। रिजर्व बैंक ने सभी बैंकों को इस तरह के निर्देश 1 अप्रैल, 2012 से जारी किए।

23. उत्तरतिथिय चेक (Post dated cheque) क्या होते हैं?

⊙ कई बार चेक जारी करते समय कुछ दिनों बाद की तारीख डाल दी जाती है। आज से बाद की तारीख के चेक पोस्ट डेटेड चेक कहलाते हैं। इनका भुगतान बैंक द्वारा चेक पर डाली हुई तारीख को ही किया जा सकता है।

24. एक सुदृढ़ बैंकिंग व्यवस्था के क्या सिद्धान्त हैं?

⊙ *एक सुदृढ़ बैंकिंग व्यवस्था के निम्नलिखित प्रमुख सिद्धान्त हैं*

- उधार में तरलता उत्पन्न करना
- जोखिम को न्यूनतम करना
- सुरक्षित कार्यान्वयन
- सुरक्षित कोष का प्रबन्ध करना
- संसाधनों का अनुकूलतम् उपयोग

25. बैंकों में सामान्यतया कौन-कौन से जमा खाते (Deposit Accounts) खोले जा सकते हैं?

⊙ *बैंकों में सामान्यतया निम्न चार प्रकार के जमा खाते खोले जा सकते हैं*

(i) बचत खाता (Saving Account)
(ii) सावधि जमा खाता (Fixed Deposit Account)
(iii) आवर्ती जमा खाता (Recurring Deposit Account)
(iv) चालू जमा खाता (Current Deposit Account)

26. Assignment से आप क्या समझते हैं?

⊙ Assignment means a transfer by one person of a right, property or debt (existing or future) to another person. The person who assigns the right, property or debt is called assigner and to whom such right, property or debt is assigned is called the assignee. अर्थात् assignment में किसी अधिकार, सम्पत्ति या ऋण का एक व्यक्ति द्वारा दूसरे व्यक्ति के हक में अन्तरण होता है, जो व्यक्ति अन्तरण (transfer) करता है वह assigner एवं जिसके पक्ष में अन्तरित किया जाता है उसे assignee कहते हैं।

27. व्यक्तिगत बैंकिंग (Personal Banking) क्या है?

⊙ व्यक्तिगत बैंकिंग में ग्राहक को व्यक्तिगत सेवाएँ दी जाती हैं, अर्थात् उसकी व्यक्तिगत जरूरतों को ध्यान में रखकर जो बैंकिंग सुविधाएँ उपलब्ध कराई जाती हैं, उसे व्यक्तिगत बैंकिंग कहा जाता है। अच्छे valued customer के लिए बैंक उनके portfolio एवं cash account के सम्बन्ध में ध्यान रखने हेतु एक मैनेजर या वित्तीय सलाहकार की सेवाएँ भी उपलब्ध कराते हैं।

आजकल e-banking का अधिक प्रयोग होने के साथ, valued customer बैंक में मात्र जमा कराने या किसी अन्य ऐसे काम से जाते हैं। अधिकांश कार्य net banking के जरिए ही होता है। बैंक आजकल अकाउंट आदि खोलने हेतु भी घर पर या ऑफिस में व्यक्तिगत सेवाएँ देने लगे हैं। व्यक्तिगत बैंकिंग से अभिप्राय व्यक्तिगत सुविधाएँ कम शुल्क पर या नि:शुल्क दिया जाना है।

28. यात्री चेक (Travellers Cheque) क्या होते हैं?

⊙ यात्रियों की सुविधा के लिए, कई बैंक यात्री चेक जारी करते हैं। यात्री चेक, बैंक द्वारा जारी ऐसा चेक होता है, जिस पर मुख्य पृष्ठ पर, आवेदक के हस्ताक्षर कराए जाते हैं। यात्री चेक का भुगतान सामान्यतया उस बैंक की सभी शाखाओं में लिया जा सकता है। भुगतान करते समय बैंक की शाखा पुन: उस चेक पर धारक के हस्ताक्षर कराती है एवं हस्ताक्षर मिलाकर, उसका भुगतान कर दिया जाता है। बहुत सारे स्टोर्स पर यात्री चेक स्वीकार किए जाते हैं। यात्री चेक खो जाने पर डुप्लीकेट चेक भी जारी करवाए जा सकते हैं।

29. Account Payee Cheque क्या होते हैं?

⊙ जब किसी चेक को दो सामान्तर रेखाएँ खींचकर crossed कर दिया जाता है एवं उन रेखाओं के बीच अकाउण्ट पेयी शब्द लिख दिया जाता है, तो इस प्रकार के Crossed Cheque अकाउण्ट पेयी चेक कहलाते हैं।

अकाउण्ट पेयी चेक का भुगतान उसी व्यक्ति, फर्म या कम्पनी के खाते में किया जा सकता है, जिसके नाम से चेक जारी किया गया है। इस चेक का हस्तान्तरण नहीं किया जा सकता है।

30. पूर्वतिथिय चेक (Anti-dated Cheque) क्या होते हैं?

⊙ बैंक में प्रस्तुत होने वाले दिनांक से पहले के दिनांक वाले चेकों को पूर्वतिथिय चेक (Anti-dated Cheque) कहा जाता है। पूर्वतिथिय चेक का भुगतान उस पर अंकित दिनांक से छः माह तक किया जा सकता है।

31. एक्सचेंज रेट (Exchange Rate) से आप क्या समझते हैं?

⊙ Exchange Rate या Foreign Exchange Rate या Forx FX Rate एक ही बात है। दो मुद्राओं के बीच Exchange Rate वह Rate है, जिस पर एक देश की मुद्रा, दूसरे देश की मुद्रा से विनिमय की जा सकती है। उदाहरण के तौर पर जापानी येन एवं अमेरिकन डॉलर की Exchange Rate 91 : 1 है अर्थात् 91 जापानी येन, एक अमेरिकन डॉलर के बराबर हैं अर्थात् एक अमेरिकन डॉलर में 91 जापानी येन विनिमय किए जाएँगे।

आजकल Exchange Rate का निर्धारण foreign exchange market द्वारा खुले तौर पर तय होता है।

32. निष्क्रिय खाता (Inactive Account) क्या होते हैं?

⊙ जब कोई व्यक्ति अपने खाते में कोई लेन-देन काफी समय तक (सामान्यतया एक वर्ष तक) नहीं करता है, तो बैंक उस खाते को निष्क्रिय खाते में वर्गीकृत कर देते हैं। यह एक वर्ष की अवधि रिजर्व बैंक द्वारा निर्धारित नहीं की गई है, बल्कि यह बैंकों द्वारा स्वयं तय की गई है एवं भिन्न-भिन्न बैंकों ने अपनी सुविधानुसार भिन्न-भिन्न अवधि तय की हैं। किसी खाते को निष्क्रिय खाते में वर्गीकृत करने का उद्देश्य, खातेदार के हितों की रक्षा करना है। खाते का कोई दुरुपयोग न हो, इसलिए ऐसे खातों को बैंक खातेदार के हितों की रक्षार्थ, निष्क्रिय खाते में वर्गीकृत कर देता है। खाते को निष्क्रिय खाते में वर्गीकृत करने के बाद उस खाते में कुछ पाबन्दी लगाई जाती है; जैसे—

(i) खाते में चेक बुक जारी नहीं की जाती है।

(ii) ATM का उपयोग नहीं किया जा सकता है।

(iii) ऐसे खाते को सक्रिय खाते में बदलवाने हेतु खातेदार को Bank के कस्टमर केयर से सम्पर्क करना होता है या उस शाखा में सम्पर्क करना होता है, जहाँ उसने खाता खुलवाया था।

33. माँग जमा (Demand Deposit) क्या होती है?

⊙ खाताधारक द्वारा जमा कराई ऐसी राशि, जो उसके माँगने पर उसे तुरन्त भुगतान की जा सके, माँग जमा (Demand Deposit) कहलाती है।

जैसे बैंक में बचत एवं चालू खाते में जमा राशि माँग जमा के अन्तर्गत आती है। इन खातों में जमा राशि को बैंक खाताधारक द्वारा नियमानुसार माँग करने पर उसे भुगतान करता है।

(ध्यान रखें Fixed Deposit या Recurring Deposit; माँग जमा नहीं है।)

34. अप्रवासी खाते (Non-Resident Accounts) क्या होते हैं?

⊙ अनिवासी भारतीयों (Non-Resident Indians) द्वारा खोले जाने वाले खातों को अप्रवासी खाता (Non-Resident Accounts) कहा जाता है। ये खाते आर बी आई द्वारा निर्धारित नियमों के अन्तर्गत खोले जा सकते हैं। निम्न खाते अप्रवासी खाते कहलाते हैं।

Non-Resident NRO Rupee Account

Non-Resident NRE Rupee Account

उक्त दोनों प्रकार के खाते भारतीय मुद्रा (Rupee) में खोले जाते हैं।

इसके अतिरिक्त ये एफ सी एन आर (Foreign Currency Non-Resident Accounts) खाते भी Non-Resident Accounts कहलाते हैं। ये टर्म डिपोजिट हैं, जो विदेशी मुद्रा में खोले जाते हैं। ये खाते कम-से-कम 6 माह तथा अधिकतम तीन वर्ष की अवधि हेतु खोले जाते हैं।

35. CASA Deposits क्या होती है?

⊙ CASA का अर्थ है Current Account Saving Account इन खातों में जमा राशियों का बैंक के लाभ पर बहुत प्रभाव पड़ता है। Saving Deposits पर बैंक द्वारा बहुत कम दर पर ब्याज दिया जाता है तथा Current Deposits पर कोई ब्याज नहीं दिया जाता है। अत: बैंकों द्वारा Saving एवं Current खातों में अधिक-से-अधिक जमा राशि जमा कराने का प्रयास किया जाता है।

36. किसी चेक के Drawer एवं Payee कौन-कौन होते हैं?

⊙ Cheque जारी करने वाले का Cheque का Drawer कहते हैं। Drawer द्वारा Cheque पर हस्ताक्षर किए जाते हैं, जिसके नाम Cheque जारी किया जाता है, उसे Cheque का Payee कहा जाता है।

37. बचत खातों पर ब्याज की किस प्रकार से गणना की जाती है?

⊙ रिजर्व बैंक द्वारा जारी नए निर्देशानुसार बैंक द्वारा बचत खातों पर प्रतिदिन के शेष (Balance) के आधार पर निर्धारित ब्याज दर के अनुसार ब्याज की गणना की जाती है। पूर्व में माह की 10 तारीख से 31 तारीख तक Minimum Balance पर पूरे माह का ब्याज दिया जाता था, लेकिन आजकल प्रतिदिन के Balance के आधार पर ब्याज की गणना की जाती है।

38. बैंक द्वारा स्वीकार करने एवं ऋण देने के अतिरिक्त आजकल अन्य ऐसे कौन-से कार्य किए जा रहे हैं, जिनसे बैंकों की आय होती है?

⊙ आजकल बैंक अपनी आय बढ़ाने के लिए बैंकिंग कार्य के अतिरिक्त अन्य कई प्रकार की सेवा भी देने लगा है; जैसे—इन्श्योरेन्स का कार्य, शेयर कन्सल्टेन्सी का कार्य, शेयर जारी करने वाली कम्पनियों की अंडर राइटिंग का कार्य एवं अन्य कार्य; जैसे– लॉकर देना, बैंक गारन्टी देना, लैटर ऑफ क्रेडिट जारी करना बिल कलेक्शन का कार्य इत्यादि। इन सब कार्यों हेतु बैंक अपना कमीशन या फीस चार्ज करते हैं।

39. सीटीएस (Cheque Truncation System) क्या है?

⊙ सीटीएस वस्तुत: ऑनलाइन चेकों की क्लीयरिंग का ऐसा तरीका है, जिसमें बहुत शीघ्रता से चेकों की क्लीयरिंग हो जाती है। इसके अन्तर्गत चेक एकत्र करने वाले बैंकों द्वारा चेक इमेज एवं MICR (Magnetic Ink Character Recognition) डाटा को लेकर उसे इलेक्ट्रोनिकली सम्बन्धित बैंक को भेजा जाता है। इस तरीके में चेक को (फिजीकली) सम्बन्धित बैंक को नहीं भेजकर, उसकी इमेज को Drawee Bank/Branch को अन्य आवश्यक सूचनाएँ; जैसे—MICR Field, प्रस्तुत करने की तिथि, प्रस्तुतकर्ता बैंक का नाम आदि के साथ भेजा जाता है। इस सिस्टम में चेक की क्लीयरिंग में बहुत कम समय लगता है। Verification एवं Reconciliation भी शीघ्र एवं अधिक उचित तरीके से हो जाता है एवं गलती की सम्भावना कम रहती है। इस सिस्टम में खर्चा भी कम होता है।

40. चेक के कितने पक्ष होते हैं और इनकी क्या उपयोगिता होती है?

⊙ चेक के तीन पक्ष भुगतान आदेशक अर्थात् चेक निर्गतकर्ता, भुगतान आदेश पालन कर्ता अर्थात् बैंक अथवा वित्तीय संस्था एवं जिसको भुगतान किया जाना है, होते हैं।

कभी-कभी जब ऐसी सम्भावना होती है कि भुगतान कहीं गलत हाथों में न पड़ जाए तो चेक के एक सिरे पर दो रेखाएँ समानान्तर खींच दी जाती हैं इसे रेखांकित (Crossed) चेक कहते हैं। इसमें निर्दिष्ट धनराशि, भुगतान प्राप्त करने वाले व्यक्ति के खाते में जमा कर दी जाती है। यह कार्य बैंक अपने आप करता है।

41. प्राथमिक सिक्योरिटी (Primary Security) क्या होती है? Primary Security एवं Collateral security में क्या अन्तर है?

⊙ जिस purpose हेतु ऋण लिया गया है, उस ऋण से प्राप्त assets ही primary security है; जैसे–यदि कार हेतु ऋण लिया गया है, तो car primary security है। इस कार हेतु यदि आपने अपना मकान गिरवी किया है, तो यह collateral security है।

42. ओवरड्राफ्ट क्या है?

⊙ ओवरड्राफ्ट (Overdraft) एक लाभकारी सुविधा है। एक कस्टमर, जिसका बैंक में चालू खाता (current account) है। उसे जब उसके क्रेडिट बैलेंस से अधिक रुपये निकालने की अनुमति दी जाती है, तो इसे ओवरड्राफ्ट कहा जाता है। ओवरड्राफ्ट बहुत ही थोड़े समय के लिए अस्थाई रूप से दिया गया अग्रिम है। ओवरड्राफ्ट किसी सम्पत्ति अथवा गारण्टी के विरुद्ध दिया जा सकता है।

43. बैंक खातों में उपलब्ध नोमीनेशन की सुविधा के बारे में आप क्या जानते हैं?

⊙ बैंकिंग लॉज एमेंडमेंट एक्ट, 1983 के अनुसार, बैंक जमा खातों में नोमीनेशन की सुविधा उपलब्ध है। इस *सुविधा के प्रमुख बिंदु निम्न हैं*

1. एक जमाकर्ता या कई जमाकर्ता संयुक्त रूप से
   - (a) एक व्यक्ति को नोमीनेट कर सकते हैं, जो एक व्यक्ति या सभी की मृत्यु होने की स्थिति में जमा राशि प्राप्ति का अधिकारी है। नोमीनेशन किसी ट्रस्ट, सोसाइटी या संस्था के पक्ष में नहीं दिया जा सकता है।
   - (b) नोमीनेशन के लिए DA-1 फॉर्म काम आता है।
   - (c) नोमीनेशन कैंसिल भी किया जा सकता है, इसके लिए DA-2 फॉर्म काम आता है।
   - (d) नोमीनेशन में परिवर्तन किया जा सकता है, इसके लिए DA-3 फॉर्म काम आता है।
2. अल्प वयस्क के खाते में नोमीनेशन किया जा सकता है। यह नोमीनेशन वही व्यक्ति कर सकता है, जो अल्पवयस्क के लिए इस हेतु कानूनन प्राधिकृत है।
3. यदि जिसके पक्ष में नोमीनेशन किया है, वह अल्पवयस्क (minor) है, जो नोमिनेशन करते समय, जमाकर्ता किसी अन्य व्यक्ति को प्राधिकृत कर सकता है, जो minor के behalf पर कार्य करेगा।

इस तरह नोमिनेशन की सुविधा एक बहुत ही महत्त्वपूर्ण उपयोगी सुविधा है, जो जमाकर्ता की मृत्यु होने पर नोमीनी को राशि प्राप्त करने में होने वाली बहुत अधिक परेशानियों से बचाती है।

44. अवधि ऋण (Term Loan) से आप क्या समझते हैं?

⊙ जब बैंकों द्वारा कोई ऋण एक निश्चित अवधि के लिए दिया जाता है, तो उसे अवधि ऋण (Term Loan) कहते हैं। इस प्रकार के ऋण को चुकाने हेतु अवधि निश्चित कर दी जाती है एवं मासिक, त्रैमासिक या छमाही किश्तें बनाई जाती हैं। ऋणी को यह ऋण निश्चित की गई अवधि में चुकाना होता है एवं तय की गई किश्तों का भुगतान करना होता है।

45. ड्राफ्ट किसे कहते हैं? यह एक सन्देह रहित विनिमय विपत्र क्यों माना जाता है?

⊙ किसी भी बैंक में निर्धारित ड्राफ्ट शुल्क के साथ जितने रुपये का ड्राफ्ट बनवाना है वह रकम जमा करके ड्राफ्ट बनवाया जाता है। ड्राफ्ट में उल्लिखित धनराशि पाने वाले का इस पर नाम तथा उस बैंक की शाखा का कोड नम्बर लिखा जाता है, जहाँ से भुगतान प्राप्त करना है। ड्राफ्ट को भी रेखांकित किया जा सकता है। ऐसा करने पर लिखी धनराशि का भुगतान धारक को नहीं किया जाता अपितु उसमें लिखी धनराशि उसके बैंक खाते में जमा कर दी जाती है। ड्राफ्ट में लिखी रकम बैंक में पहले जमा करानी पड़ती है तभी ड्राफ्ट बनता है। अतएव यह किसके नाम से बनवाया जाता है उसे धन की प्राप्ति अवश्य हो जाती है, इसलिए यह एक सन्देह रहित विनिमय विपत्र माना जाता है।

46. बैंक ड्रॉफ्ट एवं चेक में क्या अन्तर है?

ड्रॉफ्ट एवं चेक में निम्नलिखित प्रमुख अन्तर हैं

(i) चेक एक व्यक्ति या संस्था द्वारा किसी बैंक पर जारी किया जाता है, जबकि Draft एक बैंक द्वारा अपनी किसी दूसरी शाखा पर जारी किया जाता है।

(ii) चेक बियरर भी हो सकते हैं। ड्रॉफ्ट बियरर नहीं हो सकते हैं।

(iii) चेक का भुगतान रोका जा सकता है, यह डिसऑर्नर भी हो सकता है।
ड्रॉफ्ट का भुगतान नहीं रोका जा सकता है, यह डिसऑर्नर नहीं हो सकता है।

(iv) आजकल चेक बैंक की किसी भी शाखा द्वारा देय होते हैं।
लेकिन ड्रॉफ्ट किसी बैंक की किसी विशेष या क्लीयरिंग हाउस द्वारा ही भुगतान किया जा सकता है।

(v) चेक जारी करने के लिए पहले भुगतान करना आवश्यक नहीं है। ड्रॉफ्ट जारी कराने के लिए बैंक को पहले भुगतान करना होता है।

(vi) चेक पोस्ट डेटेड और एंटी डेटेड हो सकता है, जबकि ड्रॉफ्ट न तो पोस्ट डेटेड और न ही एंटी डेटेड हो सकता है।

47. हमारे देश में प्रमुख वित्तीय निर्देशक संस्थाएँ (Financial Regulatory Bodies) कौन-कौन-सी हैं?

⊙ हमारे देश में वित्तीय प्रणाली (financial system) पर हमारी सरकार काफी हद तक नियन्त्रण रखती है, लेकिन देश का वित्तीय ढाँचा, निम्न पाँच प्रमुख नियन्त्रकों (जो काफी हद तक स्वतन्त्र व्यवहार करते हैं) के हाथ में है

(i) रिजर्व बैंक ऑफ इण्डिया (आर बी आई)

(ii) सिक्योरिटी एण्ड एक्सचेन्ज बोर्ड ऑफ इण्डिया (सेबी)

(iii) इन्श्योरेंस रेग्युलेटरी एण्ड डेवलेपमेण्ट अथॉरिटी (इरडा)

(iv) फॉरवर्ड मार्किट कमीशन ऑफ इण्डिया (एफ एम सी)

(v) वित्त मन्त्रालय के अधीन पेन्शन फण्ड रेग्युलेटरी एण्ड डेवलेपमेण्ट अथॉरिटी (फरडा)
उक्त पाँच प्रमुख फाइनेंशियल रेग्युलेटरी बॉडीज हैं, जो देश की वित्तीय प्रणाली पर नियन्त्रण रखती हैं।

48. Dormant Account क्या होते हैं?

⊙ ऐसे खाते जिनमें दो वर्ष तक लेन–देन नहीं हुआ है, उन्हें Dormant खातों में वर्गीकृत किया जाता है। (RBI के नवीनतम निर्देशानुसार) पहले खाते को Inactive में तथा बाद में उसे Dormant Account में वर्गीकृत कर दिया जाता है। जब एक बार खाता Dormant में वर्गीकृत हो जाता है, तो उसे Operative में बदलवाने के लिए बैंक आपसे कुछ राशि चार्ज कर सकता है।

Dormant Account में जारी ATM, Debit/Credit Cards को बैंक कैंसिल कर सकती है। ऐसे खाते में किसी भी प्रकार जमा की अनुमति नहीं है। यदि खाते में पर्याप्त राशि जमा नहीं है, तो उस पर पेनल्टी लगकर, हर तिमाही/छमाही/वार्षिक अवधि पर, खाते की राशि घटती रहती है एवं फिर खाते में शून्य राशि होने के बाद वह बन्द हो जाती है। Dormant खाते को Operative Account में पुन: अन्तरित करवाने के लिए, खातेदार को अपनी पहचान के समस्त सबूतों के साथ एवं PAN Card के साथ बैंक में जाना होता है एवं वहाँ बैंक द्वारा निर्धारित प्रक्रिया का पालन करने के बाद वह खाता Operative Account में बदला जाता है।

49. बैंक में Term Liabilities क्या होती है?

⊙ ऐसे जमा खाते जिनका भुगतान पूर्व निर्धारित (अवधि) की समाप्ति पर किया जाता है, बैंक की Term Liabilities में शामिल की जाती है। बैंक की Fixed एवं Recurring Deposits इसके अन्तर्गत शामिल है।

50. HUF Accounts क्या होते हैं?

⊙ HUF का अर्थ है, Hindu Undivided Family, ऐसे खातों में परिवार का सबसे बड़ा सदस्य कर्ता की तरह खाते का संचालन करता है। संयुक्त परिवार द्वारा ऐसे खाते खोले जाते हैं। पहले Income Tax में HUF को कुछ विशेष रियायतें दी गई थीं उस समय इन खातों का काफी प्रचलन था, आजकल ऐसे खाते कम खुलते हैं।

51. क्या एक पागल व्यक्ति बैंक में खाता खोल सकता है?

⊙ Indian Contract Act के अनुसार, एक पागल व्यक्ति के साथ की गई संविदा (Contract) को Void अर्थात् शून्य माना जाता है। अत: बैंक पागल व्यक्ति का खाता नहीं खोलता है।

52. क्या कोई खातेदार दिवालिया घोषित होने के उपरान्त भी खाते का संचालन कर सकता है?

⊙ यदि कोई खातेदार दिवालिया (Insolvent) घोषित हो जाता है, तो बैंक उसके खाते का संचालन बन्द कर देता है एवं बैंक, कोर्ट द्वारा नियुक्त Official Receiver के अनुसार उस खाते में उपलब्ध जमा राशि के सम्बन्ध में निर्णय लेता है।

53. क्या कोई Minor अपने नाम से, बैंक में Fixed Deposit करवा सकता है?

⊙ एक Minor (अल्प आयु) जिसकी उम्र 18 वर्ष से कम है वह अपने Guardian (संरक्षक) के संरक्षण में Fixed Deposit करवा सकता है। बैंक के Account Opening Form पर Guardian द्वारा Minor के Behalf पर हस्ताक्षर किए जाते हैं। Minor के, Major बनने के बाद वह स्वयं हस्ताक्षर करके FD के पैसे ले सकता है। इससे पूर्व संरक्षक द्वारा ही खाते का संचालन किया जाता है।

54. ऑफशोर बैंक क्या होते हैं?

⊙ सामान्यतया ऑफशोर बैंक (Offshore Bank) ऐसे बैंक को कहा जाता है, जो खातेदार के देश के अतिरिक्त किसी अन्य देश में स्थित है एवं जहाँ कुछ Tax आदि की बचत होती है अथवा कोई कानूनी एवं वित्तीय लाभ खाते धारक को प्राप्त होते हैं। *मुख्य लाभ निम्न होते हैं*

(i) ज्यादा प्राइवेसी (ii) कानून और 'कोई कर नहीं'

(iii) स्थानीय, राजनीतिक और वित्तीय अस्थिरता के विरुद्ध संरक्षण

(iv) न्यूनतम कष्टकारी संचालन प्रावधान

अधिकांश Offshore Banks, द्वीपों (Island) में स्थित हैं।

स्विस बैंक एवं लक्जमबर्ग, एंडौरा में स्थित बैंकों को भी Offshore Banks कहा जाता है। Offshore Banking को सामान्यतया आपराधिक एवं गलत कार्य के साथ जोड़कर देखा जाता है। बेनामी खाते, देश के कर नियमों से बचने के लिए, काले धन को इन बैंकों में जमा करने हेतु सामान्यतया Offshore बैंकों का उपयोग किया जाता है।

55. क्लियरिंग से क्या अभिप्राय है?

⊙ विभिन्न बैंकों द्वारा चेक एवं ड्राफ्ट समाशोधन के लिए की जाने वाली कार्यवाही को क्लियरिंग कहा जाता है। मान लीजिए इण्डियन ओवरसीज बैंक दिल्ली के खातेदार ने अपने खाते में इण्डियन बैंक, आगरा का ₹ 5000 का एक चेक जमा कराया। अब यह चेक समाशोधन के लिए इण्डियन बैंक आगरा भेजा जाएगा। उक्त बैंक द्वारा समाशोधित हो जाने पर ₹ 5000 का निक्षेप (Credit) ओवरसीज बैंक दिल्ली को भेज दिया जाएगा और यह धनराशि खातेदार के खाते में जमा हो जाएगी। इस प्रकार समाशोधन के लिए की जाने वाली इस समग्र कार्रवाई को क्लियरिंग के नाम से जाना जाता है।

56. बैंक-विवरण (स्टेटमेण्ट) क्या होता है?

⊙ बैंक–विवरण से तात्पर्य बैंकों द्वारा तैयार किया गया किसी खाते के लेखा–जोखा से है। जब ग्राहक बैंक खाते में धन जमा करता है तो वह बैंक का खाता डेबिट करता है तथा अपना खाता क्रेडिट करता है धन निकालने की स्थिति में वह बैंक का खाता क्रेडिट व अपना खाता डेबिट करता है। बैंक अपने बैंक विवरण में ठीक इसका उल्टा करता है। अत: बैंक विवरण व ग्राहक का खाता एक–दूसरे के विपरीत होता हैं तथा एक समान राशि डेबिट या क्रेडिट में दर्शाते हैं। यदि यह राशि दोनों खातों में समान नहीं होती तो यह समझा जाता है कि दोनों खातों में कहीं–न–कहीं कोई त्रुटि रह गई है और इसका निवारण किया जाता है।

57. बुरी करेन्सी (मुद्रा) अच्छी करेन्सी को निकाल फेंकती है, इससे आप क्या समझते हैं?

⊙ वास्तव में प्रत्येक व्यक्ति अच्छे नोटों तथा सिक्कों को अपने पास रखता है स्पष्ट है कि हम चलन में अधिक–से–अधिक खराब मुद्रा रखना चाहते हैं और अच्छी करेन्सी को अपने पास रोकते हैं। इसे **ग्रेशम** के नियम से भी जानते हैं, क्योंकि इस वक्तव्य का प्रतिपादन सर्वप्रथम ग्रेशम ने ही किया था।

भारतीय रिजर्व बैंक

भारत का केन्द्रीय बैंक

भारतीय रिजर्व बैंक (RBI) भारत का केन्द्रीय बैंक है। यह भारत के बैंकिंग तन्त्र का नियामक है। यह भारत की अर्थव्यवस्था को भी नियन्त्रित करता है, *इससे सम्बन्धित प्रमुख तथ्य निम्नलिखित हैं*

- भारत में केन्द्रीय बैंक की स्थापना से सम्बन्धित प्रथम प्रयास वर्ष 1914 में **चैम्बरलिन आयोग** द्वारा किया गया।
- रिजर्व बैंक की स्थापना वर्ष 1930 में स्थापित केन्द्रीय बैंकिंग जाँच समिति (हिल्टन-यंग समिति) की सिफारिश पर हुई। रिजर्व बैंक ऑफ इण्डिया की स्थापना 1 अप्रैल, 1935 में ₹ 50000000 (पाँच करोड़) की चुकता पूँजी से की गई।
- आरम्भ में समग्र पूँजी का स्वामित्व गैर-सरकारी हिस्सेदारों के हाथ में था।
- बैंक के सार्वजनिक कार्यों को दृष्टि में रखते हुए, रिजर्व बैंक ऑफ इण्डिया अधिनियम, 1934 में यह व्यवस्था की गई कि केन्द्र सरकार को रिजर्व बैंक के गवर्नर और डिप्टी गवर्नर नियुक्त करने का अधिकार होगा और ये दोनों रिजर्व बैंक **केन्द्रीय निदेशक मण्डल** (Central Board of Directors) के सदस्य होंगे। 1 जुलाई से 30 जून तक का समय रिजर्व बैंक का वित्तीय वर्ष होता है।

रिजर्व बैंक की संरचना (Structure/Composition of Reserve Bank)

- भारतीय रिजर्व बैंक के सामान्य प्रबन्धन व निर्देशन का कार्य 20 सदस्यीय केन्द्रीय निदेशक मण्डल द्वारा किया जाता है। केन्द्रीय निदेशक मण्डल में एक गवर्नर, चार डिप्टी गवर्नर, एक वित्त मन्त्रालय द्वारा नियुक्त सरकारी अधिकारी और भारत सरकार द्वारा नामित दस ऐसे निदेशक होते हैं, जो देश के आर्थिक जीवन के विभिन्न पहलुओं का प्रतिनिधित्व करते हैं और चार निदेशक स्थानीय बोर्डों (Local Boards) का प्रतिनिधित्व करने के लिए केन्द्र सरकार द्वारा नामित किए जाते हैं।
- केन्द्रीय बोर्ड के अतिरिक्त चार स्थानीय बोर्ड भी हैं, जिनके मुख्य कार्यालय बम्बई (मुम्बई), कलकत्ता (कोलकाता), मद्रास (चेन्नई) और नई दिल्ली में हैं।
- स्थानीय बोर्डों के पाँच सदस्य होते हैं, जो केन्द्र सरकार द्वारा चार वर्षों की अवधि के लिए नियुक्त किए जाते हैं और इनमें क्षेत्रीय एवं आर्थिक हितों और सरकारी एवं देशी बैंकों को प्रतिनिधित्व मिलता है।

रिजर्व बैंक के कार्य (Functions of Reserve Bank)

भारतीय रिजर्व बैंक के कार्य वर्ष 1934 के रिजर्व बैंक अधिनियम में वर्णित हैं।
रिजर्व बैंक के महत्त्वपूर्ण कार्यों को निम्नलिखित उपशीर्षकों के तहत रखा जा सकता है

1. साधारण बैंकिंग कार्य (General Banking Functions)

प्रमुख साधारण बैंकिंग कार्य इस प्रकार हैं

- केन्द्रीय तथा राज्य सरकारों एवं संस्थाओं आदि से जमा स्वीकारना।
- देश के अन्दर भुगतान होने वाले विनिमय एवं शपथ पत्रों का क्रय-विक्रय (अधिकतम 90 दिनों की अवधि वाले)।
- केन्द्रीय एवं राज्य सरकारों की प्रतिभूतियों की खरीद-बिक्री।
- कृषि एवं विदेशी विनिमय प्रपत्रों का क्रय-विक्रय।
- मूल्यवान धातुओं की खरीद-बिक्री एवं बहुमूल्य धातुओं को सुरक्षित रखने का कार्य।
- केन्द्रीय एवं राज्य सरकारों को अल्पावधि ऋण देना।
- अन्तर्राष्ट्रीय बैंक से लेन-देन एवं अन्तर्राष्ट्रीय मुद्रा-कोष के सदस्य देशों के साथ सम्बन्ध स्थापित करना।

2. केन्द्रीय बैंकिंग कार्य (Central Banking Functions)

प्रमुख केन्द्रीय बैंकिंग कार्य इस प्रकार हैं

- नोटों के प्रचालन/निर्गमन का कार्य।
- बैंकों के बैंकर व अन्तिम ऋणदाता के रूप में कार्य।
- सरकार के बैंकर के रूप में कार्य।
- साख का नियमन व नियन्त्रण।

3. अन्य कार्य (Other Functions)

- निर्यात उद्योगों को ऋण देना।
- मुद्रा का परिवर्तन एवं स्थानान्तरण।
- महत्त्वपूर्ण आर्थिक सूचनाओं एवं आँकड़ों का प्रकाशन।
- समाशोधन गृह के रूप में कार्य।
- बैंकिंग विकास हेतु प्रशिक्षण।
- नये निजी बैंकों को लाइसेंस प्रदान करना।

भारतीय अर्थव्यवस्था में रिजर्व बैंक की भूमिका

(Role of Reserve Bank of India in Indian Economy)

भारतीय अर्थव्यवस्था के सन्दर्भ में रिजर्व बैंक की केन्द्रीय एवं महत्त्वपूर्ण भूमिका है, जिसे वह अपने कार्यों के माध्यम से सम्पन्न करता है। उपरोक्त वर्णित कार्यों से यह स्पष्ट है कि रिजर्व बैंक रुपये के बाह्य व आन्तरिक मूल्यों में स्थिरता बनाए रखता है और देश में बैंकिंग संकट रोकने व मुद्रा बाजार में लोच पैदा करने हेतु विभिन्न प्रकार से दृढ़ केन्द्रीय कोष का निर्माण करता है। विदेशों में मौद्रिक सम्पर्क की स्थापना करना, साख-मुद्रा व मात्रा को उसकी माँग के अनुरूप बनाए रखना तथा इस सम्बन्ध में शोध व अध्ययन को बढ़ावा देकर रिजर्व बैंक इस प्रकार के वातावरण का निर्माण करता है, जिससे अर्थव्यवस्था के वर्तमान स्वरूप के सन्दर्भ में अनुमान लगाकर नीतियों का निर्धारण किया जाता है।

देश में मुद्रास्फीति का नियन्त्रण एवं मुद्रा साख, वित्त, कृषि एवं औद्योगिक उत्पादन के आँकड़ों का एकत्रीकरण व प्रकाशन भी भारतीय रिजर्व बैंक अपने स्तर पर करता है साथ ही विदेशी भुगतान व विनियम के मुद्दे पर सरकार को सलाह देता है। इस प्रकार यह स्पष्ट है कि अर्थव्यवस्था के क्षेत्र से सम्बन्धित महत्त्वपूर्ण मूलभूत कार्यों के सम्पादन का दायित्व भारतीय रिजर्व बैंक के पास है, जो इसकी भूमिका को भारतीय अर्थव्यवस्था के सन्दर्भ में केन्द्रीय एवं अति महत्त्वपूर्ण बनाता है।

आवश्यक प्रतिषेध

रिजर्व बैंक की स्थापना लाभ कमाने के उद्देश्य से नहीं अपितु देश की बैंकिंग व्यवस्था को सुदृढ़ बनाने हेतु की गई है। अतः यह आवश्यक है कि उसके कार्यों से देश का अहित न हो और वह किसी प्रकार सदस्य बैंकों का प्रतियोगी (Competitor) न बन जाए। अतः सरकार द्वारा रिजर्व बैंक के कुछ कार्य करने पर रोक लगाई गई है, *जो इस प्रकार हैं*

- न ही वह अचल सम्पत्ति की जमानत पर कर्ज दे सकता है और न ही ऐसी सम्पत्ति अपने इस्तेमाल के लिए खरीद सकता है।
- वह बिना जमानत के कर्ज (unsecured loan) नहीं दे सकता।
- वह किसी कम्पनी या बैंक को न तो कर्ज दे सकता है और न ही उनके अंशों को खरीद सकता है।
- वह केवल उन्हीं बिलों को जारी कर सकता है या भुना कर सकता है, जो माँग पर देय हों।
- वह व्यापार, उद्योग एवं वाणिज्य में निश्चित काल के लिए भाग नहीं ले सकता।

आर बी आई द्वारा साख नियन्त्रण

आर बी आई द्वारा साख के नियमन एवं नियन्त्रण हेतु दो प्रकार के उपायों का प्रयोग करता है, *जिसका विवरण निम्नलिखित है*

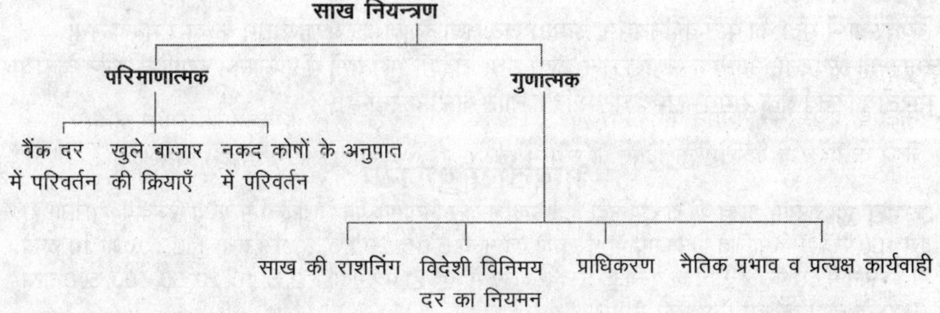

भारतीय रिजर्व बैंक के साख नियन्त्रक उपकरण

(Credit Control Instruments of RBI)

भारतीय रिजर्व बैंक के साख नियन्त्रण के प्रमुख उपकरण अग्रलिखित हैं

बैंक दर (Bank Rate)

जिस दर पर केन्द्रीय बैंक सदस्य बैंकों के प्रथम श्रेणी के बिलों की पुनर्कटौती करता है अथवा स्वीकार्य प्रतिभूतियों पर ऋण देता है, उसे बैंक दर कहते हैं। बैंक दर में परिवर्तन करके RBI देश में साख की मात्रा को प्रभावित कर सकता है।

रेपो दर (Repo Rate)

रेपो दर का अभिप्राय उस दर से है, जिस पर सार्वजनिक एवं निजी बैंक अपनी अल्प अवधि की आवश्यकताओं के लिए रिजर्व बैंक से उधार लेते हैं।

रिवर्स रेपो दर (Reverse Repo Rate)

जब बैंक अपनी अतिरिक्त राशि कुछ समय के लिए बैंक के पास रखते हैं, तो इस अतिरिक्त राशि के लिए रिवर्स रेपो दर पर ब्याज मिलता है। इसे **धन की पार्किंग** भी कहा जाता है।

नकद आरक्षी अनुपात (Cash Reserve Ratio)

नकद आरक्षी अनुपात (सी आर आर) एक निश्चित अनुपात होता है, जिस अनुपात में बैंकों को अपने पास उपलब्ध नकदी का कुछ हिस्सा केन्द्रीय बैंक के पास जमा रखना पड़ता है। आरबीआई जब ब्याज दरों में बदलाव किए बिना बाजार से तरलता कम करना चाहता है, तो वह सीआरआर बढ़ा देता है। इससे बैंकों के पास बाजार में देने के लिए कम रकम बचती है। इसके विपरीत सीआरआर को घटाने से बाजार में मनी सप्लाई बढ़ जाती है।

सांविधिक तरलता अनुपात (Statutory Liquidity Ratio)

सांविधिक तरलता अनुपात (एसएलआर) बैंकों के पास माँग और सावधि जमाओं का वह न्यूनतम अनुपात है, जिसे उन्हें सरकारी प्रतिभूतियों में निवेश करना होता है, इसका प्रबन्ध रिजर्व बैंक के नियन्त्रण में रहता है।

मार्जिनल स्टैण्डिंग फैसिलिटी रेट (Marginal Standing Facility Rate)

मौद्रिक नीति के उपकरण के रूप में इसकी शुरूआत मई, 2011 में हुई, इसके तहत RBI बैंकों के अति अल्पकालिक ऋण आवश्यकता की पूर्ति करता है। रिवर्स रेपो दर से यह हमेशा 1% अधिक होता है।

मौद्रिक नीति

अर्थव्यवस्था में मुद्रा की पूर्ति के नियमन, समायोजन तथा ब्याज दर में परिवर्तन के द्वारा मूल्य तथा रोजगार की स्थिरता, आर्थिक संवृद्धि तेज करने तथा विदेशी भुगतानों में सन्तुलन स्थापित करने के प्रयास से भारतीय रिजर्व बैंक समय-समय पर मौद्रिक नीति जारी करता है।

भारतीय रुपया

भारतीय मुद्रा रुपया, भारत की राष्ट्रीय मुद्रा है, इसका बाजार नियामक एवं जारीकर्ता भारतीय रिजर्व बैंक (RBI) है। इसे 100 पैसों में विभाजित किया गया है। सिक्कों का मूल्य 5, 10, 20, 25, 50 पैसे तथा 1, 2, 5, तथा 10 रुपये है। वर्तमान में 50 पैसे से नीचे के मूल्य के सिक्के चलन में नहीं हैं। पत्र मुद्रा 1, 2, 5, 10, 20, 50, 100, 500 तथा 1000 के नोटों के रूप में प्रचलन में हैं।

भारतीय मुद्रा के लिए एक आधिकारिक प्रतीक चिह्न (₹) 15 जुलाई, 2010 को चुन लिया गया है, इसे आईआईटी गुवाहाटी के प्रोफेसर डी. उदय कुमार ने डिजाइन किया है। यह चिह्न देवनागरी लिपि के अक्षर र को मिलाकर बनाया गया है।

भारत में प्रतिभूति-मुद्रण एवं सिक्कों का उत्पादन

(Security Printing and Coins Produced in India)

भारत में इसका उत्पादन निम्नलिखित स्थानों पर किया जाता है

- **इण्डियन सिक्योरिटी प्रेस, नासिक** (महाराष्ट्र) नासिक रोड स्थित भारत प्रतिभूत मुद्रणालय (Indian Security Press) में डाक सम्बन्धी लेखन सामग्री, डाक एवं डाक-भिन्न टिकटों, अदालती एवं गैर-अदालती स्टाम्पों, बैंकों (RBI तथा SBI) के चेकों, बॉण्डों, राष्ट्रीय बचत पत्रों, पोस्टल ऑर्डर, पासपोर्ट आदि की छपाई होती है।
- **सिक्योरिटी प्रिण्टिंग प्रेस, हैदराबाद** इसकी स्थापना दक्षिण राज्यों की डाक लेखन सामग्री की माँगों को पूरा करने तथा पूरे देश की केन्द्रीय उत्पादन शुल्क स्टाम्प की माँग को पूरा करने के लिए वर्ष 1982 में की गई थी। ताकि भारत प्रतिभूति मुद्रणालय, नासिक रोड के उत्पादन की अनुपूर्ति की जा सके।
- **करेन्सी प्रेस नोट, नासिक रोड** स्थित करेन्सी प्रेस ₹ 10, 50, 100, 500 तथा 1000 के बैंक नोट छापती है और उनकी पूर्ति करती है।

- **बैंक नोट प्रेस, देवास** (मध्य प्रदेश) देवास स्थित करेन्सी नोट ₹ 20, 50, 100 और 500 के उच्च मूल्य वर्ग के नोट छापती है। बैंक नोट प्रेस का स्याही का कारखाना प्रतिभूति पत्रों की स्याही का निर्माण भी करता है।
- **सिक्योरिटी पेपर मिल, होशंगाबाद** (मध्य प्रदेश) बैंक और करेन्सी नोट कागज तथा नॉन-ज्यूडिशियल स्टाम्प पेपर की छपाई में प्रयोग होने वाले कागज का उत्पादन करने के लिए सिक्योरिटी पेपर मिल, होशंगाबाद में वर्ष 1967-68 में चालू की गई थी।
- **शाहबनी** (पं. बंगाल) तथा मैसूर (कर्नाटक) भारतीय रिजर्व बैंक मुद्रण लिमिटेड द्वारा दो नए एवं अत्याधुनिक करेन्सी नोट प्रेस मैसूर (कर्नाटक) तथा साल्बोनी (पं. बंगाल) में स्थापित किए गए हैं। यहाँ RBI के नियन्त्रण में करेन्सी नोट छापे जाते हैं। इन नए मुद्रणालयों में वर्ष 1998-99 तक 10000 मिलियन करेन्सी नोटों का अतिरिक्त वार्षिक मुद्रण का अनुमान था। देवास तथा नासिक रोड स्थित करेन्सी नोट प्रेस में प्रतिवर्ष 6000 मिलियन करेन्सी नोटों का मुद्रण होता है।

टकसाल (Mints)

सिक्कों का उत्पादन करने तथा सोने और चाँदी की परख करने एवं तमगों का उत्पादन करने के लिए भारत सरकार की चार टकसालें मुम्बई, कोलकाता, हैदराबाद तथा नोएडा में स्थित हैं।

भारतीय पत्र मुद्रा सुरक्षा लक्षण

वर्तमान में भारतीय बैंक नोटों में निम्नलिखित सुरक्षा लक्षण होते हैं

वाटरमार्क (Watermark)	नोट के ह्वाइट साइड पैनल पर महात्मा गाँधी वाटरमार्क होता है।
सुरक्षा धागा (Security Thread)	सभी नोटों में चाँदी का एक सुरक्षा धागा होता है, जिस पर हिन्दी में 'भारत' तथा अंग्रेजी में 'आरबीआई' लिखा होता है।
गुप्त प्रतिबिम्ब (Secret Image)	₹ 20 या अधिक के नोटों पर महात्मा गाँधी के चित्र की दाहिनी ओर एक छिपा हुआ प्रतिबिम्ब होता है, जो नोट के मूल्य को संख्यात्मक रूप में व्यक्त करता है।
सूक्ष्म अभिलेख (Meticulous Records)	सुरक्षा धागा और गुप्त प्रतिबिम्ब के बीच में नोट के मूल्य को व्यक्त करने वाला एक सूक्ष्म अभिलेख होता है, जिसे मैग्नीफाइंग ग्लास से ही देखा जा सकता है।
उत्कीर्ण आकृति (Intaglio)	₹ 10 या अधिक के नोटों पर महात्मा गाँधी का चित्र, रिजर्व बैंक की मुहर, प्रतिभूति और वचन वाक्यांश, अशोक स्तम्भ का चिह्न तथा रिजर्व बैंक के गवर्नर के हस्ताक्षर, उभरे प्रिंट के साथ उत्कीर्ण होते हैं।
पहचान चिह्न (Identity Sign)	वाटर मार्क की बाईं ओर नोटों के विभिन्न मूल्यों के लिए कुछ निश्चित आकृतियाँ छपी होती हैं; जैसे–1000 के लिए हीरा, ₹ 500 के लिए वृत्त, ₹ 100 के लिए त्रिभुज और ₹ 50 के लिए वर्ग आदि। इन चिह्नों की मदद से दृष्टिहीन भी नोटों की सही पहचान कर सकते हैं।
प्रतिदीप्ति (Fluorescence)	नम्बर पैनल, पराबैंगनी कर सकते हैं।
ऑप्टिकली वेरिएबल स्याही (Optically Variable Ink)	₹ 500 व ₹ 1000 के नोटों पर संख्यात्मक मान, ऑप्टिकल–वेरिएबल स्याही से छपा होता है। नोट को समतल पकड़ने पर संख्या, हरे रंग की तथा कोण से देखने पर संख्या, नीले रंग की नजर आती है।
सी–थ्रू रजिस्टर (See-through Register)	नोट के सामने और पीछे की ओर छपे फ्लोरल डिजाइन, पूर्णरूप से परस्पर मेल खाते हैं और प्रकाश में देखने पर परस्पर ओवरलेप करते हैं।
ईयूआर कॉन्सट्लेशन EU or (Constellation)	बैंक नोट पर पाए जाने वाले कुछ चिह्नों के कारण, सॉफ्टवेयर, डिजिटल प्रतिबिम्ब में बैंक नोट की उपस्थिति को पहचान पाता है। इन चिह्नों के कारण बैंक नोट की रंगीन फोटोकॉपी के उत्पादन और प्रचालन पर रोक लगती है।

रिजर्व बैंक के गवर्नर

क्र.सं.	कार्यकाल	गवर्नर
1.	1-7-1935 से 30-6-1937	सर ओसबोर्न स्मिथ
2.	1-7-37 से 17-2-43	सर जेम्स टेलर
3.	11-8-43 से 30-6-49	सर सीडी देशमुख
4.	1-7-49 से 14-1-57	सर बेनेगल रामाराउ
5.	14-1-57 से 28-2-57	केजी अंबेगाँवकर
6.	1-3-57 से 28-2-62	एचवीआर आयंगर
7.	1-3-62 से 30-6-67	पीसी भट्टाचार्य
8.	1-7-67 से 3-5-70	एलके झा
9.	4-5-70 से 15-6-70	बीएन अदारकर
10.	16-6-70 से 19-5-75	एससी जगन्नाथन
11.	19-5-75 से 19-8-75	एनसी सेनगुप्ता
12.	20-8-75 से 2-5-77	केआर पुरी
13.	2-5-77 से 30-11-77	एम नरसिंहम
14.	1-12-77 से 15-9-82	आईजी पटेल
15.	16-9-82 से 14-1-85	डॉ मनमोहन सिंह
16.	15-1-85 से 4-2-85	ए घोष
17.	4-2-85 से 22-12-90	आरएन मल्होत्रा
18.	22-12-90 से 21.12.1992	एस वेंकटरमन
19.	22-12-92 से 21.11.1997	डॉ. सी रंगराजन
20.	22-11-97 से 6-9-2003	डॉ. बिमल जालान
21.	6-9-03 से 5-9-08	डॉ. वाईवी रेड्डी
22.	5-9-08 से 6-8-13	डी सुब्बाराव
23.	6-8-13 से अब तक	डॉ. रघुराम राजन

₹ 1 का नोट फिर से जारी

- वित्त मन्त्रालय ने 26 दिसम्बर, 2014 को ₹ 1 का नोट फिर से छापने की अधिसूचना जारी की। सरकार ने वर्ष 1994 में ₹ 1 के नोट की छपाई बन्द कर दी थी। ₹ 1 के नोट पर वित्त सचिव राजीव महर्षि के हस्ताक्षर होंगे।
- नए नोट की लम्बाई 9.7 सेमी तथा चौड़ाई 6.3 सेमी होगी। नोट पर मल्टीटोनल वाटरमार्क में बिना 'सत्यमेव जयते' वाक्य के अशोक स्तम्भ अंकित होगा। मध्य भाग में सामान्य तौर पर नहीं दिखने वाली संख्या 1 प्रकाशित होगी। नोट के दाईं ओर भारत शब्द अंकित होगा। नोट का अगला हिस्सा गुलाबी और हरे रंग के मिश्रण में होगा।
- नोट के पिछले भाग में पुष्प डिजाइन वाला रुपए का प्रतीक चिह्न होगा। वर्ष 2015 के साथ अंग्रेजी में 'गवर्नमेण्ट ऑफ इण्डिया' तथा हिन्दी में भारत सरकार अंकित होगा। इसके डिजाइन में तेल खोज प्लेटफार्म, सागर सम्राट का चित्र और 15 भाषाओं में प्रतिदान घोषणा होगी।

इण्टरव्यू की तैयारी हेतु अभ्यास प्रश्न

1. रिजर्व बैंक से आप क्या समझते हैं?

⊙ यह भारत का केन्द्रीय बैंक है, जिसकी स्थापना 1 अप्रैल, 1935 को की गई थी। यह देश में करेन्सी नोट निर्गमित करता है और इस सन्दर्भ में आवश्यक आरक्षित धनराशि रखता है।

यह एक प्रकार से देश में बैंकिंग की शिखर संस्था है तथा सरकार की अर्थ–नीति के निर्धारण में सहायता प्रदान करती है। इसका प्रधान कार्यालय मुम्बई में है।

2. रिजर्व बैंक के प्रमुख कार्य बताइए।

⊙ देश का केन्द्रीय बैंक होने के नाते यह उन समस्त कार्यों को सम्पन्न करता है, जो किसी भी केन्द्रीय बैंक से अपेक्षित है। रिजर्व बैंक का प्रमुख कार्य, भारत सरकार की मुद्रा की स्थिति को सुदृढ़ बनाए रखने के लिए आवश्यक स्वर्ण राशि को सुरक्षित रखना है।

इसके अलावा यह अन्य बैंकों पर नियन्त्रण रखता है, यह करेन्सी नोट चालू करता है। यह एक प्रकार से सरकार का बैंक है। रिजर्व बैंक एक रुपये के नोट के अलावा समस्त मूल्यों के नोटों का निर्गमन करता है। प्रत्येक दो रुपये तथा उससे ऊँचे मूल्य के नोट पर रिजर्व बैंक के गवर्नर की प्रतिज्ञा छपी रहती है कि वह उक्त धनराशि का सर्वत्र देनदार है।

रिजर्व बैंक राज्य सरकारों का बैंकिंग कारोबार करता है और सार्वजनिक ऋण–व्यवस्था करता है, रिजर्व बैंक के अन्य कार्यों में रुपये की विनिमय दर को निर्धारित करना, देश में साख का नियमन करना। देश की आर्थिक स्थिति के सम्बन्ध में आँकड़े प्रकाशित करना एवं आर्थिक नीति निर्धारण में सरकार को सलाह देना आदि सम्मिलित हैं।

3. अन्य बैंकों के साथ रिजर्व बैंक का क्या सम्बन्ध है?

⊙ रिजर्व बैंक, बैंकों का बैंक है। प्रत्येक बैंक को अनिवार्य रूप से रिजर्व बैंक में अपना खाता खोलना पड़ता है। नई शाखा खोलने के लिए अथवा किसी शाखा का स्थानान्तरण करने के लिए प्रत्येक बैंक को रिजर्व बैंक से अनुमति प्राप्त करनी होती है। वर्ष 1949 के बैंकिंग अधिनियम के अनुसार, रिजर्व बैंक किसी भी बैंक का निरीक्षण कर सकता है।

यह किसी भी बैंक के किसी भी अधिकारी को दोषी पाकर सेवा–मुक्त कर सकता है। यह किसी भी बैंक के संचालक मण्डल में अपना संचालक सदस्य नियुक्त कर सकता है। कहने का तात्पर्य यह है कि रिजर्व बैंक को अन्य समस्त बैंकों पर नियन्त्रण रखने का पूर्ण अधिकार प्राप्त है। वास्तव में बैंक सम्बन्धी सभी नीतियों का निर्माण रिजर्व बैंक के द्वारा ही होता है। अत: सभी बैंकों का रिजर्व बैंक से प्रत्यक्ष सम्पर्क रहता है।

4. रिजर्व बैंक के सर्वोच्च अधिकारी को क्या कहा जाता है? वर्तमान में रिजर्व बैंक का सर्वोच्च अधिकारी कौन है?

⊙ रिजर्व बैंक का सर्वोच्च अधिकारी 'गवर्नर' (Governor) कहलाता है वर्तमान में डॉ. रघुराम राजन इसके गवर्नर हैं।

5. रिजर्व बैंक के गवर्नर की नियुक्ति किस प्रकार की जाती है?

⊙ रिजर्व बैंक के गवर्नर की नियुक्ति केन्द्र सरकार द्वारा की जाती है। नियुक्ति अवधि अधिकतम 5 वर्ष होती है। रिजर्व बैंक के गवर्नर के वेतन की राशि तथा इनके अधिकारों की सीमा रिजर्व बैंक केन्द्रीय बोर्ड तथा केन्द्रीय सरकार के वित्त विभाग द्वारा निर्धारित की जाती है।

6. रिजर्व बैंक स्वर्ण का क्या करती है?

⊙ रिजर्व बैंक स्वर्ण को मूल्यवान तत्त्व या सम्पत्ति (Asset) के रूप में अपने पास रखती है और उस धरोहर के एवज में नोटों का निर्गमन करती है। स्वर्ण के बदले में वह अन्य सम्पत्ति (Asset) इस प्रकार रखती है

1. स्वर्ण सिक्के
2. विदेशी प्रतिभूतियाँ
3. केन्द्रीय प्रतिभूतियाँ
4. हुण्डियाँ और प्रतिज्ञा-पत्र (Promissory Notes), जो भारत में भुनाई जाने वाली हो तथा जो रिजर्व बैंक द्वारा क्रय की जाने योग्य हों।

रिजर्व बैंक के नोट-निर्गमन-विभाग के पास हर समय कम-से-कम ₹115 करोड़ के मूल्य का स्वर्ण रहना चाहिए। रिजर्व बैंक यदा-कदा अपने देश में स्वर्ण की नीलामी करता है। ऐसा करने से मुद्रा का संकुचन होता है और मूल्य-स्तर गिराने में सहायता मिलती है। रिजर्व बैंक के पास स्वर्ण सुरक्षित होने से देश और विदेश में देश की आर्थिक स्थिति के प्रति विश्वास की भावना दृढ़ होती है।

7. बेस रेट या प्राइम लैंडिंग रेट क्या है?

⊙ आधार दर (बेस रेट) वह प्राइम लैंडिंग रेट है, जो बैंकों द्वारा ऋण देते समय कम-से-कम लिए जाते हैं। बेस रेट तय करने के लिए, बैंकों द्वारा जमा खर्च सी आर आर,एस एल आर इत्यादि को ध्यान में रखा जाता है। बेस रेट व्यवस्था, पूर्व में जारी प्राइम लैंडिंग रेट व्यवस्था (पी एल आर) से अधिक कारगर है। बेस रेट व्यवस्था में बैंक प्राथमिकता के आधार पर कुछ चुनिंदा ग्राहकों को PLR से भी कम दर पर ऋण दे सकते थे एवं समान प्रकार के ऋण हेतु अलग दर भी रख सकते थे, लेकिन बेस रेट व्यवस्था में ऐसा नहीं है।

इसमें प्रत्येक बैंक को अपनी आधार दर बतानी होती है एवं उसकी गणना (calculate) कैसे की जाए, इसे भी बताना आवश्यक है। बेस रेट व्यवस्था के शुरू होने के बाद अब PLR व्यवस्था समाप्त हो गई है। बेस रेट व्यवस्था दिनांक 01 जुलाई, 2010 से सभी बैंकों पर लागू हो गया है।

8. पी एल आर (Prime Lending Rate) क्या है?

⊙ Prime lending rate वह ब्याज दर है, जिस पर बैंकों द्वारा अपने सर्वश्रेष्ठ ग्राहकों को ऋण दिया जाता है। यह वह न्यूनतम ब्याज दर है, जो बैंक अपने सबसे भरोसेमंद ग्राहकों को ऋण देते वक्त लेते थे। अब यह PLR की व्यवस्था समाप्त हो गई है एवं अब बेस रेट की व्यवस्था शुरू हो गई है।

9. एस एल आर (Statutory Liquidity Ratio) क्या है?

⊙ प्रत्येक बैंक का अपनी जमाओं (demand and time liabilities) का एक निश्चित प्रतिशत आर बी आई के पास स्वर्ण या अन्य सत्यापित प्रतिभूतियों के रूप में हर दिन की समाप्ति पर व्यवस्थित (maintain) करना पड़ता है। SLR 40% अधिकतम तक किया जा सकता है। इस SLR के माध्यम से आर बी आई देश में बैंक द्वारा दिए गए ऋण की राशि पर नियन्त्रण रखता है। RBI द्वारा SLR का उपयोग बैंकों की ऋण देने की क्षमता पर नियन्त्रण हेतु किया जाता है।

10. रेपो रेट क्या है?

➲ RBI द्वारा बैंकों को छोटी अवधि हेतु सिक्योरिटीज के विरुद्ध जिस दर पर ऋण दिया जाता है, वह रेपो रेट है। जब रेपो रेट बढ़ाया जाता है, तो RBI से ऋण लेना महँगा हो जाता है, जिससे बैंक भी अपने ऋण देने की ब्याज दर बढ़ाने को मजबूर हो जाते हैं।

11. रिवर्स रेपो रेट क्या है?

➲ बैंकों द्वारा शार्टटर्म एक्सेस डिपॉजिट्स को जिस ब्याज दर पर RBI में रखा जाता है, वह दर रिवर्स रेपो रेट (Reverse Repo Rate) कहलाती है। जब बैंकों के पास अधिक राशि एकत्र हो जाती है और वे उसे कहीं उचित दर पर निवेश नहीं कर पाते हैं, तो वे RBI के पास उस राशि को रख देते हैं। इस राशि पर RBI, जिस दर पर ब्याज देती है, वह रिवर्स रेपो दर कहलाती है।

12. नकद आरक्षी अनुपात (CRR) क्या है?

➲ CRR का अर्थ है Cash Reserve Ratio प्रत्येक बैंक को अपने जमा का एक निश्चित औसत liquid रूप में अर्थात् नकद में रखना जरूरी होता है। बैंक यह कैश, RBI के पास या विभिन्न currency chests में (currency chest) में रखी हुई राशि RBI के पास रखी मानी जाती है।) रखता है। यह अनुपात (जोकि बैंक की जमा का हिस्सा है, जिसे नकद के रूप में रखा जाता है।) कैश रिजर्व रेशियो कहलाता है। मान लो CRR की दर 7% निर्धारित है। यदि किसी बैंक का डिपोजिट ₹ 100 बढ़ता है, तो उसे ₹ 93 ही ऋण देने या investment हेतु प्रयोग में ले सकता है। RBI द्वारा CRR का उपयोग बैंकों की तरलता (liquidity) अर्थात् बैंकों की ऋण देने की क्षमता पर नियन्त्रण हेतु किया जाता है।

13. भारतीय रिजर्व बैंक की स्थापना कब एवं किस अधिनियम के तहत हुई थी?

➲ भारतीय रिजर्व बैंक की स्थापना 1 अप्रैल, 1935 को रिजर्व बैंक ऑफ इंडिया एक्ट, 1934 के तहत की गई थी।

14. स्थापना के समय भारतीय रिजर्व बैंक का केन्द्रीय कार्यालय कहाँ पर था एवं आजकल कहाँ पर है?

➲ स्थापना के समय रिजर्व बैंक का कार्यालय कलकत्ता में था, लेकिन वर्ष 1937 में यह मुम्बई में कर दिया गया। प्रारम्भ में रिजर्व बैंक एक निजी बैंक था, जिसका वर्ष 1949 में राष्ट्रीयकरण होने के बाद यह सरकारी स्वामित्व में आ गया। आज रिजर्व बैंक, भारत सरकार का बैंक है।

15. भारतीय रिजर्व बैंक के राष्ट्रीयकरण के समय गवर्नर कौन थे?

➲ रिजर्व बैंक का राष्ट्रीयकरण 1 जनवरी, 1949 को हुआ था। उस समय रिजर्व बैंक के गवर्नर श्री सीडी देशमुख थे। बाद में वे वर्ष 1950 से 1956 तक भारत के वित्तमन्त्री भी रहे।

16. भारतीय रिजर्व बैंक रुपये के बाह्य मूल्य को स्थिर बनाए रखने के लिए कौन-सा उपाय अपनाता है?

➲ वर्ष 1994 में रुपये की बाजार निर्धारित एकल विनिमय दर प्रणाली लागू कर दिए जाने तथा कालान्तर में चालू खाते पर रुपये को पूर्ण परिवर्तनीय बना दिए जाने के बाद से रुपये की विनिमय दर विश्व की पाँच श्रेष्ठ करेन्सियों अमेरिकी डॉलर, ब्रितानी पॉण्ड, फ्रेंच फ्रेंक, जर्मन मार्क, जापानी येन की माँग और पूर्ति के आधार पर निर्धारित होती है। जब रुपये का बाह्य मूल्य गिरने लगता है, तो भारतीय रिजर्व बैंक अपने प्रारक्षित कोष में से विदेशी विनिमय की बिक्री करके विदेशी विनिमय बाजार में विदेशी करेन्सी की आपूर्ति बढ़ा देता है। इसके विपरीत, रुपया मजबूत होने पर भारतीय रिजर्व बैंक विदेशी करेन्सी की बड़े पैमाने पर खरीद करके आपूर्ति आधिक्य को निष्प्रभावी करने का प्रयास करता है।

17. एक रुपये के नोट तथा अन्य बड़ी रकम के नोट में क्या अन्तर है?

⊙ एक रुपये का नोट केन्द्र सरकार द्वारा निर्गमित किया जाता है। इसके ऊपर केन्द्र सरकार की ओर से वित्त सचिव के हस्ताक्षर होते हैं। यह नोट प्रतिज्ञा पत्र (Promissory Note) के रूप में होते हैं, जबकि बड़े नोटों पर भारतीय रिजर्व बैंक के गवर्नर के हस्ताक्षर होते हैं तथा इन पर RBI की प्रतिज्ञा छपी रहती है।

18. मार्जिनल स्टैण्डिंग फैसिलिटी रेट (MSFR) से आप क्या समझते है?

⊙ मार्जिनल स्टैण्डिंग फैसिलिटी रेट (MSFR) के अन्तर्गत RBI बैंकों को अल्पकालिक ऋण उपलब्ध कराती है। इसकी शुरूआत मई, 2011 में हुई थी।

19. मौद्रिक नीति (Monetary Policy) क्या होती है?

⊙ मौद्रिक नीति वह नीति है, जिसके द्वारा एक देश की सरकार, केन्द्रीय बैंक द्वारा मुद्रा की आपूर्ति, मुद्रा की उपलब्धता तथा मुद्रा के मूल्य व ब्याज दर पर अर्थव्यवस्था के विकास तथा स्थायित्व के उद्देश्य से नियन्त्रण रखती है।

20. भारत में मुद्रा आपूर्ति की माप के लिए किन संकेतों का प्रयोग किया जाता है?

⊙ भारत में मुद्रा आपूर्ति की माप के लिए M1 (Narrow Money), M2, M3 (Broad Money) तथा M4 का प्रयोग किया जाता है।

21. रिजर्व मनी से आप क्या समझते हैं?

⊙ चलन में करेन्सी, भारतीय रिजर्व बैंक के पास अन्य जमाएँ तथा भारतीय रिजर्व बैंक के पास वाणिज्यिक बैंकों की जमाएँ रिजर्व मनी कहलाती है।

22. बैंक दर तथा ब्याज दर में क्या अन्तर है?

⊙ बैंक दर वह ब्याज दर है, जिस पर भारतीय रिजर्व बैंक अन्य बैंकों एवं वित्तीय संस्थाओं को उधार देता है, जबकि ब्याज दर, व्यापारिक बैंक अपने ग्राहकों को दिए गए ऋणों पर वसूल करते हैं।

23. एसएलआर कैसे निर्धारित की जाती है?

⊙ एसएलआर का निर्धारण कुल माँग तथा समयपरक देयताओं के प्रतिशत के आधार पर किया जाता है। समयपरक देयताएँ वे देयताएँ हैं, जिनके लिए बैंक ग्राहकों की समयपरक भुगतान की माँग को पूरा करने के लिए उत्तरदायी होता है।

24. भारतीय रिजर्व बैंक के उद्देश्य क्या हैं?

⊙ आर बी आई एक्ट, 1934 के अनुसार निम्न कार्यों को प्रमुख उद्देश्यों में शामिल किया गया है

(i) रिजर्व बैंक द्वारा जारी नोटों के निर्गमन का नियमन (To regulate the issue of bank notes) तथा मौद्रिक स्थिरता बनाए रखने हेतु आवश्यक रिजर्व रखना।

(ii) देश में आर्थिक स्थिरता बनाए रखने हेतु रिजर्व बैंक द्वारा आवश्यक नियन्त्रण एवं नियमन करना।

(iii) भारतीय रिजर्व बैंक पर भारत सरकार के बैंकर्स की तरह कार्य करते हुए, सार्वजनिक ऋण, Foreign exchange का नियमन का दायित्व है।

(iv) भारतीय रिजर्व बैंक आर्थिक स्थिरता बनाए रखने एवं मन्दी (inflation) को नियन्त्रित करने हेतु सभी बैंकों पर credit policy एवं अन्य परिपत्रों द्वारा नियन्त्रण रखता है।

(v) भारतीय रिजर्व बैंक, सभी बैंकों का बैंक है एवं इसे tender of the last resort भी कहा जाता है।

25. नकली नोट मिलने पर क्या करना चाहिए?

⊙ नकली नोट रखना गैर-कानूनी होता है, लेकिन कई बार अनजाने में आपके पास नकली नोट आ जाते हैं। कई बार बैंक में नोट जमा कराने जाएँ, तो पता चलता है कि उसमें से एक दो, नोट नकली हैं। इसके बाद आप घबरा जाते हैं कि कहीं आपके खिलाफ कोई कानूनी कार्यवाही न हो जाए लेकिन अधिक घबराने की आवश्यकता नहीं है।

रिजर्व बैंक ऑफ इण्डिया के अनुसार, अगर किसी के पास पाँच तक नकली नोट मिलते हैं, तो उसके लिए एफआईआर दर्ज कराने की आवश्यकता नहीं है। इसके लिए ग्राहक या फिर बैंक को हर जिले में स्थित एक अनुसूचित थाने में सूचना भर देना काफी होता है।

उन्होंने कहा कि पुलिस के डर से बड़ी संख्या में लोग नकली नोट मिलने के बाद भी सामने नहीं आते थे, इसी के चलते रिजर्व बैंक ने यह कदम उठाया है, कई बार लोगों के साथ ऐसा होता है कि वे जब बैंक के एटीएम में जाते हैं, तो उन्हें जाली या कटे-फटे नोट मिलते हैं। ये नोट उनके लिए समस्या हो जाते हैं, बैंक उन्हें लेने से इनकार कर देते हैं, लेकिन अब इस समस्या का हल निकल आया है।

इस तरह के नोटों के लिए सम्बन्धित बैंक ही जिम्मेदार होगा। साइबर सोसाइटी के संयुक्त सचिव एसएन रामचन्द्रन ने कहा कि बैंकों को यह जिम्मेदारी लेनी ही होगी। एटीएम से निकले जाली नोटों के लिए वह बैंक ही जिम्मेदार है और ग्राहकों को इसकी शिकायत तुरन्त बैंक को कर देनी चाहिए।

26. भारतीय रिजर्व बैंक के शासन प्रबन्ध के विषय में आप क्या जानते हैं?

⊙ भारतीय रिजर्व बैंक का शासन 15 सदस्यीय निदेशक मण्डल द्वारा चलाया जाता है, इनमें से एक गवर्नर तथा तीन सहायक गवर्नर होते हैं, जिनकी नियुक्ति पाँच वर्षों के लिए भारत सरकार द्वारा की जाती है। पाँच वर्ष के लिए एक-एक निदेशक की नियुक्ति मुम्बई, कोलकाता, चेन्नई तथा दिल्ली के लिए भी की जाती है। इन निदेशक मण्डल की बैठकें तीन महीने में एक बार वर्ष में छः बार अवश्य होनी चाहिए। इस बैंक का मुख्य कार्यालय मुम्बई में तथा सारे देश में इसकी 21 शाखाएँ हैं। रिजर्व बैंक के गवर्नर का कार्यकाल सामान्यतया पाँच वर्ष का होता है।

27. मुद्रा भ्रम (Money Illusion) से आपका क्या तात्पर्य है? इसके प्रभाव को स्पष्ट कीजिए।

⊙ मुद्रा भ्रम का अभिप्राय ऐसी मनोवैज्ञानिक अभिवृत्ति से है, जब मानव मुद्रा को क्रयशक्ति का माध्यम समझने के बजाय उसे ही वास्तविक धन समझ लिया जाता है। इस स्थिति में मुद्रा को ही समाज में सुरक्षा, आदर एवं प्रतिष्ठा प्राप्त होती है।

28. कीमत स्तर तथा मौद्रिक व्यवस्था के बीच क्या कोई सम्बन्ध है?

⊙ सामान्यतः अर्थव्यवस्था के दो स्वरूप होते हैं वास्तविक एवं मौद्रिक्र। साम्यावस्था में वास्तविक क्षेत्र तथा मौद्रिक क्षेत्र दोनों में ही सन्तुलन होना चाहिए। मौद्रिक क्षेत्र में मुद्रा की पूर्ति अधिक होने पर और उसी के अनुरूप वास्तविक क्षेत्र में आपूर्ति न बढ़ पाने पर वस्तुओं एवं सेवाओं की कीमतों में वृद्धि होने लगती है। इसीलिए केन्द्रीय बैंक कीमतों में वृद्धि होने पर मुद्रा की आपूर्ति को कम करने के उपाय अपनाता है।

भारत के राष्ट्रीयकृत बैंक

बैंक एक वित्तीय संस्था होती है, जिसका मूल कार्य अपने ग्राहकों का भुगतान प्रतिनिधि होना तथा धन जमा स्वीकार करना एवं उधार देना है। बैंक धन प्राप्त करने, रखने तथा उधार देने वाली संस्था होती है। वर्तमान में भारत में 19 राष्ट्रीयकृत बैंक हैं (आरबीआई अनुसार)। परन्तु सार्वजनिक क्षेत्र के बैंक को राष्ट्रीयकृत बैंक माना जाता है। सार्वजनिक क्षेत्र के कुल 27 बैंक भारत में कार्यरत हैं।

भारतीय स्टेट बैंक (State Bank of India)

भारतीय स्टेट बैंक 1 जुलाई, 1955 को इम्पीरियल बैंक ऑफ इण्डिया के राष्ट्रीयकरण के बाद स्थापित किया गया। अगस्त, 1951 में RBI ने ग्रामीण साख व्यवस्था की जाँच करने के लिए **गोरवाला समिति** नियुक्त की थी, जिसने वर्ष 1954 में प्रस्तुत अपनी सिफारिशों में इम्पीरियल बैंक की कड़ी आलोचना की थी।

1 जुलाई, 1955 से स्टेट बैंक ऑफ इण्डिया ने अपना कार्य करना प्रारम्भ कर दिया। स्टेट बैंक ऑफ इण्डिया (SBI) का केन्द्रीय कार्यालय मुम्बई में स्थित है। इसके 13 प्रधान कार्यालय मुम्बई, कोलकाता, चेन्नई, नई दिल्ली, लखनऊ, हैदराबाद, अहमदाबाद, भोपाल, भुवनेश्वर, चण्डीगढ़, पटना, गुवाहाटी तथा बंगलुरू में हैं।

सार्वजनिक क्षेत्र के बैंकों में भारतीय स्टेट बैंक की 15,570 शाखाएँ (दिसम्बर- 2014), जिनमें से 66% ग्रामीण एवं अर्द्ध-शहरी इलाकों में केन्द्रित हैं। स्टेट बैंक सरकार के बैंकर के रूप में कार्य करने के साथ-साथ बैंकों के बैंक के रूप में भी कार्य करता है। भारत सरकार का लगभग 62% इक्विटी शेयर (30 जून, 2013 को)स्टेट बैंक में है। दिसम्बर, 2014 की स्थिति के अनुसार स्टेट बैंक में लगभग साढ़े चार लाख कर्मचारी (सहयोगी बैंकों की शाखा को छोड़कर) कार्यरत थे।

स्टेट बैंक के सहायक बैंक (Subsidiary Bank of SBI)

स्टेट बैंक के सहायक बैंक निम्नलिखित हैं

- स्टेट बैंक ऑफ बीकानेर एण्ड जयपुर
- स्टेट बैंक ऑफ मैसूर
- स्टेट बैंक ऑफ ट्रावनकोर।
- स्टेट बैंक ऑफ हैदराबाद
- स्टेट बैंक ऑफ पटियाला

स्टेट बैंक ऑफ सौराष्ट्र का वर्ष 2008 में स्टेट बैंक ऑफ इंग्लैण्ड में विलय किया जा चुका है।

सेण्ट्रल बैंक ऑफ इण्डिया (Central Bank of India)

"Build A Better life Around Us"

बैंक के प्रकार सार्वजनिक कम्पनी (बीएसई और एनएसई)
स्थापित वर्ष 21 दिसम्बर, 1911 (अब तक कुल 102 वर्ष)
मुख्यालय मुम्बई

सरकार के स्वामित्व वाली वर्ष 1969 में राष्ट्रीयकृत होने के बाद की कुल 1400 शाखाएँ और 270 विस्तार काउण्टर के साथ सेण्ट्रल बैंक ऑफ इण्डिया अग्रणी बैंकों में से एक हो गया है।

सेण्ट्रल बैंक ऑफ इण्डिया द्वारा प्रायोजित ग्रामीण बैंक

- उत्तर बिहार ग्रामीण बैंक
- नर्मदा क्षेत्रीय ग्रामीण बैंक
- उत्तर बंग क्षेत्रीय ग्रामीण बैंक
- हड़ौती क्षेत्रीय ग्रामीण बैंक
- सरगुजा क्षेत्रीय ग्रामीण बैंक
- विदर्भ क्षेत्रीय ग्रामीण बैंक
- बलिया इटावा ग्रामीण बैंक

इस बैंक की स्थापना स्वदेशी आन्दोलन से प्रभावित एक पारसी बैंकर सर सारेबजी पोचखानवाला द्वारा 1911 में की गई। इसे पहला भारतीय वाणिज्यिक बैंक होने का गौरव प्राप्त है, जिसका पूर्ण स्वामित्व और प्रबन्धन स्थापना के समय भारतीयों के पास था। इसके पहले अध्यक्ष फिरोजशाह मेहता थे। बैंक की 3 ब्रांच नैरोबी, हाँगकाँग और जाम्बिया में कार्यरत हैं। भारत का पहला एक्सचेंज बैंक, जोकि 1936 में लन्दन में खोला गया, के निर्माण में सेण्ट्रल बैंक ने महत्त्वपूर्ण भूमिका निभायी थी।

बैंक ऑफ इण्डिया (Bank of India)

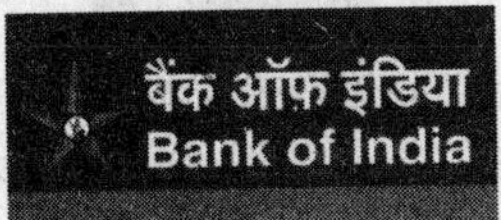

"Relationships beyond Banking"

बैंक के प्रकार सार्वजनिक कम्पनी (बीएसई, बीओआई)
स्थापित वर्ष 7 सितम्बर, 1906 (अब तक कुल 107 वर्ष)
मुख्यालय मुम्बई, महाराष्ट्र

सरकार के स्वामित्व वाली वर्ष 1969 में राष्ट्रीयकरण के बाद से बैंक ऑफ इण्डिया की कुल 3145 शाखाएँ तथा भारत के बाहर 54 शाखाएँ स्थापित हैं।

बैंक ऑफ इण्डिया द्वारा प्रायोजित ग्रामीण बैंक

- विदर्भ कोंकण ग्रामीण बैंक
- नर्मदा झाबुआ ग्रामीण बैंक
- झारखण्ड ग्रामीण बैंक
- वैनगंगा कृष्ण ग्रामीण बैंक

यह SBI, PNB एवं बैंक ऑफ बड़ौदा के बाद भारत का चौथा बड़ा बैंक है यह SWIFT (Society for World wide Inter Bank Financial Telecommunication) का संस्थापक सदस्य है। 1950 में बैंक ने जापान के दो शहरों टोक्यो और ओसाका में अपनी ब्रांच स्थापित की। 1951 में सिंगापुर, 1953 में केन्या एवं युगाण्डा, 1954 में लन्दन, 1955 में तंजानिया, 1960 में हाँगकाँग तथा 1962 में नाइजीरिया में बैंक की शाखाएँ खुलीं।

इण्डियन ओवरसीज बैंक (Indian Overseas Bank, IOB)

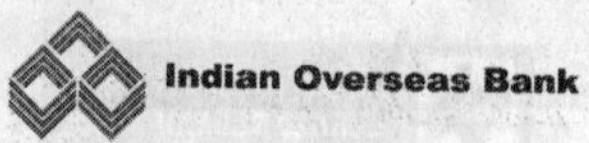

"Good People to grow with"

बैंक के प्रकार	सार्वजनिक कम्पनी (बीएसई)
स्थापित	वर्ष 10 फरवरी, 1937
मुख्यालय	चेन्नई

सरकार द्वारा स्वामित्व वाली वर्ष 1969 में राष्ट्रीयकरण के बाद से इण्डियन ओवरसीज बैंक की कुल 3257 शाखाओं में छ: विदेशी शाखाएँ भी सम्मिलित हैं।

इण्डियन ओवरसीज बैंक द्वारा प्रायोजित ग्रामीण बैंक

- नीलांचल ग्रामीण बैंक
- पाण्डियन ग्रामीण बैंक

यह बैंक बैंकिंग बीमा उद्योग में अग्रणी बैंक है साथ ही साथ फोरेक्स कारोबार तथा विदेशी बैंकिंग की विशिष्ट सेवाएँ प्रदान करता है। इस बैंक की स्थापना श्री एमसीटीएम चिंदबरम चेट्टियार ने की । 1977 में बैंक की एक शाखा सिओल (दक्षिण कोरिया) में खोली गयी। 1979 में बैंक की 'विदेशी मुद्रा बैंकिंग' सम्बन्धी एक शाखा कोलम्बो में खोली गयी।

पंजाब एण्ड सिन्ध बैंक (Punjab and Sindh Bank)

"Where service is a way of life"

बैंक के प्रकार	सार्वजनिक कम्पनी
स्थापित	24 जून, 1908
मुख्यालय	राजेन्द्र प्लेस, नई दिल्ली

सरकार द्वारा स्वामित्व वाली वर्ष 1980 में राष्ट्रीयकरण के बाद से पंजाब एण्ड सिन्ध बैंक की कुल 1320 शाखाएँ स्थापित हैं।

पंजाब एण्ड सिन्ध बैंक द्वारा प्रायोजित ग्रामीण बैंक

- सतलज ग्रामीण बैंक

इस बैंक की स्थापना वीर सिंह, सुन्दर सिंह मजीठिया तथा सरदार तिरलोचन सिंह ने की थी। गरीबों के जीवन स्तर को बढ़ाने के उद्देश्य से इसकी स्थापना की गई। वर्ष 1960 में बैंक की एक शाखा लन्दन में खोली गयी थी, जिसे 1991 में 'बैंक ऑफ बड़ौदा' द्वारा अधिगृहीत कर लिया गया था।

केनरा बैंक (Canara Bank)

केनरा बैंक Canara Bank

"It's easy to Change for those who you love together we can"

बैंक के प्रकार सार्वजनिक कम्पनी
स्थापित वर्ष 1910
मुख्यालय बंगलुरु (कर्नाटक)

सरकार के स्वामित्व वाले वर्ष 1969 में राष्ट्रीयकरण के बाद से केनरा बैंक की कुल 4600 से भी अधिक शाखाएँ देश और विदेशों में हैं।

केनरा बैंक द्वारा प्रायोजित ग्रामीण बैंक

- केरल ग्रामीण बैंक
- प्रगति ग्रामीण बैंक

इसकी स्थापना 1906 में श्री अम्मेम्बल सुब्बा राव पई द्वारा की गई। यह भारत के सबसे बड़े राष्ट्रीयकृत बैंकों में से एक है। इस बैंक ने UNEP के साथ सोलर मिशन को लोन प्रदान करने में सहभागिता दिखाई है। लन्दन, मास्को, शंघाई, दोहा, दुबई और हाँगकाँग में बैंक की शाखाएँ हैं। वर्ष 1983 के बाद से बैंक दोहा, कतर आदि खाड़ी देशों के साथ ''पूर्वी विनिमय प्रबन्धन'' (Eastern Exchange Establishment) के लिए जिम्मेदार है।

बैंक ऑफ महाराष्ट्र (Bank of Maharashtra)

"One family one bank"

बैंक के प्रकार सार्वजनिक कम्पनी (बीएसई और एनएसई)
स्थापित वर्ष 16 सितम्बर, 1935
मुख्यालय शिवाजीनगर, पुणे

सरकार के स्वामित्व वाली वर्ष 1969 में राष्ट्रीयकरण के बाद से बैंक ऑफ महाराष्ट्र की कुल 1825 शाखाएँ स्थापित हैं।

बैंक ऑफ इण्डिया द्वारा प्रायोजित ग्रामीण बैंक

- महाराष्ट्र ग्रामीण बैंक

इसकी स्थापना के बाद से इसे 'आम आदमी के बैंक' के रूप में जाना जाता है। छोटी इकाइयों को प्रारम्भिक मदद देने के कारण इसने कई औद्योगिक घरानों को जन्म दिया। यह बैंक महाराष्ट्र राज्य में किसी भी अन्य राष्ट्रीयकृत बैंक की अपेक्षा सर्वाधिक नेटवर्क रखता है।

भारतीय महिला बैंक (Bharatiya Mahila Bank)

"Empowering Women Empowering India"

बैंक के प्रकार राजकीय स्वामित्व
स्थापित वर्ष 19 नवम्बर, 2013
मुख्यालय नई दिल्ली,

सरकार द्वारा वर्ष 2014 तक 39 शाखाओं तथा वर्ष 2017 तक 500 शाखाओं को स्थापित करने का लक्ष्य है। बैंक की प्रथम ब्रांच नरीमन प्वाइन्ट, मुम्बई में खोली गयी। इसकी प्रथम अध्यक्ष एवं प्रबन्ध निदेशक, ऊषा अनन्त सुब्रह्मण्यम हैं।

आन्ध्रा बैंक (Andhra Bank)

ANDHRA BANK

"Much more to do with you in Focus"

बैंक के प्रकार सार्वजनिक कम्पनी (बीएसई और एनएसई)
स्थापित वर्ष 20 नवम्बर, 1923 (अब तक कुल 90 वर्ष)
मुख्यालय हैदराबाद, (आन्ध्र प्रदेश)

सरकार के स्वामित्व वाली वर्ष 1980 में राष्ट्रीयकरण के बाद से बैंक आन्ध्रा बैंक की कुल 2000 से भी अधिक शाखाएँ भारत में स्थापित हैं।

आन्ध्रा बैंक द्वारा प्रायोजित ग्रामीण बैंक

- गोदावरी ग्रामीण बैंक
- चैतन्य ग्रामीण बैंक
- रूशिकुल्या ग्रामीण बैंक

इसकी स्थापना 1923 में डॉ. भोगराजु पट्टाभि सीतरमैया ने की थी। वर्ष 2006 में IDRBT द्वारा इसे तकनीकी उपयोग हेतु सर्वश्रेष्ठ बैंक का पुरस्कार दिया गया। इसकी प्रथम ब्राँच 1923 में मछलीपट्टनम (आन्ध्र प्रदेश) में खोली गयी थी। सन् 2006 में बैंक ने दुबई और न्यू जर्सी (यूएसए) में अपने प्रतिनिधि कार्यालय खोले।

बैंक ऑफ बड़ौदा (Bank of Baroda, BOB)

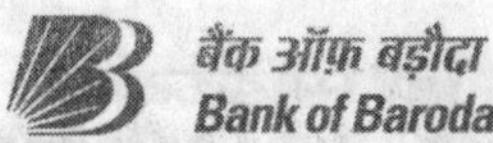

"India's International Bank"

बैंक के प्रकार सार्वजनिक कम्पनी (बीएसई)
स्थापित वर्ष 20 जुलाई, 1908
मुख्यालय वड़ेदरा (बड़ौदा), गुजरात

सरकार के स्वामित्व वाली वर्ष 1969 में राष्ट्रीयकरण के बाद से बैंक ऑफ बड़ौदा की कुल 4283 शाखाओं में से 4172 शाखाएँ भारत में हैं।

बैंक ऑफ बड़ौदा द्वारा प्रायोजित ग्रामीण बैंक

- मरुधर क्षेत्रीय ग्रामीण बैंक
- अरावली क्षेत्रीय ग्रामीण बैंक
- बूँदी चित्तौड़गढ़ क्षेत्रीय ग्रामीण बैंक
- भीलवाड़ा अजमेर क्षेत्रीय ग्रामीण बैंक
- बड़ौदा गुजरात ग्रामीण बैंक
- बड़ौदा राजस्थान ग्रामीण बैंक
- बड़ौदा यूपी ग्रामीण बैंक
- झबूआ घर क्षेत्रीय ग्रामीण बैंक

यह भारत का तीसरा बड़ा बैंक है। बड़ौदा के महाराज सयाजीराव गाइकवाड तृतीय ने इस बैंक की स्थापना 20 जुलाई, 1908 को थी। इसके अध्यक्ष एवं प्रबन्धक निर्देशक एमडी माल्या हैं। इसे भारत का विदेशी या अन्तर्राष्ट्रीय बैंक भी कहा जाता है। भारत से बाहर वर्ष 1953 में बैंक ने सर्वप्रथम मोमबासा (केन्या) और कम्पाला (यूगाण्डा) में अपनी ब्राँच खोली थी।

विजया बैंक (Vijaya Bank)

'A Friend you can bank upon'

बैंक के प्रकार सार्वजनिक कम्पनी (सीएसई)
स्थापित वर्ष 1931
मुख्यालय बंगलुरु (कर्नाटक)

सरकार द्वारा स्वामित्व वाली वर्ष 1980 में राष्ट्रीयकरण के बाद से विजया बैंक की कुल 1502 शाखाएँ स्थापित हैं।

विजया बैंक द्वारा प्रायोजित ग्रामीण बैंक

- विश्वश्वरैया ग्रामीण बैंक

विजया बैंक की स्थापना श्री अटावर बालकृष्ण शेट्टी द्वारा मंगलौर में की गयी थी। विजयादशमी के दिन स्थापित होने के कारण इसका नाम 'विजया बैंक' पड़ा।

सिंडिकेट बैंक (Syndicate Bank)

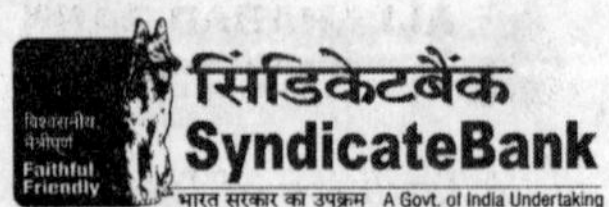

'Your faithful and friendly financial Partner'

बैंक के प्रकार	सार्वजनिक कम्पनी (बीएसई और एनएसई)
स्थापित	वर्ष 1925
मुख्यालय	मणिपाल (कर्नाटक)

सरकार द्वारा स्वामित्व वाली वर्ष 1969 में राष्ट्रीयकरण के बाद से सिंडिकेट बैंक की कुल 3300 से अधिक शाखाएँ स्थापित हैं।

सिंडिकेट बैंक द्वारा प्रायोजित ग्रामीण बैंक

- प्रथमा बैंक
- आन्ध्र प्रगति ग्रामीण बैंक
- कर्नाटका विकास ग्रामीण बैंक
- नॉर्थ मलबर ग्रामीण बैंक
- गुड़गाँव ग्रामीण बैंक

इस बैंक की स्थापना का प्राथमिक उद्देश्य समाज से छोटी बचतों का संग्रह करके स्थानीय बुनकरों को वित्तीय सहायता पहुँचाना था, क्योंकि हथकरघा उद्योग के संकट के कारण बुनकरों की स्थिति दयनीय हो गई थी। बैंक की प्रथम शाखा ने 1928 में केरल के 'उडुप्पी' में कार्य प्रारम्भ किया था। बैंक की 1000वीं शाखा हौज खास, दिल्ली में खोली गयी थी।

यूनियन बैंक ऑफ इण्डिया (Union Bank of India)

'Good People to Bank with'

बैंक के प्रकार	सार्वजनिक कम्पनी (बीएसई)
स्थापित	वर्ष 11 नवम्बर, 1919
मुख्यालय	मुम्बई,

सरकार द्वारा स्वामित्व वाली वर्ष 1969 में राष्ट्रीयकरण के बाद से यूनियन बैंक ऑफ इण्डिया की कुल 3500 से अधिक शाखाएँ स्थापित हैं।

यूनियन बैंक ऑफ इन्डिया द्वारा प्रायोजित ग्रामीण बैंक

- *काशी गोमती समयू ग्रामीण बैंक*

इसकी लगभग 55% की हिस्सेदारी भारत के पास है। 20 अगस्त, 2002 को आरम्भिक पब्लिक ऑफर (IPO) और फरवरी, 2006 में फ्लो ऑन पब्लिक ऑफर के साथ पूँजी बाजार में आया। बैंक के अबूधाबी, बीजिंग, लन्दन, शंघाई व सिडनी में प्रतिनिधि कार्यालय तथा हाँगकाँग में एक शाखा भी कार्यरत है। आजादी के समय बैंक की केवल 4 शाखाएँ (3 मुम्बई में तथा 1 सौराष्ट्र में) कार्यरत थी।

इलाहाबाद बैंक (Allahabad Bank)

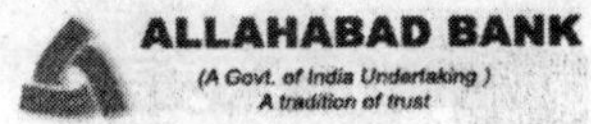

"A Tradition of Trust"

बैंक के प्रकार	सार्वजनिक कम्पनी (बीएसई और एनएसई–एएलबीके)
स्थापित	वर्ष 1865 में (इलाहाबाद में अब तक कुल 147 वर्ष)
मुख्यालय	कोलकाता

सरकार के स्वामित्व वाले वर्ष 1969 में राष्ट्रीयकरण के बाद से अब तक की कुल 2500 शाखाएँ भारत में उपलब्ध हैं। इस बैंक की एक शाखा हाँगकाँग में है।

- इलाहाबाद बैंक द्वारा प्रायोजित ग्रामीण बैंक
- इलाहाबाद यूपी ग्रामीण बैंक
- शारदा ग्रामीण बैंक

इसके अध्यक्ष एवं प्रबन्ध निर्देशक, श्री जेपी मेहता हैं। वर्ष 2002 में आरम्भिक पब्लिक ऑफर (IPO) के साथ यह पूँजी बाजार में आया। फरवरी 2007 में इस बैंक ने प्रथम विदेशी शाखा हाँगकाँग में स्थापित की। बैंक का एक प्रतिनिधि कार्यालय शेन्झेन (चीन) में कार्यरत है। स्वदेशी आन्दोलन के दौरान बैंक की जमा राशि में जबरदस्त उछाल देखा गया था।

इण्डियन बैंक (Indian Bank)

"Taking Banking Technology to Common man, Your Tech-Friendly Bank"

बैंक के प्रकार	सार्वजनिक कम्पनी (बीएसई और एनएसई)
स्थापित	वर्ष 15 अगस्त, 1907
मुख्यालय	चेन्नई

सरकार द्वारा स्वामित्व वाली वर्ष 1969 में राष्ट्रीयकरण के बाद से इण्डियन बैंक की कुल 2100 से अधिक शाखाएँ देश और विदेशों में स्थापित हैं।

- इण्डियन बैंक द्वारा प्रायोजित ग्रामीण बैंक
- सप्तगिरि ग्रामीण बैंक
- पल्लवन ग्रामीण बैंक
- पुडुवाय भारथियार ग्रामीण बैंक

कोलम्बो में एक विदेशी मुद्रा बैंक सहित सिंगापुर तथा कोलम्बो में विदेशी शाखाएँ हैं। स्वदेशी आन्दोलन के दौरान इसका गठन हुआ। विशेष रूप से लघु उद्योग एवं इकाइयों को वित्त प्रदान के लिए 1 लघु उद्योग शाखा। कृषि ऋण में श्रेष्ठता के लिए पुरस्कार विजेता। बैंक की वर्तमान समय में 69 देशों में 229 सम्पर्क शाखाएँ कार्यरत हैं।

देना बैंक (Dena Bank)

"Trusted Family Bank"

बैंक के प्रकार	सार्वजनिक कम्पनी (बीएसई और एनएसई)
स्थापित	वर्ष 26 मई, 1938
मुख्यालय	मुम्बई

सरकार द्वारा स्वामित्व वाली वर्ष 1969 में राष्ट्रीयकरण के बाद से देना बैंक की कुल 1400 से अधिक शाखाएँ स्थापित हैं।

- देना बैंक द्वारा प्रायोजित ग्रामीण बैंक
- दुर्ग राजनान्दगाँव ग्रामीण बैंक
- देना गुजरात ग्रामीण बैंक

परिवार द्वारा देना बैंक की स्थापना देवकरण नानजी के 'देवकरण नानजी बैंकिंग लिमिटेड' के नाम से की गई थी। बैंक के लोगो (Logo) में लक्ष्मी माता की मूर्ति बनी है, जिसे हिन्दू मान्यताओं के अनुसार आर्थिक सपन्नता का प्रतीक माना जाता है।

कॉर्पोरेशन बैंक (Corporation Bank)

"Prosperity of All"

बैंक के प्रकार	सार्वजनिक कम्पनी (बीएसई और एनएसई)
स्थापित	वर्ष 12 मार्च, 1906 (अब तक कुल 108 वर्ष)
मुख्यालय	मंगलौर (कर्नाटक)

सरकार द्वारा स्वामित्व वाली वर्ष 1980 में राष्ट्रीयकरण के बाद से कॉर्पोरेशन बैंक की कुल 2012 शाखाएँ स्थापित हैं।

कॉर्पोरेशन बैंक द्वारा प्रायोजित ग्रामीण बैंक

- चिकमंगलूर कोडगु ग्रामीण बैंक

इसकी स्थापना 1906 को केनरा बैंकिंग कॉर्पोरेशन (उडुपी) लिमिटेड के नाम से मंदिरों के शहर उडुपी में लोकहितवादियों द्वारा की गई। बैंक को भारतीय बैंक एसोसिएशन के "बैंकिंग टेक्नोलॉजी अवार्ड" 2012-13 से जनवरी 2014 में सम्मानित किया गया है।

पंजाब नेशनल बैंक (Punjab National Bank)

'The name you can bank upon'

बैंक के प्रकार सार्वजनिक कम्पनी (बीएसई और एनएसई)
स्थापित वर्ष 1895
मुख्यालय नई दिल्ली

सरकार द्वारा स्वामित्व वाली वर्ष 1969 में राष्ट्रीयकरण के बाद से पंजाब नेशनल बैंक की कुल 5800 से अधिक शाखाएँ देश और विदेशों में स्थापित हैं।

पंजाब नेशनल बैंक द्वारा प्रायोजित ग्रामीण बैंक

- मध्य बिहार ग्रामीण बैंक
- हिमाचल ग्रामीण बैंक
- राजस्थान ग्रामीण बैंक
- हरियाणा ग्रामीण बैंक
- पंजाब ग्रामीण बैंक
- सर्वयूपी ग्रामीण बैंक

वर्ष 2011 में फॉर्च्यून रैंकिंग में इसे 26वाँ स्थान प्राप्त हुआ था। यह भारतीय पूँजी से निर्मित पहला बैंक था। इस बैंक में लगभग सभी महान् नेताओं; जैसे-महात्मा गाँधी, नेहरू, लाल बहादुर शास्त्री आदि के बैंक खाते रहे हैं। बैंक की हाँगकाँग, यूके, दुबई, काबुल में शाखाएँ हैं तथा अलमाटी, शंघाई, ओस्लो, सिडनी में प्रतिनिधि कार्यालय हैं।

ओरिएण्टल बैंक ऑफ कॉमर्स (Oriental Bank of Commerce)

'Where every individual is committed'

बैंक के प्रकार सार्वजनिक कम्पनी
स्थापित वर्ष 19 फरवरी, 1943
मुख्यालय गुड़गाँव (हरियाणा)

सरकार द्वारा स्वामित्व वाली वर्ष 1980 में राष्ट्रीयकरण के बाद से ओरिएण्टल बैंक ऑफ कॉमर्स बैंक की कुल 1800 शाखाओं से भी अधिक स्थापित हैं। इस बैंक की स्थापना स्वर्गीय राय बहादुर लाल सोहन लाल ने 1943 को लाहौर में की। स्थापना के चार वर्ष के भीतर ही भारत विभाजन के परिणामस्वरूप समस्त पाकिस्तानी शाखाएँ बन्द करनी पड़ीं।

यूको बैंक (UCO Bank)

यूको बैंक UCO BANK

'Honors Your Trust'

बैंक के प्रकार सार्वजनिक बैंक (एनएसई और बीएसई)
स्थापित वर्ष 6 जनवरी, 1943
मुख्यालय कोलकाता (पश्चिम बंग)

सरकार द्वारा स्वामित्व वाली वर्ष 1969 में राष्ट्रीयकरण के बाद से यूको बैंक की कुल 2500 से अधिक शाखाएँ देश और विदेश में स्थापित हैं।

यूको बैंक द्वारा प्रायोजित ग्रामीण बैंक

- बिहार क्षेत्रीय ग्रामीण बैंक
- जयपुर भारतीय ग्रामीण बैंक
- कलिंगा ग्रामीण बैंक
- महाकौशल क्षेत्रीय ग्रामीण बैंक
- पश्चिम बंग ग्रामीण बैंक

बैंक की सिगांपुर और हाँगकाँग में शाखाएँ कार्यरत हैं तथा क्वालालम्पुर, गुंआग झाऊ में प्रतिनिधि कार्यालय हैं।

यूनाइटेड बैंक ऑफ इण्डिया (United Bank of India)

The Bank that begins with "U"

बैंक के प्रकार सार्वजनिक कम्पनी (एनएसई और बीएसई)
स्थापित वर्ष 1950
मुख्यालय कोलकाता, (पश्चिम बंग)

सरकार द्वारा स्वामित्व वाली वर्ष 1969 में राष्ट्रीयकरण के बाद से यूनाइटेड बैंक ऑफ इण्डिया की कुल 2000 से अधिक शाखाएँ स्थापित हैं।

यूनाइटेड बैंक ऑफ इण्डिया द्वारा प्रायोजित ग्रामीण बैंक

- असम ग्रामीण विकास बैंक
- बंगिया ग्रामीण विकास बैंक
- मणिपुर रूरल बैंक
- त्रिपुरा ग्रामीण बैंक

यूनाइटेड बैंक ऑफ इण्डिया ने देश के विभिन्न भागों में बैंकिंग सेवाएँ उपलब्ध कराने में महत्त्वपूर्ण भूमिका निभाई है, इसलिए 2007 में भारत सरकार ने 'गोल्डन जुबली अवॉर्ड' प्रदान किया।

यूनाइटेड बैंक, 1950 में चार बैंकों–कामिला बैंकिंग कॉर्पोरेशन, बंगाल सेण्ट्रल बैंक, कामिला यूनियन बैंक और हुगली बैंक के एकीकरण के परिणामस्वरूप अस्तित्व में आया था।

विविध तथ्य

- भारत में पहली बार कॉनटेक्ट लैस डेबिट एवं क्रेडिट कार्ड (स्वाइप करने की आवश्यकता नहीं) जनवरी, 2015 में 'आईसीआईसीआई' बैंक ने जारी किए।
- सोशल नेटवर्किंग साइट्स फेसबुक और ट्विटर के जरिए बैंकिंग सेवा प्रदान करने वाला पहला बैंक 'आईसीआईसीआई' है।
- भारत में क्रेडिट कार्ड की शुरूआत करने वाला प्रथम बैंक, सेण्ट्रल बैंक ऑफ इण्डिया है।
- आईएसओ (ISO) सर्टिफिकेशन प्राप्त करने वाला भारत का प्रथम बैंक केनरा बैंक है।
- भारत में एटीएम (ATM) सेवा शुरू करने वाला प्रथम बैंक एचएसबीसी (HSBC) है।
- पूर्ण रूप से भारतीय पूँजी द्वारा शुरू किया जाने वाला प्रथम बैंक पंजाब नेशनल बैंक है।
- पूर्ण रूप से भारतीय स्वामित्व और प्रबन्धन के अन्तर्गत स्थापित प्रथम वाणिज्यिक बैंक सेण्ट्रल बैंक ऑफ इण्डिया है।
- सरकारी क्षेत्र का सबसे पुराना बैंक इलाहाबाद बैंक है।
- प्रथम क्षेत्रीय ग्रामीण बैंक की स्थापना सिंडिकेट बैंक द्वारा की गई थी।
- भारत में डेबिट कार्ड की शुरूआत करने वाला प्रथम बैंक सिटी बैक है।
- भारत में इण्टरनेट बैंकिंग शुरू करने वाला प्रथम बैंक आईसीआईसीआई (ICICI) है।
- क्षेत्रीय ग्रामीण बैंकों की स्थापना, श्रीमती इन्दिरा गाँधी की सरकार के अन्तर्गत, नरसिम्हन वर्किंग ग्रुप की सिफारिशों के आधार पर की गई थीं।
- क्षेत्रीय ग्रामीण बैंक सिक्किम और गोवा को छोड़कर देश के सभी राज्यों में कार्यरत हैं।
- सीमित उत्तरदायित्व (Limited Liability) पर आधारित भारत का प्रथम बैंक अवध कॉमर्शियल बैंक है।
- नाबार्ड (NABARD) की स्थापना शिवारमन समिति की सिफारिशों के आधार पर की गयी थी।
- नाबार्ड की स्थापना, भारत की संसद द्वारा पारित, नेशनल बैंक फॉर एग्रीकल्चर एण्ड रूरल डवलपमेण्ट एक्ट, 1981 के अन्तर्गत की गई थी।
- एक्सपोर्ट-इम्पोर्ट बैंक (EXIM Bank) का मुख्यालय मुम्बई में है।
- नेशनल हाउसिंग बैंक (NHB) का स्वामित्व रिजर्व बैंक ऑफ इण्डिया के पास है।
- एमवी नायर (MV Nair) समिति (2012) की रिपोर्ट प्राइमरी सेक्टर लैंडिंग (Primary Sector Lending) से सम्बन्धित है।
- पीजे नायक (PJ Nayak) समिति (2014) की रिपोर्ट, बैंक बोर्ड के प्रशासन से सम्बन्धित है।
- बैंक ऑफ इन्टरनेशनल सेटलमेण्ट (BIS) की स्थापना वर्ष 1930 में हेग (Hague) समझौते के अन्तर्गत की गई थी।

इण्टरव्यू की तैयारी हेतु अभ्यास प्रश्न

1. भारतीय महिला बैंक की विशेषताओं को बताइए।

⊙ भारतीय महिला बैंक भारत का पहला बैंक है, इसकी शुरूआत 19 नवम्बर, 2013 को हुई थी। इसका मुख्यालय दिल्ली में है। इस बैंक के निदेशक मण्डल की सभी सदस्य महिलाएँ हैं। इस बैंक के बचत खाते में सामान्य बैंकों की तुलना में 0.05 से 1% तक अधिक ब्याज देने का विकल्प है।

2. राष्ट्रीयकृत (Nationalised) बैंकों एवं निजी क्षेत्र (Private Sector) बैंकों में प्रमुख अन्तर क्या है?

⊙ राष्ट्रीयकृत बैंक ऐसे बैंक हैं, जिनमें सरकार का अंश 50% से अधिक रहता है; जैसे–PNB, Oriental Bank, Indian Bank आदि, जबकि निजी क्षेत्र के बैंकों में सरकार का अंश (Share), 50% से कम रहता है। निजी क्षेत्र के बैंक एक कम्पनी की तरह पंजीकृत होते हैं; जैसे–The Jammu and Kashmir Bank Ltd, Vysya Bank Ltd, Development Credit Bank Ltd.

इससे अतिरिक्त राष्ट्रीयकृत बैंक लोगों को बैंकिंग सुविधाएँ प्रदान करके लाभ कमाने के साथ–साथ, देश की विकास योजनाओं में भी अपना योगदान करती हैं; जैसे–गरीब लोगों को सस्ती दर पर कर्ज देना, गाँव–गाँव में बैंक खोलकर उपेक्षित गरीब एवं असहाय लोगों के जीवन स्तर में सुधार हेतु ऋण मुहैया कराना।

3. बैंक ऑफ इण्डिया क्या है?

⊙ बैंक ऑफ इण्डिया भारत के अग्रणी बैंकों में से एक है। इस बैंक की अधिकतर शाखाएँ मुम्बई, अहमदाबाद और पुणे में हैं। बैंक ऑफ इण्डिया भारत में स्विफ्ट (Swift सोसायटी फॉर वर्ल्ड वाइड इण्टर बैंक फाइनेंशियल टेलीकम्युनिकेशन) का एक संस्थापक सदस्य है। इस बैंक की स्थापना वर्ष 1906 में हुई थी। इस बैंक की पंचलाइन है–Relationships Beyond Banking.

4. बैंक ऑफ महाराष्ट्र के बारे में आप क्या जानते हैं?

⊙ महाराष्ट्र राज्य में किसी भी सार्वजनिक बैंक की तुलना में बैंक ऑफ महाराष्ट्र अधिक शाखाओं के नेटवर्क वाला बैंक है। इस बैंक की स्थापना स्वर्गीय वीजे काले और स्वर्गीय डीके साठे के नेतृत्व में की गई थी। इसे 16 सितम्बर, 1935 को पुणे में एक बैंकिंग कम्पनी के रूप में पंजीकृत किया गया था। पुणे में 8 फरवरी, 1936 को इस बैंक का परिचालन प्रारम्भ हुआ था।

5. बैंक ऑफ बड़ौदा की स्थापना कब हुई थी?

⊙ बैंक ऑफ बड़ौदा की स्थापना 20 जुलाई, 1908 को हुई थी। इस बैंक का मुख्यालय बड़ौदरा (गुजरात) में है। यह भारत का दूसरा सबसे बड़ा बैंक है। पहला बड़ा बैंक भारतीय स्टेट बैंक है।

6. देना बैंक की स्थापना सर्वप्रथम किस नाम से की गई थी?

⊙ देना बैंक की स्थापना देवकरण नानजी के परिवार द्वारा 26 मई, 1938 को देवकरण नानजी बैंकिंग कम्पनी लिमिटेड के नाम से की गई थी। वर्ष 1939 में यह सार्वजनिक लिमिटेड कम्पनी में परिवर्तित हुआ तथा इसका नाम बदलकर देना बैंक लिमिटेड कर दिया गया।

7. यूको बैंक ने अपना 72वाँ स्थापना दिवस कब मनाया?

⊙ यूको बैंक ने अपना 72वाँ स्थापना दिवस 6 जनवरी, 2014 को मनाया। इस बैंक की स्थापना 6 जनवरी, 1943 को हुई थी। इस बैंक का मुख्यालय कोलकाता, पश्चिम बंगाल में है। इस बैंक की पंचलाइन है– Honors Your Trust.

8. सेन्ट्रल बैंक ऑफ इण्डिया को किसने कहा था कि यह जनता का अपना बैंक है?

⊙ सेन्ट्रल बैंक ऑफ इण्डिया की स्थापना स्वदेशी आन्दोलन से प्रभावित होकर एक पारसी बैंकर सर सोराबजी पोचरवान वाला द्वारा वर्ष 1911 में की गई थी। ये इस बैंक की स्थापना से इतना गौरवान्वित हुए कि इन्होंने इस बैंक को राष्ट्र की सम्पत्ति घोषित करते हुए कहा कि यह बैंक जनता के विश्वास पर टिका है, इसलिए यह जनता का अपना बैंक है।

9. केनरा बैंक की अन्तर्राष्ट्रीय उपस्थिति को बताइए।

⊙ केनरा बैंक भारत का एक प्रमुख वाणिज्यिक बैंक है। इस बैंक ने विदेशी मुद्रा व्यापार करने के लिए आवश्यक बल देने के विशेष रूप से निर्यात और अनिवासी भारतीयों की जरूरतों को पूरा करने के लिए इसके विभिन्न विदेशी विभागों के कामकाज की निगरानी के लिए वर्ष 1976 में अपने अन्तर्राष्ट्रीय प्रभाग की स्थापना की। बैंक की अन्तर्राष्ट्रीय उपस्थिति लन्दन, हाँगकाँग, मास्को, शंघाई, दोहा और दुबई जैसे केन्द्रों में है।

10. यूनियन बैंक ऑफ इण्डिया ने किस रूप में ख्याति प्राप्त की है?

⊙ यूनियन बैंक ऑफ इण्डिया ने एक टेक्नो-सेवी बैंक होने की ख्याति अर्जित की है और यह आधुनिक बैंकिंग विचारधारा वाले सार्वजनिक क्षेत्र के बैंकों में एक अग्रणी बैंक है। यह वर्ष 2002 में कोर बैंकिंग सॉल्युशन आरम्भ करने वाला एक अग्रणी बैंक है। इस सॉल्युशन के अन्तर्गत बैंक की सभी शाखाएँ और एटीएम, सभी कोर बैंकिंग ग्राहकों चाहे वे व्यक्ति हों या कॉर्पोरेट, ऑनलाइन टेली बैंकिंग सुविधा के साथ जुड़े हुए हैं।

11. किस बैंक को भारत का अन्तर्राष्ट्रीय बैंक कहा जाता है?

⊙ बैंक ऑफ बड़ौदा, को भारत का अन्तर्राष्ट्रीय बैंक कहा जाता है।

12. पूर्ण रूप से भारतीय पूँजी से स्थापित बैंक कौन-सा है?

⊙ पंजाब नेशनल बैंक, पूर्ण रूप से भारतीय पूँजी से स्थापित भारत का पहला बैंक है।

13. भारतीय महिला बैंक की पहली शाखा कहाँ खोली गई है?

⊙ भारतीय महिला बैंक की पहली शाखा नरीमन प्वाइन्ट, मुम्बई में खोली गई है।

14. किस राष्ट्रीयकृत बैंक के लोगो Logo पर 'लक्ष्मी' का चित्र दर्शाया गया है?

⊙ देना (DENA) बैंक, के Logo पर 'लक्ष्मी' का चित्र दर्शाया गया है।

15. किस बैंक ने सर्वप्रथम Golden Handshake Scheme शुरू की थी?

⊙ पंजाब नेशनल बैंक ने सर्वप्रथम Golden Handshake Scheme शुरू की थी।

16. 'सर्वे जना! सुखिनो भवन्तु', यह वाक्य किस बैंक के Logo से सम्बन्धित है?

⊙ यह वाक्य, कॉर्पोरेशन बैंक के Logo से सम्बन्धित है।

17. 'विश्वसनीय मैत्रीपूर्ण' (Faithful Friendly) term किस बैंक से सम्बन्धित है?

⊙ 'Faithful Friendly' term सिंडिकेट बैंक के Logo से सम्बद्ध है।

18. इलाहाबाद बैंक (Allahabad Bank) का Logo क्या इंगित करता है?

⊙ इलाहाबाद बैंक का Logo गंगा, यमुना और सरस्वती नदियों के त्रिवेणी संगम को इंगित करता है।

19. The bank that begins with "U" किस बैंक का स्लोगन है?

⊙ यह यूनाइटेड बैंक ऑफ इण्डिया का स्लोगन है।

20. 'Relationships Beyond Banking' किस बैंक का स्लोगन है?

⊙ यह बैंक ऑफ इंडिया का स्लोगन है।

21. भारत में कुल कितने प्रकार के बैंक कार्य करते हैं?

⊙ भारत में देशी, विदेशी, सरकारी, गैर-सरकारी, अनुसूचित तथा गैर-अनुसूचित बैंक कार्यरत हैं, इन बैंकों की भी उपश्रेणियाँ हैं। इस प्रकार भारत में अनेक वर्गों के बैंक कार्य करते हैं, *उनका ब्यौरा निम्नलिखित प्रकार है*

(a) भारत का केन्द्रीय बैंक-भारतीय रिजर्व बैंक

(b) वाणिज्यिक बैंक-

(i) सरकार का बैंक-भारतीय स्टेट बैंक और उसके 5 सहयोगी बैंक (स्टेट बैंक समूह)

(ii) राष्ट्रीयकृत बैंक-21

(iii) निजी बैंक-27 (20 अक्टूबर, 2012 तक)

(iv) विदेशी बैंक-41 (30 अप्रैल, 2012 तक)

(v) क्षेत्रीय ग्रामीण बैंक-82

(c) सरकारी बैंक-राज्य सहकारी बैंक तथा जिला सहकारी बैंक

(d) वित्त एवं विकास बैंक-

(i) राष्ट्रीय कृषि एवं ग्रामीण विकास बैंक (नाबार्ड)

(ii) भारतीय लघु उद्योग विकास बैंक (सिडबी)

(iii) भारतीय औद्योगिक निवेश बैंक लिमिटेड

(iv) भारतीय निर्यात-आयात बैंक (एग्जिम बैंक)

(v) राष्ट्रीय आवास बैंक

(vi) भूमि विकास बैंक

22. भारतीय स्टेट बैंक एवं उसके सहयोगी बैंकों तथा राष्ट्रीयकृत बैंकों में क्या अन्तर है?

⊙ भारतीय स्टेट बैंक भारत सरकार एवं राज्य सरकारों/केन्द्र शासित प्रदेशों की सरकारों का बैंक है। इन सरकारों का सारा लेन-देन भारतीय स्टेट बैंक के माध्यम से ही होता है, जबकि राष्ट्रीयकृत बैंक पर भारत सरकार का स्वामित्व होने पर भी सरकारी लेन-देन राष्ट्रीयकृत बैंकों के माध्यम से नहीं होता। विगत दो-तीन वर्षों से सरकार ने राष्ट्रीयकृत बैकों में कर जमा करने की सुविधा प्रदान कर दी है।

23. भारत में कुल कितने व्यापारिक बैंक कार्यरत हैं?

⊙ 31 मार्च, 2012 की स्थिति के अनुसार, देश में कुल 173 व्यापारिक बैंक थे, जिनमें से 169 अनुसूचित व्यापारिक बैंक, 82 क्षेत्रीय ग्रामीण बैंक तथा 4 गैर-अनुसूचित व्यापारिक बैंक थे।

वित्तीय संस्थाएँ

वित्त का अर्थ उत्पादन कार्य के सुचारु संचालन के लिए आवश्यक पूँजी से है। सामान्यतः पूँजी का अर्थ इस सन्दर्भ में पैसे से होता है। उत्पादन के कार्य में दिन-प्रतिदिन अनेक खर्चों को पूरा करने के लिए पैसे की आवश्यकता होती है और इन आवश्यकताओं को पूरा करने वाले संस्थान ही वित्तीय संस्थाएँ कहलाती हैं।

वित्तीयन (Financing)

वित्तीयन का अर्थ किसी भी उद्देश्य के लिए पैसे का प्रबन्ध करने से होता है। वित्त प्राप्त करने की कीमत को ब्याज की दर कहते हैं। वित्तीयन की आवश्यकता उत्पादन कार्य शुरू करते समय होती है, निश्चित रूप से पैसे का कुछ भाग तो व्यक्ति अपने स्वयं के साधनों से एकत्रित कर सकता है और शेष के लिए उसे अन्य स्रोतों की तलाश करनी पड़ती है। इस प्रकार उधार लेकर अनेक स्रोतों से पैसे जुटाने की प्रक्रिया ही वित्तीयन कहलाती है।

वित्त का वर्गीकरण (Classification of Finance)

अल्पावधि ये ऋण दिन प्रतिदिन की आवश्यकता की पूर्ति के लिए होते हैं। ये ऋण 15 माह से कम की अवधि के लिए होते हैं।

मध्यावधि ये ऋण जमीनों में सुधार हेतु मशीनों के क्रय के लिए होते हैं, इनकी अवधि 15 माह से 5 वर्ष तक होती है।

दीर्घावधि ये ऋण स्थायी परिसम्पत्तियों के निर्माण के लिए होते हैं, इनकी अवधि 5 वर्ष से अधिक होती है।

वित्त के स्रोत (Sources of Finance)

वित्त के सभी स्रोतों को हम दो वर्गों में विभाजित कर सकते हैं

(i) संस्थागत स्रोत

(ii) गैर-संस्थागत स्रोत

संस्थागत स्रोत (Institutional Sources)

ऋण देने के लिए बने संगठन और प्रतिष्ठान वित्त के संस्थागत स्रोत कहलाते हैं। वित्त की व्यवस्था करना इनका विशेष उद्देश्य होता है, इन्हें वित्तीय संस्थाएँ भी कहते हैं। बैंक, सहकारी समितियाँ, बीमा कम्पनियाँ, भारतीय यूनिट ट्रस्ट, राज्य वित्त निगम, विकास बैंक आदि इसके प्रमुख उदाहरण हैं।

गैर-संस्थागत स्रोत (Non-Institutional Sources)

गैर-संस्थागत स्रोत के अन्तर्गत साहूकार, महाजन, मित्र, रिश्तेदार आदि आते हैं।

कृषि क्षेत्र से सम्बन्धित संस्थागत स्रोत (Agriculture Related Sources)

कृषि व ग्रामीण क्षेत्र में ऋण देने वाली संस्थागत एजेन्सियों की स्थापना भारत सरकार व रिजर्व बैंक के सम्मिलित प्रयासों से हुई। इस प्रकार की संस्थाओं के कुछ उदाहरण हैं, सहकारी बैंक, क्षेत्रीय ग्रामीण बैंक एवं नाबार्ड आदि।

सहकारी ऋण समिति (Cooperative Credit Bank)

सहकारी ऋण समिति से अभिप्राय केन्द्रीय अधिनियम के अधीन अथवा किसी राज्य में फिलहाल लागू सहकारी समितियों से सम्बन्धित किसी कानून के अधीन पंजीकृत किए जाने के लिए मानी गई अथवा पंजीकृत समिति (सोसाइटी) से है। इस समिति का मुख्य कार्य कृषि सम्बन्धित तथा छोटे-छोटे खुद के रोजगार के लिए ग्रामीणों को ऋण उपलब्ध कराना है।

भूमि विकास बैंक (Land Development Bank)

भूमि विकास बैंक की स्थापना किसानों की दीर्घकालीन ऋण आवश्यकताओं को पूरा करने के लिए की गई। इस प्रकार का प्रथम बैंक वर्ष 1929 में मद्रास में स्थापित किया गया था। ये जायदाद को जमानत पर रखकर ऋण देने वाले द्वि-स्तरीय बैंक हैं। शीर्ष स्तर पर केन्द्रीय भूमि विकास बैंक (Central Land Development Bank) होता है, जोकि प्रत्येक राज्य में एक होता है तथा उसके नीचे प्राथमिक भूमि विकास बैंक (Primary Land Development Bank) होते हैं।

क्षेत्रीय ग्रामीण बैंक (Regional Rural Bank)

क्षेत्रीय ग्रामीण बैंक की स्थापना 2 अक्टूबर, 1975 को की गई। एक साथ पाँच क्षेत्रीय ग्रामीण बैंक मुरादाबाद, गोरखपुर, भिवानी, जयपुर व माल्दा में स्थापित किए गए। बाद में देश के अन्य भागों में इसका विस्तार किया गया। यह बैंक सिक्किम व गोवा के अलावा सभी राज्यों में कार्यरत हैं। क्षेत्रीय ग्रामीण बैंकों की स्थापना दूर-दराज के ग्रामीण क्षेत्रों में बैंकिंग सुविधाओं को प्रदान करने हेतु की गई।

क्षेत्रीय ग्रामीण बैंकों की पूँजी में केन्द्र व राज्य सरकार का हिस्सा 50% व 15% क्रमश: होता है। शेष 35% हिस्सा प्रवर्तक बैंक का होता है। क्षेत्रीय ग्रामीण बैंकों को सशक्त बनाने के विचार से इन्हें वर्ष 2005 में चरणबद्ध तरीके से एक-दूसरे में मिलाने की प्रक्रिया प्रारम्भ की गई। तद्नुसार 31 मार्च, 2010 को इन बैंकों की संख्या 82 (46 विलयीकृत तथा 36 पृथक्) हो गई, परन्तु अब मात्र 76 की संख्या ही रह गई है।

नेशनल बैंक फॉर एग्रीकल्चर एण्ड रूरल डेवलपमेण्ट (NABARD)

यह बैंक 12 जुलाई, 1982 को अस्तित्व में आया, इसकी स्थापना **शिवरमन सिंह समिति** की संस्तुति पर की गई। इसकी स्थापना कृषि, लघु उद्योगों, कुटीर एवं ग्रामीण उद्योगों, हस्तशिल्पों और गाँवों में अन्य आर्थिक गतिविधियों के संवर्द्धन हेतु ऋण उपलब्ध कराने के लिए की गई थी। वर्ष 1995-96 से नाबार्ड ग्रामीण ढाँचागत विकास कोष (आरआईडीएफ) के अन्तर्गत ग्रामीण ढाँचागत परियोजनाओं के लिए राज्य सरकारों को वित्त उपलब्ध करा रहा है।

क्षेत्रीय ग्रामीण बैंक सम्बन्धी प्रमुख समितियाँ

- **दांतेवाला समिति** (वर्ष 1977) ने क्षेत्रीय ग्रामीण बैंकों के संगठन और कार्यों में संशोधन करके इनकी संरचना को और सुदृढ़ करने का सुझाव दिया।
- **क्रेफिकार्ड समिति** (वर्ष 1979) इस समिति ने ग्रामीण साख को सुदृढ़ करने में क्षेत्रीय ग्रामीण बैंकों के महत्त्व को रेखांकित किया। समिति के अनुसार, ग्रामीण क्षेत्रों में बहुउद्देशीय एजेन्सी के रूप में क्षेत्रीय ग्रामीण बैंकों की भूमिका बढ़ाई जाए।
- **खुसरो समिति** (वर्ष 1989) इस समिति ने क्षेत्रीय ग्रामीण बैंकों की कार्यप्रणाली को महत्त्व दिया। बैंकिंग सेवाओं को क्षेत्रीय ग्रामीण बैंकों ने दूरदराज क्षेत्रों में ले जाने का उल्लेखनीय कार्य किया।
- **केलकर समिति** (वर्ष 2004) इस समिति ने क्षेत्रीय ग्रामीण बैंकों के उद्देश्यों की पुनः समीक्षा की तथा अपनी सिफारिश में प्रत्येक क्षेत्रीय ग्रामीण बैंक के पूँजी आधार को बढ़ाने का सुझाव दिया।

ग्रामीण अवसंरचना विकास निधि (Rural Infrastructure Development Fund)

ग्रामीण अवसंरचना विकास निधि (आरआईडीएफ) की स्थापना मध्यम तथा लघु सिंचाई, मृदा संरक्षण, जल संकट प्रबन्धन तथा ग्रामीण अवसंरचना के अन्य स्वरूपों से सम्बन्धित चल रही परियोजनाओं की त्वरित आपूर्ति के लिए केन्द्रीय बजट वर्ष 1995-96 में ₹ 2000 करोड़ आवण्टन के साथ एक घोषणा के माध्यम से राष्ट्रीय कृषि एवं ग्रामीण विकास बैंक (नाबार्ड) के अन्तर्गत की गई थी।

आरआईडीएफ को आवण्टन बैंकों द्वारा पीएमएन लक्ष्य पूरा करने में कमी में से किया जाता है। आरआईडीएफ ऋणों में 42% ऋण सिंचाई, 15% स्वास्थ्य शिक्षा, ग्रामीण पेयजलापूर्ति, 31% ग्रामीण सड़कों 12% पुलों को आवण्टित किया जाता है।

औद्योगिक क्षेत्र से सम्बन्धित संस्थागत स्रोत

देश के अन्दर उद्योगों के लिए संस्थागत वित्त के निम्नलिखित स्रोत इस प्रकार हैं

लोक निर्गम (Public Issues)

आम जनता को किसी विशेष औद्योगिक इकाई में पूँजी लगाने के लिए आमन्त्रण देने की प्रक्रिया को लोक निर्गम कहते हैं। जो औद्योगिक इकाई यह आमन्त्रण देती है, उन्हें पूर्व निश्चित नियमों का पालन करना पड़ता है यह आमन्त्रण सरकारी विभाग से मंजूरी के बाद ही दिया जा सकता है। लोक निर्गम द्वारा वित्त की प्राप्ति शेयर व ऋण-पत्र जारी करके होती है।

इन दोनों का मूल्य पूर्व निश्चित होता है। शेयर खरीदने वाले व्यक्ति या संस्थाएँ कम्पनी के स्वामी समझे जाते हैं। इस प्रकार एक कम्पनी के हजारों-लाखों स्वामी यानि शेयरहोल्डर हो सकते हैं। ऋण-पत्र खरीदने वाले कम्पनी के ऋणदाता कहलाते हैं। उनका कम्पनी के स्वामित्व या कम्पनी के प्रबन्ध से कोई लेना-देना नहीं होता, उन्हें कम्पनी इन ऋण-पत्रों को निश्चित दर पर ब्याज अदा करती है।

लोक जमाएँ (Public Deposits)

इसमें कम्पनियाँ आम जनता को यह आमन्त्रण देती हैं कि वे उनके पास अपना पैसा जमा कराएँ, जिस पर उन्हें एक पूर्व निश्चित दर से ब्याज मिलेगा। इनकी अवधि प्राय: एक वर्ष से लेकर पाँच वर्ष तक होती है। इस प्रकार की जमाओं के लिए दिशा-निर्देश भारतीय रिजर्व बैंक जारी करता है।

वाणिज्यिक बैंक (Commercial Banks)

वाणिज्यिक बैंक उद्योगों को अल्पकालीन ऋण देते हैं, जोकि उद्योगों की कार्यशील पूँजी की आवश्यकताओं को ही पूरा करता है। बैंक प्राय: दीर्घकालीन आवश्यकताओं को पूरा करने के लिए सीधे ऋण नहीं देते, न ही वे शेयर व ऋण-पत्र आदि खरीदते हैं, क्योंकि इनमें जोखिम होता है।

औद्योगिक बैंक (Industrial Banks)

उद्योगों के दीर्घकालीन वित्त की आवश्यकता को औद्योगिक बैंक पूरा करते हैं। औद्योगिक बैंक ऐसी विशिष्ट संस्थाएँ हैं, जो उद्योगों को ऋण देने के साथ-साथ उनके विकास में भी सहायता करती हैं। औद्योगिक बैंक एक विशेष प्रकार की वित्तीय संस्थाएँ हैं, जोकि सरकार द्वारा स्थापित की गई हैं। इनका मुख्य उद्देश्य उद्योगों के दीर्घकालीन वित्त की आवश्यकताओं को पूरा करना है। इस सन्दर्भ में ये बैंक वाणिज्यिक बैंकों के पूरक हैं, क्योंकि वाणिज्यिक बैंक उद्योगों की दीर्घकालीन आवश्यकताओं को पूरा नहीं करते हैं।

विशिष्ट क्षेत्रों हेतु विशिष्ट वित्तीय संस्थाएँ
(Specialized Financial Institutions for Specific Areas)

विशिष्ट क्षेत्रों हेतु प्रमुख विशिष्ट वित्तीय संस्थाएँ निम्नलिखित हैं

भारतीय लघु उद्योग विकास बैंक
(Small Industries Development Bank of India, SIDBI)

इसकी स्थापना वर्ष 1990 में लघु उद्योगों के विकास, वित्त एवं संवर्द्धन के लिए एक प्रमुख वित्तीय संस्थान के रूप में की गई थी। यह देश में अति लघु, लघु और मंझोले उद्यमों को सीधे सहायता प्रदान करता है तथा यह पूर्णत: आईडीबीआई की सहभागी संस्था है। इसका मुख्यालय लखनऊ में है तथा देशभर में इसके पाँच क्षेत्रीय कार्यालय हैं। यह भारतीय मुद्रा के साथ-साथ विदेशी मुद्रा में भी ऋण उपलब्ध कराता है।

आयात-निर्यात बैंक (Export-Import Bank, EXIM)

इसकी स्थापना 1982 में हुई तथा इसके उद्देश्यों में देश में विदेशी व्यापार के वित्त पोषण एवं उसका संवर्द्धन शामिल है। साथ ही यह उन सभी वित्तीय संस्थाओं के मध्य समन्वय का भी कार्य करता है, जो वस्तुओं एवं सेवाओं के आयात व निर्यात हेतु वित्त जुटाते हैं। इसका मुख्यालय **मुम्बई** में स्थित है।

राष्ट्रीय आवास बैंक (National Housing Bank, NHB)

इसकी स्थापना वर्ष 1988, भारतीय रिजर्व बैंक की सहायक संस्था के रूप में की गई। यह देश में आवासीय वित्त उपलब्ध कराने वाली शीर्ष संस्था है। हाउसिंग बैंक की स्थापना रिजर्व बैंक के पूर्ण स्वामित्व वाले सहयोगी के रूप में की गई। यह देश में आवास, वित्त कम्पनियों का नियामक एवं पर्यवेक्षक भी है। ग्रामीण आवास कोष नामक एक नया कोष इसमें स्थापित किया गया है तथा यह बैंक, बॉण्ड व ऋण-पत्रों को जारी करके अपने संसाधन जुटा सकता है।

एक्सिस बैंक (Axis Bank)

इसकी स्थापना भारतीय यूनिट ट्रस्ट (Unit Trust of India,UTI) वर्ष 1964 में सार्वजनिक स्रोत के निगम के रूप में की गई तथा अब यह एक निजी क्षेत्र की कम्पनी हो गई है। 2001 में US-64 के धराशायी होने के पश्चात् इसका विभाजन UTI-1 व UTI-II में किया गया, जिनका परिचालन SBI, LIC, BOB व PNB द्वारा किया जा रहा था। बाद में इन चारों ने वर्ष 2005 में सरकार को पूरा मूल्य चुका कर UTI-म्यूचुअल फण्ड के प्रबन्धन के साथ-साथ इसका स्वामित्व भी हासिल कर लिया। UTI-MF में इन चारों की बराबर की हिस्सेदारी है। वर्ष 2007 से UTI बैंक का नाम एक्सिस बैंक लिमिटेड हो गया है। यह एक निजी क्षेत्र का बैंक है।

भारतीय औद्योगिक विकास बैंक लिमिटेड
(Industrial Development Bank of India Ltd, IDBI)

इसकी स्थापना वर्ष 1964 में रिजर्व बैंक के अनुषंगी बैंक के रूप में हुई, यह वर्ष 1976 में स्वतन्त्र संस्था बना (भारत सरकार के स्वामित्व में) औद्योगिक उद्यमों को वित्तीय सहायता तथा औद्योगिक विकास के कार्य में लगी संस्थाओं को बढ़ावा देना तथा बड़ी और मंझोली औद्योगिक इकाइयों को वित्तीय सहायता प्रदान करना इसके प्रमुख उद्देश्य हैं।

गैर-बैंकिंग वित्तीय कम्पनियाँ (Non-Banking Financial Companies)

वे सभी निवेश कम्पनियाँ या संस्थाएँ, जो कम्पनी एक्ट के तहत पंजीकृत हैं तथा उनका मुख्य व्यवसाय जमा स्वीकार करना तथा उधार देना है, NBFC's कहलाती हैं। ये सामान्यत: उन क्षेत्रों के लिए ऋण उपलब्ध कराती हैं, जहाँ ऋण-अन्तराल विद्यमान होता है। उपभोक्ता वस्तुओं व मोटर वाहन हेतु वित्त-पोषण में इन्होंने अत्यन्त ही प्रभावकारी भूमिका निभाई है।

चूँकि इनकी वृद्धि की गति बहुत ही तीव्र है। अत: RBI ने इनकी गतिविधियों को नियमित करने का निश्चय किया तथा इस सन्दर्भ में व्यापक दिशा-निर्देश जारी किए हैं।

RBI ने NBFC को निजी क्षेत्र के बैंक के रूप में काम करने की अनुमति प्रदान की है, *यदि वे निम्नलिखित शर्तों को पूरा करते हैं*

- किसी बड़े औद्योगिक घराने द्वारा NBFC को संचालित हुआ नहीं होना चाहिए अथवा सरकारी प्राधिकरणों के स्वामित्वधीन/ नियन्त्रणाधीन नहीं होना चाहिए।
- NBFCs के अद्यतन तुलन-पत्र (Balance sheet) के अनुसार, कम-से-कम या 200 करोड़ की निवल सम्पत्ति होनी चाहिए, जिसे रूपान्तरण की तारीख से तीन वर्षों के भीतर या 300 करोड़ तक बढ़ाया जाना होगा। NBFCs के पास कम-से-कम या 25 लाख का शुद्ध निजी कोष (Net Owned Fund) होना चाहिए।
- सार्वजनिक जमाओं की वापसी अदायगी और RBI के विनियमों/ निर्देशों के अनुपालन में NBFC का विगत रिकॉर्ड त्रुटिहीन होना चाहिए। NBFCs की AAA से कमतर क्रेडिट रेटिंग प्राप्त नहीं होनी चाहिए।

इन मानकों को पूरा न करने वाली NBFCs के कारोबार को RBI द्वारा वर्ष 2003 से प्रतिबन्धित किए जाने की व्यवस्था सुनिश्चित की गई है।

वित्तीय समावेशन (Financial Inclusion)

समावेशी विकास और स्थायी समृद्धि में वित्तीय समावेशन निर्णायक भूमिका निभा रहा है, जैसा कि वर्तमान रूप से, मान्य और वैश्विक रूप से स्वीकृत किया जा रहा है। जनता के विशाल वर्गों को औपचारिक बाजार तन्त्र और वित्त बाजारों में भाग लेने की जरूरत है। वित्तीय समावेशन से वित्तीय बचतें भी व्यापक और गहन होंगी तथा इससे उच्चतर आर्थिक विकास होगा।

वित्तीय समावेशन हेतु प्रमुख प्रयास (Major Efforts for Financial Inclusion)

वित्तीय समावेशन हेतु निम्नलिखित प्रमुख प्रयास किए गए हैं

- फुटकर प्रयोजन के लिए 'नो फ्रिल' खाते।
- सरलीकृत केवाईसी (अपने ग्राहक को जाने)।
- ऋण परामर्श सेवा केन्द्र सुविधाएँ। एनजीओ का उपयोग और एसएचजी (स्वयं सहायता समूह) का गठन।
- किसान क्रेडिट कार्ड सेवाएँ।
- स्मार्ट कार्डों का विस्तार।

रंगराजन समिति ने भी वित्तीय समावेशन के उद्देश्यों को पूरा करने के लिए प्राथमिकताएँ निर्धारित कीं। हाल ही में दो अधिक महत्त्वपूर्ण दृष्टिकोणों में स्मार्ट कार्डों और मोबाइल फोन बैंकिंग जैसी तकनीकों का उपयोग शामिल है।

प्रधानमन्त्री जन धन योजना (पीएमजेडीवाई) भारत में वित्तीय समावेशन पर राष्ट्रीय मिशन है और जिसका उद्देश्य देशभर में सभी परिवारों को बैंकिंग सुविधाएँ मुहैया कराना और हर परिवार का बैंक खाता खोलना है। इस योजना की घोषणा 15 अगस्त, 2014 को तथा इसका शुभारम्भ 28 अगस्त, 2014 को भारतीय प्रधानमन्त्री नरेन्द्र मोदी ने किया।

- इस योजना के तहत खाता खुलवाने पर व्यक्ति को ₹1 लाख का दुर्घटना बीमा मिलेगा, साथ ही ₹ 30,000 का जीवन बीमा कवर होगा।
- खाता खुलवाने के साथ ही ग्राहक को "**रूपे**" डेबिट कार्ड की भी सुविधा दी जाएगी, जिसका इस्तेमाल 45 दिनों में एकबार होना है।
- इस योजना के तहत आधार कार्ड से खुले खातों में 6 महीने बाद ग्राहक आवेदन देने पर जमा राशि से ₹ 5000 की अधिक राशि निकाल सकेगा।
- इस योजना का पहला चरण अगस्त, 2014 में खत्म हो गया।
- इस योजना का दूसरा चरण वर्ष 2015 से वर्ष 2018 तक चलेगा। उसमें पेंशन योजना "**स्वावलम्बन**" की भी सुविधा दी जाएगी।

भारत में प्रमुख क्रेडिट एजेन्सियाँ (Major Credit Agencies in India)

- **क्रेडिट रेटिंग इन्फॉर्मेशन सर्विसेज ऑफ इण्डिया लिमिटेड** (Credit Rating Information Services of India Ltd, CRISIL) यह एक वैश्विक विश्लेषक कम्पनी है, जो रेटिंग, रिसर्च और जोखिम एवं नीति सम्बन्धी सलाहकारी सेवाएँ उपलब्ध कराती है। CRISIL की बहुमत शेयरधारक कम्पनी स्टैण्डर्ड एण्ड पूअर्स है। CRISIL का मुख्यालय मुम्बई में है।
- **इन्वेस्टमेण्ट इन्फॉर्मेशन एण्ड क्रेडिट रेटिंग एजेन्सी** (Investment Information and Credit Rating Agency, ICRA) यह एक व्यावसायिक और स्वतन्त्र, भारतीय इन्वेस्टमेण्ट इन्फॉर्मेशन एवं क्रेडिट रेटिंग एजेन्सी है, इसकी स्थापना वर्ष 1991 में की गई थी। ग्राहक के आधार पर यह एजेन्सी भारत की दूसरी सबसे बड़ी क्रेडिट रेटिंग कम्पनी है, इस एजेन्सी में अन्तर्राष्ट्रीय रेटिंग एजेन्सी मूडीज की भागीदारी है, इसका मुख्यालय गुड़गाँव में है।

- **क्रेडिट एनालिसिस एण्ड रिसर्च लिमिटेड** (Credit Analysis and Research Ltd, CARE) इस एजेन्सी की स्थापना वर्ष 1993 में की गई थी। CARE द्वारा तैयार की गई रेटिंग, भारत सरकार द्वारा प्रमाणित की जाती है। रिजर्व बैंक ऑफ इण्डिया, सेबी और अन्य विनियामक सस्थाएँ CARE द्वारा जारी रेटिंग को मान्यता देती हैं।

विश्व की तीन प्रमुख क्रेडिट रेटिंग एजेन्सियाँ हैं

- स्टैण्डर्ड एण्ड पुअर्स (Standard and Poors)
- मूडीज (Moody's)
- फिच (Fitch)

सूक्ष्मवित्त (Micro Finance)

विभिन्न वित्तीय सेवाएँ (बचत, ऋण व बीमा) जो सूक्ष्म वित्तीय संस्थाओं द्वारा गरीबों को उपलब्ध कराई जाती हैं उन्हें सूक्ष्म वित्त कहते हैं। इन्हें सूक्ष्म वित्त इसलिए भी कहा जाता है, क्योंकि ये विशेष रूप से गरीबों पर केन्द्रित रहती हैं और उनके द्वारा उत्पन्न उत्पाद प्रकृति से सूक्ष्म होते हैं। भारत में सूक्ष्म ऋण सहायता दो मॉडलों पर आधारित है।

एक, स्वयं सहायता समूह (एसएचजी)-बैंक सम्पर्क कार्यक्रम और दूसरे, लघु वित्त संस्थान।

एसएच जी-बैंक सम्पर्क वर्ष 1986 में अस्तित्व में आया, जब राष्ट्रीय कृषि एवं ग्रामीण विकास बैंक (नाबार्ड) ने कर्नाटक में एक स्वयं सेवी संगठन 'मर्यादा' को पहला औपचारिक ऋण दिया। देश का पहला सूक्ष्म वित्त संस्थान 'बेसिक्स' है, इसकी स्थापना वर्ष 1996 में हुई।

सूक्ष्मवित्त का नवीन परिदृश्य

वर्तमान में देश में करीब 24 लाख स्वयं सहायता समूहों ने अपनी परिधि में गरीबी रेखा से नीचे रहने वाले तीन करोड़ परिवारों को समेट रखा है। नाबार्ड से प्रोत्साहन पाने के बाद स्वयं सहायता समूह व्यावसायिक बैंकों से जुड़े और बाद में व्यावसायिक बैंकों, ग्रामीण क्षेत्रीय बैंकों और सहकारी बैंकों की करीब 30,000 शाखाओं के माध्यम से देश के 520 जिलों में इस आन्दोलन का विस्तार हुआ।

आज 90% से अधिक स्वरोजगार समूह ऐसे बैंकों से जुड़े हैं, जो केवल महिला समूहों को ही वित्तीय सहायता प्रदान करते हैं। बिहार, झारखण्ड, तमिलनाडु, कर्नाटक, उत्तर प्रदेश और आन्ध्र प्रदेश के पिछड़े और आदिवासी इलाकों में इस योजना ने महिला वर्ग में क्रान्ति ला दी है।

सूक्ष्मवित्त संस्थाएँ (Micro Finance Institutions)

वित्तीय सुविधाओं से वंचित छोटे-छोटे कामगारों को विभिन्न प्रकार की वित्तीय सुविधाएँ उपलब्ध कराने वाले संगठन को सूक्ष्म वित्त संस्थान कहते हैं। ये संस्थाएँ अपनी गतिविधियों को सदैव गरीबों पर केन्द्रित करती हैं। कभी-कभी सूक्ष्म वित्त संस्थाएँ गैर-वित्तीय सेवाएँ भी उपलब्ध कराती हैं; जैसे-व्यावसायिक प्रशिक्षण, स्वास्थ्य, शिक्षा आदि।

सूक्ष्मवित्त पर मालेगाँव समिति का सुझाव

(Suggestions of Malegav Committee on Micro Finance)

- माइक्रो फाइनेन्स इन्स्टीट्यूशन्स (MFIs) के कामकाज के सम्बन्ध में सिफारिशें देने के लिए गठित इस समिति ने अपनी रिपोर्ट भारतीय रिजर्व बैंक को जनवरी, 2011 में प्रस्तुत की है। अपनी रिपोर्ट में समिति ने कहा है कि माइक्रो फाइनेन्स इन्स्टीट्यूशन्स द्वारा अपने ऋणों पर ली जाने वाली ब्याज दर 24% से अधिक नहीं होनी चाहिए। ऐसे संस्थानों द्वारा दिए जाने वाले वैयक्तिक ऋणों की ऊपरी सीमा भी ₹ 25 हजार निर्धारित करने की संस्तुति समिति ने की है। भारतीय रिजर्व बैंक द्वारा गठित इस समिति ने माइक्रो फाइनेन्स संस्थानों के लिए गैर-बैंकिंग वित्तीय कम्पनियों (NBFC) की एक अलग श्रेणी NBFCMFI बनाने की सिफारिश भी अपनी रिपोर्ट में की है।

अन्तर्राष्ट्रीय वित्तीय संस्थाएँ / व्यापारिक संगठन

संगठन तथा समूह	स्थापना	मुख्यालय	सदस्य
इण्टरनेशनल बैंक फॉर रिकन्स्ट्रक्शन एण्ड डेवलपमेण्ट (IBRD) इसे अन्तर्राष्ट्रीय पुनर्निर्माण एवं विकास बैंक (IBRD) भी कहा जाता है, इसकी स्थापना 27 दिसम्बर, 1945 को की गयी थी। इसका मुख्यालय वाशिंगटन डीसी में है। वर्तमान में इसके सदस्य देशों की संख्या **188** है। विश्व बैंक का मुख्य कार्य सदस्य राष्ट्रों विशेषकर अल्पविकसित राष्ट्रों को विकास हेतु आवश्यकतानुसार ऋण उपलब्ध कराना है।	1945	वाशिंगटन	188
इण्टरनेशनल मॉनिटरी फण्ड (IMF) अन्तर्राष्ट्रीय मुद्राकोष की स्थापना 27 दिसम्बर, 1945 को ब्रेटनवुड्स समझौते के तहत हुई, इसका मुख्यालय वाशिंगटन डीसी में है। वर्तमान में इसके 188 सदस्य देश हैं तथा फ्रांस की क्रिस्टीना लेगार्ड इसकी प्रबन्ध निदेशक हैं। इसका मुख्य कार्य अन्तर्राष्ट्रीय स्तर पर मौद्रिक सहयोग की स्थापना एवं प्रतिकूल भुगतान सन्तुलन को ठीक करना है।	1945	वाशिंगटन	188
आर्थिक सहयोग और विकास संगठन (OECD)	1948	पेरिस	34
इण्टरनेशनल फाइनेन्स कॉर्पोरेशन (IFC) इसकी स्थापना जुलाई, 1956 में की गयी। इसका मुख्यालय वाशिंगठन डीसी (यूएसए) में है। वर्तमान में इसके सदस्य देशों की संख्या 184 है। इसका मुख्य उद्देश्य सदस्य राष्ट्रों में उत्पादनशील पूँजी निवेशों को बढ़ावा देकर विकास में सहायता करना है।	1956	वाशिंगटन	184
इण्टरनेशनल डेवलपमेण्ट एसोसिएशन (IDA)	1960	वाशिंगटन	172
पेट्रोलियम निर्यातक देशों का संगठन (OPEC) यह पेट्रोलियम निर्यातक देशों का संगठन है, जिसकी स्थापना वर्ष 1960 बगदाद में की गई थी। इसका मुख्यालय वियना (ऑस्ट्रिया) में है। वर्तमान में इसके सदस्य देश है- ईरान, कुवैत, सऊदी अरब, वेनेजुएला, कतर, लीबिया, इक्वेडोर, संयुक्त अरब अमीरात, अल्जीरिया, नाइजीरिया, अंगोला एवं इक्वेडोर।	1960	वियना	12
जी-10(G-10)	1962	पेरिस	11
जी-77(G-77)	1964	न्यूयॉर्क	132
इण्टरनेशनल सेण्टर फॉर सेटलमेण्ट ऑफ इन्वेस्टमेंट डिस्प्यूट (ICSID)	1966	वाशिंगटन	158
एशियाई विकास बैंक (ADB) इसकी स्थापना दिसम्बर, 1966 में की गई थी, इसका मुख्यालय मनीला (फिलीपीन्स) में है। वर्तमान में इसके सदस्य देशों की संख्या 67 है। इसका मुख्य उद्देश्य एशिया एवं प्रशान्त क्षेत्र में आर्थिक-सामाजिक विकास को गति प्रदान करना है।	1966	मनीला	67

संगठन तथा समूह	स्थापना	मुख्यालय	सदस्य
आसियान (ASEAN)	1967	जकार्ता	10
दक्षिण एशियाई क्षेत्रीय सहयोग संघ (SAARC) इसकी स्थापना दिसम्बर, 1985 में हुई थी। इसका मुख्यालय काठमाण्डू (नेपाल) में है। इसके सदस्य देश हैं- भारत, मालदीव, पाकिस्तान, बांग्लादेश, श्रीलंका, भूटान, नेपाल एवं अफगानिस्तान है।	1985	काठमाण्डू	8
मल्टीलेटरल इनवेस्टमेण्ट गारण्टी एजेन्सी (MIGA)	1988	वाशिंगटन	180
एशिया प्रशान्त आर्थिक सहयोग (APEC)	1989	सिंगापुर	21
जी-15 (G-15)	1989	जेनेवा	17
दक्षिण साझा बाजार (MERCOSUR)	1991	मोंटेवीडियो	5
यूरोपीयन संघ (EU) यूरोपीय संघ की स्थापना वर्ष 1957 में की गयी थी। फ्रांस, बेल्जियम, लक्जमबर्ग, पश्चिमी जर्मनी, इटली एवं नीदरलैण्ड्स इसके संस्थापक सदस्य हैं। वर्तमान में इसके सदस्य देशों की संख्या 28 है, इसका मुख्यालय ब्रुसेल्स (बेल्जियम) में स्थित है।	1993	ब्रूसेल्स	28
विश्व व्यापार संगठन (WTO) इसकी स्थापना 1 जनवरी, 1950 को की गई तथा इसका मुख्यालय जेनेवा में है। वर्तमान में इसके सदस्य देशों की संख्या 160 है। पास्कल लामी इसके महानिदेशक हैं। इसका मुख्य उद्देश्य लोगों के जीवन स्तर में वृद्धि तथा वस्तुओं के उत्पादन एवं व्यापार में प्रसार के साथ-साथ सतत विकास के लिए पर्यावरण को संरक्षण एवं सुरक्षा देना है।	1995	जेनेवा	160
शंघाई सहयोग संगठन (SCO) इसकी स्थापना वर्ष 1996 में बीजिंग में की गयी थी। इसके सदस्य देश हैं- रूस, चीन, कजाखस्तान, किर्गिस्तान, ताजिकिस्तान एवं उज्बेकिस्तान।	1996	बीजिंग	6
बिमस्टेक	1997	ढाका	7
जी-8(G-8) वर्तमान में (G-7) यह विश्व के आठ विकसित देशों का समूह है। इसकी स्थापना 1875 में हुई थी। वर्ष 1997 में रूस को इस समूह में शामिल होने के पश्चात् इसका नाम G-8 पड़ा। इसके प्रमुख सदस्य देश हैं- अमेरिका, ब्रिटेन, फ्रांस, जर्मनी, जापान, इटली, कनाडा एवं रूस। वर्तमान में रूस को G-8 से निलम्बित कर दिया गया है।	1997	-	8
जी-20(G-20) यह विश्व के 20 औद्योगिक एवं विकासशील देशों का संगठन हैं। इसकी स्थापना वर्ष 1999 में बर्लिन में की गई थी। इसके सदस्य देश हैं- इटली, जर्मनी, जापान, चीन, भारत, इण्डोनेशिया, रूस, यूएसए, तुर्की, यूके, अर्जेंटीना, ब्राजील, कनाडा, ऑस्ट्रेलिया, मेक्सिको, सऊदी अरब, दक्षिण अफ्रीका, सऊदी अरब, कोरिया गणराज्य एवं यूरोपीय संघ।	1999	-	20
मेकांग-गंगा सहयोग (MGC)	2000	विएनतिने	6
इब्सा (IBSA) इसकी स्थापना 6 जून, 2003 को की गई। यह तीन विकासशील देशों (भारत, ब्राजील एवं दक्षिण अफ्रीका) का समूह है, इसका प्रथम शिखर सम्मेलन सितम्बर 2006 में ब्राजील में हुआ।	2003	-	3

इण्टरव्यू की तैयारी हेतु अभ्यास प्रश्न

1. नॉन-ऑपरेटिंग होल्डिंग कम्पनी कौन-सी होती हैं?

⊙ ऐसी कम्पनियाँ, जो अन्य कम्पनियों के शेयरों को धारण करती हैं और उन शेयरों से प्राप्त होने वाला लाभांश उनकी आय का प्रमुख स्रोत होता है होल्डिंग कम्पनी कहलाती हैं, जबकि नॉन–ऑपरेटिंग होल्डिंग कम्पनी ऐसी होल्डिंग कम्पनी होती हैं, जो दूसरी कम्पनियों के शेयरों में निवेश करती हैं और उन पर प्राप्त होने वाला लाभांश उनकी आय का एकमात्र स्रोत होता है।

2. लोन एण्ड एडवांस से आप क्या समझते हैं?

⊙ Loan सामान्य रूप से एक निर्धारित समय (short term and long term) हेतु प्रदान किया जाता है। Loan देते समय ऋणी को lumpsum में या किश्तों में ऋण राशि दी जा सकती है। Loan सामान्यतया किसी प्रतिभूति (security) के विरुद्ध दिए जाते हैं। Loan का भुगतान अधिकांशतया पूर्व निर्धारित किश्तों में किया जाता है। वैसे एक साथ भी भुगतान किया जा सकता है।

Advance एक credit facility है, जो ऋणी की दैनिक आवश्यकताओं की पूर्ति हेतु प्रदान किया जाता है। Advance सामान्यता कम समय के लिए होता है। इसमें ऋणी की सीमा निर्धारित कर दी जाती है। ऋणी जितनी राशि उठाता है, उसी पर उसे ब्याज देना होता है। उसके लिए कोई किश्त निर्धारित नहीं होती है। ऋणी रोजाना पैसा जमा कर सकता है एवं पैसा निकाल सकता है; जैसे–cash credit advance इस श्रेणी में आते हैं।

3. Hypothecation क्या होता है?

⊙ Hypothecation भी एक प्रकार की दिए गए ऋण के विरुद्ध security है।
अर्थात् हायपोथिकेशन एक विशेष प्रकार की सुरक्षा है, जिसमें ऋणदाता को न तो सामान का मालिकाना हक मिलता है न ही सामान उसके पास बन्धक रहता है; जैसे–दुकान में स्थित सामान के विरुद्ध ऋण जब दिया जाता है, तो यह हायपोथिकेशन के अन्तर्गत आता है।

⊙ Hypothecation is a special kind of security in which property is charged with the amount of a debt but neither the ownership nor possession is passed over to the creditor.

4. Syndicate Lending से आप क्या समझते हैं?

⊙ जब किसी कॉर्पोरेट को बहुत अधिक राशि के ऋण की आवश्यकता होती है तो कई बैंक मिलकर उस ऋण राशि की पूर्ति करते हैं। इसे Syndicate Financing या Consortium Financing कहा जाता है। इस तरह के ऋण के लिए बैंक संयुक्त रूप से उस ऋण की आर्थिक, वित्तीय और तकनीकी वैधता की जाँच करते हैं एवं आपस में मिल–जुलकर उस ऋण में अपना–अपना हिस्सा तय कर लेते हैं।

5. Pledge क्या होता है?

⊙ भारतीय अनुबन्ध अधिनियम, 1972 के अनुसार, pledge, goods को ऋणदाता के यहाँ गिरवी रखना है, जिसका उद्देश्य, किसी ऋण के भुगतान या किसी वायदे के पूरा होने के एवज में सिक्योरिटी के रूप में रखना है।

भारतीय अनुबन्ध अधिनियम, 1972 के अनुसार, "Pledge is the bailment of goods as security for payment of a debt or performance of a promise."

सामान pledge करने वाले को pledger एवं जिसके पास सामान pledge किया जाता है उसे pledgee कहते हैं। pledge में सामान का मालिकाना हक Pledger के पास ही रहता है।

6. रिवर्स मोर्टगेज लोन क्या होते हैं?

⊙ Reverse Mortgage Loan ऐसे ऋण हैं, जिनमें ऋण लेने वाले को कोई किश्त का भुगतान करने की मजबूरी नहीं होती है तथा जब तक ऋणी चाहे उस सम्पत्ति का उपयोग स्वयं के लिए कर सकता है। वरिष्ठ नागरिकों के लिए इस तरह के लोन उपयोगी रहते हैं। इसमें व्यक्ति अपना मकान बैंक के पास गिरवी (Mortgage) रख देता है एवं बैंक उन्हें हर माह ऋण की निर्धारित राशि का भुगतान करता है। इसे ऋणी को चुकाना नहीं पड़ता है। मृत्यु होने की सूरत में, वृद्ध के उत्तराधिकारी चाहे तो ऋण एवं ब्याज को चुकाकर, मकान को बैंक से छुड़वा सकते हैं। यदि उत्तराधिकारी पैसे चुकाने में असमर्थ हैं तो बैंक उस मकान को बेचकर अपनी राशि वसूल कर सकते हैं।

7. भारत में सूक्ष्मवित्त की आवश्यकता क्यों है?

⊙ दुर्बल आय एवं गरीब लोगों को आर्थिक सहायता हेतु सूक्ष्मवित्त की आवश्यकता है। भारत में एक बड़ी जनसंख्या गरीबी रेखा के नीचे जीवन-यापन कर रही है। इन्हें आर्थिक रूप से सुदृढ़ बनाने के लिए ही सूक्ष्म वित्त की जरूरत है। भारत में सूक्ष्मवित्त से जुड़ी कई संस्थाएँ हैं, ऐसी संस्थाएँ कई वित्त के अतिरिक्त गैर-वित्तीय सेवाएँ भी अपने ग्राहकों को उपलब्ध कराती हैं। ये सेवाएँ व्यावसायिक प्रशिक्षण, स्वास्थ्य एवं शिक्षा से जुड़ी होती हैं।

8. वित्तीय समावेश (Inclusion) क्या है?

⊙ यह सर्वविदित है कि भारत की जनसंख्या का एक बड़ा भाग बैंकिंग सेवाओं से अछूता है। वित्तीय समावेश अथवा सम्मिलन वह अवधारणा है, जो अधिकतर ग्रामीण जनसंख्या को वित्तीय एवं बैंकिंग सेवाओं का लाभ पहुँचाने के उद्देश्य से प्रेरित है। इसी सन्दर्भ में 28 अगस्त, 2014 को 'प्रधानमन्त्री जन-धन' योजना की शुरूआत की गई है।

9. राष्ट्रीय कृषि एवं ग्रामीण विकास बैंक का उद्देश्य क्या है?

⊙ राष्ट्रीय कृषि एवं ग्रामीण विकास बैंक (NABARD) की स्थापना 12 जुलाई, 1982 को की गई थी। पहले से कार्य कर रहे कृषि, पुनर्वित एवं विकास निगम को इसी में मिला दिया गया है। यह राष्ट्रीय बैंक पुनर्वित्त के रूप में कृषि एवं ग्रामीण उद्योगों तथा ग्रामीण क्षेत्रों में अन्य आर्थिक क्रियाओं के लिए साधन उपलब्ध कराता है। इसका उद्देश्य ग्रामीण विकास की योजनाओं को प्रोत्साहन देना, कृषि तथा इससे सम्बन्धित कार्यों के लिए वित्तीय साधन उपलब्ध कराना तथा ग्रामीण अर्थव्यवस्था को समृद्ध बनाने के उपाय करना है।

10. माइक्रोक्रेडिट या सूक्ष्म ऋण क्या होता है?

⊙ यह अत्यन्त निर्धन लोगों को स्वरोजगार के लिए धन सुलभ करवाने से सम्बन्धित है, इसके अन्तर्गत उन्हें छोटी धनराशि या ऋण सुलभ करवाया जाता है, जिससे कि वे छोटा-मोटा स्वरोजगार स्थापित करके अपने परिवार का भरण-पोषण कर सकें।

11. भारत में क्रेडिट रेटिंग एजेन्सीज के विषय में आप क्या जानते हैं?

⊙ आईसीआरए (ICRA) सीआरआईएसआईएल (CRISIL) भारत की दो मुख्य क्रेडिट रेटिंग एजेन्सी हैं। उनका मुख्य कार्य विभिन्न क्षेत्रों व निगमों के प्रदर्शन की रेटिंग निर्धारित करना तथा उसमें सुधार के उपाय व सुझाव देना है।

12. ग्रामीण बैंक किसे कहते हैं? उसके प्रमुख कार्य क्या हैं?

ग्रामीण बैंकों का पूरा नाम क्षेत्रीय ग्रामीण बैंक (Regional Rural Banks) है, इनके कार्य व्यावसायिक बैंकों की ही भाँति होते हैं। ग्रामीण बैंक के लिए केन्द्रीय सरकार तथा राज्य सरकार पूँजी अंशदान के रूप में देती है। ग्रामीण बैंकों का मुख्य कार्य होता है–छोटे व सीमान्त किसानों को ऋण देना तथा छोटे–छोटे कारीगरों व लघु उद्योगों को आर्थिक सहायता देकर प्रोत्साहन देना। संक्षेप में, इनका उद्देश्य गाँवों के गरीब किसानों, मजदूरों तथा कारीगरों को वित्तीय सहायता देना है। 2 अक्टूबर, 1975 को मुरादाबाद, गोरखपुर, भिवानी, जयपुर तथा माल्दा में क्षेत्रीय ग्रामीण बैंकों की स्थापना की गई। 30 जून, 2005 को 523 जिलों में 196 क्षेत्रीय ग्रामीण बैंक कार्यरत थे। क्षेत्रीय ग्रामीण बैंकों के विलय की योजना को सितम्बर, 2005 में कार्यान्वित किया गया, जिसके फलस्वरूप अब इनकी संख्या घटकर 84 रह गई है।

13. भारतीय औद्योगिक निवेश बैंक के विषय में आप क्या जानते हैं?

20 मार्च, 1985 को भारत सरकार द्वारा स्थापित भारतीय औद्योगिक पुनर्निर्माण बैंक को 6 मार्च, 1997 को लोकसभा के एक विधेयक के तहत इसका नाम परिवर्तित करके भारतीय औद्योगिक निवेश बैंक लिमिटेड कर दिया गया है। वर्ष 1997 से यह बैंक मर्चेण्ट बैंकर के रूप में भी कार्य कर रहा है।

14. नाबार्ड के विषय में आप क्या जानते हैं?

राष्ट्रीय कृषि एवं ग्रामीण विकास बैंक कृषि एवं ग्रामीण विकास हेतु वित्त प्रदान करने वाली शीर्ष संस्था है। इसकी स्थापना 12 जुलाई, 1982 को की गई थी। यह संस्था भूमि विकास बैंकों, सहकारी बैंकों, वाणिज्यिक बैंकों तथा क्षेत्रीय ग्रामीण बैंकों को पुनर्वित्त सुविधाएँ उपलब्ध करवाती है।

15. यदि कोई बैंक प्राथमिकता क्षेत्र (Priority Sector) हेतु निर्धारित लक्ष्य की पूर्ति नहीं करता है, तो उस पर क्या दण्ड लागू किया जा सकता है?

यदि कोई भारतीय घरेलू बैंक प्राथमिकता हेतु निर्धारित लक्ष्य की पूर्ति करने में असमर्थ रहती है, तो उसे रूरल इंफ्रास्ट्रक्चर डेवेलपमेंट फण्ड में शॉर्टफॉल की राशि जमा करानी होती है। यदि कोई विदेशी बैंक (Foreign Bank) प्राथमिकता क्षेत्र हेतु निर्धारित लक्ष्य के अनुसार ऋण वितरित करने में असमर्थ रहता है तो उसे शॉर्टफॉल राशि को सिडबी में एक वर्ष हेतु जमा कराना आवश्यक है।

16. क्या प्राथमिकता क्षेत्र (Priority Sector) के अन्तर्गत कोई उप लक्ष्य (Sub Targets) भी निर्धारित किए गए हैं?

भारतीय बैंकों को अपनी नेट बैंकिंग क्रेडिट (NBC) का 18% कृषि को तथा 10% कमजोर तबकों को देना आवश्यक है, जबकि विदेशी बैंकों को अपनी NBC का 10% छोटे उद्योगों को तथा 12% निर्यात (Export) हेतु देना आवश्यक है।

17. असुरक्षित ऋण (Unsecured Loan) क्या होते हैं?

ऐसे लोन जिनके विरुद्ध बैंक के पास कोई सिक्योरिटी नहीं होती है तथा ऐसे लोन जो बैंक द्वारा व्यक्ति / फर्म की तरलता (Liquidity) की पूर्ति हेतु दिए जाते हैं, जिनसे कोई सम्पत्ति उत्पन्न नहीं होती है, असुरक्षित ऋण कहलाते हैं। ऐसे ऋण उच्च जोखिम ऋण (High Risk Loan) कहलाते हैं; जैसे–Temporary Overdraft.

18. सुरक्षित ऋण (Secured Loan) क्या होते हैं?

सुरक्षित ऋण ऐसे ऋण हैं जिनके विरुद्ध बैंक के पास कोई सिक्योरिटी उपलब्ध है; जैसे सम्पत्ति गिरवी है, सोना या शेयर गिरवी है तथा लोन से कोई सम्पत्ति खरीदी गई है; जैसे–कार , मकान, फ्रीज इत्यादि के लिए दिया ऋण। ऐसे ऋण के चुकता न होने की स्थिति में बैंक अपने पास गिरवी रखी वस्तु को नियमानुसार बेच कर अपना ऋण प्राप्त कर सकता है।

19. लोन के सन्दर्भ में 'लिमिटेशन पीरियड' से क्या समझते हैं?

⊙ जब कोई व्यक्ति ऋण लेकर चुकता नहीं करे तो उस पर न्यायालय में कार्यवाही कितने समय के अन्दर-अन्दर की जा सकती है, उस अवधि को लिमिटेशन पीरियड (Limitation Period) कहा जाता है। यह लिमिटेशन एक्ट के द्वारा निर्धारित होता है। सामान्य ऋणों का लिमिटेशन पीरियड 3 वर्ष है, जबकि गिरवी के केस में यह 12 वर्ष है।

20. Loan against bank deposit क्या होता है?

⊙ बैंक की FD के विरुद्ध जब लोन दिया जाता है, तो उसे loan against bank deposit कहा जाता है। सामान्यतया सभी बैंक अपनी फिक्स्ड डिपोजिट(FD) के विरुद्ध लोन की सुविधा प्रदान करते हैं। बैंकों के लिए यह सर्वाधिक सुरक्षित लोन है। बैंक सामान्यतया FD पर दिए जा रहे ब्याज से 2% अधिक ब्याज, इस तरह के ऋण पर charge करते हैं।

यदि आपकी FDR की परिपक्वता अवधि से कुछ सप्ताह पहले ही आपको पैसे की जरूरत है, तो FDR का प्रीमैच्योर पेंमेंट लेने की अपेक्षा, आपको FDR ऋण ले लेना चाहिए।

21. Collateral security क्या होती है?

⊙ बैंक द्वारा जब किसी व्यक्ति को ऋण स्वीकृत/वितरित किया जाता है, तो उस ऋण की सुरक्षा हेतु उस ऋणी से कुछ सिक्योरिटी की माँग की जाती है; जैसे—मकान को बन्धक रखना, फिक्स डिपोजिट को बन्धक करना, गारण्टी इत्यादि। कोलेटेरल सिक्योरिटी लेने का उद्देश्य ऋणी द्वारा ऋण न चुकाए जाने की स्थिति में नियमानुसार सिक्योरिटी से ऋण की भरपाई की जा सकती है।

22. Assets क्या है?

⊙ Assets ऐसे आर्थिक संसाधन स्रोत हैं, जिस पर मालिकाना हक एवं नियन्त्रण स्थापित किया जा सके एवं जिसकी आर्थिक कीमत है। सामान्य रूप से Assets ऐसे संसाधन हैं, जिनको cash में परिवर्तित किया जा सकता है।

23. आप किसी व्यक्ति की नेट वर्थ से क्या समझते हैं?

⊙ किसी भी व्यक्ति की नेट वर्थ, उस व्यक्ति की कुल सम्पत्ति (Assets) एवं कुल देनदारियों (Liabilities) का अन्तर होता है। Assets का अर्थ है, Cash Balance, मकान, जमीन, अन्य जायदाद; जैसे- वाहन बैंक बैलेंस, शेयर्स आदि की कीमत, जबकि देनदारियों में उस व्यक्ति की देनदारियाँ; जैसे-बैंक लोन, अन्य लोन तथा अन्य किसी भी प्रकार की उधारी शामिल होती है।

24. एक परिक्रामी (Revolving) ऋण क्या है?

⊙ जिस ऋण के भुगतान के लिए निश्चित समय एवं किस्त निर्धारित नहीं किए जाते, परिक्रामी ऋण कहलाता है। एक क्रेडिट कार्ड का ऋण एक प्रकार का परिक्रामी ऋण है। इसमें ग्राहक अपनी सुविधानुसार न्यूनतम या कोई भी राशि ऋण के भुगतान के लिए जमा कर सकता है, किन्तु इस पर ब्याज की दर उच्च होती है।

भारत में बजट निर्माण

भारतीय संविधान के अनुच्छेद 112 के अन्तर्गत प्रत्येक वित्तीय वर्ष के लिए, जोकि 1 अप्रैल, से 31 मार्च तक चलता है, केन्द्र की अनुमानित प्राप्तियों तथा व्ययों का विवरण संसद के सामने रखना आवश्यक होता है। सामान्य भाषा में बजट एक विवरण है, जिसमें आगामी वर्ष में शासन कितना खर्च करेगा और करों के माध्यम से कितनी आय प्राप्त करेगा, इसका उल्लेख होता है।

बजट

बजट (Budget) एक प्रकार से अनुमानित आय-व्यय का ब्यौरा होता है, इसका उल्लेख संविधान के अनुच्छेद 112 के अन्तर्गत किया गया है। बजट अनुमानित आय एवं व्यय का एक विवरण है तथा यह एक सीमित अवधि के लिए होता है। बजट को स्वीकृत करने के लिए एक सार्वजनिक निकाय की आवश्यकता होती है, जो नियन्त्रण से मुक्त नहीं होता है।

आधुनिक परिप्रेक्ष्य में बजट की परिभाषा थोड़ी विस्तृत हो गई है, जिसके अनुसार बजट आय-व्यय के अनुमान और प्रस्ताव हैं, जिसमें मुख्य कार्यपालिका धन की स्वीकृति देने वाली व्यवस्थापिका के समक्ष यह स्पष्ट करती है कि गतवर्ष का काम किस प्रकार था, वर्तमान में राजकोष की स्थिति क्या है और उसका अगला कार्यक्रम क्या है?

बजट के प्रकार (Types of Budget)

सामान्यत: निम्नलिखित आधारों पर बजट के प्रकारों को निर्धारित किया गया है

निर्माण के आधार पर (On the Basis of Formation)

निर्माण के आधार पर बजट के निम्नलिखित तीन प्रकार हैं

1. व्यवस्थापिका द्वारा निर्मित बजट।
2. कार्यपालिका द्वारा निर्मित बजट (भारत में यही प्रचलित है)।
3. मण्डल या आयोग द्वारा निर्मित बजट (अमेरिका के कुछ राज्यों में प्रचलित है)।

स्वरूप के आधार पर (On the Basis of Nature)

स्वरूप के आधार पर बजट निम्नलिखित पाँच प्रकार का होता है

1. पारम्परिक बजट (Traditional Budget)

यह वर्तमान समय में प्रचलित आम बजट का प्रारम्भिक रूप है, इसका मुख्य उद्देश्य विधायिका पर कार्यपालिका का नियन्त्रण स्थापित करना है। इस प्रकार के बजट में व्यय का तो उल्लेख होता है, पर उससे निकलने वाले परिणामों की चर्चा नहीं होती है।

2. निष्पादन बजट (Performance Budget)

इस प्रणाली का जन्म संयुक्त राज्य अमेरिका में हुआ। निष्पादन बजट शब्द को पहले **हूवर** आयोग (1949) ने गढ़ा था। निष्पादन बजटिंग खर्चे के बजाय खर्चे के उद्देश्य पर जोर देती है। यह क्रियान्मुख, परिणामोन्मुख, सरल व पारदर्शी बजट प्रणाली है तथा भारत में इसका प्रयोग वर्ष 1968 से हो रहा है।

3. आउटकम बजट (Outcome Budget)

इस प्रकार के बजट में भौतिक संसाधनों एवं उद्देश्यों का निर्धारण इस प्रकार से किया जाता है, जिससे बजट के क्रियान्वयन की गुणवत्ता को परखा जा सके। भारत में पहली बार 25 अगस्त, 2005 को आउटकम बजट पेश किया गया।

4. शून्य आधारित बजट (Zero Based Budget)

इसका विकास ब्रिटिश अर्थशास्त्री **हिल्टन यंग** ने किया था। शून्य आधारित बजटिंग के वृद्धिशील दृष्टिकोण का अनुसरण करने के स्थान पर सभी योजनाओं का शून्य से पुनः परीक्षण करना शामिल है।

5. जेण्डर बजट (Gender Budget)

इसके माध्यम से सरकार द्वारा महिलाओं के विकास, कल्याण और सशक्तीकरण से सम्बन्धित योजनाओं और कार्यक्रमों के लिए बजट में एक निर्धारित राशि सुनिश्चित करने का प्रावधान किया जाता है। जेण्डर बजटिंग का सर्वप्रथम प्रयोग वर्ष 1982 में **ऑस्ट्रेलिया** में हुआ। भारत में जेण्डर बजटिंग की बात पी. चिदम्बरम ने वर्ष 2005-06 के बजट में की थी।

बजट के कार्य (Works of Budget)

निम्नलिखित बिन्दु बजट के कार्यों और उद्देश्यों को सामने लाते हैं

- यह विधायिका के प्रति कार्यपालिका की वित्तीय एवं न्यायिक जवाबदेही सुनिश्चित करता है।
- प्रशासनिक पदसोपान तन्त्र में यह वरिष्ठों के प्रति अधीनस्थों की जवाबदेही को सुनिश्चित करता है।
- यह सामाजिक और आर्थिक नीति का उपकरण है, जिसका कार्य निर्धारण, वितरण और स्थिरीकरण है।
- यह सरकारी विभागों की विभिन्न गतिविधियों को एक योजना के अधीन लाकर उनको एकीकृत करता है और इस प्रकार प्रशासनिक प्रबन्धन एवं समन्वय को आसान बनाता है।

भारत में बजट निर्माण

बजट निर्माण का अर्थ है–प्रत्येक वित्त वर्ष के सम्बन्ध में भारत के व्यय और प्राप्तियों के अनुमानों का विवरण तैयार करना। बजट प्रस्तुतीकरण (28 फरवरी) के 5-6 महीने पहले ही उसके निर्माण की प्रक्रिया शुरू हो जाती है। भारत में वित्त वर्ष 1 अप्रैल से 31 मार्च तक होता है।

बजट इतिहास के झरोखे में

- बजट शब्द का विकास, फ्रेंच शब्द bougette से हुआ है, जिसका अर्थ होता है-लेदर बैग।
- भारत में प्रथम बार बजट 18 फरवरी, 1869 को, ब्रिटिश भारत की सरकार में वित्तमन्त्री, जेम्स विल्सन ने प्रस्तुत किया था।
- स्वतन्त्र भारत का प्रथम बजट, वित्तमन्त्री आरके षणमुखम चेट्टी द्वारा 26 नवम्बर, 1947 को प्रस्तुत किया गया।
- संयुक्त भारत (रवजाड़े शामिल) का प्रथम बजट, जॉन मथाई द्वारा वर्ष 1949-50 में प्रस्तुत किया गया।
- वित्तमन्त्री और रिजर्व बैंक के प्रथम भारतीय गवर्नर, सीडी देशमुख ने वर्ष 1951-52 के लिए अन्तरिम बजट पेश किया।
- भारत के चौथे वित्तमन्त्री टीटी कृष्णामाचारी, जो एक उद्योगपति थे, ने वर्ष 1957 में दो नए कर, वेल्थ टैक्स और एक्सपेंडिचर टैक्स आरोपित किए।
- जवाहरलाल नेहरू प्रथम प्रधानमन्त्री थे, जिन्होंने वित्तमन्त्री के रूप में, वर्ष 1958-59 में बजट प्रस्तुत किया।
- भारत के उपप्रधानमन्त्री के पद पर रहते हुए, बजट प्रस्तुत करने वाले प्रथम वित्तमन्त्री मोरारजी देसाई हैं।
- वर्ष 1964 और 1968 में, मोराजी देसाई ने अपने जन्म दिवस (29 फरवरी) पर बजट प्रस्तुत किया।
- वित्त मन्त्रालय सम्भालने वाली प्रथम और एकमात्र महिला, श्रीमती इन्दिरा गाँधी हैं।
- वित्त मन्त्रालय सम्भालने वाली प्रथम राज्यसभा सदस्य, प्रणव मुखर्जी हैं।
- भारत के केवल तीन प्रधानमन्त्रियों, जवाहरलाल नेहरू, इन्दिरा गाँधी और राजीव गाँधी, ने वित्तमन्त्री के रूप में बजट पेश किया है।
- राजीव गाँधी द्वारा प्रथम बार, वर्ष 1987 के बजट में, कॉर्पोरेट टैक्स (मिनिमम ऑल्टरनेट टैक्स) लगाने सम्बन्धी प्रावधान किया गया।
- आर वेंकटरमन, प्रथम ऐसे वित्तमन्त्री (1980-82) हैं, जो बाद में भारत के राष्ट्रपति (1987-1992) बने।
- वर्ष 2000 तक, केन्द्रीय बजट, फरवरी महीने के अन्तिम दिन शाम को 5 बजे पेश किया जाता था। यशवन्त सिन्हा ने प्रथम बार बजट सुबह 11 बजे पेश किया।
- भारत सरकार द्वारा वसूल किया गया राजस्व, भारत के संविधान के अनुच्छेद-266 के अन्तर्गत स्थापित, भारत की संचित निधि में जमा होता है।
- बजट को, भारत के संविधान के अनुच्छेद-110 के अन्तर्गत धन विधेयक माना जाता है।
- वर्ष 1920-21 में ब्रिटिश रेल अर्थशास्त्री विलियम एकवर्थ की अध्यक्षता में गठित 'एकवर्थ समिति' की सिफारिशों के आधार पर वर्ष 1924 में रेल बजट को आम बजट से पृथक् किया गया।
- गैर-हिन्दी भाषी होने के बावजूद सीडी देशमुख ने वित्त मन्त्री रहते हुए वर्ष 1955-56 का बजट पेश करने से पहले इस बात को सुनिश्चित किया था कि बजट के सभी दस्तावेज हिन्दी में भी छपें। इससे पूर्व ये केवल अंग्रेजी में ही छपते थे।

- मोरारजी देसाई, चौधरी चरण सिंह, विश्वनाथ प्रताप सिंह और मनमोहन सिंह देश में चार ऐसे प्रधानमन्त्री हुए हैं, जो वित्त मन्त्री पद पर भी काम कर चुके हैं।
- भारत में सबसे अधिक बजट पेश करने वाले वित्तमन्त्री मोरारजी देसाई थे, उन्होंने कुल दस बजट पेश किए, जबकि पी. चिदम्बरम ने आठ बजट पेश किए हैं।
- वर्ष 1977 में वित्तमन्त्री एचएम पटेल ने सबसे छोटा भाषण 800 शब्दों में समेट दिया था।
- वर्ष 1982 में प्रणव मुखर्जी के भाषण को इन्दिरा गाँधी ने छोटे कद के वित्तमन्त्री का बड़ा भाषण कहा था।
- हेमवती नन्दन बहुगुणा, केसी नियोगी और मनमोहन सिंह वित्तमन्त्री रहने के बावजूद भी बजट पेश नही कर पाए।
- अंग्रेजों ने भारत के लिए बजट पेश करना शुरू किया तो उसके लिए शाम के पाँच बजे का समय रखा गया था, लेकिन वर्ष 1999 में राजग सरकार के वित्तमन्त्री यशवन्त सिन्हा ने बजट पेश करने का समय दिन के 11 बजे कर दिया।
- वर्ष 1994-95 में सर्विस टैक्स ब्रोकिंग चार्ज और जनरल इन्श्योरेन्स पर सर्विस टैक्स लगाया गया था।

अधिकारियों द्वारा अनुमानों की तैयारी

वित्त वर्ष प्रारम्भ होने से 5-6 महीने पहले अर्थात् सितम्बर–अक्टूबर में वित्त मन्त्रालय, प्रशासनिक मन्त्रालय को परिपत्र और प्रपत्र भेजकर उससे आगामी वित्त वर्ष के खर्चों के अनुमान माँगता है। इन प्रपत्रों में अनुमान तथा अन्य अपेक्षित सूचनाएँ भरनी होती हैं और *इनमें से प्रत्येक में निम्नलिखित स्तम्भ होते हैं*

- पिछले वर्ष वास्तविक आँकड़े।
- चालू वर्ष के लिए स्वीकृत बजट अनुमान।
- चालू वर्ष के संशोधित अनुमान।
- अगले वर्ष के प्रस्तावित अनुमान (किसी बढ़ोतरी या कमी के कारण सहित)।
- चालू वर्ष के लिए उपलब्ध वास्तविक आँकड़े (अनुमान तैयार करते समय)।
- पिछले वर्ष की संगत समयावधि के वास्तविक आँकड़े।

विभागों एवं मन्त्रियों द्वारा समीक्षा

संवितरण अधिकारियों से अनुमान प्राप्त करने के बाद विभागीय प्रमुख सम्पूर्ण विभाग के लिए इनकी संमीक्षा और समेकन करते हैं तथा प्रशासनिक मन्त्रालय को प्रस्तुत कर देते हैं। प्रशासनिक मन्त्रालय इन अनुमानों की समीक्षा और पूरे मन्त्रालय के लिए इनका समेकन करता है तथा वित्त मन्त्रालय को प्रस्तुत कर देता है।

वित्त मन्त्रालय द्वारा समीक्षा

प्रशासनिक मन्त्रालय से प्राप्त अनुमानों की समीक्षा व्यय की मितव्ययिता और आय की उपलब्धता के दृष्टिकोण से वित्त मन्त्रालय द्वारा की जाती है। 'स्थायी परिव्ययों' के मामले में यह समीक्षा नाममात्र की, किन्तु व्यय की नई मदों के मामले में अधिक कड़ी होती है।

विवादों का निपटारा

बजट अनुमानों में किसी योजना को शामिल करने के प्रश्न पर यदि प्रशासनिक मन्त्रालय और वित्त मन्त्रालय के बीच मतभेद होता है, तो प्रशासनिक मन्त्रालय ऐसी योजना को केन्द्रीय मन्त्रिमण्डल के सामने रख सकता है, जिसका निर्णय इस मामले में अन्तिम होता है।

वित्त मन्त्रालय द्वारा समेकन

वित्त मन्त्रालय व्यय पक्ष के बजट अनुमानों को समेकित करता है। फिर अनुमानित व्ययों के आधार पर वह केन्द्रीय प्रत्यक्ष कर बोर्ड और केन्द्रीय अप्रत्यक्ष बोर्ड के परामर्श से राजस्व अनुमान तैयार करता है। इस सम्बन्ध में वित्त मन्त्रालय की सहायता आयकर विभाग तथा केन्द्रीय उत्पाद शुल्क एवं सीमा शुल्क विभाग करते हैं।

मन्त्रिमण्डल द्वारा अनुमोदन

वित्त मन्त्रालय समेकित बजट को मन्त्रिमण्डल के सामने रखता है। मन्त्रिमण्डल के अनुमोदन के बाद ऐसे बजट को संसद में रखा जा सकता है।

बजट के अन्य प्रकार (Other Types of Budget)

बजट के प्रमुख अन्य प्रकार निम्नलिखित हैं

घाटे का बजट (Budget Deficit)

यह परम्परागत बजट का ही स्वरूप है। भारत जैसे विकासशील देशों में घाटे का बजट एक अनिवार्यता हो जाती है, क्योंकि इससे मुद्रा का अतिरिक्त प्रवाह उपलब्ध होता है, जो अर्थव्यवस्था को गति प्रदान करता है।

एकल बजट (Single Budget)

एकल बजट से आशय है सरकार के समस्त विभागों, कार्यक्रमों के लिए एक ही बजट का प्रयोग करना। इसमें सरकार के समस्त आय और व्यय शामिल कर लिए जाते हैं। अमेरिका और ब्रिटेन के संघीय बजट एकल बजट हैं।

बहुलक बजट (Polymer Budget)

बहुलक बजट जिसमें सरकार विभागवार अलग-अलग बजट बनाती है। फ्रांस, स्विट्जरलैण्ड, जर्मनी, आदि देशों में बहुलक प्रणाली प्रचलित है।

मद आधारित बजट (Item Based Budgeting)

ऐसा बजट जिसमें निश्चित धनराशि की माँग की जाती है, लेकिन विभागवार में उनका वितरण नहीं दर्शाया जाता है। इसमें सरकार को किसी भी मद का पैसा अन्य मद में खर्च करने की सहूलियत मिल जाती है, लेकिन पुनर्वियोजना का अनुमोदन विधायिका से लेना पड़ता है। लेखानुदान इसी प्रकार का बजट प्रारूप है।

पूरक बजट (Supplementary Budget)

अप्रत्याशित कारणों; जैसे–प्राकृतिक आपदा, राजस्व में गिरावट या अन्य आकस्मिक कारण से पारित बजट पर पुन: विचार करने की आवश्यकता उत्पन्न होती है या नई माँगों या गतिविधियों को पूरा करने के लिए या विद्यमान सेवाओं में वृद्धि के लिए अतिरिक्त धन की आवश्यकता होती है। उसके लिए पूरक बजट बनाया जाता है।

योजना आयोग के स्थान पर 'नीति आयोग' का गठन

केन्द्र सरकार ने 1 जनवरी, 2015 को 65 वर्ष पुराने योजना आयोग के स्थान पर नेशनल इंस्टीट्यूशन फॉर ट्रांसफार्मिंग इण्डिया (नीति) आयोग का गठन किया। नीति आयोग, केन्द्र और राज्य स्तरों पर सरकार को नीति के प्रमुख कारकों के सम्बन्ध में प्रासंगिक, महत्त्वपूर्ण एवं तकनीकी परामर्श उपलब्ध कराएगा। 15 मार्च, 1950 को जिस प्रस्ताव के माध्यम से योजना आयोग की स्थापना की गई थी, उसके स्थान पर नया प्रस्ताव लाया गया है। सरकार ने यह कदम राज्य सरकारों, विशेषज्ञों तथा प्रासंगिक संस्थानों सहित सभी हितधारकों से व्यापक विचार–विमर्श के बाद उठाया है। थिंक टैंक की तरह कार्य करने वाला नया आयोग प्रधानमन्त्री तथा सभी राज्यों के मुख्यमन्त्रियों के लिए 'राष्ट्रीय एजेण्डा' तैयार करेगा। प्रधानमन्त्री नरेन्द्र मोदी के अनुसार यह जन–केन्द्रित, सक्रिय और सहभागी विकास एजेण्डे के सिद्धान्त पर आधारित होगा।

कर (Tax)

कर राज्य की आय का मुख्य साधन है, जो राज्य को अनिवार्य रूप से भुगतान किया जाता है। कर को सरकार नागरिकों से प्राप्त कर उन्हीं के सामान्य हित व कल्याण हेतु व्यय करती है।

सामान्यत: इसे दो भागों में विभाजित किया जाता है

(i) प्रत्यक्ष कर
(ii) अप्रत्यक्ष कर

करारोपण के उद्देश्य (The Purpose of Taxation)

वर्तमान कर का मुख्य उद्देश्य व्यय के लिए आय प्राप्त करना न होकर आय की असमानता को दूर करना है।

करारोपण के मुख्य उद्देश्य निम्न प्रकार हैं

- आय प्राप्त करना
- अर्थव्यवस्था का नियमन
- धन का समान वितरण।

केन्द्रीय प्रत्यक्ष कर (Central Direct Tax)

इसमें निम्न करों को शामिल किया जाता है आयकर (Income Tax), उपहार कर (Gift Tax), निगम कर (Cooperate Tax), न्यूनतम वैकल्पिक कर (Minimum Alternative Tax, MAT) तथा प्रतिभूति लेन–देन कर (Securities Trade Tax, STT)।

केन्द्रीय अप्रत्यक्ष कर (Central Indirect Taxes)

इसके अन्तर्गत मुख्यत: उत्पाद शुल्क (Excise Duity), सेवा कर (Service Tax), सीमा शुल्क (Custom Duty), केन्द्रीय बिक्री कर (Central Sales Tax), तथा मूल्यवर्द्धित कर (VAT), को शामिल किया जाता है। आने वाले समय में केन्द्र एवं राज्यों के सभी अप्रत्यक्ष करों को समाप्त कर इसके स्थान पर वस्तु एवं सेवाकर (GST) लागू किए जाने की योजना है। पेट्रोलियम पदार्थों को GST के दायरे में शामिल नहीं किया जाएगा।

- भारत में सर्वप्रथम तीन सेवाओं–टेलीफोन, बीमा एवं शेयर बाजार पर वर्ष 1994-95 में सेवा कर लगाया गया था।
- भारत में सर्वप्रथम वर्ष 1981 में MAN VAT (Manufacturing Value Added Tax) लगाया गया था।
- भारत में 1 अप्रैल, 2000 से CENVAT (Central Value Added Tax) उत्पाद शुल्क की विभिन्न दरों को एक समान करने के उद्देश्य से लगाया गया, जिसकी दर 16% निर्धारित की गई।
- वैट (Value Added Tax) भारत में अप्रैल, 2005 से लागू किया गया, हरियाणा ने सर्वप्रथम इसे लागू किया था।

प्रत्यक्ष कर संहिता (Direct Tax Code)

वर्ष 1961 के आयकर अधिनियम के स्थान पर प्रत्यक्ष कर संहिता DTC (Direct Tax Code) को लाया जा रहा है। इस संहिता में कर की तीनों दरों (10%, 20%, 30%) को बराबर रखा गया है, किन्तु कर छूट की सीमा को बढ़ाने का प्रस्ताव है। इसमें वरिष्ठ नागरिकों को कर छूट की सीमा में वृद्धि का प्रावधान है, किन्तु महिलाओं को इसके अतिरिक्त छूट देने का प्रावधान नहीं है।

कर सुधार पर महत्त्वपूर्ण समितियाँ

- **चेलैया समिति** वर्ष 1991 में प्रो. राजा चेलैया की अध्यक्षता में गठन, 1993 में रिपोर्ट सौंपी। अधिकतर सिफारिशों को केन्द्रीय बजट वर्ष 1993-94 में सम्मिलित किया गया।
- **केलकर समिति** वर्ष 2002 में केन्द्र सरकार द्वारा गठन, इसने अपनी रिपोर्ट वर्ष 2002 में सरकार को सौंप दी। इसके अध्यक्ष विजय केलकर थे। पिछले 10 वर्षों में इसकी बहुत–सी सिफारिशों को स्वीकार कर लिया गया है।
- **एम के गुप्ता समिति** वर्ष 2012 में, GST के साथ उत्पाद शुल्क व सेवा कर में समन्वय हेतु एकसमान कर संहिता (Common Tax Code) निर्माण हेतु गठन।

इण्टरव्यू की तैयारी हेतु अभ्यास प्रश्न

1. निष्पादन बजट की विशेषताएँ बताएँ।

निष्पादन बजट की निम्नलिखित विशेषताएँ हैं

- यह एक पारदर्शी बजट प्रणाली हैं।
- इसके अन्तर्गत सरकार की उपलब्धियों का मूल्यांकन लागत के सन्दर्भ में किया जाता है।
- इसमें सरकार की नीति एवं कार्यक्रम का खुलासा होता है।
- इसमें व्यय के मदों के स्थान पर किए जाने वाले कार्यों को महत्त्व दिया जाता है।

2. शून्य आधारित बजट का क्या लाभ है?

शून्य आधारित बजट के लाभ हैं

- यह निचली वरीयता के कार्यक्रमों को घटाता या न्यूनतम कर देता है।
- यह कार्यक्रमों की प्रभावशीलता को एकाएक बढ़ा देता है।
- इसमें अधिक प्रभावी कार्यक्रमों को अधिक धन मिलता है।
- यह पर्याप्त संसाधनों को सुसंगत आवण्टन करता है।
- इससे कर वृद्धि में कमी आती है।

3. आउटकम बजट से आप क्या समझते हैं?

आउटकम बजट के अन्तर्गत एक वित्तीय वर्ष के लिए किसी मन्त्रालय अथवा विभाग को आवण्टित किए गए बजट में अनुश्रवण तथा मूल्यांकन किए जा सकने वाले भौतिक लक्ष्यों का निर्धारण इस उद्देश्य से किया जाता है, जिससे बजट के क्रियान्वयन की गुणवत्ता को परखा जाना सम्भव हो सके, केन्द्र सरकार द्वारा बजट की इस नई पद्धति की शुरूआत की घोषणा वर्ष 2005-06 के बजट में की गई थी।

4. भारत में बजट की विशेष प्रणाली को समझाइए।

भारत में बजट की द्वि–बजटीय विशेष प्रणाली है। रेलवे का बजट अलग से बनाया जाता है। ऐसा एडवर्थ कमेटी (1921) की सिफारिश पर वर्ष 1924 से किया जा रहा है, किन्तु सामान्य रूप से एकल बजट प्रणाली ही है, क्योंकि सभी विभागों के पृथक् बजट नहीं होते। वस्तुतः रेलवे के पृथक् बजट के पीछे यह तर्क दिया जाता है कि यह एक लाभोन्मुखी और परिचालन सम्बन्धी उपक्रम है।

5. राज्य कर कौन-से होते हैं?

राज्य कर राज्य सरकार द्वारा ही आरोपित किए जाते है एवं उन्हीं के द्वारा संगृहीत किए जाते हैं। प्रमुख राज्य कर हैं– लगान या भूमि कर, माल के क्रय–विक्रय, कृषि आय पर कर, एल्कोहल नार्कोटिक्स आदि पर उत्पादन शुल्क, विद्युत के उपयोग तथा विक्रय पर कर, पथ कर, मनोरंजन कर, विज्ञापन कर आदि।

6. एक सन्तुलित बजट किन मानकों पर आधारित होना चाहिए?

एक सन्तुलित बजट को निम्नलिखित आधारभूत मानकों पर आधारित होना चाहिए

- पारदर्शिता
- सत्यशीलता
- नियतकालिक
- प्रचारयुक्त
- सरल भाषा
- व्यापकता
- एकता के सिद्धान्त के अनुरूप

7. टैक्स हेवेन्स (Tax Havens) से आप क्या समझते हैं?

टैक्स हेवेन्स ऐसे देश या क्षेत्र होते हैं, जहाँ कोई कर अदा नहीं करना होता है या फिर संघ अन्य देशों की तुलना में कर की दर न्यूनतम होती है। इन देशों द्वारा काला धन जमा करने वालों के प्रति अत्यधिक गोपनीयता बरती जाती है। विश्व के प्रमुख टैक्स हेवेन्स देश–स्विट्ज़रलैण्ड, बर्मूडा, साइप्रस, माल्टा लग्जमबर्ग आदि है।

8. कालेधन से भारतीय अर्थव्यवस्था पर क्या प्रभाव पड़ता है?

कालाधन आय वितरण में असमानता लाता है, एक निश्चित वेतन पाने वाले लोग, जो कर भुगतान करते हैं, सदैव स्वयं को निम्न आय वर्ग में पाते हैं। इसके अतिरिक्त एक बड़े स्तर पर काले धन की मौजूदगी से देश में न तो नीतियों का सफल क्रियान्वयन हो पाता है और न ही त्रुटिरहित विश्लेषण। उदाहरण के लिए बचत–आय अनुपात राष्ट्रीय आय का विश्लेषण आदि, यही नहीं कालेधन से बाजार में माँग अधिक हो जाने पर अर्थव्यवस्था को मुद्रास्फीति का सामना भी करना पड़ता है।

9. अन्तरिम बजट क्या होता है?

अन्तरिम बजट चुनावी वर्ष में कुछ समय तक (जब तक की नई सरकार नहीं बन पाती) देश को चलाने के लिए खर्चों का इंतजाम करने की औपचारिकता है। नई सरकार बनाने के लिए जो समय होता है, उस अवधि के लिए अन्तरिम बजट संसद में पेश किया जाता है। इस बजट में ऐसा कोई भी फैसला नहीं किया जाता है, जिसमें नीतिगत फैसले हों, जिसके लिए संसद की मंजूरी लेनी पड़े या फिर कानून में संशोधन की जरूरत हो। अन्तरिम बजट की परम्परा है कि इसमें डायरेक्ट टैक्स, जिसमें इनकम टैक्स शामिल है, उसमें कोई बदलाव नहीं किया जाता।

10. कार्यक्रम बजट के विभिन्न चरण बताइए।

कार्यक्रम बजट के विभिन्न चरण

- संगठन के लक्ष्यों का निर्धारण।
- लक्ष्य प्राप्त करने के विकल्पों का विकास।
- सभी विकल्पों की लागत लाभ सन्दर्भ में तुलना।
- श्रेष्ठतम विकल्प का चयन जो सबसे अधिक प्रभावशाली हो।

11. किसी बजट निर्माण के क्या-क्या आधार हो सकते हैं?

निर्माण के आधार पर

- व्यवस्थापिका द्वारा निर्मित बजट
- कार्यपालिका द्वारा निर्मित बजट (भारत में यही प्रचलित है)
- मण्डल या आयोग द्वारा निर्मित बजट (अमेरिका के कुछ राज्यों में प्रचलित है)

12. उन सभी बिन्दुओं को बताइए, जो बजट के कार्यों और उद्देश्यों को सामने लाते हैं।

निम्नलिखित बिन्दु बजट के कार्यों और उद्देश्यों को सामने लाते हैं

- यह विधायिका के प्रति कार्यपालिका की वित्तीय न्यायिक जवाबदेही सुनिश्चित करता है।
- प्रशासनिक पदसोपन तन्त्र में यह वरिष्ठों के प्रति अधीनस्थों की जवाबदेही को सुनिश्चित करता है।
- यह सामाजिक और आर्थिक नीति का उपकरण है, जिसका कार्य निर्धारण, वितरण और स्थिरीकरण है।
- यह सरकारी कार्यों और सेवाओं के कुशल कार्यान्वयन का रास्ता साफ करता है।
- यह सरकारी विभागों की विभिन्न गतिविधियों को एक योजना के अधीन लाकर उनको एकीकृत करता है और इस प्रकार प्रशासनिक प्रबन्धन एवं समन्वय को आसान बनाता है।

13. केन्द्रीय बजट के सन्दर्भ में भारत सरकार के प्रमुख दस्तावेज क्या होते हैं?

⊙ **केन्द्रीय बजट के सन्दर्भ में भारत सरकार के प्रमुख दस्तावेज**

केन्द्रीय आम बजट में सामान्यत: सात प्रमुख दस्तावेज होते हैं, *जो निम्नलिखित हैं*

- वित्तमन्त्री का भाषण
- बजट का सारांश
- बजट प्राप्तियाँ
- अनुदान की माँग
- वार्षिक वित्तीय कथन
- वित्त विधयेक
- बजट व्यय।

14. आउटकम बजट के कौन-कौन से गुण होते हैं?

⊙ *इसके निम्नलिखित गुण हैं*

- इसके माध्यम से प्रमुख कार्यक्रमों में प्रगति की गति के बारे में समुचित सूचनाएँ प्राप्त हो जाती हैं।
- यह बजट आम बजट में आवण्टित धनराशि के रिपोर्ट कार्ड का कार्य करता है।
- इसके द्वारा विभागों के कार्य प्रदर्शन में एक मापक का कार्य किया जाता है, जिससे सेवा, निर्णय–प्रक्रिया, कार्यक्रमों के मूल्यांकन और परिणामों को बेहतर बनाया जा सकता है।
- इसके माध्यम से विकास कार्यक्रमों को और भी अधिक प्रभावी बनाया जा सकता है और उनके निर्धारित लक्ष्यों की आपूर्ति की सही–सही जानकारी प्राप्त करके तत्सम्बन्धी अभिकरण को दिशा–निर्देश दिए जा सकते हैं।
- आउट कम बजट के उल्लिखित लाभों को देखते हुए विश्व के कई देशों में इसका प्रचलन बढ़ता जा रहा है और भारत भी इस दिशा में सार्थक कदम उठा चुका है।

15. एक विकासशील देश में घाटे की वित्त व्यवस्था अपनाने का मुख्य प्रभाव क्या होता है?

⊙ घाटे की वित्त व्यवस्था का सबसे बड़ा परिणाम यह होता है कि देश में प्रचलन में मुद्रा की मात्रा बढ जाती है। जिससे सामान्यतया मूल्यों में वृद्धि होने लगती है। विकासशील देश में आर्थिक विकास हेतु साधनों का विदोहन किया जाता है। सड़कों का निर्माण, बिजली उत्पादन आदि पर बहुत खर्च किया जाता है, जिससे अधिकतर घाटे का बजट ही बनता है। इसकी पूर्ति हेतु सरकार नोट छापकर भी काम चलाती है। सारा परिणाम यह होता है कि लागों के हाथ में पैसा आता है अर्थात् देश में प्रचलन में मुद्रा की मात्रा बढ़ जाती है। लोगों की आय बढ़ती है, क्रय शक्ति बढ़ती है फलस्वरूप सामान्यतया वस्तुओं की कीमत में वृद्धि होती है। मुद्रास्फीति भी बढ़ती है, लेकिन ये परिणाम तब तक घातक नहीं होते जब घाटे की वित्त व्यवस्था पर उचित नियन्त्रण रखा जाता है।

16. राजस्व घाटा (Revenue Deficit) से आप क्या समझते हैं?

⊙ राजस्व घाटा, प्रतिपादित राजस्व (predicted revenue) एवं वास्तविक शुद्ध राजस्व (actual net revenue) का अन्तर है। जब प्रतिपादित राजस्व से वास्तविक शुद्ध राजस्व कम होती है, तो हम उसे राजकोषीय घाटा कहते हैं।

17. घाटे की वित्त व्यवस्था (Deficit Financing) से आप क्या समझते हैं?

⊙ सरल शब्दों में, जब सरकार का व्यय उसकी आय से अधिक हो जाता है, तो उस घाटे की पूर्ति हेतु सरकार जो व्यवस्था अपनाती है उसे घाटे की वित्त व्यवस्था कहते हैं।

सामान्य रूप से सरकार इस प्रकार के घाटे की पूर्ति हेतु विदेशों से ऋण या नोट छापकर भी पूरा करती है। इस घाटे की पूर्ति हेतु सरकार अपने संचित शेषों (accumulated balance) को काम में लाकर भी करती है।

अर्द्धविकसित एवं विकासशील देशों में आर्थिक विकास हेतु सरकार द्वारा बहुत से प्रोजेक्ट तैयार किए जाते हैं। मुख्य रूप से आधारभूत सुविधाओं के विकास आदि पर बहुत खर्च होता है, जबकि साधनों का अभाव होता है। अत: सरकार को घाटे की वित्त व्यवस्था का सहारा लेना पड़ता है।

18. घाटे का बजट (Deficit Budget) एवं घाटे की वित्त व्यवस्था (Deficit Financing) में क्या अन्तर है?

⊙ घाटे का बजट एवं घाटे की वित्त व्यवस्था दोनों अलग-अलग हैं। जब बजट में विभिन्न स्रोतों से प्राप्त होने वाली आय, विभिन्न मदों पर किए जाने वाले व्यय की तुलना में कम हो, तो ऐसे बजट को घाटे का बजट (Deficit Budget) कहा जाता है। इस बजट के घाटे की पूर्ति हेतु सरकार जो व्यवस्था करती है, जो विभिन्न उपाय/तरीके अपनाती है, उस व्यवस्था को घाटे की वित्त व्यवस्था कहते हैं। इस तरह घाटे का बजट एक आर्थिक स्थिति को व्यक्त करता है, जबकि घाटे की वित्त व्यवस्था उस स्थिति से उबरने का व्यावहारिक उपाय है। घाटे का बजट एवं घाटे की वित्त व्यवस्था में नदी एवं नाव का सम्बन्ध है।

19. क्या देश के आर्थिक विकास हेतु राजकोषीय घाटे (Fiscal Deficit) का सहारा लेना अनिवार्य है?

⊙ देश के आर्थिक विकास हेतु आधारभूत सुविधाओं (infrastructure) पर काफी व्यय किया जाता है। प्राकृतिक साधनों का दोहन किया जाता है। बहुत अधिक मात्रा में पूँजीगत व्यय होता है। इस पूँजी के लिए सरकार घाटे की वित्त व्यवस्था (deficit financing) का सहारा लेती है, जिससे अर्थव्यवस्था में पूँजी का चलन बढ जाता है। लोगों की क्रय शक्ति बढ जाती है। वस्तुओं की माँग बढ जाती है उस अनुपात में वस्तुओं की पूर्ति नहीं बढ पाती। उत्पाद माँग के अनुपात में नहीं बढने पर वस्तुओं की कीमतों में बढ़ोत्तरी होती है, जिससे मुद्रास्फीति (monetary inflation) का रूप ले लेती है। मौद्रिक स्फीति एक स्तर तक तो उचित मानी जा सकती है। एक सीमा से अधिक स्फीति देश की अर्थव्यवस्थाा के लिए खतरनाक भी हो सकती है। प्रारम्भ में घाटे की वित्त व्यवस्था विकास के लिए उपयुक्त मानी गई है। कहा जाता है कि विकास हेतु घाटे की वित्त व्यवस्था को दवा की तरह उपयोग में लेना चाहिए न कि दैनिक भोजन के रूप में।

20. राजकोषीय नीति (Fiscal Policy) से आप क्या समझते हैं?

⊙ सरकार की आय-व्यय सम्बन्धित नीतियों को समग्र रूप से राजकोषीय नीति (Fiscal policy) कहा जाता है किसी भी देश के विकास में आय-व्यय की उचित नीतियों का बहुत महत्त्व होता है। आय के लिए समुचित कर प्रणाली की आवश्यकता होती है एवं अन्य कई प्रकार से आय जुटाने का प्रयास किया जाता है। इसी प्रकार्र देश के विकास हेतु विभिन्न हेतु विभिन्न पूँजीगत योजनाओं पर व्यय करना होता है।

आवश्यकतानुसार ऋण भी लिया जाता है। व्यक्तिगत विनियोग एवं निवेश को प्रोत्साहित करने की आवश्यकता होती है। कई बार सरकार को स्वयं का उद्योगपति (entrepreneur) की तरह कार्य करना पड़ता है। इन सब क्रियाओं को सम्मिलित रूप से राजकोषीय नीति के रूप में जाना जाता है।

21. सामाजिक न्याय के साथ आर्थिक विकास (Economic growth with social justice) से आप क्या समझते हैं?

⊙ यह हमारी योजना निर्माण (planning) का उद्‌देश्य है, इसका अर्थ है कि देश के आर्थिक विकास के साथ-साथ सभी को सामाजिक न्याय भी मिले अर्थात् आर्थिक विकास का लाभ आम, अमीर लोगों तक ही सीमित न रहे, बल्कि गरीब लोगों को आर्थिक विकास का अधिक लाभ मिले, जिससे अमीर एवं गरीब के मध्य जो आर्थिक-सामाजिक अन्तर है वह धीरे-धीरे कम हो सके एवं सभी समान रहें। योजना निर्माण इस प्रकार से की जाए या योजनाओं का लक्ष्य इस तरह से निर्धारित किया जाए कि इनका लाभ गरीबों को अधिक मिले अर्थात् कुछ योजनाएँ गरीब, पिछड़े एवं अभी तक उपेक्षित क्षेत्र एवं लोगों के हितों को उनकी आवश्यकताओं को ध्यान में रखकर बनाई जानी चाहिए।

भारतीय मुद्रा एवं पूँजी बाजार

मुद्रा बाजार कोई विशेष प्रकार का बाजार या स्थान नहीं होता, बल्कि यह वित्तीय संस्थाओं की एक ऐसी व्यवस्था है, जो अल्पकालीन कोषों के लेन-देन की प्रक्रिया में संलग्न होती है। वहीं पूँजी-बाजार वित्तीय प्रणाली का महत्त्वपूर्ण अंग है। यह दीर्घकालीन फण्ड का बाजार है, जिसमें दोनों ही इक्विटी तथा ऋण के माध्यम से पूँजी की उगाही सम्मिलित है।

मुद्रा का अर्थ (Meaning of Currency)

मुद्रा वह शक्तिशाली वस्तु है, जो सभी प्रकार के लेन-देन में भुगतान के माध्यम के रूप में सभी को स्वीकार्य होती है अर्थात् मुद्रा का अर्थ केवल कागज के नोट या सिक्के नहीं हैं, जिनका निर्गमन केन्द्रीय बैंक तथा सरकार करती है, बल्कि वे सभी वस्तुएँ इसके अन्तर्गत आती हैं, जो भुगतान के रूप में सामान्यत: स्वीकार की जाती हैं।

मुद्रा के प्रकार (Types of Currency)

मुद्रा के निम्नलिखित तीन प्रकार हैं

1. धातु मुद्रा (Metallic Currency)

सोना, चाँदी, निकिल, ताँबा आदि जैसी किसी भी वस्तु से बनी मुद्रा को धातु मुद्रा कहते हैं। इसे मानक मुद्रा, प्रतीक मुद्रा तथा सहायक मुद्रा के रूप में वर्गीकृत किया गया है।

2. कागजी मुद्रा (Paper Currency)

कागजी मुद्रा से तात्पर्य कागज के बने विभिन्न अंकित मूल्य के उन नोटों से है, जिसे देश का केन्द्रीय बैंक/अथवा सरकार जारी करती है। इसे प्रतिनिधि कागज मुद्रा, परिवर्तनीय कागज मुद्रा और आदेश कागज मुद्रा के रूप में वर्गीकृत किया जा सकता है।

3. स्वीकार्य मुद्रा (Acceptable Currency)

स्वीकार्यता के आधार पर मुद्रा को वैध मुद्रा और अवैध मुद्रा में वर्गीकृत किया जा सकता है

(i) **वैध मुद्रा** (Legal Tender Money) वैध मुद्रा वह है, जिसे सरकार तथा जनता दोनों ही भुगतान और ऋण चुकाने के साधन के रूप में स्वीकार करते हैं, क्योंकि इसे सरकार की मंजूरी प्राप्त है, इसलिए लोगों को इस तरह की मुद्रा अनिवार्यत: स्वीकार करनी पड़ती है। किसी देश की सरकार और केन्द्रीय बैंक द्वारा जारी किए गए नोट और सिक्के उस देश की अनिवार्य वैध मुद्रा होती है।

(ii) **अवैध मुद्रा** (Non-legal Tender Money) जिस मुद्रा को सरकार अथवा केन्द्रीय बैंक की कानूनी मंजूरी प्राप्त नहीं होती है, उसे अवैध मुद्रा कहते हैं।

> वृहदेश्वर मन्दिर, तंजौर के निर्माण के 1000 वर्ष पूरे होने के उपलक्ष्य में भारत सरकार द्वारा 1000 का सिक्का जारी किया गया। इस सिक्के का वजन 35 ग्राम है, जिसमें 80% चाँदी एवं 20% ताँबा धातु का मिश्रण है। यह सिक्का मुम्बई मिन्ट द्वारा जारी किया गया।

मुद्रा बाजार (Money Market)

मुद्रा बाजार वित्तीय प्रणाली का एक अंग है, जहाँ राशियों का लेन-देन होता है। मुद्रा-बाजार में अल्पकालीन समय के लिए राशियों को उधार दिया व लिया जाता है। इसे साख-बाजार (Credit Market) भी कहा जाता है। इसके अन्तर्गत सामान्यत: बैंकों को समाहित किया जाता है। मुद्रा बाजार में लेन-देन, नकदी या मुद्रा में नहीं, बल्कि साख प्रलेखों के रूप में होता है। विनिमय-पत्र, प्रतिज्ञा-पत्र, वाणिज्यिक-पत्र, ट्रेजरी बिल आदि साख-प्रलेखों के उदाहरण हैं।

भारतीय मुद्रा बाजार में भारतीय रिजर्व बैंक, वाणिज्यिक बैंक, सहकारी बैंक, अन्य वित्त संस्थाएँ; जैसे-भारतीय जीवन बीमा निगम, यूनिट ट्रस्ट ऑफ इण्डिया आदि भी शामिल हैं। भारतीय रिजर्व बैंक मुद्रा बाजार की शीर्ष संस्था है, जो देश में मौद्रिक व बैंकिंग परिस्थितियों तथा कार्यों की नियन्त्रणकर्ता एवं सर्वोच्च मौद्रिक संस्था है।

भारतीय मुद्रा बाजार के प्रकार (Types of Money Market)

भारतीय मुद्रा बाजार में रिजर्व बैंक को केन्द्रीय स्थिति प्राप्त है, यह देश में साख का नियमन (Regulation) तथा नियन्त्रण (Control) करता है। *भारतीय मुद्रा बाजार को प्राय: दो भागों में विभक्त किया जाता है*

(i) संगठित क्षेत्र (Organised Sector) (ii) असंगठित क्षेत्र (Unorganised Sector)

संगठित क्षेत्र (Organised Sector)

इस क्षेत्र के तहत रिजर्व बैंक के अलावा सार्वजनिक एवं निजी क्षेत्र के बैंक तथा विदेशी विनिमय बैंक भी आते हैं।

असंगठित क्षेत्र (Unorganised Sector)

इस क्षेत्र के अन्तर्गत देशी बैंकर तथा मुद्रा उधार देने वाले विभिन्न व्यक्ति आते हैं, जिन्हें देश के विभिन्न भागों में साहूकार, महाजन आदि नामों से जाना जाता है।

ये ऐसे क्षेत्र हैं, जिन्हें किसी वित्तीय संस्था द्वारा वैधानिक मान्यता प्राप्त नहीं होती है। इस क्षेत्र के तहत आने वाले सभी व्यक्तिगत संस्थाओं के अपने कुछ निश्चित नियम-कानून होते हैं।

मुद्रा बाजार से सम्बन्धित प्रतिभूतियाँ

(Securities Related to Money Market)

याचना राशि (Soliciting Funds)

इसका प्रयोग मुख्यत: बैंकों में अस्थायी नकदी की आवश्यकता को पूर्ण करने हेतु किया जाता है, इनका पुनर्भुगतान माँग पर देय होता है तथा इसकी परिपक्वता अवधि 1 से 15 दिन की होती है।

ट्रेजरी बिल (Treasurey Bill)

यह एक प्रतिज्ञा-पत्र है, जो रिजर्व बैंक द्वारा जारी किया जाता है, इसकी तरलता अत्यधिक होती है, जिसको धारक द्वारा किसी भी दूसरे पक्ष को स्थानान्तरित किया जा सकता है या रिजर्व बैंक से भी भुनाया जा सकता है। ये 364 दिन से अधिक के लिए जारी नहीं किए जा सकते, ये अंकित मूल्य से कम पर जारी किए जाते हैं, पर इनका शोधन अंकित मूल्य पर ही होता है। इन दोनों मूल्यों के बीच का अन्तर विनियोग पर ब्याज प्रदर्शित करता है।

वाणिज्यिक-पत्र (Commercial Bill)

यह एक लोकप्रिय पर असुरक्षित प्रतिभूति है, जो कम्पनियों की कार्यशील पूंजी की आवश्यकता पूर्ति हेतु जारी किया जाता है। यह सर्वप्रथम वर्ष 1990 में जारी किया गया था, इसकी अवधि 1 से 15 दिन की होती है।

जमा प्रमाण-पत्र (Deposit Bill)

यह एक अल्पकालीन प्रलेख है, जो वाणिज्यिक बैंकों द्वारा एवं विशिष्ट वित्तीय संस्थाओं द्वारा निर्गमित किया जाता है। यह हस्तान्तरणीय है, जिसकी परिपक्वता अवधि 91 दिन से 1 वर्ष तक होती है।

भारतीय पूँजी बाजार (Indian Capital Market)

पूँजी बाजार संगठित तथा असंगठित क्षेत्रों को दीर्घकालिक ऋण उपलब्ध कराता है, इसमें संगठित क्षेत्र में ऋण प्रदानकर्ता के रूप में मुख्य रूप से दो इकाइयाँ कार्य करती हैं। पहला स्टॉक मार्केट तथा दूसरा बैंक एवं गैर-बैंकिंग वित्तीय मध्यवर्ती संस्थाएँ, असंगठित क्षेत्र में-महाजन, सेठों द्वारा ऋण प्रदान किया जाता है।

प्रतिभूति बाजार (Securities Market)

वह बाजार जहाँ शेयर, प्रतिभूति, बॉण्ड, डिबेन्चर, म्यूच्युअल फण्ड इत्यादि माध्यमों द्वारा दीर्घकालिक पूँजी की व्यवस्था की जाती है, उसे प्रतिभूति बाजार कहते हैं। इन बाजारों में विभिन्न प्रकार के लेन-देन सम्पन्न होते हैं; जैसे–वायदा, फ्यूचर, ट्रेडिंग इत्यादि।

शेयर बाजार (Share Market)

यह संस्थानीकृत वित्तीय संगठन है, वे जहाँ केवल सूचीबद्ध प्रतिभूतियों में ही व्यवसाय होता है। दूसरे शब्दों में यह एक ऐसी संस्था है, जो सूचीबद्ध प्रतिभूतियों को व्यवस्थित क्रय-विक्रय सम्भव बनाती है। *इसके प्रमुख कार्य निम्नलिखित हैं*

- यह प्रतिभूति बाजार के विभिन्न घटकों की संस्थानीकृत नियमों एवं प्रक्रियाओं के अनुपालन द्वारा कटिबद्धता की गारण्टी करता है।
- यह स्टॉक के मूल्य का निर्धारण करता है तथा निवेशकों को इसकी सूचना उपलब्ध कराता है।
- सूचीबद्ध कम्पनियों को उनके वर्तमान स्टॉक धारकों की सूचना प्रदान करता है।
- प्रतिभूतियों को खरीद-बिक्री की सुविधा के द्वारा प्रतिभूति बाजार में तरलता उपलब्ध कराता है।

भारत में मान्यता प्राप्त स्टॉक एक्सचेन्ज

- एमसीएक्स (MCX) स्टॉक एक्सचेन्ज लिमिटेड (मुम्बई, महाराष्ट्र)
- यूनाइटेड स्टॉक एक्सचेन्ज ऑफ इण्डिया लिमिटेड (मुम्बई, महाराष्ट्र)
- इण्टरकनक्टेड स्टॉक एक्सचेन्ज ऑफ इण्डिया लिमिटेड (नवी मुम्बई, महाराष्ट्र)
- उत्तर प्रदेश स्टॉक एक्सचेन्ज (कानपुर, उत्तर प्रदेश)
- वड़ोदरा स्टॉक एक्सचेन्ज (वड़ोदरा, महाराष्ट्र)
- मुम्बई स्टॉक एक्सचेन्ज (मुम्बई, महाराष्ट्र)
- ओवर दी काउण्टर एक्सचेन्ज ऑफ इण्डिया (मुम्बई, महाराष्ट्र)
- नेशनल स्टॉक एक्सचेन्ज (मुम्बई, महाराष्ट्र)
- अहमदाबाद स्टॉक एक्सचेन्ज (अहमदाबाद, गुजरात)
- बंगलौर स्टॉक एक्सचेन्ज (बंगलुरु , कर्नाटक)
- भुवनेश्वर स्टॉक एक्सचेन्ज (भुवनेश्वर, ओडिशा)
- कोलकाता स्टॉक एक्सचेन्ज (कोलकाता, पश्चिम बंग)
- दिल्ली स्टॉक एक्सचेन्ज (दिल्ली)
- गुवाहाटी स्टॉक एक्सचेन्ज (गुवाहाटी, असोम)
- जयपुर स्टॉक एक्सचेन्ज (जयपुर, राजस्थान)
- लुधियाना स्टॉक एक्सचेन्ज (लुधियाना, पंजाब)
- चेन्नई स्टॉक एक्सचेन्ज (चेन्नई, तमिलनाडु)
- मध्य प्रदेश स्टॉक एक्सचेन्ज (इन्दौर, मध्य प्रदेश)
- पुणे स्टॉक एक्सचेन्ज (पुणे, महाराष्ट्र)
- कैपिटल स्टॉक एक्सचेन्ज, केरल लिमिटेड स्टॉक एक्सचेन्ज (तिरुअनन्तपुरम, केरल)
- कोचीन स्टॉक एक्सचेन्ज, कोचीन

बुल एण्ड बियर (Bull and Bear)

ऐसा निवेशक जो किसी विशिष्ट प्रतिभूति (शेयर) के मूल्य बढ़ने की प्रत्याशा रखता है, को बुल या तेजड़िया कहते हैं, जबकि मूल्य कम होने की प्रत्याशा रखने वाले निवेशक को बियर या मन्दड़िया कहा जाता है।

डी-मैट अकाउण्ट

यह एक प्रकार का खाता है, जिसमें रुपयों की जगह शेयर एवं बॉण्ड रखे जाते हैं। इस खाते में रुपयों का लेन-देन नहीं होता है, अगर कोई व्यक्ति शेयर बाजार में निवेश करना चाहता है, तो उसे डी-मैट खाता खुलवाना जरूरी है। डी-मैट खाते के द्वारा कागजविहीन कार्य सम्पन्न होते हैं। अप्रैल, 2006 से कोई भी व्यक्ति जो डी मैट खाता खोलना चाहता है, उसके पास पैन कार्ड का होना आवश्यक बना दिया गया है।

कॉर्पोरेट बॉण्ड बाजार (Corporate Bond Market)

परिष्कृत अत्याधुनिक वित्तीय अवसंरचना के साथ युग्मित आर्थिक उत्साहनशीलता ने भारत के इक्विटी बाजारों की तीव्र वृद्धि में योगदान दिया है। बाजार लक्षणों और महानता के अर्थ में भारतीय इक्विटी बाजार का स्थान विश्व के सर्वोत्तम बाजारों में आता है।

इसके समानान्तर पिछले वर्षों में सरकारी प्रतिभूति बाजार की भी विकास और सरकार की बढ़ती हुई उधार अपेक्षाओं को देखते हुए कॉर्पोरेट बॉण्ड का बाजार में विस्तार हुआ है। इसके विपरीत, बाजार प्रतिभागिता और संरचना दोनों के सन्दर्भ में कॉर्पोरेट बॉण्ड बाजार पिछड़ गया है। गैर-बैंक, वित्तीय कम्पनियाँ मुख्य निर्गमकर्ता हैं और कम्पनियों द्वारा प्रत्यक्ष रूप से बहुत कम राशियाँ जुटाई जाती हैं।

भारतीय प्रतिभूति एवं विनिमय बोर्ड (SEBI)

पूँजी बाजार में निवेशकों का संरक्षण सुनिश्चित करने के उद्देश्य से 12 अप्रैल, 1988 में एक गैर-सांविधिक संस्था-'भारतीय प्रतिभूति एवं विनिमय बोर्ड (सेबी)' की स्थापना की गई। 30 जनवरी, 1992 को एक अध्यादेश पारित कर इसे कानूनी दर्जा प्रदान कर दिया गया।

सेबी के कार्य (Functions of SEBI)

भारतीय शेयर बाजार की कार्य-प्रणाली में पारदर्शिता हेतु सृजित सेबी के प्रमुख कार्य हैं

- यथोचित उपायों के द्वारा प्रतिभूति बाजार को विकसित एवं नियमित करना तथा इस बाजार में निवेशकों के हितों की रक्षा करना।
- म्यूच्युअल फण्ड्स की सामूहिक निवेश योजनाओं का पंजीकरण तथा नियमन करना।
- स्वयं द्वारा नियन्त्रित संगठनों को प्रोत्साहित करना।
- प्रतिभूतियों के भेदिया व्यापार (Insider Trading) को रोकना।
- प्रतिभूति बाजार से सम्बन्धित अनुचित व्यवहार की समाप्ति करना।
- स्टॉक एक्सचेन्जों सहित किसी भी प्रतिभूति बाजार के व्यवसाय को नियन्त्रित करना।

म्यूच्युअल फण्ड (Mutual Fund)

ऐसा कोष है, जो न्यास (Trust) के रूप में स्थापित किया जाता है। सबसे महत्त्वपूर्ण यह है कि यह विनियोग के सर्वोत्तम-अवसर मात्र उपलब्ध ही नहीं कराता है, बल्कि विनियोजन के जोखिमों (Risks) को भी कम करता है, साथ ही निवेशकों के लिए एक निवेश एजेन्सी के रूप में भी कार्य करता है।

म्यूच्युअल फण्ड के प्रकार (Types of Mutual Funds)

- **खुला कोष** (Open Ended Funds) इस प्रकार के कोष के अन्तर्गत यूनिटों का क्रय-विक्रय, वर्ष भर चलता रहता है। अतः यूनिट-धारक अपनी इच्छानुसार किसी भी समय अपने निवेश को वापस प्राप्त कर सकता है।
- **बन्द कोष** (Close Ended Funds) इस प्रकार के कोष का संचालन एक निश्चित अवधि तक अंशदान एकत्र करने के पश्चात् अवधि को पूरा होने पर यूनिटों के पूँजी मूल्य में होने वाली वृद्धि को सदस्यों में वितरित (Distribute) कर दिया जाता है।
- **आय कोष** (Income Funds) इसके अन्तर्गत निवेशकों को आय की भाँति एक नियमित रकम प्राप्त होती है। इस योजना के अन्तर्गत निवेश कम जोखिम वाली कम्पनियों में ही कराया जाता है, जो प्रायः सरकारी प्रतिभूतियों, बॉण्ड्स ऋण व वाणिज्यिक पत्रों में होता है।
- **सन्तुलित कोष** (Balanced Funds) इस प्रकार की कोष योजनाओं में निवेशक की पूँजी में वृद्धि और एक नियमित आय की प्राप्ति दोनों ही होती रहती है।

- प्रतिभूति बाजार से संलग्न संगठनों के कार्य-कलापों का निरीक्षण एवं व्यवस्था सुनिश्चित करना।
- शेयर ट्रान्सफर एजेण्ट्स, स्टॉक ब्रोकर्स, सब-ब्रोकर्स, मर्चेण्ट बैंकर्स, ट्रस्टीज, अण्डर-राइटर्स, पार्टे मैनेजर आदि के कार्यों का नियमन करना तथा उनका पंजीकरण किया जाना।
- प्रतिभूति बाजार में संलग्न व्यक्तियों को प्रशिक्षण प्रदान करना तथा निवेशकों की शिक्षा को प्रोत्साहित करना। उपरोक्त उद्देश्यों की पूर्ति हेतु अनुसन्धान कार्य करना।

मुद्रास्फीति (Inflation)

- मूल्य स्तरों में होने वाली सतत वृद्धि को ही हम 'मुद्रास्फीति' कहते हैं। सामान्य स्तरों में इसका सम्बन्ध महँगाई से होता है, इसलिए सामान्य बोलचाल की भाषा में महँगाई को ही लोग मुद्रास्फीति कहते हैं।
- मुद्रास्फीति का शाब्दिक अर्थ होता है-मुद्रा के मूल्य में कमी अर्थात् मुद्रा की क्रय शक्ति में कमी आने को ही मुद्रास्फीति कहा जाता है। *इसके उत्पन्न होने के दो कारण होते हैं*–**पहला** मुद्रा के प्रसार में वृद्धि तथा **दूसरा** वस्तु के उत्पादन में कमी।

मुद्रास्फीति का वर्गीकरण (Classification of Inflation)

मुद्रास्फीति के अनेक रूप हो सकते हैं। प्रायः मुद्रास्फीति के *निम्नांकित रूपों की चर्चा की जाती है*

रेंगती या नम्र स्फीति (Creeping or Moderate Inflation)

जब स्फीति की वार्षिक दर एक अंक में हो, तो इसे नम्र या रेंगती स्फीति कहते हैं। नम्र स्फीति को वांछित माना जाता है, क्योंकि इससे आर्थिक क्रियाएँ प्रेरित होती हैं।

लागत जन्य स्फीति (Cost Push Inflation)

लागत में वृद्धि के कारण यदि मूल्य में वृद्धि आए या वस्तुओं की पूर्ति में अत्यधिक कमी के कारण मूल्य स्तर में वृद्धि आए, तो इस प्रकार की स्फीति को लागत जन्य स्फीति (Cost Push Inflation) कहते हैं।

माँग प्रेरित स्फीति (Demand Pull Inflation)

जब समग्र पूर्ति की अपेक्षा समग्र माँग को प्रभावित करने वाले कारक अधिक प्रभावी हों और माँग पूर्ति से अधिक हो जाए तो इसे माँग प्रेरित स्फीति (Demand Pull Inflation) कहते हैं। समग्र माँग की वृद्धि मौद्रिक कारकों में वृद्धि से हो सकती है; जैसे-मुद्रा की पूर्ति में वृद्धि वास्तविक चरों में परिवर्तन के कारण भी हो सकती है या सार्वजनिक व्यय में वृद्धि या लोगों द्वारा की जाने वाली बचत में कमी।

कूदती या गैलोपिंग स्फीति (Galloping Inflation)

यदि स्फीति की वार्षिक दर दो अंकीय या तीन अंकीय हो; 20, 100, 200 तो इसे गैलोपिंग स्फीति कहते हैं। गैलोपिंग स्फीति में स्फीति की वार्षिक दर अत्यन्त ही ऊँची होती है।

खुली *एवं* दबी स्फीति (Open and Suppressed Inflation)

इस स्फीति में किसी प्रकार का नियन्त्रण नहीं होता है। मूल्य स्तर स्वतः बिना रोक-टोक के ऊपर आ जाता है।

अधिस्फीति या हाइपर स्फीति (Hyper Inflation)

जब स्फीति की दर तीन अंकों से भी बहुत अधिक हो जाए, तो उसे अधिस्फीति कहते हैं। हाइपर स्फीति की सबसे पहले चर्चा **केगन** ने की थी। हाइपर स्फीति की स्थिति में पत्र-मुद्रा बिल्कुल बेकार हो जाती है, मुद्रा से लोगों का विश्वास खो जाता है।

मुद्रास्फीति के कारण (Reasons of Inflation)

भारत में मुद्रास्फीति के मुख्यत: दो कारण हैं

1. मौद्रिक आय में वृद्धि से सम्बन्धित कारण (Cause of Increase in Monetary Income)

मौद्रिक आय में वृद्धि से सम्बन्धित निम्नलिखित कारण हैं

- सरकार की मुद्रा तथा साख सम्बन्धी नियम
- घाटे की अर्थव्यवस्था
- प्राकृतिक कारण
- मुद्रा के संचलन वेग में वृद्धि
- व्यापारिक बैंकों की साख नीति

2. उत्पाद की मात्रा में कमी से सम्बन्धित कारण (Cause Due to Lack of Volume of Product)

उत्पाद की मात्रा में कमी से सम्बन्धित प्रमुख कारण निम्नलिखित हैं

- उत्पादन का ह्रासमान नियम के अन्तर्गत होना
- सरकार की व्यापारिक नीति
- शिल्प सम्बन्धी परिवर्तन
- सरकार की कराधान नीति
- औद्योगिक अशान्ति
- देश की जनसंख्या में वृद्धि

मुद्रास्फीति को रोकने के उपाय (Measures to Check Inflation)

मुद्रास्फीति रोकने के लिए प्राय: निम्नलिखित उपाय किए जाते हैं

मौद्रिक उपाय (Monetary Measures)

मौद्रिक उपायों के अन्तर्गत केन्द्रीय बैंक द्वारा किए जाने वाले कार्य सम्मिलित किए जाते हैं, जिनके द्वारा वह मुद्रा की मात्रा तथा साख मुद्रा पर नियन्त्रण रखता है। इस शीर्षक के अन्तर्गत केन्द्रीय बैंक दो *प्रमुख कार्य कर सकता है*–**प्रथम**, अतिरिक्त मुद्रा को प्रचलन से वापस लेना और **दूसरे**, साख-मुद्रा पर नियन्त्रण स्थापित करना।

साख-मुद्रा पर नियन्त्रण करने के लिए केन्द्रीय बैंक अपनी बैंक-दर नीति, खुले बाजार की नीति, साख की राशनिंग, न्यूनतम नकद-कोष में परिवर्तन, सीधी कार्यवाही आदि उपायों का प्रयोग कर सकता है।

राजकोषीय उपाय (Fiscal Measures)

इस शीर्षक के अन्तर्गत सरकार विभिन्न राजकोषीय उपाय प्रयोग में लाती है, जो मुद्रा की मात्रा को कम करने में सहायक होते हैं; जैसे–

(i) कराधान में वृद्धि (Increment in Taxation)
(ii) सार्वजनिक व्यय में कमी (Decrement of Public Expenditure)
(iii) सार्वजनिक ऋण में वृद्धि (Increase in Public Debt)
(iv) बचतों को प्रोत्साहन (Encouragement to Savings)

(v) सन्तुलित बजट की नीति (Policy of Balanced Budget)
(vi) अतिमूल्यन (Over Valuation)
(vii) विनियोगों पर नियन्त्रण (Control Over Investments)
(viii) उत्पादन में वृद्धि (Growth of Production)
(ix) व्यापार तथा कीमतों पर नियन्त्रण स्थापित करना (Control on Trade and Price)

मुद्रास्फीति का भारतीय अर्थव्यवस्था पर प्रभाव
(Effects of Inflation on Indian Economy)

मुद्रास्फीति के सामान्य प्रभावों के अतिरिक्त भारतीय सन्दर्भों में *इसके कुछ विशेष प्रभाव निम्नलिखित हैं*

- कराधान में वृद्धि
- नियन्त्रित आर्थिक प्रणाली
- आयातों में वृद्धि तथा निर्यातों में ह्रास
- बचतें हतोत्साहित होती हैं
- सार्वजनिक ऋणों में वृद्धि
- बैंकिंग तथा बीमा उद्योगों का विकास
- धन का पुनर्वितरण
- समाज का नैतिक पतन

मुद्रास्फीति से सम्बन्धित कुछ अन्य अवधारणाएँ
(Some Other Concepts Related to Inflation)

मुद्रा अवस्फीति/मुद्रा संकुचन (Money Deflation/Contraction of Money)

यह मुद्रास्फीति की विपरीत दशा है। मुद्रा अवस्फीति कीमत स्तर में गिरावट की वह अवस्था है, जो उस समय उत्पन्न होती है, जब वस्तुओं तथा सेवाओं का उत्पादन मौद्रिक आय की तुलना में तेजी से बढ़ता है।

मुद्रा का अवमूल्यन (Devaluation of Money)

मुद्रा के अवमूल्यन से अभिप्राय मुद्रा के बाह्य मूल्य में कमी से होता है। जब सरकार मुद्रा का बाहरी मूल्य कम कर देती है, तब देश की एक मुद्रा इकाई के बदले में कम विदेशी मुद्रा प्राप्त होने लगती है। मुद्रा के अवमूल्यन से मुद्रा के आन्तरिक मूल्य पर कोई विशेष प्रभाव नहीं पड़ता।

मुद्रा प्रत्यवस्फीति (Monetary Reflation)

मुद्रा प्रत्यवस्फीति एक प्रकार से नियन्त्रित मुद्रास्फीति होती है। जब कभी मुद्रा अवस्फीति की मात्रा इतनी अधिक हो जाती है कि वस्तुओं की कीमतें बहुत नीचे गिर जाती हैं, तो सरकार कीमतों को फिर से पटरी पर लाने के लिए मुद्रा का अधिक मात्रा में निर्गमन करने लगती है, जिसे मुद्रा प्रत्यवस्फीति की अवस्था कहते हैं।

मुद्रा अपस्फीति (Disinflation)

जब किसी देश में मुद्रास्फीति की मात्रा अत्यधिक हो जाती है और कीमतें काफी ऊँची हो जाती हैं, तब उन बढ़ी कीमतों को नीचे लाने के लिए सरकार मुद्रा अपस्फीति की नीति को अपनाती है।

स्टैगफ्लेशन (Stagflation)

स्टैगफ्लेशन शब्द दो शब्दों–स्टेगनेशन और इनफ्लेशन से मिलकर बनता है। स्टैगफ्लेशन उस स्थिति को दर्शाता है, जब मुद्रास्फीति की दर और बेरोजगारी दर दोनों ही उच्च रहते हैं। यह एक देश के लिए आर्थिक रूप से एक मुश्किल स्थिति होती है चूँकि इस समय, मुद्रास्फीति और आर्थिक अस्थिरता, दोनों समस्याएँ एक साथ उत्पन्न होती हैं।

भारत में मुद्रास्फीति का आकलन (Calculation of Inflation in India)

भारत में मुद्रास्फीति की गणना थोक मूल्य सूचकांक के आधार पर की जाती है। थोक मूल्य सूचकांक में परिवर्तन की दर मुद्रास्फीति कहलाती है। भारत में थोक मूल्य सूचकांक के आधार पर मुद्रास्फीति औसत विधि तथा बिन्दु-दर-बिन्दु विधि से ज्ञात की जाती है।

विदेशी मुद्रा विनियमन कानून (Foreign Exchange Regulation Act, FERA)

भारत सरकार ने विदेशी मुद्रा विनियमन कानून वर्ष 1947 में पारित किया, इसका उद्देश्य भारत में विदेशियों द्वारा नियन्त्रित कम्पनियों का विनियमन करना था। वर्ष 1973 में इस कानून में व्यापक रूप में संशोधन किया गया। नए कानून वर्ष 1973 के *निम्नलिखित उद्देश्य थे*

- भारत की विदेशी मुद्रा रिजर्व को सुरक्षित करना।
- विदेशी निवेशकों को भारत के आन्तरिक क्षेत्र (Core sector) में निवेश के लिए मार्गदर्शी नियम बनाना, ताकि उच्चस्तरीय विदेशी टेक्नोलॉजी का प्रयोग किया जा सके।

विदेशी मुद्रा प्रबन्धन कानून (Foreign Exchange Management Act, FEMA)

विदेशी मुद्रा प्रबन्धन कानून जुलाई, 1983 में संसद में पेश किया गया और विदेशी मुद्रा विनियमन कानून वर्ष 1973 में निरस्त कर दिया गया। नए कानून का उद्देश्य विदेशी मुद्रा से सम्बन्धित कानून को समेकित करना और सरल बनाना था, ताकि विदेशी व्यापार एवं भुगतान को सुविधाजनक बनाया जा सके और भारत में विदेशी मुद्रा बाजार का निर्विघ्न रूप से विकास किया जा सके और इसे बनाए रखा जा सके।

इण्टरव्यू की तैयारी हेतु अभ्यास प्रश्न

1. REER क्या होते हैं?

⊙ REER का अर्थ है Real Effective Exchange Rate । यह एक्सचेंज रेट अपने देश की मुद्रा की कीमत अन्य देशों की मुद्रा के सन्दर्भ में तय करने हेतु काम में ली जाती है, जिसमें मुद्रा स्फीति (Inflation) की स्थिति को भी शामिल कर लिया जाता है।

This exchange rate is needed to determine an individual country's currency value relative to other major currencies in the index, after adjustment for the effects of the inflation.

2. आधार मुद्रा (Base Currency) क्या होती हैं?

⊙ विदेशी विनिमय (foreign exchange) में प्रथम मुद्रा, जो पेयर ऑफ करेंसी में प्रयुक्त होती है, वह आधार मुद्रा कहलाती है तथा दूसरी मुद्रा, बोली मुद्रा (quote currency) कहलाती है।

The first currency of a currency pair is called the base currency and the second currency is called the quote currency. The currency pair shows how much of the quote currency is needed to purchase one unit of the base currency.

3. नीर (NEER) क्या है?

⊙ नीर (Nominal Effective Exchange Rate) देश की मुद्रा की अन्य प्रमुख मुद्राओं के सन्दर्भ में सापेक्ष कीमत को व्यक्त करता है।

(The NEER represents the relative value of the home country's currency compared to the other major currencies being traded (US Dollar, Japanese Yen, and Euro etc.)

4. व्यावसायिक चक्र (Business Cycle) से आप क्या समझते हैं?

⊙ व्यावसायिक चक्र अथवा आर्थिक चक्र से अभिप्राय, आर्थिक स्थिति में, आर्थिक गतिविधियों में होने वाले उतार–चढ़ाव से है। कभी आर्थिक गतिविधियों में तेजी होती है, कभी स्थिरता रहती है, कभी मन्दी रहती है। इन सब को जब ग्राफ पर अंकित करते हैं, तो एक तरंग की तरह दृष्टिगोचर होता है। कभी ग्राफ ऊपर की ओर (economic boom) रहता है, कभी ग्राफ सामान्य स्थिति में रहता है, तो कभी ग्राफ नीचे (contraction या recession) रहता है। इस आर्थिक स्थिति में होने वाले इस उतार–चढ़ाव को व्यावसायिक चक्र कहते हैं।

5. देनदारियाँ (Liabilities) क्या हैं?

⊙ Liabilities ऐसे कर्त्तव्य या वादे हैं, जिनका भुगतान करने की जिम्मेदारी होती है, यदि किसी व्यक्ति ने अन्य व्यक्ति या फर्म से कोई ऋण लिया है, तो उस ऋण की राशि एवं उसका ब्याज उस ऋण की राशि एवं उस ऋण लेने वाले व्यक्ति की देनदारी है।

6. आकस्मिक देनदारी (Contingent Liability) क्या होती है?

⊙ आकस्मिक अथवा प्रासंगिक देनदारी वह देनदारी है, जिसका पैदा होना, भविष्य की किसी घटना पर आधारित होता है; जैसे–न्यायालय के किसी निर्णय पर आधारित देनदारी को प्रासंगिक या आकस्मिक देनदारी कहा जा सकता है।

7. NAV क्या होती है?

⊙ NAV अर्थात् Net Assets Value किसी म्यूचुअल फंड की सभी सिक्योरिटीज की मार्केट वैल्यू में से देनदारी को घटाने के बाद जो राशि आती है, उसमें शेयरों की संख्या (number of shares) का भाग देने पर जो राशि प्राप्त होती है, वह उस फंड की NAV है।

म्यूचुअल फंड द्वारा प्रति शेयर की NAV की गणना क्लोजिंग मार्केट के आधार पर प्रतिदिन की जाती है।

8. मुद्रा युद्ध (Currency war) से आप क्या समझते हैं?

⊙ मुद्रा युद्ध को मुद्रा का प्रतिस्पर्द्धी अवमूल्यन भी कहा जाता है। यह अन्तर्राष्ट्रीय सम्बन्धों की वह अवस्था है। जिसमें देश, अपनी मुद्रा के लिए एक अपेक्षाकृत कम विनिमय दर हासिल करने के लिए परस्पर प्रतिस्पर्द्धा करते हैं। जब किसी देश की मुद्रा का अवमूल्यन होता है, तब उस देश में आयात करना महँगा हो जाता है और उस देश से निर्यात करना सस्ता हो जाता है।

निर्यात को प्रोत्साहन मिलने से उद्योगों को लाभ होता है और रोजगार सृजन होता है, लेकिन दूसरे देश भी इसके जवाब में, अपनी मुद्रा का अवमूल्यन कर सकते हैं। ऐसी स्थिति में अन्तर्राष्ट्रीय व्यापार को नुकसान होता है। अमेरिका की सरकार, चीन की सरकार पर, चीन की मुद्रा युआन की कीमत को जान-बूझकर कम रखने सम्बन्धी आरोप लगाती रही है।

9. 'वेंचर कैपिटल' किसे कहते हैं? स्पष्ट करें।

⊙ **वेंचर कैपिटल** नए व्यवसाय की शुरूआत के लिए जुटाई जाने वाली पूँजी को वेंचर कैपिटल या साहस पूँजी कहते हैं। कम्पनियाँ ऐसी पूँजी जुटाने के लिए इक्विटी शेयर जारी करती हैं।

10. पूँजी पर्याप्तता मानक को समझाइए।

⊙ *वाणिज्यिक बैंकों, वित्तीय संस्थानों तथा गैर-बैंकिंग वित्तीय कम्पनियों की पूँजी सामान्यतः दो वर्गों में विभाजित की गई है*

टीयर I (Tier I) यह पूँजी सर्वाधिक स्थायी होती है तथा अनपक्षित हानियों के विरुद्ध तत्काल सहायता के रूप में उपलब्ध रहती है। इसे मुख्य पूँजी या Core Capital भी कहते हैं।

इसके अन्तर्गत आने वाली पूँजियाँ निम्नलिखित हैं

- सांविधिक संचित निधियाँ
- प्रारक्षित निधियाँ
- घोषित मुक्त निधियाँ आदि।
- प्रीमियम (शेयर से प्राप्त)
- आस्तियों की बिक्री से प्राप्त पूँजी

टीयर II (Tier II) *ये द्वितीय श्रेणी की पूँजी हैं, जिसके अन्तर्गत निम्नलिखित प्रकार की पूँजी आती हैं*

- अघोषित संचित निधियाँ
- विपणन योग्य प्रतिभूतियाँ
- पूर्णरूप से चुकता प्राथमिकता शेयर पूँजी
- हाइब्रिड ऋण पूँजी प्रपत्र आदि

पूँजी पर्याप्तता मानक के अन्तर्गत यह निर्धारित किया गया है कि टीयर -II पूँजी किसी भी दशा में, किसी भी समय टीयर-I पूँजी के 100% से अधिक नहीं होनी चाहिए। दूसरा यह कि अधीनस्थ ऋण इन्स्ट्रूमेण्ट टीयर-II पूँजी के 50% से अधिक नहीं होना चाहिए।

11. इनसाइडर ट्रेडिंग (Insider Trading) क्या है?

⊙ उन व्यक्तियों द्वारा, जिनको किसी कम्पनी के सम्बन्ध में नॉन-पब्लिक इन्फॉर्मेशन उपलब्ध होती है, उस पब्लिक कम्पनी के शेयरों या अन्य प्रतिभूतियों में व्यापार करना इनसाइडर ट्रेडिंग कहलाती है। विभिन्न देशों में इनसाइड-इनफॉर्मेशन के आधार पर इनसाइडर ट्रेडिंग गैर-कानूनी है। इनसाइड इन्फॉर्मेशन का इस प्रकार प्रयोग, अन्य निवेशकों, जिनको इस इन्फॉर्मेशन की उपलब्धता नहीं है, के साथ अन्याय माना जाता है।

12. 'राइट्स इश्यू' से क्या तात्पर्य है?

⊙ राइट्स इश्यू (Rights Issue) के अन्तर्गत कम्पनी धन जुटाने के लिए मौजूदा शेयरधारकों को नए शेयर जारी करती है। सामान्यत: ये शेयर डिस्काउण्ट (मौजूदा भाव से कम) पर दिए जाते हैं। शेयरधारकों को उनके पास पहले से मौजूद शेयरों के अनुपात में नए शेयर जारी किए जाते हैं। राइट्स इश्यू मंजारी शेयर सूचीबद्ध होने के बाद आम शेयरों की तरह ही खरीदे व बेचे जा सकते हैं।

13. 'डिबेंचर' शब्द से क्या समझते हो?

⊙ यह ऋण का एक साधन है, जिसके माध्यम से सरकार या कम्पनियाँ धन जुटाती हैं। डिबेंचर खरीदने वाला वास्तव में कर्जदाता होता है। डिबेंचर जारी करने वाली कम्पनी या संस्थान गिरवी के तौर पर कुछ नहीं रखती, खरीददार उनकी साख और प्रतिष्ठा को देखते हुए डिबेंचर खरीदते हैं। डिबेंचर जारी करने वाली कम्पनी या संस्थान कर्जदाताओं (डिबेंचर खरीदने वालों) को निश्चित ब्याज देते हैं।

14. प्रतिभूतियाँ (Securities) क्या होती हैं? समझाइए।

⊙ लिखित प्रमाणपत्र होती हैं, जो ऋण लेने के बदले दी जाती हैं। इनमें जारी करने की शर्तों एवं मूल्यों का उल्लेख होता है तथा इनका क्रय-विक्रय भी किया जाता है। सरकार द्वारा जारी किया जाने वाला बॉण्ड, तरजीही शेयर, ऋण पत्र आदि प्रतिभूतियों की श्रेणी में आते हैं।

15. 'मुद्रा का विनिमय मूल्य' क्या होता है? स्पष्ट करें।

⊙ जब देश की प्रचलित मुद्रा का मूल्य किसी विदेशी मुद्रा से अदला-बदली किया जा सके तो इस मूल्य को मुद्रा का विनिमय मूल्य कहा जाता है। वह दोनों देशों की मुद्राओं की आन्तरिक क्रय शक्ति पर निर्भर करता है।

16. 'मुद्रा अवमूल्यन' से क्या समझते हो?

⊙ यह कार्य सरकार द्वारा होता है। इस क्रिया से मुद्रा का केवल बाह्य मूल्य कम होता है। जब देशी मुद्रा की विनिमय दर विदेशी मुद्रा के अनुपात में अपेक्षाकृत कम कर दी जाती है, तो इस स्थिति को मुद्रा का अवमूल्यन कहा जाता है।

17. 'लाभांश' से क्या तात्पर्य है? स्पष्ट करें।

⊙ विभाजन योग्य लाभों का वह हिस्सा, जो शेयरधारकों के बीच वितरित किया जाता है, लाभांश कहा जाता है। यह कर युक्त और कर मुक्त दोनों हो सकता है।

18. 'वाणिज्यिक प्रपत्र' क्या होते हैं? समझाइए।

⊙ ये प्रमाण-पत्र पूँजी बाजार में सूचीबद्ध कम्पनियों द्वारा (जिनकी कार्यकारी पूँजी ₹ 5 करोड़ से अधिक हो) ₹ 25 लाख के गुणकों में जारी किए जाते हैं। इनकी न्यूनतम राशि ₹ 1 करोड़ होती है और परिपक्वता अवधि 3 से 6 माह होती है।

19. 'माँग मुद्रा बाजार' को समझाइए।

⊙ इस बाजार में जिस दर पर लेन-देन होता है उसे माँग दर कहा जाता है। इसमें मुद्रा की माँग अति अल्पकाल के लिए (प्राय: कुछ घण्टों से लेकर 14 दिनों तक) की जाती है।

20. 'कोषागार बिल बाजार' से क्या तात्पर्य है?

⊙ ये हुण्डियाँ भारत सरकार के नाम पर भारतीय रिजर्व बैंक द्वारा जारी की गई प्रोमिजरी नोट्स होती हैं। पक्वता अवधि प्राय: 14 दिन से लेकर 364 दिन।

21. नकदी (Cash) क्या होती है?

⊙ सामान्य भाषा में भौतिक अवस्था (physical form) में मुद्रा, नोट्स या सिक्कों को नकदी (cash) कहा जाता है। इसे करेण्ट एसेट्स के रूप में देखा जाता है।

22. धन (Money) क्या होता है?

⊙ धन (Money) विनिमय का माध्यम (Medium of exchange) है, जिससे व्यापार में सुविधा मिलती है। धन, मात्रा सिक्के या नोट्स नहीं हैं, बल्कि यह विनिमय हेतु स्वीकृत माध्यम है। डिक्शनरी के अनुसार, ("Money is a current medium of exchange in the form of coins and bank notes, that are acceptable by every person in a country.")

23. Lien क्या होता है?

⊙ Lien is a form of security interest granted over an item of property to secure the payment of a debt or performance of some other obligation.

Lien एक विशेष प्रकार की सम्पत्ति में ब्याज है, जो किसी ऋण के भुगतान हेतु तय किया जाता है। Lien में सम्पत्ति का स्वामित्व नहीं बदलता, लेकिन जब तक ऋण की अदायगी नहीं हो जाए, तब तक उस सम्पत्ति को (lienee द्वारा) स्वयं के पास रखने का अधिकार मिलता है।

24. Standard Assets क्या होती हैं?

⊙ बैंक द्वारा दिया गया ऐसा ऋण, जिसमें कोई समस्या नहीं है। ब्याज एवं किश्तों का भुगतान समय पर आ रहा है, स्टैंडर्ड एसेट्स कहलाती हैं।

25. Substandard Assets क्या हैं?

⊙ सबस्टैंडर्ड एसेट्स वे assets (ऋण) हैं, जो 12 महीने से कम समय से NPA माने जा रहे हैं अर्थात् ऐसे ऋण जिन्हें NPA में शामिल किए हुए 12 माह तक का समय व्यतीत नहीं हुआ है, सबस्टैंडर्ड एसेट्स माने जाते हैं।

26. Doubtful Assets क्या हैं?

⊙ ऐसे ऋण जिन्हें NPA में शामिल किए हुए 12 माह से अधिक समय हो गया है, doubtful assets माने जाते हैं।

27. Loss Assets क्या हैं?

⊙ Loss Assets ऐसे ऋण हैं, जिनसे वसूली की कोई सम्भावना नहीं है एवं जिन्हें RBI या ऑडिटर्स द्वारा loss assets घोषित कर दिया गया है।

28. कार (CAR) क्या है?

⊙ कार (Capital Adequacy Ratio) एक अनुपात ratio है, जो बैंक की Risk का भाग देने पर आता है।

CAR = (Tier-I Capital + Tier-II Capital)

Risk Weighted Assets

Tier-I Capital में Equity Capital एवं Disclosed Reserve शामिल होते हैं।

Tier-II Capital में Undisclosed Reserves, General Loss Reserves एवं Subordinate debts शामिल है।

CAR एवं CRAR (Capital to Risk (Weighted) Assets ratio) एक ही बात है।

29. मुद्रास्फीति (Inflation) से आप क्या समझते हैं?

⊙ मुद्रास्फीति अर्थव्यवस्था की एक ऐसी अवस्था है, जिसमें मुद्रा का चलन आवश्यकता से अधिक हो जाता है। वस्तुओं एवं सेवाओं की कीमतों में वृद्धि होती है। लोगों के पास क्रय शक्ति बढ़ जाती है। जिससे वस्तुओं एवं सेवाओं की माँग में तो वृद्धि हो जाती है, लेकिन उस अनुपात में उत्पादन नहीं बढ़ पाता है।

30. मुद्रा अवस्फीति (Deflation) क्या है?

⊙ मुद्रा अवस्फीति वह स्थिति है, जब वस्तुओं एवं सेवाओं (goods and services) की कीमतों में कमी हो जाती है। यह स्थिति तब आती है, जब inflation (मुद्रास्फीति) ऋणात्मक हो जाती है। मुद्रास्फीति में मुद्रा की वास्तविक कीमत (real value of money) कम हो जाती है, ज़बकि मुद्रा अवस्फीति में मुद्रा की वास्तविक कीमत (real value of money) बढ़ जाती है।

मुद्रा अवस्फीति की स्थिति तब पैदा होती है, जब (goods and service) की कीमतें कम हो रही होती हैं उपभोक्ता अपनी माँग को कुछ समय के लिए स्थगित कर देते हैं, जिससे माँग में लगातार कमी होती जाती है एवं जिससे कीमतें और कम हो जाती हैं।

31. व्यापार सन्तुलन (Balance of Trade) से आप क्या समझते हैं?

⊙ देश के निर्यात (export) एवं आयात (import) की मोनेटरी वैल्यू का अन्तर व्यापार सन्तुलन कहलाता है। व्यापार सन्तुलन देश के निर्यात एवं आयात के मध्य एक सम्बन्ध को व्यक्त करता है। अधिशेष व्यापार सन्तुलन का अर्थ देश के निर्यात का आयात की वैल्यू से अधिक होना है, जबकि नकारात्मक व्यापार सन्तुलन का अर्थ निर्यात की monetary value का आयात से कम होना है, जब import अधिक है, तो हमारा व्यापार सन्तुलन नकारात्मक है या हम कहेंगे कि व्यापार घाटा (Trade deficit) है।

32. भुगतान सन्तुलन (Balance of Payment) से आप क्या समझते हैं?

⊙ भुगतान सन्तुलन (Balance of Payment) देश का विश्व के अन्य देशों से मौद्रिक व्यवहार (monetary transactions) का लेखा-जोखा है। Monetary transactions में सभी प्रकार का भुगतान एवं आगम सम्मिलित हैं; जैसे-देश द्वारा गुड्स, सर्विस, कैपिटल का जो भी लेन-देन है, निर्यात या आयात है, उनकी monetary values का एक वर्ष का लेखा-जोखा होता है। भुगतान सन्तुलन का कुल योग शून्य (zero) रहेगा। Balance of trade तो पक्ष में या नकारात्मक हो सकता है, लेकिन Balance of Payment बराबर ही रहेगा, क्योंकि यदि हमारा आयात, निर्यात से अधिक है, तो हमें उतनी धनराशि देनी होगी, तो Balance of Payment बराबर ही रहेगा। Balance of Payment में तीन प्रकार के अकाउण्ट सम्मिलित किए जाते हैं- करण्ट अकाउण्ट, कैपिटल अकाउण्ट और फाइनेंशियल अकाउण्ट।

33. मन्दी (Recession) क्या है?

⊙ मन्दी (Recession) ऐसी स्थिति है, जब आर्थिक गतिविधियों में कमी आ जाती है मन्दी में उत्पादन (production), जीडीपी (Gross Domestic Product), रोजगार (employment), विनियोग (investment), आय (income), व्यापारिक लाभ (business profit) में कमी आ जाती है एवं दिवालिया होने वालों की संख्या बढ़ती जाती है।

मन्दी की स्थिति तब आती है, जब खर्च में बहुत कमी आ जाती है। मन्दी के समय में सरकार मुद्रा की मात्रा चलन बढ़ाती है, कर दर कम करती है, सरकार खर्च में बढ़ोतरी करती है, जिससे लोगों के हाथ में पैसा आता है और वे खर्च करने लगते हैं। आर्थिक गतिविधियों में तीव्रता आती है। मन्दी वैसे बिजनेस चक्र का दौर है, जिसकी अवधि सामान्यतया 6 से 18 माह की मानी जाती है।

34. गोल्ड स्टैंडर्ड (Gold Standard) का क्या अर्थ है?

ऐसी मौद्रिक पद्धति जिसमें देश की मुद्रा की कीमत या अन्य देश की मुद्रा के साथ विनिमय दर (exchange rate) का आकलन दोनों देशों की मुद्रा का सोने (gold) के साथ कीमत से तय किया जाए। आजकल गोल्ड स्टैंडर्ड की पद्धति समाप्त हो गई है।

35. सेबी (SEBI) क्या है?

सेबी (Securities and Exchange Board of India) की स्थापना दिनांक 12 अप्रैल, 1992 को हुई। सेबी का उद्देश्य, निवेशकों के हितों की रक्षा एवं सिक्योरिटी मार्केट का नियमन एवं विकास करना है। सेबी का प्रधान कार्यालय मुम्बई में स्थित है। सेबी से पूर्व पूँजी बाजार की नियामक संस्था कंट्रोलर ऑफ कैपिटल इश्यूज थी। प्रारम्भ में सेबी को सांविधिक (statutory) शक्तियाँ प्राप्त थीं। अप्रैल, 1998 में सेबी को पूँजी बाजार (capital market) की नियामक संस्था के रूप में कार्य करने का दायित्व भारत सरकार ने सौंप दिया।

36. फॉरेन एक्सचेंज एवं सेलिंग फॉरेन एक्सचेंज रेट क्या हैं?

विदेशी विनिमय (Foreign Exchange) बाजार में हर मुद्रा (currency) की बेचने एवं खरीदने की बोली (quote) होती है। खरीद विनिमय वह दर है, जिस पर मनी डीलर्स विदेशी मुद्रा खरीदने को तैयार होते हैं, जबकि बिक्री दर वह दर है, जिस पर मनी डीलरर्स विदेशी मुद्रा बेचने को तैयार होते हैं।

37. मुद्रास्फीति (Inflation) को किस प्रकार नियन्त्रित किया जा सकता है?

सन्तुलित बजट एवं सरकारी अपव्यय में कमी लाने से मुद्रा स्फीति पर नियन्त्रण पाया जा सकता है। दूसरा उपाय यह है कि बैंक अपनी धनराशि केवल उत्पादक कार्यों में लगाए तथा ऋण नीति को सन्तुलित रखें वे मुद्रा की स्थिति को ध्यान में रखकर उद्योग–धन्धों को ऋण दें तथा उसी के अनुसार ब्याज की दर निर्धारित करें। आजकल मुद्रास्फीति का बहुत बड़ा कारण यह है कि सरकारी नीति के अनुसार बैंकों को अनेक ऐसे ऋण देने पड़ते हैं, जिनके वापस आने की कोई सम्भावना नहीं होती है और वे सचमुच लौटकर नहीं आते हैं। चलन में मुद्रा की मात्रा कम करके तथा उत्पादन में वृद्धि करके मुद्रास्फीति को नियन्त्रित किया जा सकता है।

38. सब-प्राइम क्राइसिस (Sub-Prime Crises) क्या है?

आय के निश्चित स्रोतों को जाने बिना संयुक्त राज्य अमेरिका की वित्तीय कम्पनियों द्वारा लोगों को ऊँची ब्याज दरों पर ऋण वितरित किए गए।

इसके आधार पर यह माना गया कि जनसंख्या का यह वर्ग थोड़े समय में ही पर्याप्त आय प्राप्त करके ऊँची दर वाले ऋणों को चुका देगा। जब ये ऋण चुकाए नहीं जा सके तो इन्हें प्रतिभूतियों (शेयरों) में परिवर्तित करके अन्य कम्पनियों को बेच दिए गए। संयुक्त अमेरिका में रातों–रात ऐसे अनेक बिल्डर्स उपज आए जिन्होंने बड़ी संख्या में मकान बनाए और बेचे बाद में इनकी कीमतें अमेरिकी राज्य में गिरी तथा आर्थिक संकट गहराता गया।

39. क्रेडिट रेटिंग एजेन्सी क्या होती है?

क्रेडिट रेटिंग एजेन्सी कॉर्पोरेट क्षेत्र की कम्पनियों की भुगतान क्षमता तथा उनके द्वारा जारी ऋणपत्रों में निहित जोखिम के आधार पर उनकी रेटिंग करती है। उदाहरणार्थ यदि किसी कम्पनी को रेटिंग प्राप्त है, तो इसका अर्थ है कि उसके ऋणपत्रों में किसी प्रकार जोखिम नहीं है। अन्तर्राष्ट्रीय स्तर की क्रेडिट रेटिंग एजेन्सियाँ सम्प्रभु सरकारों की रेटिंग करती हैं।

बैंकिंग क्षेत्र में सुधार एवं नवप्रवर्तन

स्वतन्त्रता प्राप्ति के पश्चात् भारत में बैंकिंग उद्योग का एक नया दौर आरम्भ हुआ, इस दौर में बैंकों की कार्यप्रणाली एवं उत्तरदायित्व में सुधार के प्रयास प्रारम्भ हुए, जिसके लिए अनेक समितियों का गठन हुआ और विभिन्न नियमों/अधिनियमों का निर्माण हुआ। इन कार्यों के अतिरिक्त बैंकों ने स्वयं भी अपनी कार्य-प्रणाली में सुधार हेतु अनेक कदम उठाए।

भारतीय रिजर्व बैंक भी इस सन्दर्भ में बैंकों को लगातार दिशा-निर्देश जारी करता रहा है। इन प्रयासों के साथ-साथ बैंकों की कार्यप्रणाली में तकनीकी का भी समावेश हुआ, जिसने इसे सरल एवं सुदृढ़ बनाया है।

बैंकिंग सुधार सम्बन्धी अधिनियम

(Banking Reform Related Acts)

इस प्रकार के सुधारों के अन्तर्गत बैंकों की भूमिका में सुधार लाने व उनके उत्तरदायित्व को बढ़ाने हेतु समय-समय पर महत्त्वपूर्ण अधिनियम बनाए गए, *जिनमें से प्रमुख निम्नलिखित हैं*

- बैंकिंग नियमन अधिनियम, 1949
- बैंकिंग सन्नियम अधिनियम, 1963
- बैंकिंग विधि (संशोधन) अधिनियम, 1968
- बैंकिंग कम्पनी अधिनियम, 1970
- क्षेत्रीय ग्रामीण बैंक अधिनियम, 1976
- सरफेशी अधिनियम, 2002
- बैंकिंग संशोधन अधिनियम, 2011

बैंकिंग सुधार सम्बन्धी समितियाँ

(Banking Reform Related Committees)

- *नरसिंहम समिति I* — विभिन्न अवयवों के आलोचनात्मक विवेचन हेतु
- *नरसिंहम समिति II* — वित्तीय प्रणाली की जाँच हेतु
- *दामोदरन समिति* — ग्राहक सुविधाओं में सुधार हेतु
- *खण्डेलवाल समिति* — मानव संसाधन दक्षता में सुधार हेतु
- *ऊषा थोराट समिति* — देश के सभी गाँवों को वित्तीय सेवाएँ मुहैया कराने हेतु

नरसिंहम समिति I, 1991

नरसिंहम समिति I ने निम्न सुझाव दिए

- बैंकिंग संरचना को चार स्तरीय करना, जिसमें SBI को सबसे ऊपरी स्तर पर तथा ग्रामीण बैंकों को सबसे निचले स्तर पर रखना।
- बैंकों पर निगरानी का कार्य रिजर्व बैंक के तत्वावधान में देना।
- वैधानिक तरलता अनुपात (Statutary Liquidity Ratio) में धीरे-धीरे कमी लाने के साथ-साथ पूँजी पर्याप्त अनुपात (Capital Adequacy Ratio) को 8% तक करना
- लाइसेंसिंग पद्धति को समाप्त करना।

नरसिंहम समिति II, 1998

इस समिति ने निम्नलिखित सुझाव दिए

- पूँजी खाते पर रुपये की पूर्ण परिवर्तनीयता बैंक की नॉन परफॉर्मिंग परिसम्पत्तियों (Non Performing Assets) में कमी लाना तथा पूँजी पर्याप्तता अनुपात में वृद्धि करना।
- बोर्ड फॉर फाइनेंशियल सुपरविजन को स्वायत्तता प्रदान करना।
- बैंकों को राजनीति से मुक्त करना।

दामोदरन समिति, 2011

इस समिति के प्रमुख सुझाव हैं

- बचत खातों में चेक बुक एवं एटीएम कार्ड जैसी सुविधाओं के लिए खाते में 'न्यूनतम बैलेन्स' का कोई बन्धन नहीं हो।
- सावधि जमाओं को खातेदार की लिखित अनुमति के बिना स्वत: ही 'रिन्यू' न किया जाए।
- बचत खाते में जमा राशि के लिए उपलब्ध बीमा सुरक्षा ₹ 1 लाख की बजाय ₹ 5 लाख तक की जमाओं पर उपलब्ध कराई जाए।
- होम लोन अकाउण्ट समय पूर्व बन्द कराने की स्थिति में कोई दण्डात्मक शुल्क बैंक द्वारा वसूल नहीं किया जाए।
- बैंक ग्राहकों की बैंकिंग सम्बन्धी शिकायतों व अन्य सुनवाइयों के लिए सभी बैंकों का एक ही कॉमन नि:शुल्क कॉल सेण्टर नम्बर (फोन नम्बर) हो।

नवाचार सम्बन्धी सुधार (Innovation Related Improvements)

- भारत में सार्वजनिक क्षेत्र के बैंकों ने भी अब बैंकिंग क्षेत्र में नवाचारी (Innovative) गतिविधियों को प्रोत्साहन देना प्रारम्भ किया है। इन गतिविधियों का *संक्षिप्त विवरण निम्नलिखित है*

अपने ग्राहक को जानिए (Know Your Customer, KYC)

अपने ग्राहक को जानिए दिशा-निर्देश का उपयोग ग्राहक की पहचान सुनिश्चित करने के लिए किया जाता है। इसमें खातों के हितार्थी स्वामी की सही पहचान, निधि के स्रोत, ग्राहक के उद्योग का स्वरूप, ग्राहक के कारोबार के सम्बन्ध में खाते के परिचालन में उचित प्रक्रिया इत्यादि शामिल हैं, जिससे बैंकों को विवेकसम्मत जोखिम प्रबन्धन से मदद मिलती है।

मर्चेण्ट बैंकिंग (Merchant Banking)

भारत में मर्चेण्ट बैंकिंग की शुरूआत विदेशी बैंकों द्वारा की गई, जो आज भारत के कई वाणिज्यिक बैंकों

उदाहरण एसबीआई कैपिटल मार्केट्स लिमिटेड, बैंक ऑफ बड़ौदा, मर्चेण्ट बैंकिंग डिवीजन, कैनरा बैंक फाइनेन्शियल सर्विसेस लिमिटेड, ऑल बैंक फाइनेन्स लिमिटेड, यूनियन बैंक ऑफ इण्डिया, मर्चेण्ट बैंक डिवीजन, पीएनबी कैपिटल सर्विसेज लिमिटेड, बीओआई फाइनेन्स लिमिटेड आदि।

म्यूच्युअल बैंकिंग (Mutual Banking)

आजकल म्यूच्युअल फण्ड वितरण तथा रिटेल बैंकिंग सुविधा व्यापारिक बैंकों की सामान्य क्रियाओं का एक महत्त्वपूर्ण भाग बन गया है। वास्तविकता यह है कि आजकल रिटेल बैंकिंग की प्रगति हुई है, उसमें महत्त्वपूर्ण भूमिका बैंकों द्वारा म्यूच्युअल फण्ड का वितरण है, इसलिए बैंकों तथा म्यूच्युअल फण्ड के बीच गठबन्धन (Alliances) दिन-प्रतिदिन हो रहे हैं। बैंक तथा म्यूच्युअल फण्ड एक ही परिवार से सम्बद्ध हैं।

रिटेल बैंकिंग या पर्सनल बैंकिंग (Retail Banking)

बैंक अपने संसाधनों को फुटकर उधारी, व्यक्तिगत ऋणों (Personal Loans); जैसे- शैक्षणिक ऋण, गृह ऋण (Home Loan) आटो ऋण, ह्वाइट गुड्स ऋण, क्रेडिट कार्ड ऋण, ट्रेवेल ऋण आदि की ओर ले जा रहे हैं। इस प्रकार की बैंकिंग क्रियाओं को हम रिटेल बैंकिंग या पर्सनल बैंकिंग (Personal Banking) कहते हैं। सूचना प्रौद्योगिकी, इण्टरनेट बैंकिंग, मोबाइल बैंकिंग, एटीएम, डी मैट अकाउण्ट्स आदि के कारण पिछले दो वर्षों में भारत में रिटेल बैंकिंग के क्षेत्र में बहुत तेजी से वृद्धि हुई है।

एनीव्हेयर बैंकिंग (Anywhere Banking)

एनीव्हेयर बैंकिंग से आशय किसी भी स्थान से बैंकिंग सुविधा प्राप्त करने से है। यह सेवा ग्राहक की सुविधा के लिए टेक्नोलॉजी पर आधारित सेवा है। इसके अन्तर्गत ग्राहक, जिसका खाता बैंक की किसी भी शाखा में है, देश के भीतर बैंक की निर्दिष्ट किसी भी शाखा के साथ बैंकिंग व्यवहार कर सकता है। वह अपने खाते से रकम निकाल सकता है, उसमें जमा कर सकता है तथा अन्य बैंकिंग व्यवहार कर सकता है।

फैक्टरिंग (Factoring)

'फैक्टर' शब्द का प्रयोग एक कमीशन एजेण्ट के लिए होता है, जो ग्राहक को निधियाँ उपलब्ध तो कराता ही है पर साथ ही खातों का प्रबन्धन, ऋण की वसूली तथा ऋणों के चुकता न होने पर, जोखिम की सुरक्षा भी प्रदान करता है। लघु उद्योग के क्षेत्र में देय राशि की उगाही को ध्यान में रखकर **वाघुल समिति** ने **फैक्टरिंग सेवाओं** को प्रारम्भ करने सम्बन्धी अनुशंसा की। 'कल्याण सुन्दर समिति' ने भारत में फैक्टरिंग सेवाओं की व्यावहारिकता स्वीकार की है।

बैंकिंग लोकपाल योजना

बैंकिंग ऑम्बुड्समैन योजना (Banking Ombudsman Scheme) 14 जून, 1995 से प्रारम्भ हुई है। यह योजना भारतीय रिजर्व बैंक के नियन्त्रण और देख-रेख में काम करती है। विवादों को जल्दी और कम खर्च में निपटाने की कानूनी शक्तियों के साथ बैंकिंग ऑम्बुड्समैन एक स्वतन्त्र संस्था है। रिजर्व बैंक ने पूरे देश में 15 बैंकिंग ऑम्बुड्समैन नियुक्त किए हैं।

इस व्यवस्था का उद्देश्य अधिक कानूनी पेचीदगियों के बिना शिकायतों का जल्दी निपटारा सुनिश्चित करना है। कोई भी ग्राहक जिसकी शिकायत का बैंक द्वारा सन्तोषजनक समाधान न किया गया हो, बैंकिंग ऑम्बुड्समैन के पास जा सकता है। 3 फरवरी, 2009 को भारतीय रिजर्व बैंक द्वारा भारत सरकार की सलाह से बैंकिंग ऑम्बुड्समैन स्कीम वर्ष 2006 को पुनः संशोधित कर दिया गया है। शिकायतों के नए कारणों को शामिल करने के लिए योजना का दायरा बढ़ा दिया गया है।

इलेक्ट्रॉनिक बैंकिंग (ई-बैंकिंग) (Electronic Banking, e-banking)

इलेक्ट्रॉनिक माध्यमों द्वारा बैंकिंग सेवाओं को उपलब्ध कराना इलेक्ट्रॉनिक बैंकिंग कहलाता है। इलेक्ट्रॉनिक बैंकिंग इस समय बैंकिंग विकास का स्तम्भ माना जा रहा है।

वर्चुअल बैंकिंग (Virtual Banking)

इसका अर्थ बैंकिंग और उससे सम्बन्धित सेवाओं को सूचना प्रौद्योगिकी के विस्तृत उपयोग द्वारा ग्राहकों को बिना अपने बैंक गए उपलब्ध कराना है। वर्चुअल बैंकिंग की शुरूआत 70 के दशक में एटीएम की स्थापना से हुई। इसके अन्तर्गत एटीएम, फोन बैंकिंग, इण्टरनेट बैंकिंग, स्मार्ट कार्ड आते हैं।

ऑटोमेटिड टैलर मशीन (Automated Teller Machine, ATM)

एटीएम एक ऐसा दूरसंचार नियन्त्रित एवं कम्प्यूटरीकृत उपकरण है, जो ग्राहकों को वित्तीय हस्तान्तरण से जुड़ी सेवाएँ उपलब्ध कराता है। इस हस्तान्तरण प्रक्रिया में ग्राहक को कैशियर, क्लर्क या बैंक टैलर की मदद की आवश्यकता नहीं होती। **काशी गोमती संयुक्त ग्रामीण बैंक** ने देश का पहला रुपये एटीएम कार्ड जारी किया।

एटीएम के विभिन्न प्रकार (Types of ATM)

ऑन-साइट एटीएम (On Sites ATM) इन एटीएम की स्थापना बैंक शाखा के प्रांगण में की जाती है, ताकि ग्राहकों द्वारा बैंक शाखा और एटीएम दोनों का प्रयोग किया जा सके।

ऑफ-साइट एटीएम (Off Sites ATM) इन एटीएम की स्थापना स्टैण्ड अलोन आधार पर की जाती है। इन एटीएम के आस-पास बैंक शाखा नहीं होती है। इन एटीएम की स्थापना उन भौगोलिक क्षेत्रों को कवर करने के लिए की जाती है, जहाँ बैंक की कोई शाखा नहीं है।

ब्राउन लेबल एटीएम (Brown Level ATM) इन ऑटोमेटिड टैलर मशीनों का प्रयोग हार्डवेयर और पट्टा सेवा प्रदाता के स्वामित्व में होता है, लेकिन नकदी प्रबन्धन और बैंकिंग द्वारा नेटवर्क के साथ कनेक्टिविटी उस प्रायोजक बैंक द्वारा प्रदान की जाती है, जिसका ब्राण्ड, एटीएम पर प्रयोग किया जाता है। ब्राउन लेबल एटीएम, बैंक के स्वामित्व वाले एटीएम और ह्वाइट लेबल एटीएम के बीच का एक विकल्प होता है।

ह्वाइट लेबल एटीएम (White Level ATM) इन ऑटोमेटिड टेलर मशीनों का प्रयोग स्वामित्व और संचालन गैर-बैंकिंग संस्थाओं के अन्तर्गत आता है। किसी भी बैंक का ग्राहक, एक सेवा शुल्क का भुगतान करके, ह्वाइट लेबल एटीएम से धन निकाल सकता है। ह्वाइट लेबल एटीएम पर किसी भी बैंक का लोगो नहीं होता है।

प्लास्टिक मनी (Plastic Money) आजकल लोगों द्वारा प्रयुक्त विभिन्न प्रकार के प्लास्टिक कार्ड्स के लिए प्रयुक्त term है। इनका प्रयोग हम दैनिक जीवन में cash निकालने हेतु, सामान खरीदने हेतु, बिल जमा करने हेतु करते हैं।

क्रेडिट कार्ड (Credit Card) द्वारा एक तरीके से व्यक्ति को सामान खरीदने या एक सीमा तक कैश निकालने की सुविधा प्रदान की जाती है। क्रेडिट कार्ड इस प्रकार से एक कार्ड द्वारा प्रयुक्त की जा सकने वाली ऋण सीमा (Credit limit) है।

डेबिट कार्ड (Debit Card) इस तरह के कार्ड्स हैं, जो आपके खाते में विद्यमान राशि को निकालने की सुविधा आपको प्रदान करते हैं। यह कोई ऋण सुविधा नहीं है, बल्कि आप अपनी ही राशि इन कार्ड्स के जरिए निकाल सकते हैं या खरीदारी कर सकते हैं।

विविध तथ्य

- बैंकिंग क्षेत्र में सुधार के लिए चक्रवर्ती समिति द्वारा कुछ सिफारिशें वर्ष 1985 में दी गई थीं। समिति ने भारतीय मौद्रिक प्रणाली की पुनर्संरचना से सम्बन्धित भी कुछ सिफारिशें दी थीं।
- राष्ट्रीयकृत बैंकों की प्रधान अंशधारी सरकार होती है।
- प्रथम बैंक क्रेडिट कार्ड बैंक ऑफ अमेरिका द्वारा वर्ष 1959 में निर्गत किया गया।
- कोच्चि (केरल) में भारत का पहला इस्लामिक बैंक स्थापित किया गया है।
- भारतीय स्टेट बैंक देश का सबसे बड़ा वाणिज्यिक बैंक है।
- ब्याज दर से बैंक के साख निर्माण की शक्ति सीमित नही होती।
- बैंकों में जमाराशियों की अधिकता से मुद्रा की पूर्ति में वृद्धि होती है।
- एक करेन्सी के विरुद्ध दूसरी करेन्सी की प्राप्ति अथवा भुगतान चालू खाते की परिवर्तनीयता कहलाती है।
- रिजर्व बैंक द्वारा प्रतिभूतियों में परिपक्वता अवधि को बढ़ाने के उद्देश्य से प्रतिभूतियों के क्रय–विक्रय की प्रक्रिया स्विच ऑपरेशन कहलाती है।
- प्राथमिक साख समितियों द्वारा अल्पकालिक ऋण प्रदान किया जाता है।
- भारत के महाराष्ट्र राज्य में देश के सबसे अधिक शहरी सहकारी बैंक कार्यरत हैं।
- बैंकों में गैर–निष्पादक सम्पत्तियों की अधिकता बैंकों द्वारा ऋण वसूली में बिलम्बता को दर्शाता है।
- भूमि विकास बैंक द्वारा किसानों को दीर्घकालिक अवधि का ऋण प्रदान किया जाता है।
- क्रिसिल, केयर तथा इक्रा भारत की क्रेडिट रेटिंग एजेंसियाँ हैं।
- वाणिज्य प्रपत्र कॉर्पोरेट उद्योग के लिए साख का स्रोत है।
- एक्चुअरीज शब्द बीमा क्षेत्र से सम्बन्धित है।
- भारत में वर्ष 1957 से मुद्रा की दशमलव प्रणाली की शुरूआत हुई।
- भारत में चलने वाला एक रुपये का नोट अपरिवर्तनशील पत्र मुद्रा का उदाहरण है।

अन्तर्राष्ट्रीय बैंकिंग सुधार के प्रमुख प्रयास
(Efforts of International Banking Reform)

बेसल मानक (Basel Standards)

स्विट्जरलैण्ड के शहर बेसल में वर्ष 1980 में वैश्विक स्तर पर बैंकिंग एवं वित्तीय संस्थाओं को अन्तर्राष्ट्रीय स्वरूप देने के सन्दर्भ में कुछ मानदण्डों का निर्धारण हुआ, इन्हीं को '**बेसल मानक**' के नाम से जाना गया। वर्ष 1980 में हुए इस सम्मेलन में बैंकों हेतु जो मानदण्ड निर्धारित किए गए मुख्यत: वे 'न्यूनतम पूँजी अपेक्षा' एवं 'ऋण जोखिम' से सम्बन्धित थे। वर्ष 2004 में पुन: बेसल-II मानकों का निर्धारण किया गया, जिसका मुख्य बल अन्तर्राष्ट्रीय वित्तीय जोखिमों से निपटने पर था। अत: इस सन्दर्भ में यह निर्धारित किया गया कि बैंक तथा वित्तीय संस्थाएँ अपने पास एक निश्चित धनराशि सुरक्षित रखेंगे।

इसी प्रयास को जारी रखते हुए दिसम्बर, 2010 में बेसल-III मानकों का निर्धारण किया गया, जिसमें बैंकों के जोखिम प्रबन्धन तथा प्रणाली में सुधार, पारदर्शिता में बढोतरी लाने व आर्थिक एवं वित्तीय संकट से निपटने में बैंकों को मजबूत एवं सक्षम बनाने पर जोर दिया गया है।

बेसल मानक एवं भारत (Basel Standards and India)

भारत बेसल मानकों के प्रति अपनी प्रतिबद्धता व्यक्त करते हुए लक्ष्यों की प्राप्ति हेतु लगातार प्रयासरत रहा है। भारतीय रिजर्व बैंक के दिशा-निर्देशों के तहत कार्यरत सभी बैंकों ने बेसल-II मानकों का अनुपालन कर लिया है। बेसल-III मानक, भारत में अप्रैल, 2013 से लागू हो गए हैं, जो चरणबद्ध ढंग से मार्च, 2018 तक पूर्ण रूप से लागू हो जाएँगे और इसके लिए भारत सरकार ने बैंकों के पूँजी आधार में वृद्धि हेतु समय-समय पर वित्तीय सहायता उपलब्ध कराना प्रारम्भ कर दिया है।

बैंकिंग कोड्स एण्ड स्टैंडर्ड बोर्ड ऑफ इण्डिया (BCSBI)

यह भारत में बैंकिंग उपभोक्ताओं की सुरक्षा करने वाला स्वतन्त्र बैंकिंग उद्योग प्रहरी है। यह किसी भी बैंकिंग, अन्य कानून या RBI के दिशा-निर्देशों से ऊपर न होकर, बैंकिंग उपभोक्ताओं को उच्चस्तरीय सुविधाएँ प्रदान करने हेतु बैंकों द्वारा स्वयं के लिए निर्धारित कोड है।

बैंकिंग तकनीक नवाचारी प्रणालियाँ (Banking Technical Innovation Systems)

नेशनल इलेक्ट्रोनिक्स फण्ड ट्रांसफर (National Electronics Fund Transfer, NEFT)

यह देश में Internet के माध्यम से फण्ड स्थानान्तरण करने का तरीका है। इसके अन्तर्गत कोई व्यक्ति, फर्म या कम्पनी एक बैंक शाखा से दूसरी किसी बैंक या उसी बैंक की शाखा गें किसी व्यक्ति, फर्म गा कम्पनी के खाते में पैसा ट्रांसफर किया जा सकता है। NEFT के अन्तर्गत ₹ 200000 तक की राशि एक बार में transfer की जा सकती है।

NEFT के अन्तर्गत-बिना स्वयं का उस बैंक में खाता होते हुए भी, नकद राशि जमा कराने पर दूसरी बैंक की शाखा में पैसा अन्तरण किया जा सकता है, इसके लिए पैसा जमा कराने वाले व्यक्ति को अपना पहचान प्रमाण देना होगा।

रियल टाइम ग्रोस सेटलमेण्ट (Real Time Gross Settlement, RTGS)

इस सिस्टम में एक बैंक से दूसरे बैंक में फण्ड का स्थानान्तरण वास्तविक समय (Real time) में एवं एकल आधार (Gross basis) पर होता है। वास्तविक समय का अर्थ है, इसमें फण्ड ट्रांसफर तुरन्त बिना किसी समयान्तराल के होता है। ग्रोस सेटेलमेण्ट का अर्थ है किसी अन्य ट्रांजेक्शन के साथ RTGS को कोई लिंक नहीं होता है। एक बार प्रक्रिया होने के बाद यह अन्तिम व अपरिवर्तनीय माना जाता है। RIGS द्वारा लेन-देन के लिए न्यूनतम सीमा ₹ 2 लाख निर्धारित है।

मैग्नेटिक इंक केरेक्टर रेकग्निशन कोड (Magnetic Ink Character Recognition, MICR)

यह चेक बुक (cheque book) के नीचे के हिस्से पर छपा रहता है। MICR के अक्षर विशेष प्रकार की लिखावट में होते हैं और इसमें चुम्बकीय स्याही का प्रयोग होता है। शाखा का अलग MICR नम्बर होता है। MICR में संख्याएँ होती हैं। प्रथम तीन अंक जिला-कोड जहाँ बैंक की शाखा स्थित होती है, को व्यक्त करते हैं। अगले तीन अंक बैंक कोड को तथा अन्तिम तीन अंक बैंक शाखा कोड को व्यक्त करते हैं। बैंकों के तीव्र गति से भुगतान की प्रणाली में MICR का महत्त्वपूर्ण योगदान है।

चेक ट्रांजेक्शन सिस्टम (Cheque Transaction System, CTS)

वस्तुत: ऑनलाइन चेकों की क्लीयरिंग का ऐसा तरीका है, जिसमें बहुत शीघ्रता से चेक की क्लीयरिंग हो जाती है। इसके अन्तर्गत चेक ग्रहण करने वाले बैंक द्वारा चैक का छाया चित्र एवं MICR डाटा को लेकर उसे इलेक्ट्रॉनिक माध्यम से सम्बन्धित बैंक को भेजा जाता है। इस तरीके में चेक को अमूर्त रूप (Image) से सम्बन्धित बैंक को भेजा जाता है और साथ ही अन्य आवश्यक सूचनाएँ; जैसे– MICR फील्ड, प्रस्तुत किए जाने की तिथि, प्रस्तुतकर्ता बैंक का नाम आदि के साथ भेजा जाता है। इस प्रणाली में चेक के निपटारा में बहुत कम समय लगता है तथा सत्यापन एवं मिलान भी शीघ्र एवं अधिक उचित तरीके से हो जाता है तथा गलती की सम्भावना कम रहती है। इस सिस्टम में खर्चा भी कम होता है।

इण्डियन फाइनेन्शियल सिस्टम कोड (Indian Financial System Code, IFSC)

इसका उपयोग RTGS, NEFT इत्यादि प्रणालियों में होता है, इसका विकास भारतीय रिजर्व बैंक द्वारा किया गया है। इसमें 11 कैरेक्टर्स होते हैं। प्रथम चार कैरेक्टर, बैंक को प्रदर्शित करते हैं। पाँचवाँ कैरेक्टर शून्य है, जो भविष्य में उपयोग आने के लिए रखा गया है। अन्तिम छ: कैरेक्टर बैंक की शाखा को इंगित करते हैं।

इण्टरव्यू की तैयारी हेतु अभ्यास प्रश्न

1. मोबाइल बैंकिंग क्या होती है?

⊙ इसके अन्तर्गत मोबाइल फोन के जरिए बैंकिंग गतिविधियों का संचालन किया जाता है। उपभोक्ता को एक विशेष यूजर आईडी और पासवर्ड प्रदान किया जाता है। इसकी मदद से वह अपने खाते का संचालन कर सकता है तथा फण्ड ट्रांसफर, विभिन्न प्रकार के बिलों का भुगतान सहित अनेक सुविधाओं का लाभ उठा सकता है।

2. Internet banking क्या है?

⊙ ऑनलाइन बैंकिंग, नेट बैंकिंग अथवा इण्टरनेट बैंकिंग एक ही है, इसमें कस्टमर को एक सुरक्षित वेबसाइट पर अपने बैंक अकाउण्ट में वित्तीय लेनदेन करने की सुविधा प्रदान की जाती है। इसके लिए ग्राहक को शुरू में एक पहचान नम्बर (Identity Code) तथा पासवर्ड (Password) दिया जाता है। पासवर्ड ग्राहक द्वारा बाद में परिवर्तित भी किया जा सकता है। नेट बैंकिंग के माध्यम से ग्राहक फण्ड ट्रांसफर, बिल पेमेण्ट, इन्वेस्टमेण्ट, सेटेलमेण्ट व्यू एवं अन्य इसी प्रकार की सुविधाओं का लाभ उठा सकता है।

3. खुदरा बैंकिंग (Retail banking) से आप क्या समझते हैं?

⊙ रिटेल बैंकिंग से अभिप्राय ऐसी वित्तीय सेवाओं से है, जो व्यक्तिगत ग्राहक की आवश्यकताओं की पूर्ति हेतु प्रदान की जाती हैं। रिटेल बैंकिंग में बैंक सैलरी धारकों, व्यवसायियों, पेन्शन प्राप्तकर्ताओं, गृहिणियों आदि समूह को लक्ष्य बनाकर, उनकी जमा एवं लोन की जरूरतों के अनुसार अपनी योजनाएँ बनाती है। इन समूहों की विभिन्न प्रकार की जमा योजनाएँ, क्रेडिट कार्ड की सुविधाएँ एवं उपभोक्ता ऋण की सुविधाएँ रिटेल बैंकिंग के अन्तर्गत ही आती हैं।

4. NFS क्या है?

⊙ NFS का पूरा नाम है National Financial Switch, एक बैंक द्वारा जारी Debit/Credit Card से बैंकिंग सर्विस की सुविधा का उपयोग अन्य किसी बैंक के ATM से करने हेतु उस बैंक को NFS को Join करना आवश्यक है अर्थात् NFS के माध्यम से ही ATM, Switch की सुविधा उपलब्ध होती है। ATM Switching की सुविधा हमारे देश में National Financial Switch के माध्यम से प्रदान की जा रही है। अब कोई भी बैंक जो 24X7 अर्थात् 24 घण्टे, Core Banking Solution प्रदान करता है, किसी Sponsor Bank के माध्यम से National Financial Switch को Join कर सकता है।

इससे Non-Scheduled Urban Cooperative Banks, तथा क्षेत्रीय ग्रामीण बैंकों (Regional Rural Banks) को भी 83000 + ATM के National Network से जुड़ने की सुविधा प्रदान हो सकेगी। इससे पूर्व केवल Schedule बैंक जिनके पास RTGS Facility है, उन्हें ही NFS को Join करने की अनुमति दी गई थी। अब देश से दूरस्थ क्षेत्रों में लोग ATM का लाभ उठा सकेंगे।

5. म्यूच्युअल बैंकिंग क्या है?

⊙ वर्तमान समय में म्यूच्युअल फण्ड वितरण तथा रिटेल बैंकिंग सुविधा व्यापारिक बैंकों की सामान्य क्रियाओं का एक महत्त्वपूर्ण भाग बन गया है। आजकल रिटेल बैंकिंग की प्रगति हुई है, उसमें महत्त्वपूर्ण भूमिका बैंकों द्वारा म्यूच्युअल फण्ड का वितरण है, इसलिए बैंकों तथा म्यूच्युअल फण्ड के बीच गठबन्धन (Alliances) दिन–प्रतिदिन हो रहे हैं।

इसके अन्तर्गत म्यूच्युअल फण्ड ग्राहकों को एक विशिष्ट क्रेडिट कार्ड दे देते हैं, जिसके द्वारा ग्राहक किसी स्कीम के तहत म्यूच्युअल फण्ड की निर्धारित सीमा के भीतर बैंकों से ऋण प्राप्त कर सकता है। ग्राहकों को बैंक तथा म्यूच्युअल फण्ड की सुविधा को अधिकतम करना ही म्यूच्युअल बैंकिंग की आधारभूत मान्यता है।

6. किसान क्रेडिट कार्ड से आप क्या समझते हैं?

⊙ योजना वर्ष 1998-99 में प्रारम्भ की गई, जिसका उद्देश्य किसानों को पर्याप्त एवं यथासम्भव सरल तरीके से ऋण सहायता मुहैया कराना है। यह योजना अब दीर्घावधिक सहकारी ऋण संरचना के उधारकर्ताओं के लिए भी लागू हो गई है। किसान क्रेडिट कार्ड जारी करने में वाणिज्यिक बैंक सबसे आगे है (45.5%), जिसके पश्चात् सहकारी बैंकों (39.5%) तथा ग्रामीण बैंकों (30.15%) का हिस्सा है। नाबार्ड ने इस योजना के कार्य क्षेत्र में विस्तार करते हुए इसमें कृषि व सम्बद्ध क्षेत्रों हेतु सावधि ऋणों को भी शामिल कर लिया है।

7. इंटरबैंक मोबाइल पेमेंट सिस्टम क्या है?

⊙ IMPSL, ग्राहकों को मोबाइल के माध्यम से इंटरबैंक फण्ड ट्रांसफर करने की सुविधा है। यह बहुत तीव्र गति से ग्राहकों को फण्ड ट्रांसफर की सुरक्षित सुविधा प्रदान करती है। इसमें फण्ड का ट्रांसफर होने के बाद तुरन्त इसकी पुष्टि हो जाती है। यह सुविधा 24 घण्टे उपलब्ध है। इस सुविधा के लिए ग्राहक को *निम्न औपचारिकताएँ पूरी करनी आवश्यक हैं*

- ग्राहक को मोबाइल बैंकिंग सर्विस हेतु पंजीकृत कराना होता है।
- Mobile Money Identifier (MMLD) एवं MPIN बैंक से जारी कराना होता है।
- मोबाइल में एक सॉफ्टवेयर डाउनलोड करना होता है।

इसी प्रकार से Beneficiary को भी निम्न औपचारिकताएँ पूरी करनी होती हैं

- बैंक से Mobile Money Identifier लेना होता है।
- अपने मोबाइल को बैंक के खाते के साथ लिंक करना होता है।

8. NPA से आप क्या समझते हैं?

⊙ NPA का अर्थ है Non-Performing Assets अर्थात् बैंक द्वारा दिया गया वह लोन या एडवांस जिससे बैंकों को आय की प्राप्ति बन्द हो गई है अर्थात् जिससे बैंक को ब्याज आदि नहीं मिल पा रहा है, उसे RBI ने NPA में श्रेणीबद्ध करने के निर्देश दिए हैं। RBI का कहना है कि जब तक उस पर ब्याज ऋण की प्राप्ति न हो तब तक उसे आय में शामिल नहीं किया जाना चाहिए।

सामान्य रूप से यदि किसी ऋण पर किश्तें/ब्याज 90 दिन से अधिक बकाया है, तो उसे NPA माना जाना चाहिए। कृषि ऋणों के सन्दर्भ में यदि उसका ब्याज/किश्त दो कृषि सीजन तक बकाया है या अधिकतम 2 वर्ष तक बकाया है, तो उसे NPA माना जाएगा।

9. फेसलेस बैंकिंग (Faceless Banking) से आप क्या समझते हैं?

⊙ आजकल बैंकों द्वारा अपने ग्राहकों को बहुत सारी इस तरह की सुविधाएँ, जैसे– मोबाइल बैंकिंग, इंटरनेट बैंकिंग, फोन बैंकिंग, एटीएम, ऑनलाइन बैंकिंग आदि दी जा रही हैं, जिससे ग्राहकों का बैंक अधिकारियों/कर्मचारियों से फेस टू फेस सामना ही नहीं हो रहा है। इस तरह की बैंकिंग को फेसलेस बैंकिंग कहा जाता है।

10. RTGS एवं NEFT में क्या अन्तर है?

⊙ RTGS एवं NEFT में मुख्य अन्तर यह है कि RTGS ग्रोस सेटलमेण्ट पर आधारित है, जबकि NEFT, नेट सेटलमेण्ट पर आधारित है अर्थात् RTGS का ट्रांजेक्शन वन टू वन बेसिस पर तुरन्त होता है, जबकि NEFT के ट्रांजेक्शन में समय लगता है। दूसरा RTGS के ट्रांजेक्शन हाई वैल्यू होते हैं।

11. NEFT क्या है?

⊙ NEFT का पूरा नाम National Electronics Fund Transfer, यह देश में इंटरनेट के माध्यम से फण्ड ट्रांसफर करने का तरीका है। इसके अन्तर्गत कोई व्यक्ति, फर्म या कम्पनी एक बैंक शाखा से दूसरी किसी बैंक या उसी बैंक की शाखा में किसी व्यक्ति, फर्म या कम्पनी के खाते में पैसा ट्रांसफर किया जा सकता है। NEFT के अन्तर्गत ₹ 200000 तक की राशि एक बार में ट्रांसफर की जा सकती है।

NEFT के अन्तर्गत–बिना स्वयं का उस बैंक में खाता हुए भी, नकद राशि जमा कराने पर दूसरी बैंक की शाखा में पैसा अन्तरण किया जा सकता है, इसके लिए पैसा जमा कराने वाले व्यक्ति को अपना आईडी देना होगा।

12. EMI से आप क्या समझते हैं?

⊙ जब व्यक्ति किसी बैंक या अन्य संस्था से ऋण लेता है और वह उसका भुगतान मासिक किश्तों में, कुछ वर्षों में करने को तैयार होता है, तो उन निर्धारित वर्षों के लिए उसकी मासिक किश्त तय कर दी जाती हैं। इन्हीं किश्तों को EMI कहते हैं। उसके द्वारा उसके मूल ऋण एवं उसके ब्याज को इस तरह से भुगतान (समान मासिक किश्तों Equated Monthly Installment में) किया जाता है कि निर्धारित समय में उसका ऋण पूरी तरह से चुकता हो जाता है इसका लाभ ऋण लेने वाले व्यक्ति को तो यह होता है कि इतनी किश्तों का भुगतान, इतने वर्षों तक करना है तथा बैंक को यह लाभ होता है कि उसका ऋण एवं ब्याज पूर्ण निर्धारित समय पर चुकता होता रहता है।

13. MICR Code क्या है?

⊙ Magnetic Ink Character Recognition Code (MICR) है, जो चेक बुक के नीचे के हिस्से पर छपा रहता है। चेक की प्रोसेस हेतु उपयोग में आता है। MICR के अक्षर स्पेशल फोंट में तथा मैग्नेटिक इंक जिसमें आयरन ऑक्साइड होता है, में छपे होते हैं। हर बैंक की शाखा का अलग MICR नम्बर होता है। MICR में 9 डिजिट होती हैं। प्रथम तीन अंक सिटी कोड जहाँ बैंक ब्रांच स्थिर होते हैं, को व्यक्त करते हैं। अगले तीन अंक बैंक कोड को तथा अन्तिम तीन अंक बैंक ब्रांच कोड को व्यक्त करते हैं। फास्ट क्लीयरिंग चेक प्रोसेसिंग में MICR का बड़ा योगदान है।

14. IFSC क्या है?

⊙ IFSC (Indian Financial System Code) का उपयोग RTGS, NEFT इत्यादि में होता है। इसे RBI द्वारा विकसित किया गया। इसमें 11 कैरेक्टर्स होते हैं। प्रथम चार कैरेक्टर्स, बैंक को दर्शाते हैं। पाँचवाँ कैरेक्टर शून्य है, जो भविष्य में उपयोग आने के लिए रखा गया है। अन्तिम 6 कैरेक्टर बैंक की शाखा को इंगित करते हैं।

15. प्लास्टिक मनी क्या होती है?

⊙ प्लास्टिक मनी आजकल लोगों द्वारा प्रयुक्त विभिन्न प्रकार के प्लास्टिक काड्‌र्स के लिए प्रयुक्त शब्द है। ये काड्‌र्स, हार्ड प्लास्टिक से बने होते हैं, इनका प्रयोग हम दैनिक जीवन में कैश निकालने हेतु सामान खरीदने हेतु, बिल जमा कराने हेतु करते हैं।

16. क्रेडिट कार्ड क्या होते हैं?

⊙ क्रेडिट कार्ड द्वारा एक तरीके से व्यक्ति को सामान खरीदने या एक सीमा तक कैश निकालने की सुविधा प्रदान की जाती है। यह एक तरह से उसे एक सीमा तक दी गई ऋण की रकम है, जिसे वह क्रेडिट कार्ड के माध्यम से उपयोग कर सकता है। इस कार्ड से निकाली गई राशि पर बैंक ब्याज चार्ज करता है। कई बैंक, कस्टमर को यह सुविधा भी देते हैं कि यदि वह क्रेडिट कार्ड से निकाली गई या खर्च की गई राशि 15 दिन में जमा करा देता है तो उसे कोई ब्याज भी नहीं देना पड़ता है। क्रेडिट कार्ड इस प्रकार से एक कार्ड द्वारा प्रयुक्त की जा सकने वाली ऋण सीमा (Credit limit) है।

17. डेबिट कार्ड क्या होते हैं?

⊙ डेबिट कार्ड इस तरह के कार्ड्स हैं, जो खाते में विद्यमान राशि को निकालने की सुविधा आपको प्रदान करते हैं। यह कोई ऋण सुविधा नहीं है, बल्कि आप अपनी ही राशि इन कार्ड्स के जरिए निकाल सकते हैं या खरीदारी कर सकते हैं। यदि आपने पहले से ही कोई ओवर ड्रॉफ्ट लिमिट मंजूर करा रखा है एवं उस खाते में आपने डेबिट कार्ड जारी करवा रखा है, तो डेबिट कार्ड से आप ओवर ड्रॉफ्ट की लिमिट तक राशि का उपयोग कर सकते हैं।

18. बेसल-II (Basel-II) क्या है?

⊙ बेसल-II, बेसल एकोर्ड की शृंखला में दूसरी रिपोर्ट है। बेसल-II का प्रकाशन जून, 2004 में हुआ। इसका उद्देश्य एक ऐसे शृंखला बैंकों के सम्बन्ध में अन्तर्राष्ट्रीय स्टैण्डर्ड तैयार करना था, जो बैंक में होने वाली किसी भी जोखिम की स्थिति में, बैंक को कितनी कैपिटल अलग से रखनी चाहिए, जिससे वे सुरक्षित रहें। सभी देशों के लिए सभी बैंकों के लिए ये नियम/सिफारिशों के अनुसार पूँजी पर्याप्तता (Capital Adequacy) के सम्बन्ध में उनकी सिफारिश, किसी भी आकस्मिक/आर्थिक खराब परिस्थितियों में अन्तर्राष्ट्रीय जगत में अस्थिरता को रोकने में मददगार होंगे।

19. बेसल-III (Basel-III) के बारे में आप क्या जानते हैं?

⊙ बेसल-III एक ऐसा रेग्यूलेटरी स्टैंडर्ड है, जो बेसल कमेटी ऑन बैंकिंग सुपरविजन के सदस्यों ने वर्ष 2010-11 में अपनाया। सारे विश्व में बैंकों में पूँजी पर्याप्तता और तरलता (Capital adequacy, liquidity) के सम्बन्ध में सहमति बनी। Basel-III के अनुसार, बैंकों को अपनी हिस्सेदारी (Equity) का 4.5% (Basel-II में 2% था) तथा Tier-I Capital 6% (Basel-II में 4% था) रखना चाहिए। Basel-III ने बैंकों को वित्तीय सुदृढ़ता प्रदान करने हेतु लोगों में बैंक के प्रति विश्वास रखने हेतु leverage ratio 3% की भी आवश्यकता बताई।

Basel-III का उद्देश्य बैंकों को मुख्य रूप से आर्थिक सुदृढ़ता प्रदान करना था तथा बैंकों को दिवालियापन (Insolvency) से बचाना था, जिससे सामान्य व्यक्ति एवं व्यापारिक संस्थाओं को बैंकों द्वारा की गई गलतियों का नुकसान न झेलना पड़े। अधिक लाभ कमाने के उद्देश्य से बैंक कई बार गलत ऋण दे देते हैं, जिससे वे कई बार दिवालिया होने तक की स्थिति में आ जाते हैं। अतः बेसल-III ने उनके लिए ऐसे रेग्यूलेशंस प्रदान किए, जिससे उनकी सुरक्षा हो सके।

20. क्या क्रेडिट कार्ड/आवेदन निरस्त करने सम्बन्धी कारण आवेदक को बताना चाहिए?

⊙ बैंकिंग नियमानुसार देश के सभी बैंकों के ग्राहकों को उसके क्रेडिट कार्ड आवेदन को निरस्त करने का लिखित कारण देना अनिवार्य है। यदि बैंक आवेदन निरस्तीकरण सम्बन्धी कोई वैध कारण देने में असफल होते हैं, तो ग्राहक बैंकिंग ओम्बुड्समैन (लोकपाल) को शिकायत कर सकते हैं।

21. बैंकिंग लोकपाल (Banking Ombudsman) क्या हैं?

⊙ भारतीय रिजर्व बैंक में वर्ष 1995 में बैंकिंग लोकपाल का प्रावधान किया गया, जिसका मुख्य उद्देश्य बैंक द्वारा की जाने वाली सुविधाओं को स्तरीय बनाना तथा बैंक सेवा में बरती जाने वाली कोताही से ग्राहकों को तुरन्त मुक्ति दिलाना था। इसमें मुकदमेंबाजी या झंझट नहीं है, न वकील की जरूरत है, न कोर्ट में जाने की आवश्यकता है। आप मेल, ई-मेल या बैंकिंग लोकपाल की वेबसाइट पर जाकर अपनी शिकायत दर्ज कर सकते हैं। वकील एवं फीस का कोई चक्कर नहीं, उसके बाद सारे काम लोकपाल कार्यालय स्वयं करता है।

शिकायत से पहले तीन बातों का ध्यान रखना चाहिए

(i) सबसे पहले बैंक में शिकायत करें, वहाँ सुनवाई नहीं होने पर लोकपाल के पास शिकायत करें।

(ii) शिकायत घटना घटित होने से एक वर्ष के भीतर की जानी चाहिए।

(iii) अपनी शिकायत से सम्बन्धित कोई मामला देश के किसी उपभोक्ता न्यायालय या अदालत में नहीं चल रहा हो। इसके अलावा दर्ज होने वाली शिकायत पर अदालत ने बैंक या अन्य के पक्ष में पहले कोई निर्णय नहीं दिया हो। शिकायत दर्ज करने वाले व्यक्ति को अपना पूरा नाम एवं पता लिखना अनिवार्य है।

22. RTGS क्या है?

⊙ RTGS का पूरा रूप है Real Time Gross Settlement, इस सिस्टम में एक बैंक से दूसरे बैंक में फण्ड का ट्रांसफर, रियल टाइम में एवं ग्रोस बेसिस पर होता है। रियल टाइम का अर्थ है कि इसमें fund transfer का कोई वेटिंग पीरियड नहीं होता है। ट्रांजेक्शन जैसे ही प्रोसेस हुआ, पूरा मान लिया जाता है। Gross settlement का अर्थ है one to one basis पर transaction होना। किसी अन्य transaction के साथ RTGS का कोई netting या link नहीं होता है। एक बार प्रक्रिया होने के बाद यह final एवं irrevocable माना जाता है।

23. Lead Bank Scheme के बारे में आप क्या जानते हैं?

⊙ लीड बैंक स्कीम, गाडगिल कमेटी की सिफारिशों के आधार पर वर्ष 1969 में लागू की गई। इस कमेटी ने स्थानीय परिस्थितियों के अनुसार, स्थानीय लोगों की ऋण की आवश्यकता की पूर्ति एरिया अप्रोच हेतु सिफारिश की।

इसी समय एफसी नरीमन की अध्यक्षता में एक बैंकर्स कमेटी ने भी डिस्ट्रिक्ट को एक यूनिट की तरह एरिया अप्रोच के अन्तर्गत चयन की सिफारिश की। नरीमन कमेटी ने हर जिले को एक विशेष बैंक को आवंटित किया, जोकि एक लीड बैंक की तरह कार्य करेगा, इसलिए इसे लीड बैंक स्कीम कहा गया। लीड बैंक स्कीम के तहत हर जिले को एक बैंक को आवण्टित कर उसे संघ का नेता बनाया गया। यह बैंक उस जिले में शाखाओं में वृद्धि एवं जिले के ग्रामीण क्षेत्र की needs के अनुसार योजना बनाकर, उस योजना के क्रियान्वयन हेतु जिम्मेवार होगा।

Lead Bank Scheme ने छोटे एवं मंझोले (small and marginal) किसानों की ऋण की आवश्यकताओं की पूर्ति में अहम् भूमिका अदा की है।

24. शुद्ध सम्पत्ति का मूल्य (NAV) से क्या तात्पर्य है?

⊙ शुद्ध सम्पत्ति मूल्य (NAV) से तात्पर्य साझा कोष योजना की सभी सम्पत्तियों के प्रति इकाई बाजार मूल्य से है, NAV का प्रति इकाई अंकित मूल्य पर आधिक्य पूँजी अभिवृद्धि का सूचक माना जाता है। *NAV की गणना करने के लिए निम्नलिखित सूत्र का प्रयोग किया जाता है*

$$\text{NAV} = \frac{\text{निवेश का बाजार मूल्य (Market Value of Investment)}}{\text{इकाइयों की संख्या (Number of Units)}}$$

25. सीबीएस से क्या आशय है?

⊙ सीबीएस अर्थात् कोर बैंकिंग सॉल्यूशन (समाधान) एक ऐसी व्यवस्था है, जिसके तहत सीबीएस व्यवस्था वाली सभी शाखाएँ इण्टरनेट के माध्यम से आपस में जुड़ जाती हैं। इस सुविधा के तहत ग्राहक अपनी बैंक की किसी भी शाखा में धन जमा कर सकता है तथा धन निकाल सकता है, यह सुविधा चेकों/ड्राफ्टों आदि के लिए भी लागू होती है।

महत्त्वपूर्ण तथ्य

भारत से सम्बन्धित ऐसे तथ्यों का संग्रह जो Individual Interview के दृष्टिकोण से महत्त्वपूर्ण है।

इण्टरव्यू हेतु भारत से सम्बन्धित महत्त्वपूर्ण तथ्य

इस भाग में इण्टरव्यू से सम्बन्धित ऐसे महत्त्वपूर्ण तथ्यों को सम्मिलित किया गया है, जो सामान्यतः एक प्रत्याशी की जानकारी हेतु आवश्यक हैं। ये तथ्य इण्टरव्यू में कई बार प्रश्न के रूप में पूछे जाते/जा सकते हैं। इन महत्त्वपूर्ण तथ्यों को आप आत्मसात् कर लें, ये आपको हर परीक्षा/इण्टरव्यू में उपयोगी सिद्ध होंगे, ऐसा हमारा मानना है।

इतिहास

1. चन्द्रगुप्त मौर्य की राजधानी कहाँ थी? — *पाटलिपुत्र (बिहार)*
2. मौर्य साम्राज्य स्थापित करने के लिए चन्द्रगुप्त ने किस राजा को परास्त किया? — *घनानन्द*
3. चन्द्रगुप्त मौर्य ने किसके दिशा-निर्देशन में अपने साम्राज्य की स्थापना की? — *चाणक्य/कौटिल्य*
4. चन्द्रगुप्त ने किस विदेशी आक्रमणकारी को परास्त कर उसकी लड़की से विवाह किया? — *सेल्युकस*
5. मौर्य वंश का अन्तिम सम्राट कौन था? — *बृहद्रथ*
6. भारत का नेपोलियन किस शासक को कहा जाता है? — *समुद्रगुप्त*
7. महान् कवि कालिदास किस राजा के शासनकाल में थे? — *चन्द्रगुप्त द्वितीय (विक्रमादित्य)*
8. तराइन का प्रथम युद्ध किन-किन के बीच हुआ? — *पृथ्वीराज चौहान तथा मोहम्मद गोरी*
9. तराइन के दूसरे युद्ध में किसने किसको हराया? — *मोहम्मद गोरी ने पृथ्वीराज चौहान को*
10. दास वंश की नींव भारत वर्ष में किसने रखी? — *कुतुबुद्दीन ऐबक*
11. वास्को-डि-गामा भारत में प्रथम बार किस स्थान पर पहुँचा? — *कालीकट*
12. किस भारतीय राजा ने वीरतापूर्वक सिकन्दर का सामना किया? — *पोरस या पुरु*
13. सिकन्दर ने भारत पर किस भारतीय राजा के आमन्त्रण पर आक्रमण किया? — *आम्भी*
14. किस भारतीय राजा ने मोहम्मद गोरी को पृथ्वीराज पर आक्रमण करने के लिए उकसाया था? — *जयचन्द*
15. मुगल साम्राज्य की स्थापना भारत में किसने की? — *बाबर*
16. मुगल शासकों में एक बार राज्य खोने के बाद दोबारा गद्दी पर कौन बैठा? — *हुमायूँ*
17. हिन्दुओं से जजिया कर किस मुगल बादशाह ने समाप्त किया? — *अकबर*
18. ग्राण्ड ट्रंक रोड (जीटी रोड) सर्वप्रथम किसने बनवाई? — *शेरशाह सूरी*
19. दीन-ए-इलाही धर्म का संस्थापक कौन था? — *अकबर*
20. शिवाजी का राज्यारोहण किस वर्ष हुआ? — *1674 ई.*
21. नादिरशाह के आक्रमण के समय दिल्ली पर किसका राज्य था? — *मोहम्मदशाह रंगीला*
22. गोवा में पुर्तगालियों का शासन कितने वर्ष रहा? — *451 वर्ष (1510 से 1961)*

23. पंजाब में सिख राज्य किसने स्थापित किया? *महाराजा रणजीत सिंह*
24. ब्रिटिश साम्राज्ञी ने किस वर्ष भारत में अंग्रेजी राज्य को अपने हाथ में लिया? *1858 ई.*
25. कोलकाता से दिल्ली राजधानी बदलने की घोषणा कब की गई? *वर्ष 1911*
26. जलियाँवाला हत्याकाण्ड किस वर्ष हुआ? *वर्ष 1919*
27. वर्तमान अफगानिस्तान का महाभारतकालीन नाम क्या है? *गान्धार*
28. राणा कुम्भा द्वारा निर्मित राजस्थान का अजेय व दुर्गम दुर्ग कौन-सा है? *कुम्भलगढ़*
29. हुमायूँ को राखी भेजने वाली राजपूत रानी कौन थी? *कर्णवती*
30. शिवाजी के पुत्र का क्या नाम था? *शम्भा जी महाराज*
31. किस विश्वविद्यालय ने हर्ष के साम्राज्य में प्रगति की? *नालन्दा*
32. छत्रपति की उपाधि प्राप्त करने के बाद शिवाजी ने अपनी राजधानी कहाँ बनाई? *रायगढ़*
33. ग्रीक यात्री मेगास्थनीज किस सम्राट के राज्य में भारत आया था? *चन्द्रगुप्त मौर्य*
34. मारवाड़ के उस वीर का नाम बताइए, जिसने अजीत सिंह को राज्य दिलाने हेतु औरंगजेब का तीव्र प्रतिरोध किया? *दुर्गादास राठौर*
35. बाबर के विरुद्ध खण्डवा के मैदान में किस राजपूत राजा ने युद्ध किया? *राणा सांगा (संग्राम सिंह)*
36. भारत से लूटकर कोहिनूर ले जाने वाले आक्रमणकारी का नाम क्या था? *नादिरशाह*
37. अकबर का मकबरा कहाँ स्थित है? *सिकन्दरा (आगरा)*
38. सिकन्दर से लोहा लेने वाले पुरु का साम्राज्य किन नदियों के बीच स्थित था? *झेलम व चिनाब*
39. एलोरा का कैलाश मन्दिर किसके द्वारा बनवाया गया? *राष्ट्रकूटों द्वारा*
40. चाँदबीबी, जिसने मुगल सम्राट की सेना से लोहा लिया, किस नगर के शासक की पुत्री थी? *अहमदनगर*
41. महात्मा बुद्ध मगध के किस शासक के काल में मृत्यु को प्राप्त हुए? *अजातशत्रु*
42. 1608 ई. में जहाँगीर के दरबार में इंगलैण्ड के राजा जेम्स का पत्र लेकर व्यापार की अनुमति लेने कौन आया था? *थॉमस रॉ*
43. सिन्धु घाटी के लोग किस देवता की पूजा करते थे? *पशुपति*
44. अन्तिम मुगल सम्राट बहादुरशाह जफर (द्वितीय) को अंग्रेज सरकार ने देश निकाला देकर कहाँ भेज दिया था? *रंगून*
45. सुल्तान महमूद गजनवी के समय 1026 ई. में सोमनाथ मन्दिर पर आक्रमण के समय, गुजरात का शासक कौन-था? *भीमदेव*
46. किसने बाबर को भारत पर आक्रमण करने के लिए बुलाया था? *दौलत खाँ लोदी*
47. बुद्धचरितम् के लेखक अश्वघोष किस राजा के दरबार में थे? *कनिष्क*
48. दक्षिण के हिन्दू राजाओं के खिलाफ पहला मुस्लिम हमला किसने किया? *अलाउद्दीन खिलजी*
49. चित्तौड़ में विजय स्तम्भ किसकी स्मृति में बनवाया गया? *राणा कुम्भा की महमूद खिलजी पर विजय*
50. श्रवणबेलगोला में प्रसिद्ध जैन प्रतिमा गोमतेश्वर की स्थापना किस राजवंश के समय में हुई? *गंग*
51. किस प्राचीन हिन्दू शासनकाल में स्थापत्य कला अपने चरम पर थी? *गुप्त काल*
52. चोल राजवंश की सर्वप्रथम राजधानी कौन-सी थी? *उरैयूर*
53. असम (असोम) का सबसे पुराना नाम क्या है? *प्राग्ज्योतिष*
54. कामरूप के उस राजा का नाम बताओ जिसके शासनकाल में ह्वेनसाँग भारत आया था? *भास्कर वर्मन*

55. सिन्धु घाटी सभ्यता का पता कब चला? *वर्ष 1921-22*
56. सिन्धु घाटी में प्रथम खुदाई में कौन-से प्राचीन नगर मिले? *मोहनजोदड़ो और हड़प्पा*
57. सिन्धी भाषा में मोहनजोदड़ो का क्या अर्थ है? *मुर्दों का टीला*
58. हड़प्पा एवं मोहनजोदड़ो वर्तमान में कहाँ स्थित हैं? *पाकिस्तान के क्रमशः पंजाब एवं सिन्ध प्रान्त में*
59. मोहनजोदड़ो में मकान किस चीज के बने मिले? *पक्की ईंटों के*
60. ऋग्वेद की ऋचाएँ कहाँ लिखी गई मानी जाती हैं? *पंजाब में*
61. शाक्य गणतन्त्र किस राज्य में फल-फूल रहा था? *कपिलवस्तु में*
62. लिच्छवी गणतन्त्र किस प्रदेश में राज्य कर रहा था? *वैशाली*
63. महात्मा बुद्ध किस वंश से सम्बन्धित थे? *शाक्य*
64. रानी पद्मिनी के पति का नाम बताओ। *रतन सिंह*
65. मेवाड़ के भीष्म नाम से प्रसिद्ध व्यक्ति का नाम बताओ। *चूड़ा*
66. मेवाड़ के उस वीर राणा का नाम बताओ, जो संस्कृत का विद्वान्, लेखक तथा कुशल शिल्पी भी था। *राणा कुम्भा*
67. मेवाड़ का स्वर्ण युग किस राणा के शासनकाल को कहते हैं? *राणा कुम्भा*
68. मेवाड़ के राणा सांगा का पूरा नाम क्या था? *राणा संग्राम सिंह*
69. मेवाड़ के किस राणा ने दिल्ली के सिकन्दर लोदी को परास्त किया था? *राणा सांगा*
70. राणा उदय सिंह को बचपन में ही मार डालने का प्रयास किसने किया? *उसके चचेरे भाई रनबीर ने*
71. राणा उदय सिंह की प्राण रक्षा किसने की? *धाय माँ पन्ना ने*
72. राणा प्रताप का जन्म कहाँ हुआ था? *कुम्भलगढ़ में*

स्वतन्त्रता संग्राम

1. प्रथम स्वतन्त्रता संग्राम कब और कहाँ आरम्भ हुआ? *10 मई, 1857, मेरठ में*
2. स्वतन्त्रता संग्राम के समय किसको दिल्ली का शासक घोषित किया गया? *बहादुरशाह जफर द्वितीय*
3. जिसने अपने पुत्र को पीठ पर बाँधकर अन्तिम क्षणों तक अंग्रेजों से युद्ध किया, उस वीरांगना का नाम क्या था? *रानी लक्ष्मीबाई*
4. झाँसी की रानी लक्ष्मीबाई की आयु शहादत के समय क्या थी? *23 वर्ष*
5. जलियाँवाला बाग हत्याकाण्ड कराने वाले माइकल ओडायर (तत्कालीन पंजाब के गवर्नर) डायर को मारने वाले का नाम क्या है? *ऊधम सिंह*
6. खुदीराम बोस की शहादत के समय क्या आयु थी? *19 वर्ष*
7. आन्ध्र के वनवासियों के बीच राष्ट्रीय भावना जागृत कराने वाले क्रान्तिकारी का नाम क्या था? *अल्लूरी सीताराम राजू*
8. मुगल सम्राट से लोहा लेने वाली दुर्गावती कहाँ की रानी थी? *गढ़ कटंगा (मध्य प्रदेश)*
9. अनेक मन्दिरों का जीर्णोद्धार कराने वाली इन्दौर की शासिका का क्या नाम था? *अहिल्याबाई होल्कर*
10. किन क्रान्तिकारियों के बलिदान से प्रेरणा लेकर, किशोर सावरकर ने आजन्म देश सेवा का संकल्प लिया था? *चापेकर बन्धु*
11. मंगल पाण्डे ने किस छावनी से अंग्रेजों के विरुद्ध विद्रोह किया था? *बैरकपुर*
12. राजस्थान में 1857 ई. के स्वतन्त्रता संग्राम का आरम्भ कहाँ से हुआ? *नसीराबाद छावनी*
13. आजाद हिन्द फौज की महिला वाहिनी का नेतृत्व किसने किया? *कैप्टन लक्ष्मी सहगल*
14. वन्देमातरम् तथा कर्मयोगी अखबारों का प्रकाशन किस प्रसिद्ध क्रान्तिकारी ने किया? *महर्षि अरविन्द घोष*

15. ''एक मुसलमान को भी फाँसी चढ़ जाने दो'' कहने वाले क्रान्तिकारी कौन थे? — *अशफाक उल्ला खाँ*
16. आजाद हिन्द फौज के संस्थापक कौन थे? — *रासबिहारी बोस तथा मोहन सिंह*
17. भारत छोड़ो आन्दोलन में रेल पटरियाँ उखाड़ते हुए पकड़े गए क्रान्तिकारी कौन थे, जिन्हें फाँसी दे दी गई? — *हेमू कालाणी*
18. केन्द्रीय असेम्बली में भगत सिंह के साथ बम फेंकने वाले क्रान्तिकारी कौन थे? — *बटुकेश्वर दत्त*
19. काकोरी काण्ड के साथ किस क्रान्तिकारी का नाम स्मरण आता है? — *पण्डित रामप्रसाद बिस्मिल*
20. अंग्रेजों को धोखा देने के लिए रानी लक्ष्मीबाई का वेश बनाने वाली वीरांगना कौन थी? — *झलकारी बाई*
21. चापेकर बन्धुओं ने अंग्रेज कमिश्नर रेण्ड की हत्या किस नगर में की थी? — *पुणे (पूना)*
22. 1857 ई. के स्वतन्त्रता संग्राम में क्रान्तिकारियों ने प्रचार के लिए किन वस्तुओं का, प्रतीक के रूप में, प्रयोग किया? — *रोटी, कमल*
23. भगत सिंह, सुखदेव तथा राजगुरु को कब फाँसी पर लटकाया गया? — *23 मार्च, 1931*
24. 1857 ई. के स्वतन्त्रता संग्राम का कानपुर में किसने नेतृत्व किया? — *नाना साहब*
25. भारतीयों का अपमान करने वाले अधिकारी कर्जन वाइली को उसी के देश में गोली का निशाना बनाने वाले का क्या नाम था? — *मदनलाल धींगरा*
26. चन्द्रशेखर आजाद ने अंग्रेजों के साथ लड़ते हुए स्वयं को गोली मार ली, वह स्थान कौन-सा है? — *अल्फ्रेड पार्क (अब आजाद पार्क) इलाहाबाद*
27. लाला लाजपतराय पर लाठी बरसाने की आज्ञा देने वाले अंग्रेज अधिकारी साण्डर्स को यमलोक पहुँचाने वाले क्रान्तिकारी का क्या नाम था? — *भगत सिंह*

भारत में प्रथम

1. भारतीय गवर्नर जनरल — *सी. राजगोपालाचारी (जून, 1948 से 25 जनवरी, 1950)*
2. राष्ट्रपति — *डॉ. राजेन्द्र प्रसाद*
3. उपराष्ट्रपति — *डॉ. एस. राधाकृष्णन*
4. मुस्लिम राष्ट्रपति — *डॉ. जाकिर हुसैन (1967 से 1969 तक)*
5. लोकसभा अध्यक्ष — *जीवी मावलंकर (1952 से 1956 तक)*
6. प्रधानमन्त्री, विदेशमन्त्री — *जवाहरलाल नेहरू*
7. उप-प्रधानमन्त्री — *सरदार वल्लभभाई पटेल*
8. विधि (कानून) मन्त्री — *डॉ. बीआर अम्बेडकर*
9. शिक्षामन्त्री — *अबुल कलाम आजाद*
10. रक्षामन्त्री — *सरदार बलदेव सिंह*
11. वित्तमन्त्री — *आरके षण्मुख शेट्टी*
12. केन्द्रीय महिला मन्त्री — *राजकुमारी अमृत कौर*
13. कृषि व खाद्यमन्त्री — *डॉ. राजेन्द्र प्रसाद*
14. उद्योग व आपूर्ति मन्त्री — *डॉ. श्यामा प्रसाद मुखर्जी*
15. संचार मन्त्री — *रफी अहमद किदवई*
16. श्रम मन्त्री — *बाबू जगजीवन राम*

17. रेलवे व परिवहन मन्त्री — *जॉन मथाई*
18. वाणिज्य मन्त्री — *सीएच गामा*
19. मुख्य न्यायाधीश — *हीरालाल कानिया (1950-1951)*
20. मुख्य निर्वाचन अधिकारी — *सुकुमार सेन (1950-1958)*
21. चुनाव हारने वाली प्रथम प्रधानमन्त्री — *इन्दिरा गाँधी*
22. पद से त्याग-पत्र देने वाले प्रथम प्रधानमन्त्री — *मोरारजी देसाई (1979)*
23. कार्यकाल के दौरान मरने वाले प्रथम राष्ट्रपति — *डॉ. जाकिर हुसैन (1969)*
24. विदेश में मरने वाले प्रथम प्रधानमन्त्री — *लाल बहादुर शास्त्री (ताशकन्द 1966)*
25. भारत के प्रथम आईसीएस अधिकारी — *सतेन्द्र नाथ टैगोर*
26. वायसराय परिषद् में प्रथम भारतीय — *एसपी सिन्हा*
27. इंग्लिश चैनल तैरकर पार करने वाले प्रथम भारतीय — *मिहिर सेन*
28. इंग्लिश चैनल तैरकर पार करने वाली प्रथम भारतीय महिला — *आरती साहा*
29. एवरेस्ट पर चढ़ने वाला प्रथम भारतीय — *तेनजिंग नोरगे (1953)*
30. प्रथम भारतीय पुरुष पर्वतारोही जिसने बिना ऑक्सीजन के एवरेस्ट पर चढ़ने में सफलता प्राप्त की — *फू दोरजी (9 मई, 1984)*
31. एवरेस्ट पर चढ़ने वाली प्रथम भारतीय महिला — *बछेन्द्री पाल (1984)*
32. भारत की प्रथम महिला प्रधानमन्त्री — *इन्दिरा गाँधी (1966)*
33. प्रथम एशियाई खेल भारत के किस नगर में खेले गए? — *दिल्ली (1951)*
34. नोबेल पुरस्कार प्राप्त करने वाले प्रथम भारतीय — *रवीन्द्रनाथ ठाकुर (1913)*
35. नोबेल पुरस्कार प्राप्त करने वाले प्रथम भारतीय वैज्ञानिक — *डॉ. सीवी रमन (1930)*
36. भारतीय राष्ट्रीय कांग्रेस के प्रथम अध्यक्ष — *व्योमेश चन्द्र बनर्जी (1885)*
37. भारत में प्रथम 10 वर्षीय जनगणना का आरम्भ कब हुआ? — *1881 में*
38. भारत में प्रथम महिला मुख्यमन्त्री — *सुचेता कृपलानी (उत्तर प्रदेश)*
39. भारत में प्रथम महिला राज्यपाल — *सरोजनी नायडू*
40. संयुक्त राष्ट्र संघ महासभा में प्रथम भारतीय महिला अध्यक्ष — *विजय लक्ष्मी पण्डित*
41. भारतीय कांग्रेस की प्रथम महिला अध्यक्ष — *एनी बेसेण्ट (1917)*
42. भारतीय सेना में प्रथम कमाण्डर-इन-चीफ — *जनरल केएम करियप्पा*
43. किसी राज्य में प्रथम भारतीय महिला स्पीकर — *शन्नो देवी (उत्तर प्रदेश)*
44. प्रथम अन्तरिक्ष यात्री — *राकेश शर्मा (1984)*
45. प्रथम महिला अन्तरिक्ष यात्री — *कल्पना चावला*
46. भारत रत्न से सर्वप्रथम सम्मानित व्यक्ति — *डॉ. एस. राधाकृष्णन, सी. राजगोपालाचारी तथा डॉ. सीवी रमन (1954)*
47. मरणोपरान्त सर्वप्रथम भारत रत्न से सम्मानित व्यक्ति — *लाल बहादुर शास्त्री (1966)*
48. भारत रत्न से सम्मानित प्रथम महिला — *इन्दिरा गाँधी (1971)*
49. भारत रत्न से सम्मानित प्रथम विदेशी मूल के व्यक्ति — *खान अब्दुल गफ्फार खाँ (1987)*
50. भारत रत्न से सम्मानित विदेशी मूल की भारतीय नागरिकता प्राप्त प्रथम महिला — *मदर टेरेसा (1980)*
51. मैग्सेसे पुरस्कार प्राप्त प्रथम भारतीय — *विनोबा भावे*
52. प्रथम भारतीय महिला राजदूत — *विजय लक्ष्मी पण्डित (1947-49) USSR*
53. सर्वोच्च न्यायालय में प्रथम महिला न्यायाधीश — *मीरा साहिबा फातिमा बीबी*
54. विदेशों में भारतीय झण्डा फहराने वाली प्रथम महिला — *मैडम भीकाजी कामा*

55. स्वतन्त्र भारत में डाक टिकट पर छपने वाली महिला — *मीराबाई (1-10-1952)*
56. परमवीर चक्र से सम्मानित प्रथम भारतीय सैनिक — *मेजर सोमनाथ शर्मा*
57. भारत में अणु विज्ञान के जनक — *होमी जे भाभा*
58. भारत की पहली महिला प्रशासनिक अधिकारी — *अन्ना मल्होत्रा*
59. भारत की पहली महिला आईपीएस अधिकारी — *किरन बेदी*
60. अन्तर्राष्ट्रीय न्यायालय का प्रथम भारतीय अध्यक्ष — *डॉ. नगेन्द्र सिंह (1985)*
61. भारत की प्रथम महिला आईएएस अधिकारी — *अन्ना जॉर्ज*
62. दक्षिण ध्रुव पर जाने वाले प्रथम भारतीय दल का नेतृत्व करने वाला भारतीय वैज्ञानिक — *डॉ. एसजेड कासिम (11-1-1982)*
63. प्रथम परखनली शिशु को जन्म देने वाली भारतीय महिला — *23 वर्षीय श्यामा जी चावड़ा*
64. परमवीर चक्र से सम्मानित प्रथम वायु सैनिक — *ले. निर्मल जीत सिंह सेखो*
65. भारत का प्रथम शतरंज ग्रैण्ड मास्टर — *विश्वनाथन आनन्द (1987)*
66. प्रथम भारतीय एशियाई स्नूकर चैम्पियन — *यासीन मर्चेण्ट (जुलाई, 1989)*
67. टेस्ट क्रिकेट में सबसे अधिक रन बनाने वाले भारतीय — *सचिन तेन्दुलकर*
68. प्रथम गैर–कांग्रेसी सरकार के प्रधानमन्त्री — *मोरारजी देसाई*
69. प्रथम उपराष्ट्रपति जो पद पर रहते चल बसे — *कृष्णकान्त*
70. प्रधानमन्त्री जिनका सम्बन्ध कभी कांग्रेस से नहीं रहा — *अटल बिहारी वाजपेयी*
71. प्रथम प्रधानमन्त्री जो पद पर रहते चल बसे — *जवाहरलाल नेहरू*
72. भारत में स्थापित प्रथम आण्विक केन्द्र — *तारापुर*
73. भारत में स्थापित प्रथम बैंक — *बैंक ऑफ हिन्दुस्तान*
74. भारत में स्थापित प्रथम स्वदेशी बैंक — *पंजाब नेशनल बैंक*
75. अंग्रेजों द्वारा भारत में स्थापित प्रथम कॉलेज — *फोर्ट विलियम्स कॉलेज, कोलकाता*
76. अंग्रेजों द्वारा भारत में स्थापित प्रथम महिला कॉलेज — *वैथून कॉलेज, कोलकाता*
77. स्वतन्त्र भारत में प्रथम आम चुनाव — *वर्ष 1952 में*
78. चुनाव में प्रथम बार न मिटने वाली स्याही का प्रयोग कब हुआ? — *वर्ष 1962 तृतीय लोकसभा चुनाव में*
79. भारत में प्रथम मूक फिल्म — *राजा हरिश्चन्द्र, 1913 में दादा साहब फाल्के द्वारा निर्मित*
80. भारत की प्रथम बोलती फिल्म — *आलम आरा, 1931 में आर्देशिर ईरानी द्वारा निर्मित*
81. भारत में प्रथम फिल्म जिसने स्वर्ण जयन्ती मनाई — *सन्त तुकाराम (मराठी)*
82. भारतीय सिनेमा का प्रथम बाल कलाकार (लड़का) — *बालचन्द्र, पुत्र दादा साहब फाल्के*
83. भारतीय सिनेमा की प्रथम बाल कलाकार (लड़की) — *मन्दाकिनी, पुत्री दादा साहब फाल्के*
84. प्रथम एयर मेल — *इलाहाबाद से नैनी 18 फरवरी, 1911 को*
85. प्रथम भारतीय प्रधानमन्त्री जिनकी हत्या की गई — *इन्दिरा गाँधी*
86. प्रथम रेलवे कम्पनी — *ईस्ट इण्डियन रेलवे कम्पनी तथा ग्रेट इण्डियन पेनिनसुलर रेलवे कम्पनी*
87. प्रथम रेल यात्रा — *मुम्बई से थाणे (34 किमी), 16 अप्रैल, 1853 को*
88. प्रथम रेलवे टर्मिनल — *बोरी बन्दर (विक्टोरिया टर्मिनल) मुम्बई*
89. प्रथम मेट्रो रेल — *कोलकाता*
90. प्रथम विद्युत रेल — *मुम्बई और कुर्ला के बीच, 1925 में*

91. प्रथम सौर ऊर्जा जनित स्टेशन	*येदाकुमेरी (हसन-मंगल सेक्शन पर)*
92. प्राचीनतम तेल शोधक कारखाना	*डिग्बोई (असोम)*
93. गाँधीजी द्वारा भारत में प्रथम सत्याग्रह	*वर्ष 1917 में चम्पारण में*
94. दिल्ली की प्रथम महिला महापौर	*अरुणा आसफ अली*
95. स्वतन्त्र भारत की क्रिकेट टीम के प्रथम भारतीय कप्तान	*लाला अमरनाथ*
96. भारत का सबसे पुराना किला	*कालिंजर (मध्य प्रदेश)*
97. भारत में बना प्रथम अस्पताल	*सेण्ट जॉर्ज अस्पताल, चेन्नई*
98. प्रथम नेत्र चिकित्सालय	*चेन्नई नेत्र चिकित्सालय*
99. प्रथम पुस्तकालय	*विलियम कैरी पुस्तकालय, सेरमपुर (1800)*
100. प्रथम दुग्ध पाउडर प्लाण्ट	*खेड़ा जिला को-ऑपरेटिव मिल्क प्रोड्यूसर्स यूनियन, आनन्द, गुजरात*
101. राष्ट्रीयगान का प्रथम गायन	*27 दिसम्बर, 1911, भारतीय राष्ट्रीय कांग्रेस के कोलकाता अधिवेशन में*
102. राष्ट्रीय ध्वज का प्रथम आरोहण	*7 अगस्त, 1906 को सुरेन्द्रनाथ बनर्जी द्वारा ग्रीन पार्क कोलकाता में*
103. भारत का प्रथम समाचार-पत्र	*बंगाल गजट (कलकत्ता जनरल एडवर्टाइजर, 1780 में कलकत्ता (कोलकाता) से प्रकाशित*
104. सबसे पुराना अंग्रेजी समाचार-पत्र जो आज भी प्रकाशित हो रहा है	*टाइम्स ऑफ इण्डिया, 1838 से मुम्बई से प्रकाशित*
105. प्रथम न्यूक्लियर रिएक्टर	*अप्सरा*
106. प्रथम राजनीतिक पार्टी	*भारतीय राष्ट्रीय कांग्रेस*
107. सबसे पुरानी वेधशाला	*जन्तर-मन्तर, दिल्ली, जयपुर के राजा रायसिंह द्वितीय ने 1725 में बनवाया*
108. स्टाम्प जारी करने वाला प्रथम राज्य	*काठियावाड़, सौराष्ट्र, (अब गुजरात)*
109. प्रथम बार स्टाम्प पर छपने वाले भारतीय नेता	*महात्मा गाँधी, 15 अगस्त, 1948*

भारतीय संविधान

1. संविधान सभा द्वारा भारतीय संविधान कब स्वीकार किया गया?	*26 नवम्बर, 1949*
2. भारतीय संविधान कब लागू किया गया?	*26 जनवरी, 1950*
3. भारतीय संविधान में कुल कितने भाग हैं?	*22*
4. संविधान सभा के प्रथम अस्थायी अध्यक्ष कौन थे?	*सच्चिदानन्द सिन्हा*
5. किसकी अध्यक्षता में संविधान सभा में भारतीय संविधान पारित किया गया?	*डॉ. राजेन्द्र प्रसाद*
6. भारतीय संविधान का जनक किसे कहा जाता है?	*डॉ. बीआर अम्बेडकर*
7. भारतीय संविधान में पहला संशोधन किस वर्ष में पारित हुआ?	*वर्ष 1951*
8. किस शासक ने कश्मीर का भारत में विलय स्वीकार किया?	*राजा हरि सिंह*
9. अब तक के राष्ट्रपति में किसका कार्यकाल सबसे अधिक समय रहा?	*डॉ. राजेन्द्र प्रसाद*
10. आजाद हिन्द फौज के अधिकारियों पर मुकदमा कहाँ चलाया गया?	*दिल्ली के लाल किले में*
11. भारत का प्रथम नागरिक किसे कहा जाता है?	*राष्ट्रपति*
12. चीन और भारत के मध्य कौन-सा समझौता हुआ?	*पंचशील समझौता*
13. महाराष्ट्र व गुजरात राज्य किस राज्य का विभाजन कर के बने?	*बम्बई (मुम्बई)*

14. जवाहरलाल नेहरू सर्वप्रथम कांग्रेस अध्यक्ष कब बने? — *वर्ष 1929*
15. इन्दिरा गाँधी पहली बार कब कांग्रेस अध्यक्ष बनीं? — *वर्ष 1960*
16. संवैधानिक मामलों के निर्णय हेतु गठित 'संवैधानिक पीठ' में न्यायाधीशों की न्यूनतम संख्या कितनी होती है? — *5*
17. लाल बहादुर शास्त्री कब प्रधानमन्त्री बने? — *वर्ष 1964*
18. भारत-पाक का कच्छ के रन में युद्ध कब हुआ? — *वर्ष 1965*
19. वर्ष 1971 में भारत-पाक युद्ध के दौरान रक्षामन्त्री कौन थे? — *जगजीवन राम*
20. वर्ष 1939 में गाँधीजी के मतभेद के कारण किसने अखिल भारतीय कांग्रेस के अध्यक्ष पद से त्याग-पत्र दे दिया था? — *सुभाषचन्द्र बोस*
21. वर्ष 1993 में दिल्ली की प्रथम विधानसभा में कौन-सी पार्टी सत्ता में आई थी? — *भारतीय जनता पार्टी*
22. जलियाँवाला बाग हत्याकाण्ड से दुःखी होकर महात्मा गाँधी ने किस उपाधि को ठुकरा दिया था? — *'कैसर-ए-हिन्द'*
23. कांग्रेस (आई) के प्रथम अध्यक्ष कौन थे? — *बाबू जगजीवन राम*
24. वर्ष 1975 में लगी इमरजेन्सी कितने समय तक लागू रही? — *19 माह*
25. सबसे कम समय तक राष्ट्रपति रहने वाले भारतीय कौन थे? — *डॉ. जाकिर हुसैन*
26. प्रधानमन्त्री बनने से पूर्व मोरारजी देसाई किस पार्टी के नेता के रूप में चुने गए? — *जनता पार्टी*
27. स्वतन्त्र भारत का पहला प्रदेश जो भाषाई आधार पर बना — *आन्ध्र प्रदेश*
28. भारत में राज्यपाल बनने के लिए न्यूनतम आयु क्या है? — *35 वर्ष*
29. मूल भारतीय संविधान में अनुच्छेदों की संख्या क्या है? — *395*
30. किस वर्ष मतदान की निम्नतम आयु 18 वर्ष की गई? — *वर्ष 1988 में*
31. भारत में सर्वाधिक समय तक मुख्यमन्त्री रहने वाले नेता का नाम क्या है? — *ज्योति बसु*
32. 81 वर्ष की आयु में भारत के प्रधानमन्त्री रहने वाले नेता कौन थे? — *मोरारजी देसाई*
33. संविधान की किस अनुसूची में राज्यों एवं संघ राज्य क्षेत्रों का वर्णन निहित है? — *प्रथम अनुसूची में*
34. जन-गण-मन को राष्ट्रगान के रूप में कब स्वीकार किया गया? — *24 जनवरी, 1950*
35. राज्यसभा की सदस्यता हेतु न्यूनतम आयु कितनी है? — *30 वर्ष*
36. हमारे संविधान में स्वतन्त्र एवं निष्पक्ष न्यायपालिका की अवधारणा किस देश के संविधान से ली गई है? — *संयुक्त राज्य अमेरिका*
37. लोकसभा, राज्यसभा, विधानसभा एवं विधानपरिषद् में से किस सदन के सदस्य राष्ट्रपति चुनाव में भाग नहीं ले सकते? — *विधानपरिषद्*
38. वह कौन-सा विधेयक है, जो लोकसभा द्वारा पारित होने मगर राज्यसभा द्वारा वापस न करने की स्थिति में भी दोनों सदनों द्वारा पारित मान लिया जाता है? — *धन सम्बन्धी विधेयक*
39. उपराष्ट्रपति के उम्मीदवार को नामांकन भरते समय कितने प्रस्तावक एवं अनुमोदक सदस्यों की आवश्यकता होती है? — *20 प्रस्तावक और 20 अनुमोदक*
40. विशेष परिस्थिति में लोकसभा का कार्यकाल अधिकतम कितना बढ़ाया जा सकता है? — *एक वर्ष*
41. राष्ट्रपति द्वारा वित्त आयोग का गठन कितने समय के अन्तराल पर किया जाता है? — *पाँच वर्ष*
42. केन्द्र व राज्यों के मध्य शक्तियों का विभाजन किस देश के संविधान से प्रेरित है? — *कनाडा*

43. राष्ट्रपति तथा उपराष्ट्रपति, दोनों की अनुपस्थिति में राष्ट्रपति का पदभार कौन सम्भालेगा? *सर्वोच्च न्यायालय का मुख्य न्यायाधीश*
44. संसद के संयुक्त अधिवेशन की अध्यक्षता कौन करता है? *लोकसभा अध्यक्ष*
45. संविधान में गणराज्य की अवधारणा किस देश के संविधान से प्रेरित है? *फ्रांस*
46. राजीव गाँधी की हत्या किस स्थान पर हुई? *पेरम्बदूर, चेन्नई*
47. उस प्रधानमन्त्री का नाम बताइए, जिन्होंने अपने कार्यकाल में सदन का मुख नहीं देखा? *चौधरी चरण सिंह*
48. हाल ही में पारित विधेयक द्वारा मन्त्रिमण्डल का अधिकतम आकार कितना हो सकता है? *कुल सदस्यों का 15% या 12 जो भी अधिक हो*
49. भारत के महालेखा परीक्षक एवं नियन्त्रक के अधिकार एवं कर्त्तव्यों का निर्धारण करने का अधिकार किसको है? *संसद को*
50. वर्ष 1977 के चुनाव में इन्दिरा गाँधी को किस नेता ने पराजित किया था? *राजनारायण*
51. राज्यसभा का गठन किस तारीख को किया गया था? *3 अप्रैल, 1952 को*
52. राष्ट्रपति पर महाभियोग पारित हेतु संसद के दोनों सदनों का कितना बहुमत आवश्यक है? *सदन का दो–तिहाई*
53. पैन्थर पार्टी किस राज्य का राजनीतिक दल है? *जम्मू–कश्मीर*
54. चुनाव प्रचार की अवधि चुनाव शुरू होने से कितना समय पूर्व समाप्त हो जाती है? *चुनाव समाप्त होने के समय में 48 घण्टे पूर्व*
55. सर्वोच्च न्यायालय के मुख्य न्यायाधीश की अनुपस्थिति में राष्ट्रपति को पद की शपथ कौन दिलाता है? *सर्वोच्च न्यायालय के वरिष्ठतम न्यायाधीश*

भूगोल

1. पूर्वोत्तर प्रदेशों में सबसे छोटा प्रदेश कौन–सा है? *त्रिपुरा*
2. पूर्वोत्तर भाग की सबसे शानदार नदी किसे माना जाता है? *ब्रह्मपुत्र*
3. पूर्वोत्तर भारत का सबसे बड़ा किन्तु सबसे दूर का प्रदेश कौन–सा है? *अरुणाचल प्रदेश*
4. त्रिपुरा प्रदेश का कितना प्रतिशत भाग बांग्लादेश से घिरा हुआ है? *लगभग 75%*
5. देश में न्यूनतम पुरुष साक्षरता वाला राज्य कौन–सा है? *अरुणाचल प्रदेश*
6. देश में न्यूनतम नगरीय जनसंख्या वाला राज्य कौन–सा है? *सिक्किम*
7. भारत में सबसे पुराना, 18 छेदों वाला गोल्फ का मैदान कहाँ है, जहाँ पूरे विश्व के खिलाड़ी आते हैं? *शिलांग (मेघालय)*
8. मेघालय में वह कौन–सा स्थान है, जहाँ सबसे अधिक वर्षा होती है? *मासिनराम*
9. नीरव अथवा शान्त घाटी (silent valley) के नाम से प्रसिद्ध वनक्षेत्र किस क्षेत्र में है? *केरल*
10. असोम का वह कौन–सा हिल स्टेशन है, जहाँ से नीचे इन्द्रधनुष देखा जा सकता है *हाफलौंग*
11. प्राचीनकाल में शोणितपुर (खून का शहर) किस स्थान को कहा जाता था? *तेजपुर*
12. असम (असोम) का वह कौन–सा नगर है, जिसका शाब्दिक अर्थ है–शिवजी का समुद्र? *सिब सागर*

13. किस प्रदेश में वैष्णव मठ, बौद्ध तथा शक्ति धम्म, मुस्लिम दरगाह, 500 से अधिक तालाब तथा मिट्टी के बने किले एक साथ देखे जा सकते हैं?	*असम (असोम)*
14. भारत में कागज बनाने वाली सबसे पहली मिल कहाँ बनी थी?	*सेरमपुर (पश्चिम बंगाल)*
15. पश्चिमी खासी पहाड़ियों का प्रवेश द्वार किस स्थान को कहा जाता है?	*मोयरांग*
16. जिस स्थान पर दिवो नदी ब्रह्मपुत्र से मिलती है, वहीं एक मुस्लिम पीर का स्मारक बना है, जिसने अपना जीवन एकीकरण के लिए समर्पित कर दिया, असम (असोम) में यह कौन-सा स्थान है?	*सरागुरी छपोरी*
17. राष्ट्रीय राजमार्ग एक (1) के दोनों छोरों पर कौन-से नगर हैं?	*अमृतसर तथा दिल्ली*
18. गर्मी में बोई जाने वाली फसलों को किस सामूहिक नाम से जाना जाता है?	*खरीफ की फसलें*
19. नीलगिरी के दक्षिण में पश्चिमी घाट के किसी एक दर्रे का नाम बताओ।	*पालघाट या शेनकोटा*
20. भारत का कौन-सा भाग इण्डोनेशिया के सबसे निकट है?	*अण्डमान निकोबार द्वीप समूह का बड़ा निकोबार द्वीप*
21. भारत का कौन-सा बन्दरगाह प्राकृतिक बन्दरगाह नहीं है?	*चेन्नई*
22. झेलम, चिनाब, रावी, व्यास तथा सतलुज में सबसे छोटी नदी कौन-सी है?	*व्यास*
23. किस खनिज पदार्थ के भण्डारों में भारत विश्व में सबसे आगे है?	*माइका या अभ्रक*
24. सर्वाधिक आदिवासी किस जिले में रहते हैं?	*बस्तर*
25. भारत में सबसे ज्यादा जूट मिलें किस प्रदेश में हैं?	*पश्चिम बंगाल*
26. कोंकण रेल परियोजना कितने राज्यों में से होकर जाती है?	*चार-महाराष्ट्र, गोवा, कर्नाटक एवं केरल*
27. हुण्डरू जलप्रपात किस राज्य में स्थित है?	*झारखण्ड, राँची के पास*
28. तम्बाकू के उत्पादन में भारत का विश्व में कौन-सा स्थान है?	*तीसरा*
29. रावी नदी भारत के किस प्रान्त से निकलती है?	*हिमाचल प्रदेश*
30. किस राज्य में चन्दन बहुतायत से पाया जाता है?	*कर्नाटक*
31. भारत में सबसे पुराने पहाड़ कौन-से हैं?	*अरावली*
32. भारत में प्रथम सूती कारखाना कहाँ स्थापित हुआ था?	*कोलकाता*
33. भारत का कौन-सा राज्य सबसे अधिक वनक्षेत्र प्रतिशत वाला है?	*नागालैण्ड*
34. भारतीय भू-गर्भ सर्वेक्षण का मुख्यालय कहाँ है?	*कोलकाता*
35. उस नदी का नाम बताओ, जो विभिन्न प्रदेशों में अलग-अलग नामों से जानी जाती है?	*ब्रह्मपुत्र (तिब्बत में साम्पू, अरुणाचल में दिहांग, असम (असोम) में ब्रह्मपुत्र, बांग्लादेश में जमुना, पद्मा गंगा से मिलने पर मेघना, मेघना के साथ मिलने पर)*
36. कर्नाटक स्थित अणु ऊर्जा विद्युत केन्द्र का नाम बताओ।	*कैगा*
37. छोटानागपुर किस वस्तु के लिए प्रसिद्ध है?	*खनिज सम्पदा*

प्रमुख नदियाँ एवं उनके किनारे बसे नगर

1. कोटा	*चम्बल*	11. अजमेर	*लूनी*
2. आगरा, दिल्ली, मथुरा	*यमुना*	12. विजयवाड़ा	*कृष्णा*
3. हरिद्वार, वाराणसी, ऋषिकेश, कानपुर, पटना	*गंगा*	13. लुधियाना, फिरोजपुर	*सतलुज*
4. लखनऊ	*गोमती*	14. उज्जैन	*क्षिप्रा*
5. अहमदाबाद	*साबरमती*	15. गुवाहाटी, डिब्रूगढ़	*ब्रह्मपुत्र*
6. जबलपुर	*नर्मदा*	16. हैदराबाद	*मूसी*
7. हावड़ा (कोलकाता)	*हुगली*	17. सूरत	*ताप्ती*
8. श्रीनगर	*झेलम*	18. कटक, सम्भलपुर	*महानदी*
9. जमशेदपुर (टाटानगर)	*स्वर्णरेखा*	19. त्रिचरापल्ली	*कावेरी*
10. नासिक, नान्देड़, भद्राचलम्	*गोदावरी*	20. बद्रीनाथ	*अलकनन्दा*
		21. अयोध्या	*सरयू*

खनिज एवं उनके स्रोत स्थल

1. बॉक्साइट	*छत्तीसगढ़, आन्ध्र प्रदेश, बिहार, मध्य प्रदेश, ओडिशा, उत्तर प्रदेश*
2. संगमरमर या मार्बल	*राजस्थान, उत्तर प्रदेश, बिहार, छत्तीसगढ़*
3. ऐस्बेस्टस	*राजस्थान, बिहार*
4. क्रोमाइट	*झारखण्ड, कर्नाटक, बिहार, ओडिशा, तमिलनाडु*
5. कोयला	*छत्तीसगढ़, पश्चिम बंग, बिहार, झारखण्ड, मध्य प्रदेश, ओडिशा*
6. कोबाल्ट	*राजस्थान, केरल*
7. ताँबा	*राजस्थान, मध्य प्रदेश, झारखण्ड*
8. सोना	*कर्नाटक, आन्ध्र प्रदेश*
9. हीरा	*पन्ना (मध्य प्रदेश)*
10. ग्रेफाइट	*झारखण्ड, ओडिशा, राजस्थान, आन्ध्र प्रदेश, मध्य प्रदेश, बिहार*
11. लोहा	*झारखण्ड, ओडिशा, मध्य प्रदेश, कर्नाटक, छत्तीसगढ़*
12. मैंगनीज	*ओडिशा, कर्नाटक, मध्य प्रदेश, महाराष्ट्र*
13. अभ्रक (माइका)	*बिहार, आन्ध्र प्रदेश, राजस्थान, झारखण्ड*
14. पेट्रोलियम एवं प्राकृतिक गैस	*असोम, गुजरात, मुम्बई हाई, कृष्णा एवं गोदावरी बेसिन*
15. चाँदी	*राजस्थान, बिहार*
16. टिन	*बिहार, छत्तीसगढ़*
17. थोरियम	*केरल*
18. टंगस्टन	*रांजस्थान*
19. यूरेनियम	*झारखण्ड*
20. जस्ता	*राजस्थान*
21. निकेल	*ओडिशा, बिहार, नागालैण्ड, महाराष्ट्र*

प्रसिद्ध संस्थान

1. नेशनल केमिकल लेबोरेटरी	*पुणे (महाराष्ट्र)*
2. सेण्ट्रल माइनिंग रिसर्च स्टेशन	*धनबाद (झारखण्ड)*
3. नेशनल स्पोर्ट्स इन्स्टीट्यूट	*पटियाला (पंजाब)*
4. नेशनल मैटलर्जीकल लेबोरेटरी	*जमशेदपुर (झारखण्ड)*
5. सेण्ट्रल लेदर रिसर्च इन्स्टीट्यूट	*चेन्नई (तमिलनाडु)*
6. नेशनल एयरोनॉटिकल लेबोरेटरी	*बंगलुरु (कर्नाटक)*
7. सेण्ट्रल ड्रग रिसर्च इन्स्टीट्यूट	*लखनऊ (उत्तर प्रदेश)*
8. नेशनल इन्स्टीट्यूट ऑफ ओशीनोग्राफी	*पणजी (गोवा)*
9. फॉरेस्ट रिसर्च इन्स्टीट्यूट	*देहरादून (उत्तराखण्ड)*
10. इण्डियन इन्स्टीट्यूट ऑफ शुगर टेक्नोलॉजी	*कानपुर (उत्तर प्रदेश)*
11. सेण्ट्रल इलेक्ट्रॉनिक्स एण्ड इन्जीनियरिंग रिसर्च इन्स्टीट्यूट	*पिलानी (राजस्थान)*
12. नेशनल जियोफिजिकल रिसर्च इन्स्टीट्यूट	*हैदराबाद (आन्ध्र प्रदेश)*
13. टाटा इन्स्टीट्यूट ऑफ फण्डामेण्टल रिसर्च	*मुम्बई (महाराष्ट्र)*
14. आल इण्डिया इन्स्टीट्यूट ऑफ मेडिकल साइन्स	*नई दिल्ली*
15. नेशनल फिजिकल लेबोरेटरी	*दिल्ली*
16. इण्डियन इन्स्टीट्यूट ऑफ साइन्स	*बंगलुरु (कर्नाटक)*
17. भाभा एटोमिक रिसर्च सेण्टर	*ट्रॉम्बे (महाराष्ट्र)*
18. इण्डियन स्पेस रिसर्च ऑर्गेनाइजेशन	*बंगलुरु (कर्नाटक)*
19. सेण्ट्रल इन्स्टीट्यूट ऑफ हायर तिब्बतन स्टडीज	*वाराणसी (उत्तर प्रदेश)*
20. इण्डियन वेटरनरी रिसर्च इन्स्टीट्यूट	*इज्जतनगर (उत्तर प्रदेश)*
21. सेण्ट्रल फ्यूल रिसर्च इन्स्टीट्यूट	*धनबाद (झारखण्ड)*
22. सेण्ट्रल साल्ट एण्ड मेरीन केमिकल रिसर्च इन्स्टीट्यूट	*भावनगर*
23. इण्डियन इन्स्टीट्यूट ऑफ पेट्रोलियम	*देहरादून (उत्तराखण्ड)*
24. नेशनल बॉटेनिकल रिसर्च इन्स्टीट्यूट	*लखनऊ (उत्तर प्रदेश)*
25. सेण्ट्रल फूड टेक्नोलॉजिकल रिसर्च इन्स्टीट्यूट	*मैसूर (कर्नाटक)*
26. सेण्ट्रल इन्स्टीट्यूट ऑफ मेडिसिनल एण्ड एरोमेटिक प्लाण्ट्स	*लखनऊ (उत्तर प्रदेश)*
27. सेण्ट्रल पब्लिक हैल्थ इन्जीनियरिंग रिसर्च इन्स्टीट्यूट	*नागपुर (महाराष्ट्र)*
28. इण्डियन इन्स्टीट्यूट ऑफ केमिकल बॉयलोजी	*कोलकाता (पश्चिम बंगाल)*
29. सेण्ट्रल मैकेनिकल इन्जीनियरिंग रिसर्च इन्स्टीट्यूट	*दुर्गापुर (पश्चिम बंगाल)*
30. नेशनल एनवायरमेण्टल इन्जीनियरिंग रिसर्च इन्स्टीट्यूट	*नागपुर*
31. सेण्ट्रल एग्रीकल्चरल रिसर्च इन्स्टीट्यूट	*पोर्ट ब्लेयर (अण्डमान निकोबार)*
32. सेण्ट्रल इन्स्टीट्यूट फॉर कॉटन रिसर्च	*नागपुर (महाराष्ट्र)*
33. सेण्ट्रल मेरीन फिशरीज रिसर्च इन्स्टीट्यूट	*कोच्चि (केरल)*
34. सेण्ट्रल पोटेटो रिसर्च इन्स्टीट्यूट	*शिमला (हिमाचल प्रदेश)*
35. सेण्ट्रल राइस रिसर्च इन्स्टीट्यूट	*कटक (ओडिशा)*
36. सेण्ट्रल रबर क्रॉप रिसर्च इन्स्टीट्यूट	*तिरुअनन्तपुरम (केरल)*
37. सेण्ट्रल टोबेको रिसर्च इन्स्टीट्यूट	*राजामुन्दरी (आन्ध्र प्रदेश)*
38. इण्डियन काउन्सिल ऑफ मेडिकल रिसर्च	*नई दिल्ली*
39. इण्डियन इन्स्टीट्यूट ऑफ हार्टीकल्चर रिसर्च	*बंगलुरु (कर्नाटक)*
40. इण्डियन लाख रिसर्च इन्स्टीट्यूट	*राँची (झारखण्ड)*
41. जूट एग्रीकल्चरल रिसर्च इन्स्टीट्यूट	*24 परगना बैरकपुर (पश्चिम बंगाल)*

42. नेशनल डेयरी रिसर्च इन्स्टीट्यूट	*करनाल (हरियाणा)*
43. नेशनल इन्स्टीट्यूट ऑफ एनीमल जेनेटिक्स	*करनाल (हरियाणा)*
44. इण्डियन प्लाईवुड इण्डस्ट्रीज रिसर्च इन्स्टीट्यूट	*बंगलुरु (कर्नाटक)*
45. नेशनल साइन्स सेण्टर	*नई दिल्ली*
46. सेण्टर फॉर सैल्यूलर एण्ड मोलिक्यूलर बॉयलोजी	*हैदराबाद (आन्ध्र प्रदेश)*
47. सेण्ट्रल एरिडजोन रिसर्च इन्स्टीट्यूट	*जोधपुर (राजस्थान)*
48. सेण्ट्रल सोयल एण्ड वाटर कन्जर्वेशन रिसर्च एण्ड ट्रेनिंग इन्स्टीट्यूट	*देहरादून (उत्तराखण्ड)*
49. सेण्ट्रल सोयल सैलाइनिटी रिसर्च इन्स्टीट्यूट	*करनाल (हरियाणा)*
50. कॉटन टेक्नोलॉजिकल रिसर्च लेबोरेटरी	*मुम्बई (महाराष्ट्र)*
51. इण्डियन ग्राम लैण्ड एण्ड फोडर रिसर्च इन्स्टीट्यूट	*झाँसी (उत्तर प्रदेश)*
52. इण्डियन इन्स्टीट्यूट ऑफ शुगरकेन रिसर्च	*कोयम्बटूर (तमिलनाडु)*
53. जूट टेक्नोलॉजिकल रिसर्च लेबोरेटरी	*कोलकाता (पश्चिम बंगाल)*
54. नेशनल रिसर्च सेण्टर फॉर ग्राउण्डनट	*जूनागढ़ (गुजरात)*
55. कोलेरा रिसर्च सेण्टर	*कोलकाता (पश्चिम बंगाल)*
56. इण्डियन एग्रीकल्चरल रिसर्च इन्स्टीट्यूट	*दिल्ली*
57. नेशनल इन्स्टीट्यूट ऑफ न्यूट्रिशन	*हैदराबाद (आन्ध्र प्रदेश)*
58. पोस्ट ग्रेजुएट इन्स्टीट्यूट ऑफ मेडिकल एजूकेशन एण्ड रिसर्च	*चण्डीगढ़*
59. ट्यूबरक्यूलोसिस रिसर्च सेण्टर	*चेन्नई (तमिलनाडु)*
60. इण्डियन कैंसर रिसर्च सेण्टर	*मुम्बई (महाराष्ट्र)*
61. साहा इन्स्टीट्यूट ऑफ न्यूक्लियर फिजिक्स	*कोलकाता (पश्चिमी बंगाल)*
62. विक्रम साराभाई स्पेस सेण्टर	*तिरुअनन्तपुरम (केरल)*

उद्योग

1. इस्पात कारखाने	*दुर्गापुर (पश्चिम बंग), ब्रिटेन के सहयोग से निर्मित, बोकारो (झारखण्ड) सोवियत यूनियन के सहयोग से निर्मित, राउरकेला (ओडिशा)–पश्चिम जर्मनी के सहयोग से निर्मित, भिलाई (छत्तीसगढ़)–सोवियत यूनियन के सहयोग से निर्मित, सेलम (तमिलनाडु), जमशेदपुर (झारखण्ड)*
2. तेलशोधक कारखाने	*गुवाहाटी (असोम), हल्दिया (पश्चिम बंग), कोयाली (महाराष्ट्र), विशाखापत्तनम (आन्ध्र प्रदेश), कोच्चि (केरल)*
3. एण्टी बायोटिक्स	*पिम्परी (पुणे), ऋषिकेश (उत्तराखण्ड), हैदराबाद (आन्ध्र प्रदेश)*
4. भारत इलेक्ट्रॉनिक्स लिमिटेड	*बंगलुरु (कर्नाटक), गाजियाबाद (उत्तर प्रदेश), कोटद्वार (उत्तराखण्ड)*
5. हैवी इलेक्ट्रिकल्स	*भारत हैवी इलेक्ट्रिकल्स लिमिटेड (भेल), भोपाल (मध्य प्रदेश), रानीपुर (उत्तराखण्ड), हैदराबाद (आन्ध्र प्रदेश), तिरूवेरूम्बट (तमिलनाडु), झाँसी (उत्तर प्रदेश)*
6. हिन्दुस्तान मशीन टूल्स (एचएमटी),	*जलाहाली (बंगलुरु के निकट कर्नाटक), कुकरपल्ली (आन्ध्र प्रदेश), पिंजौर (हरियाणा), कालससेर (एरनाकुलम के निकट), रानीबाग (नैनीताल के पास), जैनकोट (श्रीनगर, कश्मीर)*
7. उर्वरक कारखाने	*सिन्दरी (बिहार), नांगल (पंजाब), नेवेली (तमिलनाडु), राउरकेला (ओडिशा), मुम्बई (महाराष्ट्र), दुर्गापुर (पश्चिम बंगाल), कोरबा (मध्य प्रदेश), गोरखपुर (उत्तर प्रदेश), नामरूप (असोम), पनकी (उत्तर प्रदेश), कोच्चि (केरल), काण्डला (गुजरात), विशाखापत्तनम (आन्ध्र प्रदेश), हजीरा (गुजरात), भटिण्डा (पंजाब), पानीपत (हरियाणा), आँवला (उत्तर प्रदेश), पाराद्वीप (ओडिशा), जगदीशपुर (उत्तर प्रदेश)*

8. न्यूज प्रिण्ट फैक्टरी	*नेपानगर (मध्य प्रदेश), टीटागढ़ (पश्चिम बंग)*
9. काँच	*महाराष्ट्र, पश्चिम बंग, उत्तर प्रदेश*
10. सूती कपड़ा	*तमिलनाडु, गुजरात, कर्नाटक, मध्य प्रदेश, उत्तर प्रदेश, महाराष्ट्र, आन्ध्र प्रदेश*
11. ऊनी कपड़ा	*महाराष्ट्र, धारीवाल (पंजाब), लुधियाना (पंजाब), श्रीनगर (जम्मू–कश्मीर), ग्वालियर (मध्य प्रदेश)*
12. रेशमी कपड़ा	*मैसूर (कर्नाटक), श्रीनगर (जम्मू–कश्मीर), असोम, बिहार, पश्चिम बंग*
13. सीमेण्ट	*तमिलनाडु, मध्य प्रदेश, झारखण्ड, छत्तीसगढ़, बिहार, गुजरात, कर्नाटक, आन्ध्र प्रदेश, राजस्थान*
14. चमड़ा	*आगरा (उत्तर प्रदेश), कानपुर (उत्तर प्रदेश), कोलकाता, मुम्बई, दिल्ली*
15. चीनी मिट्टी (पौट्री)	*ग्वालियर (मध्य प्रदेश), खुर्जा (उत्तर प्रदेश), गाजियाबाद (उत्तर प्रदेश)*
16. पीतल	*मुरादाबाद (उत्तर प्रदेश), अलीगढ़ (उत्तर प्रदेश)*
17. एल्युमीनियम	*बेलगाम (कर्नाटक), हीराकुण्ड, एल्वे, रेनुकूट (उत्तर प्रदेश), मैसूर, जेके नगर, कोरापट, कोरबा रत्नागिरी*
18. साइकिल	*मुम्बई, आसनसोल, सोनीपत, दिल्ली, चेन्नई, जालन्धर, लुधियाना*
19. चीनी	*उत्तर प्रदेश, तमिलनाडु, महाराष्ट्र, आन्ध्र प्रदेश, कर्नाटक, बिहार, झारखण्ड*

किसने कहा या लिखा?

1. करो या मरो	*महात्मा गाँधी*
2. तुम मुझे खून दो, मैं तुम्हें आजादी दूँगा	*सुभाषचन्द्र बोस*
3. आराम हराम है	*जवाहरलाल नेहरू*
4. स्वतन्त्रता मेरा जन्म सिद्ध अधिकार है	*बाल गंगाधर तिलक*
5. इंकलाब जिन्दाबाद	*इकबाल/भगत सिंह*
6. सारे जहाँ से अच्छा हिन्दोस्ता हमारा	*इकबाल*
7. विजयी विश्व तिरंगा प्यारा	*श्याम लाल गुप्ता*
8. वन्दे मातरम्	*बंकिम चन्द्र चटर्जी*
9. जय जवान जय किसान	*लाल बहादुर शास्त्री*
10. उठो, जागो और बिना रुके लक्ष्य तक पहुँचो	*स्वामी विवेकानन्द*
11. जय हिन्द	*सुभाषचन्द्र बोस*
12. व्यवहार एक दर्पण है, जिसमें व्यक्ति का व्यक्तित्व दिखाई देता है	*रवीन्द्रनाथ ठाकुर*
13. मेरे पैर उधर कर दे, जिधर तेरा काबा न हो	*गुरु नानक*
14. सरफरोशी की तमन्ना अब हमारे दिल में है	*राम प्रसाद बिस्मिल*
15. वेदों की ओर लौटो	*स्वामी दयानन्द*
16. खूब लड़ी मर्दानी वह तो झाँसी वाली रानी थी	*सुभद्रा कुमारी चौहान*
17. नारी तुम केवल श्रद्धा हो	*जयशंकर प्रसाद*
18. नारी जीवन हाय तुम्हारी यही कहानी, आँचल में है दूध और आँखों में पानी	*मैथिलीशरण गुप्त*
19. चाह नहीं मैं सुरबाला के गहनों में गूथा जाऊँ	*माखनलाल चतुर्वेदी*
20. नर सेवा नारायण सेवा	*स्वामी विवेकानन्द*
21. मुझे अगर 100 निष्ठावान कार्यकर्ता मिल जाएँ, तो मैं भारत की काया पलट कर सकता हूँ।	*स्वामी विवेकानन्द*
22. हे राम	*महात्मा गाँधी*
23. जन–गण–मन अधिनायक जय हे	*रवीन्द्रनाथ ठाकुर*
24. Who lives if Indian dies	*जवाहरलाल नेहरू*

25. अंग्रेजों भारत छोड़ो — *महात्मा गाँधी*
26. सवा लाख से एक लड़ाऊँ — *गुरु गोविन्द सिंह*
27. अपना राज्य बुरा होने पर भी विदेशी राज्य से नौ गुना अच्छा है — *स्वामी दयानन्द*
28. तृष्णा ही सब दुःखों का मूल है — *महात्मा बुद्ध*
29. मेरी अहिंसा कायरता नहीं सिखाती — *महात्मा गाँधी*
30. मेरे सिर पर लाठी का एक-एक प्रहार अंग्रेजी शासन के ताबूत की कील बनकर रहेगा। — *लाला लाजपत राय*
31. जहाँ स्त्रियाँ पूजित होती हैं, वहीं देवताओं का वास होता है — *मनुस्मृति*
32. भय की भाँति, साहस भी संक्रामक होता है — *प्रेमचन्द*
33. सूर्य, चन्द्रमा तथा सत्य लम्बे समय तक ओट में नहीं रह सकते — *बुद्ध*
34. मूर्ख आदमी कुछ भी कह दे, विद्वान् पुरुष को सब कुछ सहन कर लेना चाहिए — *वेदव्यास*
35. जो शान्त भाव से सहन करता है, वह गम्भीर रूप से आहत भी होता है — *रवीन्द्रनाथ ठाकुर*
36. कौन ऐसा प्राणी है, जो अपनों का विरह सह सकता है — *बाणभट्ट*
37. अतीत को दफना दो, अनन्त भविष्य तुम्हारे सामने है — *विवेकानन्द*
38. एक तपे हुए लोहे को दूसरे तपे हुए लोहे से जोड़ देना ही ठीक है — *कालीदास*
39. महान् कार्य करने के लिए शत्रु से भी सन्धि कर लेनी चाहिए — *भागवत*
40. दया करना सबसे बड़ा धर्म है — *बाल्मीकि*
41. नास्तिक वह है जिसे अपने पर विश्वास नहीं है — *विवेकानन्द*
42. हम अगर चलते हुए गिरते हैं, तो हमें परेशान नहीं होना चाहिए, इससे हममें और बेहतर ढंग से चलने का कौशल विकसित होता है — *अरविन्द*
43. हम जितनी जल्दी लोगों की भावनाओं का अनुमान लगा सकें, दुनिया के लिए उतना ही अच्छा होगा — *डॉ. राधाकृष्णन*
44. जो व्यक्ति अपनी निन्दा करने की क्षमता रखता है, उससे बड़ा जितेन्द्रिय कोई नहीं — *वेदव्यास*
45. यदि तुम सूर्य के खोने पर आँसू बहाओगे, तो तुम तारों को भी खो बैठोगे — *रवीन्द्रनाथ ठाकुर*
46. राजा जैसा आचरण करता है, प्रजा भी वैसा ही आचरण करने लगती है — *वाल्मीकि*
47. लोग एक-दूसरे को शिक्षा देते हैं, किन्तु स्वयं उसका पालन नहीं करते — *तुलसीदास*
48. मनुष्य को जो प्राप्ति होनी है, वह होगी, भाग्य भी बाधा नहीं डाल सकता — *पंचतन्त्र*
49. तुम हमेशा कह सकते हो कि प्रतिमा ईश्वर है, केवल यही सोचने से बचना कि ईश्वर प्रतिमा है — *स्वामी विवेकानन्द*
50. संसार में सभी प्राणी समान हैं और सभी को जीवित रहने का अधिकार है, इसलिए किसी को किसी के प्रति अन्याय या किसी का शोषण नहीं करना चाहिए — *महावीर*
51. बुद्धिमान पुरुष वही है, जो प्रत्येक कार्य को अपने लिए रुचिकर बना ले — *स्वामी विवेकानन्द*
52. जिसने कभी प्रेम नहीं किया, वह भगवान की कृपा कभी प्राप्त नहीं कर सकता — *रामानुजाचार्य*

खेल

1. भारत का राष्ट्रीय खेल कौन-सा है? — *हॉकी*
2. भारत ने ओलम्पिक में हॉकी का स्वर्ण पदक सर्वप्रथम कब जीता? — *वर्ष 1928 में एम्सटर्डम में*
3. अब तक ओलम्पिक में भारत कितने स्वर्ण पदक जीत चुका है? — *8*
4. भारतीय ओलम्पिक संघ ने 20वीं शताब्दी का सर्वश्रेष्ठ 100 मी का धावक किसे घोषित किया? — *पीटी ऊषा*
5. शतरंज में जूनियर विश्व चैम्पियन विजेता पहली भारतीय महिला — *कानेरू हम्पी*
6. प्रथम भारतीय महिला जिसने शतरंज ग्राण्ड मास्टर उपाधि प्राप्त की — *एस. विजयलक्ष्मी*
7. भारत का सबसे बड़ा खेल पुरस्कार कौन-सा है? — *राजीव गाँधी खेलरत्न पुरस्कार*

8. खो–खो का क्या अर्थ है तथा यह किस भाषा का शब्द है? *जाओ और पकड़ो, मराठी*
9. अर्जुन पुरस्कार किसको दिया जाता है? *वर्ष के सर्वश्रेष्ठ खिलाड़ियों को*
10. अर्जुन पुरस्कार किस वर्ष आरम्भ किया गया? *वर्ष 1961*
11. क्रिकेट में प्रथम अर्जुन पुरस्कार किसको मिला? *सलीम दुर्रानी, 1961*
12. टेनिस में प्रथम अर्जुन पुरस्कार किसको मिला? *रामनाथन कृष्णन, 1961*
13. फुटबॉल में प्रथम अर्जुन पुरस्कार विजेता *पीके बनर्जी, 1961*
14. बैडमिण्टन में प्रथम अर्जुन पुरस्कार विजेता *नन्दू नाटेकर*
15. बैडमिण्टन में प्रथम अर्जुन पुरस्कार विजेता महिला का नाम *मीना शाह*
16. एथीलीटों में प्रथम अर्जुन पुरस्कार विजेता *गुरुवचन सिंह रन्धावा*
17. शतरंज में प्रथम अर्जुन पुरस्कार विजेता *मैनुएल एरन*
18. कुश्ती में प्रथम द्रोणाचार्य पुरस्कार किसे दिया गया? *बालचन्द्र भागवत*
19. द्रोणाचार्य पुरस्कार किसको दिया जाता है? *वर्ष के श्रेष्ठ खेल प्रशिक्षकों को*
20. द्रोणाचार्य पुरस्कार किस वर्ष आरम्भ हुआ? *वर्ष 1985*
21. क्रिकेट में भारत ने किस वर्ष विश्व कप जीता? *वर्ष 1983, लॉडर्स में, वेस्टइण्डीज के विरुद्ध (कपिल देव कप्तान)*
22. ओलम्पिक फाइनल में पहुँचने वाली प्रथम भारतीय महिला *पीटी ऊषा*
23. लगातार 22 मेडन ओवर फेंकने का विश्व रिकॉर्ड किस भारतीय खिलाड़ी के नाम *बापू नाडकर्णी*
24. भारत ने हॉकी एशिया कप कितनी बार जीता है? *एक बार*
25. अन्तर्राष्ट्रीय जूडो में भारत ने पहली बार किस वर्ष में भाग लिया? *वर्ष 1986, एशियन गेम्स, सियोल*
26. चेपक स्टेडियम कहाँ स्थित है? *चेन्नई*
27. भारतीय क्रिकेट टीम के सबसे कम उम्र के कप्तान कौन थे? *मंसूर अली खाँ पटौदी*
28. विश्व कप क्रिकेट में हैट्रिक लेने वाले प्रथम भारतीय कौन हैं? *चेतन शर्मा*
29. विजडन क्रिकेटर्स एलमनाक में स्थान पाने वाले प्रथम भारतीय का नाम बताइए। *रणजीत सिंह जी*
30. सर्वप्रथम कौन–सी भारतीय फुटबॉल टीम ने आईएफए शील्ड जीती? *मोहनबागान, 1911*
31. भारत में पहला घुडदौड़ का मैदान किस नगर में स्थापित हुआ? *चेन्नई*
32. किसी भी ग्रैण्ड स्लेम प्रतियोगिता के पहले चरण में प्रवेश करने वाली पहली भारतीय महिला टेनिस खिलाड़ी कौन थी? *निरूपमा वैद्यनाथन*
33. किस भारतीय खिलाडी ने हॉकी और क्रिकेट दोनों खेलों में देश का प्रतिनिधित्व किया? *एनजी गोपालन*
34. केडी सिंह बाबू स्टेडियम कहाँ पर है? *लखनऊ*
35. भारत ने एशियाई खेलों की मेजबानी कितनी बार की है? *2 बार (1951 व 1982)*
36. किस भारतीय क्रिकेटर ने 16 वर्ष की आयु में पहला टेस्ट मैच खेला था? *सचिन तेन्दुलकर (पाकिस्तान में)*
37. किस खिलाड़ी को हॉकी का जादूगर कहते हैं? *ध्यानचन्द*
38. आगा खाँ कप किस खेल से सम्बन्धित है? *हॉकी*
39. टेबिल टेनिस की राष्ट्रीय उपाधि किसने सबसे अधिक बार जीती? *कमलेश मेहता ने 8 बार*
40. बिलियर्ड्स में विश्व चैम्पियन की उपाधि पाने वाले प्रथम भारतीय *विल्सन जोन्स*
41. भारत ने अपना पहला टेस्ट क्रिकेट मैच कब किसके विरुद्ध जीता था? *6-2-1952 (इंग्लैण्ड के विरुद्ध)*
42. प्रथम बल्लेबाज जिसने टेस्ट क्रिकेट में 10000 रन पूरे किए? *सुनील गावस्कर*
43. राष्ट्रीय खेल दिवस किस महान् खिलाड़ी के जन्म दिवस पर मनाया जाता है? *मेजर ध्यानचन्द*
44. All England Badminton Championship जीतने वाले प्रथम भारतीय *प्रकाश पादुकोण*
45. ब्रेबोर्न क्रिकेट स्टेडियम किस शहर में स्थित है? *मुम्बई*

46. सन्तोष ट्रॉफी किस खेल से सम्बन्धित है? — *फुटबॉल*
47. खो-खो खेल में खिलाड़ियों की संख्या कितनी होती है? — *दोनों टीमों में 9-9*
48. सबसे कम उम्र में राष्ट्रीय बैडमिण्टन चैम्पियनशिप जीतने वाले खिलाड़ी का नाम — *प्रकाश पादुकोण (15 वर्ष)*
49. सबसे कम उम्र में शतरंज के भारतीय ग्राण्ड मास्टर बनने वाले खिलाड़ी का नाम — *पण्डियाला हरिकृष्णा (15 वर्ष)*
50. कौन-सा क्रिकेट मैदान चण्डीगढ़ के सबसे पास है? — *मोहाली*
51. सर्वप्रथम पद्मश्री पाने वाले धावक का नाम बताओ। — *मिल्खा सिंह, 1961*
52. मेजर ध्यानचन्द की आत्मकथा का क्या नाम है? — *गोल*
53. क्रिकेट टेस्ट मैच में दोहरा शतक लगाने वाली भारतीय महिला खिलाड़ी का नाम बताओ। — *मिताली राज*
54. एक दिवसीय क्रिकेट मैचों में सबसे जल्दी 8000 रन बनाने वाले खिलाड़ी का नाम — *सौरव गांगुली (208 मैच, 200 इनिंग्स)*
55. एक दिवसीय क्रिकेट मैचों में 300 विकेट लेने वाले प्रथम भारतीय खिलाड़ी का नाम बताओ। — *अनिल कुम्बले*
56. सीमित ओवर के क्रिकेट मैचों में शतक लगाने वाले प्रथम भारतीय — *कपिलदेव (175 रन, वर्ष 1983)*
भार की ओर से पहली बार तिहरा शतक लगाने वाले भारतीय — *विरेन्द्र सहवाग*
57. भारत की ओर से पहली बार तिहरा शतक लगाने वाले भारतीय — *विरेन्द्र सहवाग*

उपनाम

1. बापू, राष्ट्रपिता — *मोहनदास कर्मचन्द गाँधी*
2. चाचा — *पं. जवाहरलाल नेहरू*
3. गुरुदेव — *रवीन्द्रनाथ ठाकुर*
4. लौह पुरुष, भारत का बिस्मार्क — *सरदार वल्लभ भाई पटेल*
5. राजाजी, सीआर — *चक्रवर्ती राजगोपालाचारी*
6. महामना — *मदनमोहन मालवीय*
7. भारत कोकिला — *सरोजनी नायडू*
8. दीनबन्धु — *सीएफ एण्ड्रूज*
9. देशरत्न — *राजेन्द्र प्रसाद*
10. लोकनायक — *जयप्रकाश नारायण*
11. नेताजी — *सुभाषचन्द्र बोस*
12. लाला, पंजाब केसरी — *लाला लाजपत राय*
13. पाल — *विपिनचन्द्र पाल*
14. बाल, लोकमान्य — *बाल गंगाधर तिलक*
15. शेरे पंजाब — *महाराजा रणजीत सिंह*
16. शेरे मैसूर — *टीपू सुल्तान*
17. प्रियदर्शनी, भारत की लौह महिला — *इन्दिरा गाँधी*
18. दादा मुनि — *अशोक कुमार*
19. सीमान्त गाँधी — *खान अब्दुल गफ्फार खाँ*
20. ओशो — *आचार्य रजनीश*
21. हॉकी का जादूगर — *ध्यानचन्द*
22. भारत का नेपोलियन — *समुद्रगुप्त*
23. भारत के मिसाइल मैन — *एपीजे अब्दुल कलाम*
24. भारत में हरित क्रान्ति के जनक — *एमएस स्वामी नाथन*
25. भारत में श्वेत क्रान्ति के जनक — *वर्गीज कुरियन*
26. बाबा साहेब — *डॉ. बीआर अम्बेडकर*
27. ग्रैंड ओल्ड मैन ऑफ इण्डिया — *दादा भाई नौरोजी*
28. सत्यवादी — *राजा हरिश्चन्द्र*
29. दानवीर — *राजा कर्ण*
30. फिल्मों में ग्रेट शो मैन — *राजकपूर*
31. हरियाणा हरिकेन — *कपिल देव*
32. उड़नपरी — *पीटी ऊषा*
33. फ्लाइंग सिख — *मिल्खा सिंह*
34. लिटिल मास्टर — *सुनील गावस्कर*
35. भारतीय फिल्मों के जनक — *दादा साहब फाल्के*
36. मास्टर ब्लास्टर — *सचिन तेन्दुलकर*
37. बा — *कस्तूरबा गाँधी*
38. भारत के शेक्सपियर — *कालिदास*
39. शेरे कश्मीर — *शेख मोहम्मद अब्दुल्ला*
40. शहीदे-आजम — *भगत सिंह*
41. देशबन्धु — *चितरंजन दास*

मॉडल इण्टरव्यू
(1-20)

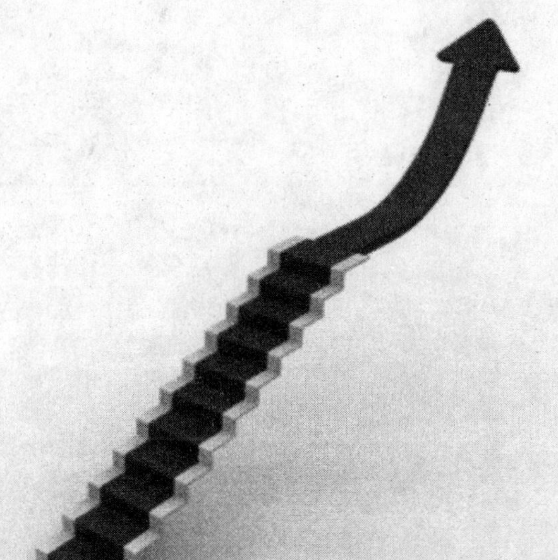

मॉडल इण्टरव्यू 1

''सफलता सतत परिश्रम का परिणाम होती है।'' इस कहावत को चरितार्थ कर दिखाया श्री प्रकाश कुमार 'नीरज' ने। इनका चयन SBI (PO) के पद पर हुआ। नीरज ने दिल्ली विश्वविद्यालय से इतिहास विषय में स्नातकोत्तर की उपाधि प्राप्त की है। यह बैंक के PO पद हेतु इण्टरव्यू के लिए आए हैं, *इनका अन्य व्यक्तिगत परिचय निम्न प्रकार से है*

नाम	प्रकाश कुमार 'नीरज'
पिता	देवेन्द्र शर्मा
माता	गीता शर्मा
पता	कंकडवाग पटना (बिहार)
शैक्षिक पृष्ठभूमि	बीए (पटना विश्वविद्यालय) एमए इतिहास (दिल्ली विश्वविद्यालय)
सकारात्मक पहलू	कठोर परिश्रम
नकारात्मक पहलू	अति भावुकता
आदर्श व्यक्ति	भगत सिंह
अभिरुचि	क्रिकेट खेलना

श्री प्रकाश कुमार का इण्टरव्यू 19 अक्टूबर, 2013 को पटना स्थित SBI (मुख्य शाखा) में श्री सतीश कुमार के बोर्ड में सम्पन्न हुआ। अध्यक्ष के अलावा बोर्ड में 3 पुरुष तथा 1 महिला सदस्य भी थी। सामान्य कद-काठी वाले प्रकाश कुमार ने इण्टरव्यू के समय हल्के क्रीम कलर की कमीज, ब्लू पैण्ट, काले जूते तथा ब्लू टाई पहन रखा था। इण्टरव्यू 10 : 30 AM से प्रारम्भ हुआ। कक्ष में प्रवेश करते समय प्रकाश सहज एवं सकारात्मक प्रतीत हो रहे थे, उन्होंने कक्ष में प्रवेश किया।

प्रकाश महाशय क्या मैं अन्दर आ सकता हूँ?

अध्यक्ष **हाँ, प्रकाश जी आइए, बैठिए**

प्रकाश धन्यवाद, सर। *(महिला सदस्य को अलग से नमस्कार करते हुए)*

अध्यक्ष **प्रकाश जी, आपका उपनाम 'नीरज' है। क्या आप इसी उपनाम के किसी अन्य प्रसिद्ध व्यक्ति का नाम बता सकते हैं?**

प्रकाश जी महाशय, गोपालदास 'नीरज', जो हमारे देश के एक महान् साहित्यकार तथा फिल्म गीतकार हैं।

सदस्य **आपने इतिहास से एमए किया है। क्या आप हमें बता सकते हैं कि 1857 ई. की क्रान्ति का तात्कालिक कारण क्या था?**

प्रकाश जी, 1857 ई. की क्रान्ति का तात्कालिक कारण चर्बी लगा कारतूस का प्रयोग था। भारतीय सैनिकों ने इस कारतूस को प्रयोग करने से मना कर दिया था, क्योंकि यह गाय तथा सुअर की चर्बी से बना था, जो सैनिकों की धार्मिक भावनाओं को आहत कर रहा था।

अध्यक्ष **भारतीय औद्योगिक विकास बैंक के सम्बन्ध में आप कुछ जानते हैं?**

प्रकाश इस बैंक की स्थापना वर्ष 1982 में हुई थी। यह वस्तुत: निर्यात को बढ़ावा देने हेतु वित्त देता है। इसका मुख्य उद्देश्य निर्यातकों की समस्याएँ सुलझाना, पूँजीगत वस्तुओं और तकनीकी सेवाओं के निर्यात पर विशेष ध्यान देना है।

दूसरा सदस्य **अच्छा, प्रकाश जी ये बताइए कि जब विद्रोह भड़क उठा, तो भारतीय सैनिकों ने उसी कारतूस का प्रयोग धड़ल्ले से किया, उस समय उनकी धार्मिक भावनाएँ कहाँ गईं?**

(चूँकि अभ्यर्थी ने एक अच्छे विश्वविद्यालय से इतिहास विषय में स्नातकोत्तर की उपाधि प्राप्त की है। अतः सदस्य को गहराई से विषय ज्ञान को जानना चाहिए।)

प्रकाश महाशय मेरे विचारानुसार जब देशभक्ति की भावना चरम् पर होती है, तो ये सारी बातें गौण हो जाती हैं चूँकि हम जानते हैं कि 1857 ई. की क्रान्ति महज चर्बी लगा कारतूस का प्रयोग नहीं था, बल्कि इसके अन्य कारण थे। अंग्रेजों की दमनकारी आर्थिक नीतियों का रोष जन सामान्य में था। जैसे ही उन्हें मौका मिला उन्होंने अंग्रेजों को उखाड़ फेंकने के लिए परम्परागत हथियारों के साथ-साथ चर्बी लगे कारतूस के प्रयोग से गुरेज नहीं किया।

महिला सदस्य **अच्छा, प्रकाश जी ये बताइए कि अभी जो 10वीं पंचवर्षीय योजना चल रही है, उसमें महिलाओं एवं बच्चों के कल्याण हेतु क्या प्रावधान किए गए हैं?**

प्रकाश मैडम अभी 12वीं पंचवर्षीय योजना चल रही है। 10वीं पंचवर्षीय योजना का कार्यकाल वर्ष 2002-07 था।

(प्रकाश जी ने चतुराईपूर्वक सदस्य की चाल को भाँप कर एक स्वस्थ सक्रिय दिमाग का परिचय दिया। अत: प्रश्न को ध्यानपूर्वक सुनकर ही उत्तर देना चाहिए।)

अध्यक्ष **बैंकिंग को कैरियर के रूप में चयन का आप क्या कारण मानते हैं?**

प्रकाश महाशय बैंकिंग सेवा में प्रत्यक्ष रूप से लोगों से मिलने का तथा उनकी सेवा करने का मौका मिलता है। बैंकों का राष्ट्रीयकरण हो ज़ाने से राष्ट्रीयकृत बैंक सुदूर ग्रामीण क्षेत्रों में अपनी शाखाएँ स्थापित करने के लिए प्रोत्साहित हुए। इन शाखाओं में कार्यरत कर्मचारी/अधिकारी सुदूर ग्रामीण क्षेत्रों के लोगों की संस्कृति से परिचित होते हैं। मेरा मानना है कि बैंकिंग सेवा देश को एकसूत्र में बाँधने का एक महत्त्वपूर्ण कार्य करता है।

अध्यक्ष **अनुसूचित बैंकों के बारे में आप क्या जानते हैं?**

प्रकाश महाशय, उन बैंकों को अनुसूचित बैंकों की संज्ञा दी जाती है, जिनको भारतीय रिजर्व बैंक की दूसरी अनुसूची में सम्मिलित किया गया है।

अध्यक्ष **अनुसूचित बैंक का दर्जा प्राप्त करने के लिए बैंकों को कौन-सी शर्त पूरी करनी होती है?**

प्रकाश महाशय, अनूसूचित बैंक का दर्जा प्राप्त करने के लिए बैंक को प्रदत्त पूँजी तथा संचित राशि ₹ 5 लाख से कम नहीं होनी चाहिए तथा इसे एक संयुक्त पूँजी एकल व्यापारी साझा फर्म की जगह एक संयुक्त पूँजी कम्पनी होना चाहिए।

सदस्य **'लियोण्टिफ पैराडॉक्स' के बारे में आप क्या जानते हैं?**

प्रकाश महाशय, मैं क्षमा चाहता हूँ कि लियोण्टिफ पैराडॉक्स के सम्बन्ध में मुझे जानकारी नहीं है।

(प्रकाश जी द्वारा धैर्य रखते हुए विनम्रतापूर्वक प्रश्न का उत्तर देने से मना किया गया)

सदस्य **प्रकाश जी आप हमें स्वेट इक्विटी के बारे में कुछ बताइए।**

प्रकाश महाशय, कम्पनी अधिनियम कम्पनी द्वारा अपने कर्मचारियों तथा स्वेट इक्विटी संचालकों को नकदी के अतिरिक्त किसी अन्य प्रतिफल; जैसे-बौद्धिक सम्पदा या नो हाऊ (Know How) उपलब्ध कराने के लिए शेयर निर्गत करने की अनुमति देती है, ऐसे शेयरों को स्वेट इक्विटी कहते हैं।

सदस्य **'रूपे' क्या है?**

प्रकाश यह एक पेमेण्ट गेटवे है, जिसे 'नेशनल पेमेण्ट कॉर्पोरेशन ऑफ इण्डिया' द्वारा विकसित किया गया है। यह वीजा और मास्टर कार्ड की तरह है, जो एटीएम से पैसे निकालने और कैश ट्रांजेक्शन आदि कार्य कर सकेगा।

अध्यक्ष **प्रकाश, यह बताइए कि Crossed Cheque क्या होते हैं?**

प्रकाश महाशय जब चेक पर दो समानान्तर रेखाएँ बनाई जाती हैं, तो वह चेक क्रॉस्ड चेक बन जाता है। इस तरह के चेक का भुगतान, नकद में नहीं किया जा सकता है, बल्कि इस प्रकार के चेक का भुगतान पेयी के खाते में या पेयी द्वारा किसी आम व्यक्ति के नाम (चेक के पीछे) हस्तान्तरण करने के बाद उसके खाते में किया जा सकता है।

महिला सदस्य **तो कम्पनी क्रॉस्ड चेक क्या होता है?**

प्रकाश महोदया जब किसी चेक पर दो समान्तर रेखाएँ खींचकर उसे क्रॉस्ड कर दिया जाता है एवं उन समान्तर रेखाओं के मध्य कम्पनी शब्द अंकित कर दिया जाता है, तो इस प्रकार के चेक, कम्पनी क्रॉस्ड चेक कहलाते हैं। इनका भुगतान बैंक द्वारा नकद में नहीं किया जा सकता है, बल्कि जिसके नाम चेक जारी किया है उसके खाते में अथवा जिसके नाम चेक हस्तान्तरित किया गया है, उसके खाते में किया जा सकता है। इस प्रकार के चेक का दूसरे के पक्ष में हस्तान्तरण हो सकता है। सामान्य क्रॉस्ड चेक एवं कम्पनी क्रॉस्ड चेक समान होते हैं।

सदस्य **प्रकाश बेसल-II क्या है?**

प्रकाश महाशय बेसल–II बेसल अकॉर्ड की शृंखला में दूसरी रिपोर्ट है। बेसल-II का प्रकाशन जून, 2004 में हुआ। इसका उद्देश्य बैंकों के सम्बन्ध में अन्तर्राष्ट्रीय स्टैण्डर्ड तैयार करना था, जो बैंक में होने वाली किसी भी जोखिम की स्थिति में, बैंक को कितनी बेसल-II अलग से रखनी चाहिए, जिससे वे सुरक्षित रहे इसके लिए नियम तय करे एवं सभी देशों के लिए सभी बैंकों के लिए ये नियम/सिफारिशें लागू हों। बेसल-II में प्रस्तुत सिफारिशों के अनुसार, Capital Adequacy के सम्बन्ध में उनकी सिफारिश, किसी भी आकस्मिक/आर्थिक खराब परिस्थितियों में अन्तर्राष्ट्रीय जगत् में अस्थिरता को रोकने में मददगार होगी।

अध्यक्ष **अपने आदर्श भगत सिंह की दो पुस्तकों के नाम बताइए।**

प्रकाश ''मैं नास्तिक क्यू हूँ'' तथा ''मेरी जीवन डायरी'' उनकी दो प्रसिद्ध पुस्तकें हैं।

अध्यक्ष **अच्छा प्रकाश जी, आपका इण्टरव्यू समाप्त हुआ अब आप जा सकते हैं।**

प्रकाश धन्यवाद महाशय,

(पुनः महिला सदस्य को अलग से नमस्कार करके प्रकाश मुस्कुराते हुए कक्ष से बाहर चले जाते हैं)

विश्लेषण *इस इण्टरव्यू के दौरान हमने देखा कि प्रकाश कुमार 'नीरज' ने सभी प्रश्नों का उत्तर सहजता से दिया। अपने बायोडाटा तथा शैक्षणिक पृष्ठभूमि से पूछे गए प्रश्नों के उत्तर प्रकाश ने बड़ी रोचकता तथा तथ्यपूर्ण विवरणों के साथ प्रस्तुत किए। इसका सकारात्मक प्रभाव जरूर बोर्ड पर पड़ा होगा। एक कठिन प्रश्न पूछे जाने पर प्रकाश ने बिना झिझक के उस प्रश्न का उत्तर देने में असमर्थता जाहिर की, साथ ही बैंकिंग सेवा से सम्बन्धित प्रश्नों का उत्तर भी सहजता से दिया। कुल मिलाकर अपनी शिष्टता का परिचय देते हुए प्रकाश ने अच्छा इण्टरव्यू दिया।*

मॉडल इण्टरव्यू 2

मिस वन्दना अग्रवाल दिल्ली विश्वविद्यालय से भूगोल में स्नातक हैं। उसका पसन्दीदा शौक बच्चों को पढ़ाना और सामाजिक सेवा करना है। वह दिल्ली की रहने वाली हैं। वह इण्टरव्यू के लिए निर्धारित समय से एक घण्टा पहले इण्टरव्यू सेण्टर पहुँच जाती हैं। उसने बाल ढंग से बनाए हुए थे और उसके श्रृंगार में एक अलग सौम्यता थी। वह हल्के पिंक रंग का सूट पहनकर आई थी। इण्टरव्यू सेण्टर पहुँचकर वह अपना प्रमाण-पत्र चेक करवाती हैं और प्रत्याशियों हेतु निर्धारित प्रतीक्षालय में अपनी बारी का इन्तजार करती हैं। युवती होने के बावजूद वह बहुत ही आराम से सभी प्रत्याशियों की बातचीत में शामिल हो जाती हैं। वह काफी आत्मविश्वास से भरपूर, सहज एवं सजग नजर आ रही थी। जब सन्देशवाहक उनका नाम पुकारता है तो वह शेष प्रत्याशियों से विदा लेकर इण्टरव्यू कक्ष की ओर प्रस्थान कर गयी। आहिस्ता से दरवाजा खोलकर वह अन्दर आने की अनुमति माँगती हैं और अनुमति मिलने पर इण्टरव्यू कक्ष में प्रवेश कर जाती हैं। वह प्रत्याशियों हेतु रखी कुर्सी के पास खड़े होकर, सभी का अभिवादन करती हैं।

वन्दना सभी को मेरा नमस्कार है, सर।

चेयरमैन **नमस्कार मिस वन्दना, अपना स्थान ग्रहण करें।**

वन्दना धन्यवाद, सर।

चेयरमैन **मिस वन्दना क्या आप अपने नाम का अर्थ बताएँगी?**

वन्दना जरूर सर, वन्दना का अर्थ होता है आदर और नम्रतापूर्वक की जाने वाली स्तुति।

पहला सदस्य **वन्दना जी 26 जनवरी को किस महान् महिला का जन्म हुआ था?**
(यह प्रश्न आत्मविश्वास को जाँचने के लिए पूछा गया है।)

वन्दना सर, मेरा जन्म हुआ था। *(मुस्कुराते हुए)*

पहला सदस्य **वन्दना जी 26 जनवरी को हम लोग किस रूप में मनाते हैं?**

वन्दना सर, हम लोग गणतन्त्र दिवस के रूप में 26 जनवरी को मनाते हैं।

दूसरा सदस्य **मिस वन्दना गणतन्त्र का क्या अर्थ होता है?**

वन्दना गणतन्त्र का अर्थ होता है ऐसा देश जहाँ देश के सर्वोच्च पद पर साधारण जनता पदासीन हो सकती है। जैसे कि भारत में सर्वोच्च पद राष्ट्रपति का है, जिस पद पर कोई भी भारतीय नागरिक निधारित रीति से पदासीन हो सकता है।

चेयरमैन **क्या आप बता सकती हैं कि राष्ट्रीय गीत एवं राष्ट्रीय गान में क्या अन्तर है?**

वन्दना हाँ जी सर। हमारे देश का राष्ट्रीय गान जन-गण-मन है एवं राष्ट्रीय गीत वन्दे मातरम् है। इस राष्ट्रीय गान को गाने के कुछ नियम हैं, जबकि राष्ट्रीय गीत के लिए कोई नियम नहीं है। स्वतन्त्रता दिवस, गणतन्त्र दिवस जैसे अवसरों पर राष्ट्रीय गान गाया जाता है। इन अवसरों पर राष्ट्रीय गीत का गायन अनिवार्य नहीं है।

तीसरा सदस्य **आप अपने शौक को कैसे पूरा करती हैं?**

वन्दना मैं प्रत्येक दिन अपने मुहल्ले के गरीब बच्चों को मुफ्त पढ़ाती हूँ और उन्हें आगे बढ़ने के लिए हमेशा प्रेरित करती हूँ।

दूसरा सदस्य **क्या आप शिक्षा को प्रोत्साहित करने वाली भारत सरकार की कुछ योजनाओं के नाम बता सकती हैं?**

वन्दना हाँ, जी सर। भारत सरकार की शिक्षा से सम्बन्धित योजनाएँ हैं सर्वशिक्षा अभियान, मिड्डे मील योजना, कस्तूरबा गाँधी बालिका विद्यालय योजना, राष्ट्रीय माध्यमिक शिक्षा अभियान, साक्षर भारत कार्यक्रम।

पहला सदस्य **आप बैंक में रहकर किस प्रकार अपने शौक के साथ सामंजस्य कर पाएँगी?**

वन्दना सर, बैंक भी समाज और सामाजिक सेवा का एक रूप है। वित्तीय समावेशन के द्वारा वंचितों तक बैंकिंग सेवाएँ उपलब्ध कराना, लोगों की बचतों को लाभदायक निवेश में बदलना, जरूरतमन्द मेधावी छात्रों के लिए शिक्षा ऋण की व्यवस्था करना। ये सभी सामाजिक सेवा के ही मुख्य और आर्थिक आधार हैं।

चेयरमैन **मिस वन्दना, सीआरआर क्या है?**

वन्दना सर, सीआरआर का पूर्ण रूप कैश रिजर्व रेशियो है। भारत में बैंकों को आर बी आई द्वारा निर्धारित अनुपात में कुछ धन नकद रखना पड़ता है। यही नकद धनराशि सी आर आर है।

पहला सदस्य **वन्दना जी NPA क्या है?**

वन्दना सर, एनपीए का पूर्ण रूप Non Performing Assets होता है। यह बैंक द्वारा दिया गया वह ऋण या अग्रिम धनराशि है, जिससे बैंकों को आय की प्राप्ति बन्द हो गई अर्थात् जिस धन से बैंकों को ब्याज नहीं मिलता है, वह एनपीए है।

तीसरा सदस्य **डीमैट अकाउण्ट क्या है?**

वन्दना यह एक प्रकार का बैंक खाता है, जिसमें रुपयों की जगह शेयर व बॉण्ड रखे जाते हैं। अगर कोई व्यक्ति शेयर बाजार में निवेश करना चाहता है तो उसे डी–मैट खाता खुलवाना जरूरी है।

दूसरा सदस्य **हाल ही में गठित 'नीति आयोग' का पूरा नाम क्या है? इसके पहले अध्यक्ष और सीईओ का क्या नाम है?**

वन्दना श्रीमान जी, नीति आयोग का पूरा नाम 'नेशनल इंस्टीट्यूशन फॉर ट्रांसफॉर्मिंग इंडिया है। इसके पहले अध्यक्ष प्रसिद्ध अर्थशास्त्री 'श्री अरविन्द पनगढ़िया' हैं तथा पहली कार्यकारी अध्यक्ष (सीईओ) सिंधुश्री खुल्लर हैं।

चेयरमैन **मिस वन्दना भारत सरकार ने भारत रत्न देने की पात्र योग्यता में कुछ परिवर्तन किया है, क्या आप इस बारे में कुछ जानकारी दे सकती हैं?**
(यह प्रश्न वन्दना की सामयिक जानकारी को जाँचने के लिए है।)

वन्दना जी सर। भारत रत्न हमारे देश का सर्वोच्च नागरिक सम्मान है। यह पुरस्कार अब तक केवल विज्ञान, साहित्य, कला और लोकसेवा के क्षेत्र में उत्कृष्ट प्रदर्शन करने वाले लोगों को ही मिलता आया है, परन्तु मास्टर ब्लास्टर क्रिकेटर सचिन तेन्दुलकर को भारत रत्न देने की माँग काफी दिनों से हो रही थी, इसलिए गृह मन्त्रालय ने खेल–कूद में शानदार प्रदर्शन करने वालों को भी भारत रत्न की पात्रता में शामिल करते हुए वर्ष 2014 को सचिन तेन्दुलकर को भारत रत्न प्रदान किया। उनके साथ ही वैज्ञानिक सीएन आर राव को भी भारत रत्न से सम्मानित किया गया।

पहला सदस्य **मिस वन्दना हाल ही में आरबीआई ने जम्मू-कश्मीर में मौजूद वाणिज्यिक बैंकों के लिए क्या दिशा-निर्देश जारी किए हैं?**
(यह प्रश्न वन्दना की जागरूकता को जाँचने के लिए है, क्योंकि ऐसा कोई दिशा-निर्देश जारी नहीं हुआ है।)

वन्दना *(सोचते हुए)* सॉरी सर, जहाँ तक मुझे याद है आरबीआई ने हाल–फिलहाल में कोई भी विशेष दिशा–निर्देश जम्मू–कश्मीर के लिए जारी नहीं किए हैं।

दूसरा सदस्य **मिस वन्दना कैश क्या है?**

वन्दना भौतिकं अवस्था वाले मुद्रा, सिक्के, नोट्स आदि कैश हैं, जो पूर्णत: तरल अवस्था में हैं।

दूसरा सदस्य मनी (Money) क्या है?

वन्दना सर, मनी, विनिमय का माध्यम है, जो सिक्के एवं नोट्स की अवस्था में होता है, जो पूरे देश के अन्दर मान्य होता है।

बोर्ड **यदि अपकी शादी के पश्चात् आपके ससुराल वाले आपकी नौकरी से असन्तुष्ट हो जाएँ और आपसे नौकरी छोड़ने को कहें तो आप क्या करेंगी?**

वन्दना सर, मैं शादी से पूर्व सारा पक्ष ससुराल वालों के सामने रख दूँगी, ताकि भविष्य में किसी भी प्रकार के टकराव को रोका जा सके। इसके बावजूद भी यदि कोई समस्या आती है तो उसे बातचीत के माध्यम से हल करूँगी।

(वन्दना के पारिवारिक तथा व्यावसायिक दृष्टिकोण में व्यावहारिक सामंजस्य का प्रभाव निश्चित ही बोर्ड के समक्ष उनकी सकारात्मक छाप छोड़ गया होगा।)

बोर्ड **भारतीय महिला बैंक के विषय में कुछ बताइए।**

वन्दना देश के पहले महिला बैंक का उद्घाटन 19 नवम्बर, 2013 को प्रधानमन्त्री मनमोहन सिंह द्वारा मुम्बई में किया गया। उषा अनन्त सुब्रह्मण्यम को भारतीय महिला बैंक का चेयरमैन व मैनेजिंग डायरेक्टर नियुक्त किया गया है। बैंक का मुख्यालय नई दिल्ली में स्थित है।

(भारतीय महिला बैंक/इस्लामिक बैंक आदि पक्ष अथवा नवीन प्रयोगों के सम्बन्ध में ज्ञान वाँछनीय है।)

बोर्ड **विश्व का पहला महिला बैंक कहाँ खोला गया।**

वन्दना विश्व का पहला महिला बैंक वर्ष 1989 में कराची (पाकिस्तान) में खोला गया था।

बोर्ड आईसीआईसीआई बैंक की प्रमुख कौन हैं?

वन्दना चन्दा कोचर

बोर्ड उषा थोराट की अध्यक्षता वाली समिति की प्रमुख सिफारिश क्या थी?

वन्दना उषा थोराट की अध्यक्षता वाली समिति ने वर्ष 2011 तक देश के सभी गाँवों को वित्तीय सेवाएँ मुहैया कराने का लक्ष्य तय किया था। इसके लिए एक डिस्ट्रिक्ट कन्सलटेटिव उपसमिति बनाए जाने की सिफारिश की गई थी।

बोर्ड रिवर्स रेपो दर क्या होता है?

वन्दना वह ब्याज दर जिस पर भारतीय रिजर्व बैंक व्यावसायिक बैंकों से लिए गए लघुकालीन ऋणों पर ब्याज देता है।

बोर्ड रेपो अधिक होने का बाजार पर क्या प्रभाव पड़ता है?

वन्दना रेपो रेट अधिक होने से व्यावसायिक बैंकों के लिए ऋण लेना महँगा हो जाता है, इसके कारण बाजार में ऋण की माँग घट जाती है और विकास प्रभावित होता है।

बोर्ड चल बैंकिंग क्या होता है?

वन्दना जनता में बैंकिंग आदतों का विकास करने के लिए कुछ बैंकों ने चल बैंक खोले हैं। ये बैंक मोटरगाड़ियों में होते हैं तथा जगह-जगह जाकर लोगों को बैंकिंग सुविधाएँ प्रदान करते हैं।

बोर्ड माइकर कोड क्या होता है?

वन्दना सॉरी सर, मुझे इसके विषय में पता नहीं है।

बोर्ड **प्वॉइन्ट्स ऑफ सेल से क्या समझते हैं?**

वन्दना इसका तात्पर्य ऐसी दुकानों, वाणिज्यिक संस्थानों एवं पेट्रोल पम्पों आदि से है, जहाँ खरीदारी करके बैंक के डेबिट कार्ड को स्वाइप करके भुगतान की सुविधा है।

बोर्ड **ह्वाइट लेबल एटीएम के विषय में आप क्या जानती हैं?**

वन्दना वित्तीय समावेशन के तहत आरबीआई के द्वारा गैर–बैंकिंग वित्तीय संस्थाओं को एटीएम स्थापित करने एवं संचालित करने की अनुमति दी गई। इस तरह की संस्थाओं द्वारा जारी एटीएम को ह्वाइट लेबल एटीएम कहा जाता है।

(बैंकिंग क्षेत्र में प्रयुक्त अत्याधुनिक प्रौद्योगिकी सम्बन्धी जानकारी एवं उससे जुड़े विभिन्न पक्षों के स्तरीय ज्ञान ने निश्चित रूप से वन्दना के आत्मविश्वास में वृद्धि की होगी।)

चेयरमैन **ओके वन्दना जी, आपका इण्टरव्यू समाप्त हो चुका है, आप कुछ पूछना चाहती हैं?**

वन्दना नहीं, सर/मुझे कुछ नहीं पूँछना है। आप सभी को धन्यवाद।

चेयरमैन **आप जा सकती हैं।**

वन्दना धन्यवाद सर।

(वन्दना अपनी कुर्सी से आहिस्ता से उठती है और दरवाजे की ओर जाती है, दरवाजा आहिस्ता से खोलकर इण्टरव्यू कक्ष से बाहर निकल जाती है।)

विश्लेषण *वन्दना ने काफी सहजता से पूरे इण्टरव्यू बोर्ड का जिस सहजता से सामना किया वह काबिले तारीफ है। उसने सभी प्रश्नों के सटीक और नपे-तुले जवाब दिए। उसने बहुत ही सूझबूझ से अपने शौक को बैंक सेक्टर से जोड़ा और सही उत्तर दिया। जम्मू-कश्मीर सम्बन्धी आरबीआई के दिशा-निर्देश सम्बन्धी वन्दना का उत्तर उसके जागरूक होने की सूचना देता है। वन्दना का प्रदर्शन औसत से बहुत अच्छा है। उसका चयन निश्चित है।*

मॉडल इण्टरव्यू 3

मिस दीपा सान्याल बैंक प्रोबेशनरी ऑफीसर की लिखित परीक्षा उत्तीर्ण करके इण्टरव्यू हेतु उपस्थित हुई थी। चेहरे पर मुस्कुराहट थी एवं आकर्षक व्यक्तित्व की नजर आ रही थी। चाल में एक आत्मविश्वास झलक रहा था। वह इण्टरव्यू स्थल पर लगभग एक घण्टा पहले पहुँच गयी थीं, अपने डॉक्यूमेन्ट का सेट, रिसेप्शन से जानकारी प्राप्त करके, सम्बन्धित कर्मचारी/अधिकारी को जमा कराकर, प्रत्याशियों के वेटिंग रूम की ओर बढ़ गई।

वहाँ अन्य प्रत्याशी भी अपनी बारी का इन्तजार कर रहे थे। वह काफी सहज, सजग एवं आत्मविश्वास से परिपूर्ण नजर आ रही थीं। सन्देशवाहक उनका नाम पुकारने पर वह शेष प्रत्याशियों से विदा लेकर उनकी शुभकामनाओं हेतु धन्यवाद देकर बड़े सहज भाव से, पूरे आत्मविश्वास से इण्टरव्यू कक्ष में प्रवेश कर गई एवं प्रत्याशी हेतु रखी कुर्सी के पास खड़े होकर, सभी इण्टरव्यू बोर्ड को अभिवादन किया।

दीपा सभी को मेरा वन्दन, नमस्कार सर।

चेयरमैन नमस्कार मिस दीपा, अपना स्थान ग्रहण करें एवं रिलैक्स हो जाएँ।

दीपा धन्यवाद सर, मैं रिलैक्स ही हूँ।

चेयरमैन मिस दीपा क्या आप बता सकती हैं कि दिल्ली विधानसभा एवं लोकसभा की कितनी सीटें हैं?

दीपा जी सर दिल्ली विधानसभा में 70 सीटें एवं लोकसभा की 7 सीटें हैं।

पहला सदस्य जन-धन योजना क्या है?

दीपा श्रीमान जी, 'प्रधानमन्त्री जन-धन योजना' वित्तीय समावेशन की एक महत्त्वपूर्ण योजना है। इसे अगस्त, 2014 में प्रारम्भ किया गया। इसके अन्तर्गत देश के प्रत्येक परिवार को बैंकिंग व्यवस्था से जोड़ा जा रहा है। जनवरी, 2015 तक इसके तहत 11.5 करोड़ बैंक खाते खोले जा चुके थे। योजना की इस उपलब्धि को गिनीज बुक ऑफ वर्ल्ड रिकॉर्ड में भी दर्ज किया गया है।

पहला सदस्य आपने कभी इण्टरनेट बैंकिंग का अपने जीवन में उपयोग किया है? इण्टरनेट बैंकिंग के बारे में आपके क्या विचार हैं?

दीपा जी सर मैं इण्टरनेट बैंकिंग का उपयोग करती हूँ, जब कभी कुछ सामान ऑनलाइन खरीदना होता है तो भी मैं इण्टरनेट बैंकिंग को उपयोग में लेती हूँ। इसी तरह रेलवे एवं एयरलाइन्स के टिकट बुक कराने में भी मैं इण्टरनेट बैंकिंग का उपयोग करती हूँ मेरे विचार से इण्टरनेट बैंकिंग ने आज सामान्य व्यक्ति के जीवन में काफी सुविधा प्रदान कर दी है, लेकिन इण्टरनेट बैंकिंग में अपना पासवर्ड किसी को नहीं बताना चाहिए। कई बार आपके पास फेक मेल आती है, जो आपसे किसी-न-किसी बहाने आपका पासवर्ड पूछती है, ऐसे धोखेबाजों से सावधान रहना चाहिए।

पहला सदस्य आप बचत खाते एवं फिक्स्ड डिपोजिट *(सावधि जमा)* में से किसे अधिक महत्त्व देती हैं?

दीपा सर बचत खाता एवं बैंक फिक्स्ड डिपोजिट (सावधि जमा) दोनों की अलग-अलग उपयोगिता है। सावधि जमा में जमा कराई गई राशि को पूर्व निर्धारित अवधि के पूर्व सामान्यतया नहीं निकाला जा सकता है, जबकि बचत खाते में जमा कराई गई राशि को कई बार छोटे-छोटे अंशों में निकाला जा सकता है। कई बार राशि जमा कराई जा सकती है बचत खाते में पैसे निकालने हेतु चेक की सुविधा है, जबकि ऐसी सुविधा सावधि खाते में नहीं है। अतः दोनों महत्त्वपूर्ण हैं दोनों की अलग-अलग उपयोगिताएँ हैं।

चेयरमैन **आप 'राइट टू रिकॉल' के बारे में क्या जानते हैं?**

दीपा सर, 'राइट टू रिकॉल' का अर्थ है वापस बुलाने का अधिकार। यह किसी भी देश की जनता के पास ऐसा अधिकार है, जिसके तहत अगर जनता को ऐसा प्रतीत होता है कि उनका चुना हुआ प्रतिनिधि सांसद या विधायक गलत कार्यों में संलिप्त है एवं वह ठीक ढंग से अपने कर्त्तव्यों का निर्वाह नहीं कर रहा है, तो जनता ऐसे जन प्रतिनिधि को वापस बुलाकर, उस क्षेत्र में उपचुनाव कराने का निर्णय करा सकती है। इसके लिए 10% मतदाताओं को एक याचिका पर हस्ताक्षर कराना होगा। हमारे देश में सर्वप्रथम लोकनायक जयप्रकाश नारायण ने 1970 में सम्पूर्ण क्रान्ति के नारे के साथ 'राइट टू रिकॉल' को लागू करने की माँग प्रस्तुत की थी। स्विट्जरलैण्ड, अमेरिका, वेनेजुएला तथा कनाडा जैसे देशों में यह अधिकार वहाँ के नागरिकों को मिला हुआ है। अभी हाल ही में अन्ना हजारे ने यह माँग फिर से उठाई है।

दूसरा सदस्य **आप UNO के बारे में क्या जानती हैं?**

दीपा सर, यूनाइटेड नेशन्स ऑर्गेनाइजेशन (United Nations Organization) एक अन्तर्राष्ट्रीय संस्था है, जिसकी स्थापना/गठन 1945 में द्वितीय महायुद्ध के बाद 51 देशों की सहमति से हुई। UNO की स्थापना का मुख्य उद्देश्य, विश्व में शान्ति, सद्भाव सुरक्षा, को कायम रखना, मित्रता का विकास करना, जिससे सदस्य देशों में सामाजिक एवं आर्थिक विकास बढ़े, मानव अधिकारों का सम्मान हो, है।

दूसरा सदस्य **आप क्या समझती हैं कि UNO अपने उद्देश्य में सफल हुआ है? संक्षिप्त में बताएँ।**

दीपा सर, UNO अपने उद्देश्य में पूरी तरह सफल नहीं हुआ है, यह बात सही है, क्योंकि उसकी स्थापना के बाद बहुत से देशों ने अन्य देशों पर आक्रमण किया है, लेकिन UNO के द्वारा विश्व में सभी देशों को एक ऐसा प्लेटफार्म मिला है, जहाँ विश्व से सदस्य देश जब किसी देश द्वारा अन्तर्राष्ट्रीय कानून का उल्लंघन करता है, तो सभी देश मिलकर ऐसे देश के विरुद्ध आवाज उठा सकते हैं। लोक निन्दा भी अपने आप में एक ऐसा हथियार है, जो ऐसे देशों को गलत कृत्य करने से रोकता है। इसके अतिरिक्त UN ने बच्चों के विकास में, नशाखोरी, पोलियो उन्मूलन, मेडिकल क्षेत्र तथा मानव अधिकारों एवं महिलाओं का उत्पीड़न रोकने का बहुत महत्त्वपूर्ण कार्य किया है।

दूसरा सदस्य **आपने बायोडाटा में लिखा है कि आप स्कूल समय में टेबल टेनिस टीम की कप्तान रही हैं। क्या आप बता सकती हैं कि टेनिस की टेबल की Size क्या होती है एवं उसके नेट की ऊँचाई कितनी होती है?**

दीपा जी, सर। आपने सही फरमाया, मैं दो वर्ष तक स्कूल की टेबल टेनिस टीम की कप्तान रहीं हूँ एवं हमने कई प्रतियोगिताएँ जीती थीं। टेबल टेनिस की लम्बाई 9 फीट *(2.74 मी)* तथा चौड़ाई 5 फीट *(150 सेमी)* एवं ऊँचाई 30 इन्च *(76 सेमी)* होती है। नेट की ऊँचाई 6 इन्च *(15-25 सेमी)* होती है। टेबल का ऊपरी तल हरा या नीला कलर का ही होना चाहिए।

तीसरा सदस्य **मिस दीपा, आप दिल्ली की रहने वाली हैं, आपको, बैंक, कहीं दिल्ली से बाहर नियुक्त करता है, तो आपको कोई समस्या तो नहीं होगी? आपको किसी दूसरे राज्य में नौकरी करने में कोई दिक्कत तो नहीं है?**

दीपा जी, सर। मुझे दिल्ली से बाहर बैंक में नियुक्ति मिलने पर जाने में कोई आपत्ति नहीं है। मुझे स्वयं पर विश्वास है एवं मैं स्वयं को हर परिस्थिति के अनुकूल ढालने में सक्षम हूँ।

तीसरा सदस्य **आपने बायोडाटा में लिखा है कि आपको पुस्तकें पढ़ने का शौक है। आपका सबसे पसन्दीदा लेखक कौन-सा है?**

दीपा जी, सर। मैं सामाजिक एवं धार्मिक किताबें पढ़ती हूँ। मेरे सबसे पसन्दीदा लेखक स्व.मुन्शी प्रेमचन्द जी हैं।

तीसरा सदस्य आपने मुन्शी प्रेमचन्द की कौन-कौन-सी किताबें अभी तक पढ़ी हैं?

दीपा सर, मैंने उनकी लिखी किताबें, गबन, गोदान एव निर्मला ही पढ़ी हैं। तीनो बहुत अच्छी किताबें हैं, उनका लिखने का ढंग बहुत सुलझा हुआ, व्यावहारिक एवं सहज है।

चेयरमैन मिस दीपा, आपका इण्टरव्यू समाप्त हो चुका है, आप हमसे कुछ पूछना चाहती हैं, तो पूछ सकती हैं।

दीपा सर, कृपया माफ कीजिए, अभी मुझसे पूछा था कि क्या मैं दिल्ली के बाहर नौकरी कर सकती हूँ, क्या इसका अर्थ यह माना जाए कि हमें दिल्ली से बाहर ही नियुक्ति दी जाएगी। वैसे मुझे बाहर जाने में कोई आपत्ति नहीं है, लेकिन जिज्ञासावश मैंने प्रश्न किया है।

चेयरमैन नहीं मिस दीपा, ऐसी कोई बात नहीं है, ऐसे प्रश्न, प्रत्याशी की प्रतिक्रिया जानने हेतु पूछे जाते हैं। अभी किसे कहाँ नियुक्ति दी जानी है, इसका कोई निर्णय नहीं हुआ है। Wish you best of luck.

दीपा धन्यवाद, सर। आप सभी का बहुत-बहुत धन्यवाद, आभार।

विश्लेषण *अपने इण्टरव्यू के दौरान दीपा ने आर्थिक, राजनैतिक, बैंकिंग तथा साहित्य से जुड़े इण्टरव्यू बोर्ड के सभी प्रश्नों का उत्तर सहजता तथा आत्मविश्वास से दिया, जोकि उनके व्यक्तित्व के सकारात्मक पक्ष को दर्शाता है। वे ऊर्जावान तथा बहुमुखी प्रतिभा की धनी हैं। अतः प्रोबेशनरी अधिकारी के लिए योग्य प्रत्याशी हैं।*

मॉडल इण्टरव्यू 4

राजीव शर्मा एक औसत लम्बाई एवं सामान्य काठी का साँवला युवक है। अपने बैंक इण्टरव्यू के दौरान उसने हल्के नीले रंग की शर्ट एवं काले रंग की पैन्ट पहने हुए थे तथा गहरे रंग की सफेद पट्टी वाली टाई लगा रखी थी। काले रंग के जूते, ठीक तरह से पॉलिश किए हुए थे। काले रंग की बेल्ट भी लगा रखी थी। अच्छा पहनावा था, जो उसके व्यक्तित्व को अच्छा प्रभावशाली बना रहा था। वह हाथ में फाइल लिए इण्टरव्यू स्थल पर प्रवेश करता है, रिसेप्शन पर जाकर कुछ जानकारी ली फिर एक अधिकारी के पास जाकर अपने डॉक्यूमेन्ट चेक करवाए। सब काम पूर्ण आत्मविश्वास एवं सहजता से सम्पन्न करवाने के बाद प्रत्याशियों के वेटिंग रूम में गया वहाँ अन्य बैठे हुए प्रत्याशियों से हाथ मिलाया तथा मित्रवत् उनकी बातचीत में संलग्न हो गया है। राजीव के हाव-भाव एवं व्यक्तित्व में बहुत सहजता तथा आत्मविश्वास दृष्टिगत हो रहा था। जैसे ही सन्देशवाहक ने उसका नाम लिया, वह हाथ उठाकर संकेत दिया एवं सभी शेष प्रत्याशियों से विदा लेकर इण्टरव्यू कक्ष की ओर बढ़ गया। दरवाजा खोलकर, अन्दर आने की अनुमति लेकर वह प्रत्याशियों हेतु रखी कुर्सी के पास जाकर, सभी का अभिवादन करता है।

राजीव सभी को मेरा नमस्कार, सर।

चेयरमैन **नमस्कार राजीव बैठिए।** *(Be Comfortable)*

राजीव धन्यवाद, सर। मैं Comfortable हूँ।
(राजीव कुर्सी पर बैठता है, उसका Posture बड़ा सहज है। कुर्सी पर बैठने से पूर्व उसने न तो कुर्सी को ज्यादा हिलाया-डुलाया, जिससे कोई शोर आदि हो, बल्कि आराम से कुर्सी पर बैठ गया)

चेयरमैन **आप मध्य प्रदेश के रहने वाले हैं, आपकी सारी शिक्षा भोपाल में हुई है। क्या आप हमें मध्य प्रदेश के बारे में बता सकते हैं कि यह कब बना?**

राजीव जी, सर। मैं मध्य प्रदेश के भोपाल शहर का रहने वाला हूँ एवं मैंने अपनी स्नातक की पढ़ाई भोपाल में ही पूरी की है। मध्य प्रदेश मूल रूप से 1950 में बना। यह पुराने ब्रिटिश क्षेत्र सेन्ट्रल प्रोविन्स एवं बेरार (Berar) एवं Princely States, Makrai एवं छत्तीसगढ़ से बनाया गया। उस समय इसकी राजधानी नागपुर थी। उस समय तीन राज्य मध्य भारत, विन्ध्य प्रदेश एवं भोपाल बनाए गए। 1956 में तीनों राज्यों को मध्य प्रदेश में शामिल कर दिया तथा नागपुर को बॉम्बे राज्य में मिलाया गया। नए मध्य प्रदेश की राजधानी भोपाल बना दी गई। वर्तमान स्थिति में जो मध्य प्रदेश है। यह 1-11-2000 को बना, जब इसका विभाजन करके एक नया राज्य छत्तीसगढ़ बना दिया गया।

चेयरमैन **क्या आप बता सकते हैं, मध्य प्रदेश में कौन-कौन से नेशनल पार्क हैं?**

राजीव जी, सर। मध्य प्रदेश में 11 नेशनल पार्क हैं, जिनमें से प्रमुख हैं-

- बाँधवगढ़ नेशनल पार्क
- सतपुड़ा नेशनल पार्क
- माधव नेशनल पार्क
- माण्डला प्लान्ट फान्सिल नेशनल पार्क
- पेंच नेशनल पार्क
- कान्हा नेशनल पार्क
- संजय नेशनल पार्क
- वन विहार नेशनल पार्क
- पन्ना नेशनल पार्क

दूसरा सदस्य **मि. राजीव आप भारत की संसद के बारे में जानते होंगे। क्या आप बता सकते हैं कि भारत की संसद के Components क्या-क्या हैं?**

राजीव जी, सर। हमारी संसद, सर्वोच्च विधिक संस्था (Supreme Legislative Body) है, इसके Components निम्न हैं
राज्यसभा (Council of States), लोकसभा (House of People), राष्ट्रपति (The President)

पहला सदस्य **क्या आप बता सकते हैं कि बैंकों की देश की अर्थव्यवस्था में क्या भूमिका होती है?**

राजीव जी, सर। बैंक किसी भी देश की अर्थव्यवस्था में महत्त्वपूर्ण भूमिका अदा करते हैं। बैंकिंग हर क्षेत्र के विभिन्न घटकों की ऋण की आवश्यकताओं की पूर्ति करती है। किसी भी अर्थव्यवस्था के विकास में, धन की आवश्यकता होती है। इस आवश्यकता की पूर्ति बैंक द्वारा की जाती है। लोगों/संस्थाओं के पास निष्क्रिय पड़ी हुई धनराशि का सही क्षेत्रों में विनिवेश, विनियोग, बैंकिंग के माध्यम से ही सम्भव है।

देश के विकास में इंफ्रास्ट्रक्चर के विकास के लिए भी धन, बैंक के माध्यम से उपलब्ध हो सकता है। इस तरह की परम्परागत भूमिका के अतिरिक्त बैंक देश की ग्रामीण एवं प्राथमिक क्षेत्र के विकास में भी अहम् भूमिका अदा करता है। कम दर एवं सुलभ ऋण देकर, किसानों की एवं SC/ST एवं पिछड़े लोगों के विकास का मार्ग बैंकिंग के माध्यम से ही प्रशस्त किया जा सकता है।

आज बैंकिंग अर्थव्यवस्था के प्रत्येक क्षेत्र से प्रत्यक्ष एवं परोक्ष रूप से जुड़ा हुआ है। बच्चे से लेकर, बुजुर्ग तक, नौकरी पेशा से लेकर, छोटे बड़े हर व्यवसायी, शेयर मार्केट से लेकर कमोडिटी मार्केट, फॉरेन एक्सचेंज ट्रांजेक्शन बैंकिंग के माध्यम से ही किया जाता है। इस तरह Banking की देश की अर्थव्यवस्था में बहुत ही महत्त्वपूर्ण भूमिका है।

दूसरा सदस्य **लोकसभा में कुल कितने सदस्य होते हैं?**

राजीव संविधान के अनुसार लोकसभा सदस्यों की अधिकतम संख्या 552 हो सकती है, जिनमें से 2 सदस्य भारत के राष्ट्रपति द्वारा नामित किए जाते हैं, शेष सभी चुनाव से चुने जाते हैं।

तीसरा सदस्य **मि. राजीव, बहुत संक्षिप्त में उत्तर दीजिएगा कि देश में व्याप्त भ्रष्टाचार के निवारण हेतु सामान्य नागरिक को क्या करना चाहिए?**

राजीव जी, सर। मैं समझता हूँ सर्वप्रथम जहाँ भी सामान्य जन को भ्रष्टाचार नजर आए उसका विरोध करना चाहिए। दूसरा चुनाव के समय एक ईमानदार व्यक्ति को समर्थन देना चाहिए, उसे वोट देना चाहिए। स्वयं की जागरूकता, भ्रष्टाचार के विरुद्ध सबसे बड़ा शस्त्र है।

तीसरा सदस्य **कभी ऐसा मौका आया है, जब आपसे किसी ने रिश्वत माँगी है?**

राजीव जी, सर। मैं अपना बर्थ-सर्टिफिकेट बनवाने गया, तो मुझसे सौ रुपये की रिश्वत माँगी गई थी, लेकिन मैंने मना कर दिया एवं आयुक्त को इस सम्बन्ध में बता दिया। उन्होंने मेरा काम तुरन्त करवा दिया और रिश्वत माँगने वाले कर्मचारी को जबरदस्त डाँट लगाई।

तीसरा सदस्य **लेकिन यदि आयुक्त आपका समर्थन नहीं करते, तो ....**

राजीव सर, मैं फिर भी रिश्वत नहीं देता, चाहे मुझे और संघर्ष करना पड़ता।

(सदस्य इस प्रकार के प्रश्न से अभ्यर्थी के स्वभाव के बारे में जानने का प्रयास करता है। वह यह जानना चाहता है कि अभ्यर्थी निजी रूप से ईमानदार है अथवा नहीं। व्यावहारिक जीवन में घूस लेने-देने की प्रक्रिया आम होती है और अक्सर लोग अपना काम जल्दी करवाने के लिए घूस दे देते हैं। राजीव ने इस प्रश्न का सटीक जवाब दिया)।

अध्यक्ष **मि. राजीव Travellers Cheque (यात्री चेक) क्या होते हैं?**

राजीव महाशय यात्रियों की सुविधा के लिए, कई बैंक यात्री चेक जारी करते हैं। यात्री चेक बैंक द्वारा जारी ऐसा चेक होता है। जिस पर मुख्य पृष्ठ पर, आवेदक के हस्ताक्षर कराए जाते हैं। यात्री चेक का भुगतान सामान्यतया उस बैंक की सभी शाखाओं में लिया जा सकता है। भुगतान करते समय बैंक की शाखा पुनः उस चेक पर धारक के हस्ताक्षर कराती है एवं हस्ताक्षर मिलाकर, उसका भुगतान कर दिया जाता है। बहुत सारे स्टोर्स पर यात्री चेक स्वीकार किए जाते हैं। यात्री चेक खो जाने पर डुप्लीकेट चेक भी जारी करवाए जा सकते हैं।

सदस्य **राजीव, आप बता सकते हैं कि Marginal Standing Facility क्या है?**

राजीव महाशय RBI द्वारा 3-5-2011 को मौद्रिक नीति की घोषणा में MSF को शुरू करने की घोषणा की थी, जो 9-5-2011 से लागू हो गई। इसके अन्तर्गत बैंक अपनी Net Demand and Time Liabilities का 1% तक RBI से खरीद सकता है। इस सुविधा के तहत बैंकों को रेपो रेट से 1% अधिक ब्याज देना पड़ेगा। इस सुविधा से बाजार में तरलता बनाए रखने में मदद मिलेगी तथा volatlity पर नियन्त्रण किया जा सकेगा।

अध्यक्ष **Draft क्या होता है?**

राजीव महाशय ड्राफ्ट एक ऐसा चेक है, जो एक बैंक द्वारा कस्टमर द्वारा राशि जमा कराने के सम्बन्ध में कस्टमर द्वारा चाही, अपनी किसी अन्य शाखा पर जारी किया जा सकता है, उसे यह निर्देशित किया जाता है कि वह ड्राफ्ट में उल्लेखित व्यक्ति या संस्था को, ड्राफ्ट में उल्लेखित राशि का भुगतान करे।

सदस्य **एसबीआई (स्टेट बैंक ऑफ इण्डिया) द्वारा हाल ही में शुरू 'पहला कदम' और 'पहली उड़ान' क्या है?**

राजीव श्रीमान जी, 'पहला कदम' और 'पहली उड़ान' एसबीआई द्वारा बच्चों के लिए आरम्भ किए गए 'बचत खाते' (Saving Accounts) हैं। 'पहला कदम' के अन्तर्गत किसी भी उम्र का अल्पवयस्क बालक अपने माता- पिता के संरक्षण में अपना बचत खाता खोल सकता है, जबकि पहली उड़ान के अन्तर्गत 10 वर्ष से ऊपर का कोई भी अल्पवयस्क बच्चा, जो हस्ताक्षर करना जानता हो, अपना बचत खाता एसबीआई में खोल सकता है।

चेयरमैन **वेरी गुड। आपका इन्टरव्यू पूरा हो चुका है, आप जा सकते हैं।**

राजीव थैंक यू, सर। आप सभी का बहुत–बहुत धन्यवाद, आभार।

विश्लेषण *इस इण्टरव्यू में हमने देखा कि मिस्टर अजय से ज्यादातर प्रश्न बैंकिंग सेवा से हटकर पूछे गए। जिनका जवाब अजय ने बड़ी ही सहजता के साथ सही-सही दिया। बैंकिंग सेवा से पूछे जाने वाले प्रश्नों में भी वे काफी सहज थे। व्यावहारिक ज्ञान में अजय की पकड़ थी। कुल मिलाकर अजय का इण्टरव्यू काफी अच्छा रहा। वे अपने चयन के विषय में सकारात्मक हो सकते हैं।*

मॉडल इण्टरव्यू 5

रोहित आकर्षक व्यक्तित्व वाला स्वस्थ युवक है, जो पहले से ही एक सार्वजनिक बैंक में कनिष्ठ अधिकारी के रूप में कार्यरत है और लिखित परीक्षा में उत्तीर्ण होने के पश्चात् बैंक पीओ की परीक्षा में इण्टरव्यू हेतु उपस्थित हुआ है। रोहित ने सफेद कमीज के साथ नीले रंग की टाई तथा नीली पैण्ट पहन रखी थी। पैरों में अच्छी तरह पॉलिश किए गए काले जूते, नीले व काले रंग के मोजों के साथ पहन रखे थे।

इण्टरव्यू का बुलावा आने पर वह बड़े आत्मविश्वास से भरे, सधे कदमों से चलते हुए, कक्ष के द्वार तक पहुँचता है तथा आज्ञा लेकर कक्ष में प्रवेश करता है। वह मुस्कुराकर इण्टरव्यू बोर्ड का अभिवादन करता है तथा अभ्यर्थी के लिए खाली रखी गई कुर्सी के पास सीधा खड़ा हो जाता है।

अध्यक्ष कृपया बैठ जाइए रोहित जी।

रोहित धन्यवाद श्रीमान जी *(शालीनता से बैठने का उपक्रम करते हुए)।*

अध्यक्ष **आपके शौक क्या हैं?**

रोहित श्रीमान मुझे संगीत सुनने का शौक है।

अध्यक्ष **इस शौक से आपको कोई लाभ है?**

रोहित जी श्रीमान, संगीत सुनने से मस्तिष्क का तनाव कम होता है, साथ ही मन में स्फूर्ति व प्रसन्नता का अनुभव भी होता है।

अध्यक्ष **आपके जीवन वृत्त से स्पष्ट है कि आप पहले से ही बैंक में कार्यरत हैं, आपने अपने कार्य अनुभव से क्या सीखा है?**

रोहित श्रीमान मैं अपने कार्य के दौरान बैंकिंग की मूलभूत बातों से परिचित हुआ हूँ, जिसके अन्तर्गत मैंने ग्राहक को भली प्रकार जानने–समझने व सन्तुष्ट करने की कला सीखी है, मैंने टीम वर्क करना सीखा है साथ ही मुझे यह भी पता चला है कि कठिन प्रतीत होने वाले लक्ष्य को भी योजनाबद्ध ढंग से कार्य करके प्राप्त किया जा सकता है।

(बैंकिंग की कार्यप्रणाली के मूल तत्त्वों का ज्ञान इस प्रश्न के उत्तर के लिए आवश्यक था। रोहित जी के अनुभव का लाभ उन्हें मिला)

अध्यक्ष **बैंकों की कार्यप्रणाली में आए सुधार के बारे में बताएँ।**

रोहित पिछले कुछ वर्षों में बैंकों की कार्य प्रणाली में व्यापक सुधार देखने को मिले हैं, अनेक प्रकार के तकनीकी सुधारों ने बैंकों की कार्य प्रणाली को तीव्र किया है, जिसका सबसे बेहतर उदाहरण बैंकों का कम्प्यूटरीकरण है। इसके साथ ही अब बैंकों में ग्राहकों की सेवा व शिकायतों पर भरपूर ध्यान दिया जा रहा है, इस सन्दर्भ में बैंकिंग लोकपाल की नियुक्ति एक प्रशंसनीय प्रयास है।

सदस्य **बैंकिंग लोकपाल योजना के बारे में कुछ बताइए।**

रोहित बैंकिंग ***लोकपाल*** *(ऑम्बुड्समैन)* योजना 14 जून, 1995 से प्रारम्भ हुई है। यह योजना भारतीय रिजर्व बैंक के नियन्त्रण और देख–रेख में काम करती है। विवादों को जल्दी और कम खर्च में निपटाने की कानूनी शक्तियों के साथ बैंकिंग ऑम्बुड्समैन एक स्वतन्त्र संस्था है। रिजर्व बैंक ने पूरे देश में 15 बैंकिंग ऑम्बुड्समैन नियुक्त किए हैं।

इस व्यवस्था का उद्देश्य ज्यादा कानूनी पेचीदगियों के बिना शिकायतों का जल्दी निपटारा सुनिश्चित करना है। कोई भी ग्राहक जिसकी शिकायत का बैंक द्वारा सन्तोषजनक समाधान न किया गया हो, बैंकिंग ऑम्बुड्समैन के पास जा सकता है।

(रोहित के पहले उत्तर में आए 'बैंकिंग लोकपाल योजना' को बोर्ड द्वारा अगले प्रश्न के रूप में पूछ लिया गया। इण्टरव्यू की यह एक स्वाभाविक प्रक्रिया को दर्शाता है।)

सदस्य ह्वाइट लेबल एटीएम क्या है?

रोहित ह्वाइट लेबल एटीएम इन ऑटोमेटिक टेलर मशीनों का स्वामित्व और संचालन गैर-बैंकिंग संस्थाओं के अन्तर्गत आता है। ह्वाइट लेबल एटीएम पर किसी भी बैंक का लोगो नहीं होता है। भारत के प्रथम ह्वाइट लेबल एटीएम की स्थापना टाटा कम्पनी ने, मुम्बई के निकट चन्द्रपाड़ा नामक स्थान पर की है।

सदस्य MICR के बारे में आप क्या जानते हैं?

रोहित बैंकों द्वारा तीव्र गति से भुगतान की प्रणाली में MICR का महत्त्वपूर्ण योगदान है। MICR का पूरा नाम Magnetic Ink Character Recognition Code है, जो चेक बुक के नीचे के हिस्से पर छपा होता है, जो विशेष प्रकार की लिखावट में होते हैं तथा इसमें चुम्बकीय स्याही का प्रयोग होता है। (वर्तमान युग तकनीकी क्रान्ति का युग है इस सन्दर्भ में अपने सम्बन्धित विषय/क्षेत्र से सम्बन्धित तकनीकी ज्ञान बोर्ड के ध्यान आकर्षण हेतु एक अनिवार्य आवश्यकता है।)

सदस्य MICR में लिखी संख्याओं का तात्पर्य क्या है आप बता सकते हैं?

रोहित शाखा का अलग MICR नम्बर होता है MICR में संख्याएँ होती हैं। प्रथम तीन अंक जिला-कोड जहाँ बैंक की शाखा स्थित होती है, को व्यक्त करते हैं। अगले तीन अंक बैंक कोड को तथा अन्तिम तीन अंक बैंक शाखा कोड को व्यक्त करते हैं।

सदस्य बैंक अधिकारियों के सम्बन्ध में आजकल व्यावसायिक नैतिकता की बातें की जा रही हैं, इस सम्बन्ध में आपके क्या विचार हैं?

रोहित बैंक अधिकारी का पद बहुत ही अधिक उत्तरदायित्व वाला है, साथ ही उसे ग्राहकों व अधीनस्थ कर्मचारियों से मैत्री-पूर्ण सम्बन्ध भी रखने होते हैं। अत: बैंक अधिकारी को व्यावसायिक नैतिकता व अनुशासन का पूरा ध्यान रखना चाहिए। उसे सभी लोगों से मित्रतापूर्ण सम्बन्ध रखते हुए भी बैंक के हितों व नैतिकता का ख्याल रखते हुए कुछ दूरी बनाए रखनी चाहिए, जिससे कि लोग उसके मित्रतापूर्ण व्यवहार का अन्यथा लाभ न उठाएँ व बैंक का अहित न कर सकें।

सदस्य RBI की 'क्लीन करेन्सी पॉलिसी' के तहत किस प्रकार के नोट प्रतिबन्धित नहीं किए जा रहे हैं?

रोहित श्रीमान RBI ने यह स्पष्ट किया है कि कोई भी बैंक ऐसे नोट लेने से मना नहीं कर सकता, जिस पर नाम लिखा हो, कलर लगा हो, पेन से मार्क लगा हो तथा नम्बर लिखा हो।

सदस्य भारत में कार्यरत सभी वाणिज्यिक बैंकों को किन-किन श्रेणियों में वर्गीकृत किया गया है?

रोहित श्रीमान अभी हाल में RBI द्वारा A profile of Banks नाम से जारी रिपोर्ट में भारत में कार्यरत सभी वाणिज्यिक बैंकों को शामिल किया गया है।

1. राष्ट्रीयकृत बैंक
2. स्टेट बैंक समूह के बैंक
3. निजी क्षेत्र के पुराने बैंक
4. निजी क्षेत्र के नए बैंक
5. विदेशी बैंक

अत: इन बैंकों को 5 श्रेणियों में वर्गीकृत किया गया है।

सदस्य बैंक दर से क्या अभिप्राय है?

रोहित श्रीमान केन्द्रीय बैंक व्यापारिक बैंकों की प्रथम श्रेणी के बिलों की पुनर्कटौती जिस दर पर करता है अथवा स्वीकार्य प्रतिभूतियों पर ऋण देता है, को बैंक दर की संज्ञा प्रदान की गई है। बैंक दर में परिवर्तन होने पर सम्पूर्ण ऋण प्रभावित होते हैं।

अध्यक्ष **पूँजी पर्याप्तता अनुपात से आप क्या समझते हैं?**

रोहित श्रीमान वह न्यूनतम पूँजी जिसे एक बैंकिंग और गैर–बैंकिंग वित्तीय संस्था को अपने पास रखना चाहिए, खासकर तब जब वह किसी व्यापारिक सम्पत्ति का सृजन करती है, पूँजी पर्याप्तता कहलाती है, जबकि पूँजी पर्याप्तता अनुपात जोखिम भारित सम्पत्तियों के साथ पूँजी का अनुपात प्रदर्शित करता है।

अध्यक्ष **आप स्वयं को इस पद के लिए कैसे योग्य समझते हैं?**

रोहित श्रीमान मैं अपनी शैक्षिक, मानसिक व शारीरिक योग्यताओं व क्षमताओं के आधार पर स्वयं को इस पद के योग्य समझता हूँ। एक बैंक अधिकारी ज्ञानवान, सेवा के लिए तत्पर, आत्मविश्वासी, मित्रतापूर्ण, वार्ताकुशल व नेतृत्व के गुण से सम्पन्न होना चाहिए और मैं अपने आप में इन सभी गुणों को पर्याप्त मात्रा में अनुभव करता हूँ।

सदस्य **'आईएस' संगठन क्यों चर्चा में है?**

रोहित इस्लामिक स्टेट (आईएस), इस्लामिक स्टेट ऑफ इराक एण्ड सीरिया (आईएसआईएस) अथवा इस्लामिक स्टेट ऑफ इराक एण्ड द लेवेंट जैसे नामों से जाना जाने वाला यह विश्व का सबसे दुर्दान्त आतंकी संगठन है। इसने उत्तर पश्चिमी इराक तथा उत्तर पूर्वी सीरिया के अनेक भागों पर कब्जा कर लिया है। यह संगठन अपने दुर्दान्त तरीकों यथा, सर कलम करना, सामूहिक रूप से जिंदा दफना देना आदि के लिए कुख्यात है। अबू बकर अल बगदादी इस संगठन का मुखिया है।

अध्यक्ष **धन्यवाद रोहित, अब आप जा सकते हो।**

रोहित धन्यवाद श्रीमान, आप सबका दिन शुभ हो।

विश्लेषण *रोहित को पहले से ही बैंकिंग सेवा से सम्बद्ध होने का लाभ इण्टरव्यू से मिला। बैंक अधिकारियों के कर्त्तव्यों एवं उत्तरदायित्वों के विषय में रोहित के सारगर्भित उत्तर ने इण्टरव्यू बोर्ड को काफी प्रभावित किया। इसके अतिरिक्त अन्य प्रश्नों के उत्तर रोहित ने पूरे आत्मविश्वास के साथ दिए। अतः रोहित की सफलता काफी सुनिश्चित है।*

मॉडल इण्टरव्यू 6

''कठिन परिश्रम का कोई विकल्प नहीं होता।'' इस कहावत का अनुसरण करते हुए श्री समुद्रगुप्त मौर्य ने कठिन माने जाने वाली RBI (ग्रेड-B) ऑफिसर की परीक्षा सफलतापूर्वक उत्तीर्ण की। श्री मौर्य सामान्य कद-काठी के स्वस्थ व्यक्ति हैं।

नाम	समुद्रगुप्त मौर्य
पिता	रामचन्द्र मौर्य
माता	बिमला देवी
पता	346 वशिष्ठ गंज, गोरखपुर (उत्तर प्रदेश)
शैक्षणिक पृष्ठभूमि	B. Com एवं M. Com (बनारस हिन्दू विश्वविद्यालय)
सकारात्मक पक्ष	असफलता से नहीं घबराना।
नकारात्मक	किसी पर जल्द विश्वास कर लेना
आदर्श व्यक्ति	स्वामी विवेकानन्द
पूर्व उपलब्धि	मनरेगा में अकाउण्टेंट के पद पर चयनित, 2012

साधारण व्यक्तित्व होने के बावजूद मौर्य इण्टरव्यू के दिन बेहद आकर्षक एवं आत्मविश्वास से लबरेज लग रहे थे। इनका इण्टरव्यू दिल्ली स्थित RBI के क्षेत्रीय कार्यालय में 30 नवम्बर, 2013 की श्री प्रमोद कुमार के बोर्ड में था। इण्टरव्यू के दिन श्री मौर्य ने सफेद कमीज के साथ नीले रंग की टाई तथा गहरी नीली पैण्ट तथा पैरों में अच्छी तरह पॉलिश किए गए काले जूते पहन रखे थे। इण्टरव्यू बोर्ड में अध्यक्ष के अलावा चार और सदस्य थे। इण्टरव्यू का बुलावा आने पर वो बड़े आत्मविश्वास से भरे, सधे कदमों से चलते हुए, कक्ष के द्वार तक पहुँचते हैं तथा आज्ञा लेकर कक्ष में प्रवेश करते हैं। वे मुस्कुराकर इण्टरव्यू बोर्ड का अभिवादन करते हैं तथा अभ्यर्थी के लिए खाली रखी गई कुर्सी के पास सीधे खड़े हो जाते हैं।

अध्यक्ष **कृपया बैठ जाइए मिस्टर मौर्य।**

मौर्य धन्यवाद श्रीमान जी *(शालीनता के साथ बैठते हुए)*

अध्यक्ष **मौर्य जी, आपको पता है कि आपने अपने नाम से किन दो वंशों को समाहित कर रखा है?**

मौर्य जी महाशय मेरा नाम समुद्रगुप्त मौर्य, भारतीय वंशों-गुप्त वंश तथा मौर्य वंश से अभिप्रेरित है। समुद्रगुप्त गुप्त वंश का एक महान् शासक था।

अध्यक्ष **क्या आप एक ऐसे राष्ट्रपति का नाम बता सकते हैं, जो बनारस हिन्दू विश्वविद्यालय के उपकुलपति रह चुके हैं।**

मौर्य जी, महाशय, डॉ. सर्वपल्ली राधाकृष्णन बनारस हिन्दू विश्वविद्यालय में 1933 से 1948 तक उपकुलपति रहे थे।

अध्यक्ष **वर्तमान में आप मनरेगा में कार्यरत् हैं तो यह बताइए कि आपके अनुसार मनरेगा की सबसे बड़ी विशेषता क्या है?**

मौर्य महाशय मेरे अनुसार महात्मा गाँधी राष्ट्रीय ग्रामीण रोजगार गारण्टी अधिनियम की सबसे बड़ी विशेषता यह है कि किसी भी परिवार का कोई भी सदस्य 100 दिन का रोजगार हक के साथ माँग सकता है। मनरेगा के द्वारा ग्रामीण क्षेत्र को बेरोजगारी को दूर करने में काफी सहायता मिली है।

सदस्य **आप यह बताइए की आरबीआई के केन्द्रीय बोर्ड के निदेशकों की संख्या वर्तमान समय में कितनी है?**

मौर्य वर्तमान समय में भारतीय रिजर्व बैंक के केन्द्रीय बोर्ड के निदेशकों की संख्या 17 है तथा डॉ. रघुरामराजन आरबीआई के वर्तमान गवर्नर हैं।

सदस्य **मिस्टर मौर्य, यह बताइए की रिजर्व बैंक के कार्यों पर किस अधिनियम के द्वारा नियन्त्रण लगाया जाता है?**

मौर्य महाशय भारतीय रिजर्व बैंक अधिनियम, 1934 रिजर्व बैंक के कार्यों पर नियन्त्रण करता है।

सदस्य **आप मुद्रा अवस्फीति की स्थिति के लिए मुख्य रूप से किस कारण को जिम्मेवार समझते हैं?**

मौर्य महाशय एक तरफ से देखा जाए तो मुद्राअवस्फीति के बहुत-से कारण जिम्मेवार होते हैं, लेकिन जब भी बाजार में मुद्रा की मात्रा कम होती जाती है, वस्तुओं एवं सेवाओं की पूर्ति बढ़ जाती है, तो कीमतों में कमी का चक्रव्यूह शुरू हो जाता है। कई अर्थशास्त्रियों ने वर्ष 1929 की मन्दी एवं जापान में वर्ष 1990 की मन्दी की स्थिति के लिए उक्त कारणों को जिम्मेवार माना था।

सदस्य **'टोबिन कर' क्या होता है?**

मौर्य महाशय, अर्थशास्त्र के नोबेल पुरस्कार विजेता प्रो. जेम्स टोबिन ने वर्ष 1978 में विदेशी मुद्रा बाजार में समस्त लेन-देनों पर कर लगाने का सुझाव दिया था। प्रो. टोबिन का विचार था कि विदेशी मुद्राओं में होने वाले प्राय: लेन-देन-सट्टा व अन्तर्राष्ट्रीय ब्याज दरों में अन्तर से लाभ कमाने की प्रवृत्ति से सम्बन्धित होते हैं। ऐसे लेन-देन पर कर लगाकर पर्याप्त संसाधन सृजित किए जा सकते हैं। प्रो. टोबिन के नाम से चर्चित इस कर को ही टोबिन कर कहा गया।

(बैंकिंग से जुड़े तकनीकी शब्दों का ज्ञान अपरिहार्य होता है। श्री मौर्य ने इस तथ्य को भलीभाँति आत्मसात् किया है, उनका सटीक उत्तर इस बात का सूचक है।)

अध्यक्ष **मिस्टर मौर्य, हीनार्थ, प्रबन्धन के बारे में आप हमें कुछ बताएँगे।**

मौर्य महाशय, जब सरकार आय से अधिक व्यय का बजट बनाती है तो व्यय के इस अधिव्यय को केन्द्रीय बैंक से ऋण लेकर अथवा नए नोटों को छापकर पूरा किया जाता है तो इस तरह की व्यवस्था घाटे की वित्त व्यवस्था या हीनार्थ प्रबन्धन कहलाती है।

अध्यक्ष **आप अपने गृह नगर गोरखपुर का राष्ट्रीय आन्दोलन में महत्त्व बताएँ।**

(चूँकि अभ्यर्थी का नाम इतिहास विषय से जुड़ा हुआ था। अत: इतिहास की शैक्षणिक पृष्ठभूमि न होने के बावजूद भी इस विषय में उससे पूछा गया)

मौर्य असहयोग आन्दोलन के समय गोरखपुर के चौरी-चौरा नामक स्थान पर उग्र भीड़ द्वारा एक पुलिस थाने को जला दिया गया। इस हिंसक घटना के कारण महात्मा गाँधी ने असहयोग आन्दोलन को स्थगित कर दिया। साथ ही गोरखपुर के रहने वाले अशफाकुल्ला खाँ काकोरी काण्ड में फाँसी के तख्ते पर चढ़ने वाले सम्भवत: प्रथम मुसलमान थे। इन दोनों घटनाओं का राष्ट्रीय आन्दोलन में काफी महत्त्व है।

सदस्य **संसद के संयुक्त अधिवेशन के बारे में आप क्या जानते हैं?**

मौर्य महाशय, मैं क्षमा चाहता हूँ कि संसद के संयुक्त अधिवेशन के बारे में मुझे जानकारी नहीं है।

अध्यक्ष **इसका मतलब है कि आप संसद की कार्यशैली से परिचित नहीं हैं?**

मौर्य नहीं महाशय में संसद की कार्यशैली की कुछ गतिविधियों को जानता हूँ, लेकिन संयुक्त अधिवेशन के बारे में मेरी जानकारी नगण्य है।

(अध्यक्ष ने उसकी शैक्षिक पृष्ठभूमि के इतर राजव्यवस्था के सम्बन्ध में कुछ जानकारी कर अभ्यर्थी के हाव-भाव को जानने की कोशिश की, जिसका अभ्यर्थी ने बड़ी चतुराई से जवाब दिया।)

सदस्य **आप हमें 'स्नो बॉलिंग' विषय में बताएँ।**

मौर्य महाशय जब शेयर के मूल्य एक निश्चित सीमा में पहुँच जाते हैं तब क्रय-विक्रय के अनेक स्टॉप ऑर्डर होने लगते हैं। इन ऑर्डरों के कारण पुन: बाजार में दबाव बनता है तथा पुन: ऑर्डर मिलने लगते हैं, तो इस स्थिति को स्लो बॉलिंग कहा जाता है।

अध्यक्ष **मिस्टर मौर्य, Stale Cheque (अवधिपार) से आप क्या समझते हैं?**

मौर्य महाशय, भारत में चेक की अवधि 6 माह मानी जाती है। चेक जारी होने के बाद यदि उसे 6 माह तक बैंक में भुगतान हेतु प्रस्तुत नहीं किया जाता है, तो यह चेक, अवधिपार या स्टेल चेक कहलाता है। इसका भुगतान बैंक द्वारा नहीं किया जाएगा, लेकिन दिनांक 1 अप्रैल, 2012 से तीन माह से पुराने चेक स्टेल चेक कहलाएँगे एवं बैंकों द्वारा स्वीकार नहीं किए जाएँगे। रिजर्व बैंक ने सभी बैंकों को इस तरह के निर्देश जारी कर दिए हैं।

सदस्य **मिस्टर मौर्य, Personal Banking क्या है?**

मौर्य महाशय, Personal Banking में ग्राहकों को व्यक्तिगत सेवाएँ दी जाती हैं, उसकी व्यक्तिगत जरूरतों को ध्यान में रखकर जो बैंकिंग सुविधाएँ उपलब्ध कराई जाती हैं, उन्हें पर्सनल बैंकिंग के नाम से जाना जाता है। अच्छे ग्राहकों के लिए बैंक उनके पोर्टफोलियो एवं कैश/अकाउण्ट के सम्बन्ध में ध्यान रखने हेतु एक मैनेजर या वित्तीय सलाहकार की सेवाएँ भी उपलब्ध कराते हैं। आजकल ई-बैंकिंग का अधिक प्रयोग होने के साथ, Valued Consumer बैंक में मात्र जमा कराने या किसी अन्य ऐसे ही काम से जाते हैं। अधिकांश कार्य Net Banking के जरिए होता है। बैंक आजकल अकाउण्ट आदि खोलने हेतु भी घर पर या Office में Personalized Service देने लगे हैं। पर्सनल बैंकिंग से अभिप्राय व्यक्तिगत सुविधाएँ कम शुल्क पर या नि:शुल्क दिया जाना है।

अध्यक्ष **अच्छा ये बताइए कि Lien क्या होता है?**

मौर्य महाशय Lien एक विशेष प्रकार का किसी सम्पत्ति में इंटरेस्ट होता है जो किसी ऋण के भुगतान क्रियान्वित हेतु बनाया जाता है। Lien में प्रोपर्टी का स्वामित्व नहीं बदलता, लेकिन जब तक ऋण की अदायगी नहीं हो जाए, तब तक उस प्रोपर्टी को (Lienee द्वारा) स्वयं के पास रखने का अधिकार मिलता है।

सदस्य **मिस्टर मौर्य आप प्लास्टिक मनी से क्या समझते हैं?**

मौर्य महाशय, प्लास्टिक मनी आजकल लोगों द्वारा प्रयुक्त विभिन्न प्रकार के प्लास्टिक काड्‌र्स के लिए प्रयुक्त term है। ये काड्‌र्स, Hard Plastic से बने होते हैं, इनका प्रयोग हम दैनिक जीवन में कैश निकालने हेतु, सामान खरीदने हेतु, बिल जमा कराने हेतु करते हैं।

अध्यक्ष **आजकल 'कराघात' की चर्चा बहुत हो रही है। क्यों होता है कराघात?**

मौर्य महाशय जिस व्यक्ति पर सर्वप्रथम कर लगाया जाता है और जिस पर कर का प्रत्यक्ष मौद्रिक भार पड़ता है तथा सरकार जिससे कर वसूल करती है, उसे कराघात कहते हैं।

अध्यक्ष **अच्छा मौर्य जी, आपका इण्टरव्यू समाप्त हुआ अब आप जा सकते हैं। हम आपके उज्ज्वल भविष्य की कामना करते हैं।**

मौर्य जी महाशय आप सभी लोगों का बहुत-बहुत धन्यवाद।

विश्लेषण *समुद्रगुप्त मौर्य के इस इण्टरव्यू के दौरान हमने देखा कि इन्होंने पूछे गए सभी प्रश्नों का उत्तर बड़ी सहजता से बिना घबराए हुए दिया। उनके नाम के सम्बन्ध में पूछा गया प्रश्न काफी रोचक था। सम्भवत: वे इस बात से भलीभाँति परिचित थे कि उनके नाम से सम्बन्धित प्रश्न जरूर पूछे जाएँगे, इसलिए वे ऐसे प्रश्न के लिए तैयार थे तथा उन्होंने तथ्य पूर्ण जानकारी प्रस्तुत की, फिर शैक्षणिक सवालों का जवाब भी अच्छी तरह से दिया। बैंकिंग सेवा से सम्बन्धित प्रश्नों में वे ज्यादा सहज थे तथा विवरणात्मक जानकारी उनके द्वारा दी गई, जिस प्रश्न का जवाब वे नहीं दे पाए, उनके लिए आसानी से क्षमा माँग ली। सम्भवत: अभ्यर्थी के बैंकिंग ज्ञान से बोर्ड काफी प्रभावित होगा। कुल मिलाकर मौर्य का इण्टरव्यू सकारात्मक रहा।*

मॉडल इण्टरव्यू 7

प्रत्याशी का नाम अजय कुमार है, इनका कद लगभग 5 फीट 6 इंच है, बदन छरहरा है, रंग साँवला है, दिखने में स्मार्ट एवं चेहरे पर सौम्यता तथा मुस्कुराहट है। बैंक इण्टरव्यू के दौरान उसने सफेद रंग की नीली पट्टी वाली शर्ट एवं गहरी नीली रंग की पेन्ट पहनी हुई थी तथा नीली रंग की पट्टी वाली टाई लगा रखी थी, जो उसकी ड्रेस पर खूब जच रही थी। काले रंग के जूते, जिन पर ढंग से पॉलिश की हुई थी, पहने हुए थे। आत्मविश्वास से भरपूर अजय, इण्टरव्यू के समय से 45 मिनट पूर्व इण्टरव्यू स्थल पर पहुँच गए थे, अपनी मूल अंकतालिका एवं अन्य प्रपत्र रिसेप्शन पर चेक करवाए फिर जहाँ अन्य प्रत्याशी बैठे हुए थे, वहाँ जाकर अपना परिचय दिया एवं उनके पास मित्रवत् बातचीत में शामिल हो गए।

इसी बीच सन्देशवाहक अजय का नाम पुकारता है। अजय अन्य प्रत्याशियों से विदा लेता है। कई प्रत्याशी उसे 'बेस्ट ऑफ लक' कहकर विदा करते हैं, वह सभी को धन्यवाद देकर इण्टरव्यू कक्ष की ओर पूर्ण आत्मविश्वास एवं दृढ़ कदमों से अग्रसर होता है। अजय दरवाजे पर खड़ा होकर दरवाजे पर से अन्दर आने की औपचारिक अनुमति माँगता है। अनुमति मिलने पर अन्दर प्रवेश करता है एवं प्रत्याशी के लिए रखी कुर्सी के पास जाकर सभी को नमस्कार कहता है।

अजय आप सभी को मेरा नमस्कार, सर।

चेयरमैन **नमस्कार मि. अजय। आराम से बैठिए।**
(उन्होंने प्रत्याशी के लिए रखी हुई कुर्सी की ओर संकेत किया।)

अजय धन्यवाद, सर।
(अजय कुर्सी पर बैठता है। बिना कुर्सी को ज्यादा हिलाए, डुलाए बिना शोर किए, आराम की स्थिति में सावधानी से वह कुर्सी पर बैठ जाता है।)

चेयरमैन **आप राजस्थान के निवासी हैं? क्या आप बता सकते हैं कि राजस्थान का क्या अर्थ है? राजस्थान का पुराना नाम क्या था?**

अजय जी सर, मैं राजस्थान के जिला अलवर का निवासी हूँ। राजस्थान का अर्थ है राजाओं का स्थल (A land of Kings) राजस्थान का पुराना नाम राजपूताना था, जिसका अर्थ है राजपूतों के रहने का स्थान। राजस्थान में अधिकांश जगहों पर राजपूतों का राज्य हुआ करता था।

चेयरमैन **क्या आप बता सकते हैं कि हल्दी घाटी का युद्ध कहाँ हुआ था?**

अजय हल्दी घाटी का युद्ध जिस घाटी में हुआ था, उसका नाम हल्दी घाटी है। यह 1576 ई. में मेवाड़ के महाराणा प्रताप सिंह एवं अकबर की सेना के मध्य हुआ था। महाराणा प्रताप की सेना में मात्र 10000 सैनिक थे, जबकि अकबर की सेना में एक लाख सैनिक थे। भीषण संग्राम में अकबर की सेना की जीत हुई थी।

पहला सदस्य **आपने अर्थशास्त्र में एमए किया है, क्या आप बता सकते हैं Deflation क्या होता है?**

अजय जी सर, मैंने अर्थशास्त्र में यूनिवर्सिटी ऑफ राजस्थान, जयपुर से एमए किया है। सर, मुद्राअवस्फीति Deflation एक ऐसी स्थिति को व्यक्त करता है, जब वस्तुओं एवं सेवाओं (Goods and Services) की कीमतों में काफी कमी हो जाती है। जब मुद्रास्फीति की दर 0% से कम हो जाती है (अर्थात् जब Inflation Rate Negative हो जाती है) मुद्राअवस्फीति (Deflation) मुद्रास्फीति (Inflation) से विपरीत स्थिति है। मुद्रास्फीति में मुद्रा (Money) की वास्तविक कीमत (Real Value) कम हो जाती है, जबकि मुद्राअवस्फीति में मुद्रा की वास्तविक कीमत (Real Value) बढ़ जाती है।

सदस्य **अन्तर्राष्ट्रीय स्तर पर कच्चे तेल (क्रूड ऑयल) की कीमतों में आ रही गिरावट की वजह क्या है?**

अजय श्रीमान जी, अन्तर्राष्ट्रीय स्तर पर क्रूड ऑयल की कीमत 49 डॉलर प्रति बैरल तक पहुँच गई है। दरअसल अन्तर्राष्ट्रीय स्तर पर माँग में कमी, अमेरिका, चीन जैसे बड़े उपभोक्ताओं का वैकल्पिक संसाधनों का विकास करना, विश्व में नए-नए तेल क्षेत्रों की खोज होना, उन्नत तकनीकी की मदद से उत्पादन में बेतहाशा वृद्धि होना, यूरो का कमजोर होना आदि अनेक कारणों से कच्चे तेल में गिरावट दर्ज की गई है।

तीसरा सदस्य **आपने अपने बायोडाटा में लिखा है कि आप कॉलेज की बैडमिण्टन टीम के कप्तान थे। आप ज्वाला गुट्टा (Jwala Gutta) के बारे में क्या जानते हैं?**

अजय जी हाँ सर, आपने सही फरमाया। मैं लगातार दो वर्ष तक हमारे कॉलेज की बैडमिण्टन टीम का कप्तान रहा। हमारी टीम एक बार स्टेट चैम्पियन भी बनी एवं एक बार हमने जिला चैम्पियनशिप में जीत हासिल की थी।

ज्वाला गुट्टा, भारतीय बैडमिण्टन की शानदार खिलाड़ी हैं। वह महिलाओं की Doubles में खेलती हैं। वह आन्ध्र प्रदेश की निवासी हैं। उसके पिता, तेलगू तथा माता चीनी महिला हैं। ज्वाला गुट्टा ने बहुत सारे खिताब जीते हैं।

सदस्य **NABARD के बारे में आप क्या जानते हैं?**

अजय NABARD अर्थात् National Bank for Agriculture and Rural Development की स्थापना 12 जुलाई, 1982 को हुई। इसका प्रधान कार्यालय मुम्बई में स्थित है। नाबार्ड देश में लघु एवं कुटीर उद्योगों तथा ग्रामीण क्षेत्रों में उद्योगों के विकास एवं प्रगति के लिए कार्य करने वाला विकास बैंक है। नाबार्ड, ग्रामीण क्षेत्रों में लघु एवं कुटीर उद्योगों को दिए जाने वाले ऋणों को Refinance करता है। यह ग्रामीण विकास के क्षेत्र में कार्य करने वाली संस्थाओं को प्रशिक्षण भी प्रदान करता है। (बैंकिंग व्यवस्था से जुड़ा होने के कारण नाबार्ड के सम्बन्ध में प्रश्न पूछा, चूँकि नाबार्ड एक महत्त्वपूर्ण संस्था है। अतः अभ्यर्थी से सटीक जानकारी प्राप्त करने की अपेक्षा होती है। मिस्टर अजय ने इस बात को समझते हुए नाबार्ड के विषय में सटीक जानकारी प्रदान की।)

दूसरा सदस्य **आपका किसी बैंक में खाता है? कौन-सा खाता है?**

अजय जी, सर। मेरा खाता पंजाब नेशनल बैंक में है, मेरा बचत खाता है।

दूसरा सदस्य **क्या आप बता सकते हैं कि चालू खाता एवं बचत खाता में क्या अन्तर है?**

अजय मुख्य रूप से चालू खाता, व्यापारियों के लिए होता है, इसमें बैंक कोई ब्याज नहीं देता, बल्कि प्रविष्टियों के हिसाब से कुछ सेवा कर भी वसूल करता है। चालू खाते में माह में कितनी ही बार पैसा जमा कराया एवं निकाला जा सकता है।

जबकि बचत खाता सामान्य व्यक्तियों के लिए है। इसमें बैंक रिजर्व बैंक के निर्देशानुसार ब्याज देती है तथा इसमें से पैसा निकालने हेतु कुछ सीमा निर्धारित है।

सदस्य **मि. अजय, आपको पता नहीं शायद कि आप सप्ताह में कितनी बार पैसा निकाल सकते हैं?**

अजय जी, सर। वास्तव में मुझे ज्ञान नहीं है कि बचत खाते में से सप्ताह में कितनी बार पैसा निकालने की अनुमति है। आई एम वैरी सॉरी, सर।

चेयरमैन **मि. अजय, क्या आप बजट 2014-15 में, वित्तमन्त्री द्वारा घोषित की गई कुछ नई विकास योजनाओं के नाम बता सकते हैं?**

अजय जी हाँ सर। वित्तमन्त्री श्री अरुण जेटली ने विद्युत ऊर्जा के वितरण को मजबूत करने के लिए 'दीनदयाल उपाध्याय ग्राम ज्योति योजना', सिंचाई सुविधाओं को बेहतर बनाने के लिए प्रधानमन्त्री कृषि सिंचाई योजना और महिला कल्याण के लिए बेटी बचाओ, बेटी पढ़ाओ योजना की शुरूआत करने की घोषणा आम बजट 2014-15 में की।

चेयरमैन **मि. अजय, आम बजट 2014-15 में भारतीय बैंकों के पूँजीकरण (Capitalization) के सम्बन्ध में क्या घोषणा की गई है?**

अजय सर, बेसल-III मानकों को पूरा करने के लिए, वर्ष 2018 तक भारतीय बैंकों को ₹ 240000 करोड़ की पूँजी उपलब्ध कराए जाने का लक्ष्य, इस आम बजट में रखा गया है।

चेयरमैन **ओके अजय, आपका इण्टरव्यू समाप्त हो चुका है, आप हमसे कुछ पूछना चाहते हैं, तो पूछ सकते हैं?**

अजय धन्यवाद, सर। नहीं मुझे कुछ नहीं पूछना है, आप सभी को धन्यवाद देता हूँ। आपने जिस सहजता से मेरा इण्टरव्यू लिया, उसके लिए पुन: धन्यवाद, शुक्रिया।

चेयरमैन **धन्यवाद, अजय। आप जा सकते हैं।**

अजय पुन: शुक्रिया, सर।

विश्लेषण *इस इण्टरव्यू के दौरान हमने देखा कि अजय ने बोर्ड द्वारा पूछे गए सभी प्रश्नों का उत्तर बड़ी सहजता के साथ दिया। अपनी पृष्ठभूमि तथा बायोडाटा से पूछे गए प्रश्नों में वे अधिक सहज थे। खाता के सम्बन्ध में पूछे जाने वाले प्रश्न में त्रुटि हो जाने के बावजूद उन्होंने इसे सहर्ष स्वीकार किया तथा क्षमा माँगी। बैंकिंग सेवा से जुड़े प्रश्नों के उत्तर उन्होंने बिना घबराए हुए दिए। कुल मिलाकर मिस्टर अजय का इण्टरव्यू सकारात्मक रहा। उनके इण्टरव्यू को देखते हुए यह कहा जा सकता है कि उन्हें अच्छे अंक मिलेंगे।*

मॉडल इण्टरव्यू 8

दीपक कुमार एक सुगठित शरीर, लम्बे कद का गेहुँआ रंग का युवक है, उसने दिल्ली विश्वविद्यालय से एलएलबी की उपाधि प्राप्त की है। उसने बैंक इण्टरव्यू के दौरान क्रीम रंग की प्लेन शर्ट तथा गहरे ब्राउन रंग की पेन्ट पहन रखी थी, जिस पर मैचिंग टाई लगा रखी थी। साथ ही ब्राउन रंग के ठीक ढंग से पॉलिश किए हुए जूते, ब्राउन रंग की बेल्ट भी पहन रखी थी। दीपक के व्यक्तित्व में आत्मविश्वास झलक रहा था। वह इण्टरव्यू हेतु नियत समय से 45 मिनट पूर्व उपस्थित हो गया था। इण्टरव्यू सेण्टर पर अपने डॉक्यूमेन्ट्स चेक करवाने के बाद जहाँ अन्य प्रत्याशी बैठे थे वहाँ जाकर सभी के साथ अभिवादन कर, सहजता से-घुल मिल गया है तथा उनकी बातचीत में शामिल हो गया है। जैसे ही सन्देशवाहक ने उसका नाम पुकारा, वह अपने स्थान से हाथ हिलाकर, स्वयं की उपस्थिति दर्ज कर तथा सभी का अभिवादन कर, उनकी शुभकामनाओं हेतु धन्यवाद देकर इण्टरव्यू कक्ष की ओर बढ़ गया। दरवाजे पर पहुँचकर वह अन्दर आने की अनुमति माँगता है।

दीपक आप सभी को मेरा नमस्कार, सर।

चेयरमैन **नमस्कार मि. दीपक, बैठिए।**

दीपक धन्यवाद, सर।

चेयरमैन **मि. दीपक आपने दिल्ली विश्वविद्यालय से एलएलबी की डिग्री हासिल की है। क्या आप बता सकते हैं हमारे संविधान में मौलिक अधिकारों (Fundamental rights) का क्या महत्त्व है?**

दीपक जी, सर। हमारे संविधान में मौलिक अधिकारों का बहुत महत्त्व है। जिस तरह हमारे शरीर में रीढ़ की हड्डी का महत्त्व है, उसी तरह सामान्य जन के लिए संविधान में समाहित मौलिक अधिकारों का महत्त्व है। यह एक सामान्य नागरिक को उसके सम्मानपूर्वक जीवन जीने के लिए आवश्यक अधिकार है। समानता, स्वतन्त्रता, धार्मिक स्वतन्त्रता, शोषण के विरुद्ध अधिकार, संस्कृति एवं शिक्षा का अधिकार तथा संवैधानिक उपचारों का अधिकार, ये ऐसी मूलभूत आवश्यकताएँ हैं, जो सामान्य नागरिक को, सम्मानपूर्वक जीवन यापन करने के लिए अति आवश्यक हैं। ये ऐसे सुरक्षा कवच हैं, जो सामान्य नागरिक का अपने देश के कानून, संविधान में विश्वास पैदा करता है। यदि देश का कोई भी कानून, संविधान द्वारा प्रदत्त मौलिक अधिकारों को छीनने का प्रयास करता है, तो उस कानून को हाईकोर्ट एवं सुप्रीमकोर्ट द्वारा निरस्त किया जा सकता है।

चेयरमैन **हमारे संविधान में नागरिकों के लिए कुछ मौलिक कर्त्तव्य भी बताए गए हैं, इनका क्या उद्देश्य है आप क्या समझते हैं?**

दीपक जी सर। हमारे संविधान में मूल रूप से शुरू में ये कर्त्तव्य सम्मिलित नहीं थे, 1976 में 42वें संविधान संशोधन द्वारा दस कर्त्तव्यों को संविधान में सम्मिलित किया गया एवं वर्ष 2002 में ग्यारहवें कर्त्तव्य को 86वें संविधान द्वारा संविधान में शामिल किया गया।

ड्यूटीज भारत के नागरिकों पर ही लागू होती हैं विदेशियों पर नहीं। सभी नागरिकों से यह आशा एवं अपेक्षा की जाती है कि वे मौलिक अधिकारों के साथ-साथ मौलिक कर्त्तव्यों का भी पालन सहृदय से करें। संविधान में इन मौलिक कर्त्तव्यों का पालन करने का कोई बाध्यकारी प्रावधान नहीं है, लेकिन इन्हें Directive Principles के अध्याय में शामिल किया गया है, जिससे इनकी मान्यता एवं पवित्रता का महत्त्व बढ़ गया है।

पहला सदस्य **मि. दीपक, आप IFS code के बारे में क्या जानते हैं ?**

दीपक IFS code, Indian Financial System code है।

इसका उपयोग RTGS, NEFT , इत्यादि में होता है। इसे रिजर्व बैंक द्वारा विकसित किया गया है, इसमें 11 कैरेक्टर्स होते हैं। प्रथम चार कैरेक्टर, बैंक का प्रतिनिधित्व करते हैं। पाँचवाँ कैरेक्टर, शून्य है, जो भविष्य में उपयोग आने के लिए रखा गया है। अन्तिम 6 कैरेक्टर बैंक की शाखा को इंगित करते हैं।

पहला सदस्य **ये MICR Code क्या है ?**

दीपक MICR code, Magnetic Ink Recognition Code है, जो चेक बुक के नीचे के हिस्से पर छपा रहता है। चेक की प्रोसेस हेतु उपयोग में आता है। MICR के अक्षर स्पेशल फोंट में तथा मैग्नेटिक इंक, जिसमें आयरन ऑक्साइड होता है, छपे होते हैं। प्रथम तीन अंक सिटी कोड जहाँ बैंक ब्रांच स्थित होते हैं को व्यक्त हर अगले तीन अंक बैंक कोड को तथा अन्तिम तीन अंक बैंक ब्रांच कोड को व्यक्त करते हैं। फास्ट क्लीयरिंग चैक प्रोसेसिंग में MICR का बड़ा योगदान है।

पहला सदस्य **मि, दीपक आपके पास बैंक का कोई डेबिट/क्रेडिट कार्ड है दोनों में क्या अन्तर है ?**

दीपक जी, सर। डेबिट कार्ड से आप अपने खाते में उपलब्ध बचत राशि ही निकाल सकते हैं। यह आपकी स्वयं की राशि है, जबकि क्रेडिट कार्ड एक तरह से आपकी ऋण की लिमिट है, आपको निश्चित सीमा तक स्वीकृत ऋण राशि में से पैसा निकालने या समान खरीदने की अनुमति दी गई। क्रेडिट कार्ड से निकाली गई राशि पर आपको नियमानुसार ब्याज देना पड़ता है, जबकि डेबिट कार्ड से निकाली गई राशि पर ब्याज नहीं देना पड़ता।

पहला सदस्य **मि. दीपक आप राजकोषीय नीति से क्या समझते हैं ?**

दीपक सरकार की आय-व्यय सम्बन्धित नीतियों को समग्र रूप से राजकोषीय नीति कहा जाता है। किसी भी देश के विकास में आय-व्यय की उचित नीतियों का बहुत महत्त्व होता है। आय के लिए समुचित कर प्रणाली की आवश्यकता होती है एवं अन्य कई प्रकार से आय जुटाने का प्रयास किया जाता है। इसी प्रकार देश के विकास हेतु विभिन्न पूँजीगत योजनाओं पर व्यय करना होता है। आवश्यकतानुसार ऋण भी लिया जाता है। व्यक्तिगत विनियोग एवं निवेश को प्रोत्साहित करने की आवश्यकता होती है। कई बार सरकार को स्वयं एक उद्योगपति (Entrepreneur) की तरह कार्य करना पड़ता है। इन सब क्रियाओं को सम्मिलित रूप से, राजकोषीय नीति के रूप में जाना जाता है।

पहला सदस्य **दीपक घाटे का बजट (Deficit Budget) एवं घाटे की वित्त व्यवस्था** (Deficit Financing) **में क्या अन्तर है ?**

दीपक जी सर। Deficit Budget एवं Deficit Financing दोनों अलग-अलग हैं। जब बजट में विभिन्न स्रोतों से प्राप्त होने वाली आय विभिन्न मदों पर किए जाने वाले व्यय की तुलना में कम हो, तो ऐसे बजट को घाटे का बजट (Deficit Budget) कहा जाता है। इस बजट के घाटे की पूर्ति हेतु सरकार जो व्यवस्था करती है, जो विभन्न उपाय/तरीके अपनाती है, उस व्यवस्था को घाटे की वित्त व्यवस्था (Deficit Financing) कहते हैं। इस तरह घाटे का बजट एक आर्थिक स्थिति को व्यक्त करता है, जबकि घाटे की वित्त व्यवस्था उस स्थिति से उबरने का व्यावहारिक उपाय है। घाटे का बजट एवं घाटे की वित्त व्यवस्था में नदी एवं नाव का सम्बन्ध है।

चेयरमैन **अभी कुछ समय पहले भारत सरकार ने भारत-रत्न अवार्ड देने की पात्र योग्यता में कुछ परिवर्तन किया है, क्या आप इस बारे में कुछ जानकारी दे सकते हैं ?**

दीपक जी, सर। भारत-रत्न हमारे देश का सर्वोच्च नागरिक सम्मान है। यह अवार्ड अब तक कला, साहित्य, विज्ञान तथा लोक सेवा के क्षेत्र में अति शानदार (Highest Order) कार्य करने वालों को दिया जाता रहा है। 2011 में गृह मन्त्रालय एवं प्रधानमन्त्री ने खेल-कूद में शानदार प्रदर्शन करने वालों को भी भारत-रत्न की पात्रता में शामिल करने हेतु सहमति प्रदान कर दी है।

दूसरा सदस्य **मि. दीपक, आप बता सकते हैं कि भारत ने एकल प्रतियोगिता में ओलम्पिक खेल में सर्वप्रथम मैडल किस ओलम्पिक में जीता, किस Game/Sports में जीता एवं किसने जीता?**

दीपक जी, सर। भारत ने एकल प्रतियोगिता में सर्वप्रथम स्वर्ण पदक श्री अभिनव बिन्द्रा के द्वारा चीन में 2008 में आयोजित ओलम्पिक गेम्स में Men's 10 m Air Rifle Shooting में जीता। इससे पूर्व भारत ने केवल हॉकी में स्वर्ण पदक जीते हैं। एकल प्रतियोगिता में पहली बार चीन ओलम्पिक में ही जीता है।

तीसरा सदस्य **मि. दीपक, आप Brain-Drain से क्या समझते हैं?**

दीपक सर, Brain-Drain का अर्थ है, कि Highly Intellectual, Trained Manpower का एक देश से दूसरे देश को पलायन करना। यह विकासशील देशों की बहुत गम्भीर समस्या है। विकासशील देश, अपने यहाँ छात्रों की शिक्षा एवं प्रशिक्षण पर अपने अल्प, कीमती संसाधनों में से काफी राशि व्यय करते हैं एवं वह छात्र उच्च शिक्षा प्राप्त करने के बाद, अच्छे वेतन एवं अन्य सुविधाओं के लालच में विदेशों में चले जाते हैं। इनका मस्तिष्क जो हमारे देश के विकास हेतु काम आता वह दूसरे देश के विकास में उपयोगी होता है।

तीसरा सदस्य **मि. दीपक, क्या Brain Circulation, के बारे में कुछ बता सकते हैं?**

दीपक जी, सर। Brain Circulation अभी हाल ही में बनी नई सकारात्मक स्थिति है, इसमें जो व्यक्ति विदेश में ऊँची सैलरी, सुविधा हेतु जाता है, उसका वापस अपने देश में लौटने की सोचना या लौट जाना है। यहाँ के जो युवा विदेश में गए हैं उन्होंने वहाँ काफी धन कमा लिया है वह अब अपने वतन को लौटने के इच्छुक हैं। आज हमारे देश में अच्छी नौकरियाँ उपलब्ध हैं, अच्छी सुविधाएँ दी जा रही हैं, तो ऐसे युवाओं का इन अवसरों का लाभ उठाकर, अपने देश में वापस लौटना Brain Circulation कहलाता है। यह एक सुखद एवं सकारात्मक स्थिति है।

चेयरमैन **ओके मिस्टर दीपक, आपका इण्टरव्यू पूरा हो चुका है, आप हमसे कुछ पूछना चाहते हैं, तो पूछ सकते हैं।**

दीपक धन्यवाद, सर। मुझे कुछ नहीं पूछना है, सर।

चेयरमैन **ठीक है मि. दीपक, अब आप जा सकते हैं।**

दीपक थैंक्यू वेरी मच, सर। आप सभी का बहुत-बहुत शुक्रिया, धन्यवाद।

(अपनी कुर्सी से आहिस्ता से उठता है, कुर्सी को सही जगह पर रखता है, कुछ पीछे चलता है, झुककर पुन: धन्यवाद कहकर, दरवाजे की ओर अग्रसर होता है, दरवाजा खोलकर आहिस्ता से इण्टरव्यू कक्ष से बाहर निकल जाता है)

विश्लेषण *दीपक ने सभी प्रश्नों का उत्तर सहजता व आत्मविश्वास के साथ दिया, इससे यह स्पष्ट होता है कि दीपक की विभिन्न विषयों; जैसे-संविधान, अर्थव्यवस्था, समसामयिक घटनाक्रम तथा खेल से सम्बन्धित विषयों पर समान पकड़ है। इस प्रकार वे इस पद के लिए योग्य उम्मीदवार हैं।*

मॉडल इण्टरव्यू 9

सुश्री मेघना शैक्षिक रूप से एक इन्जीनियर हैं, परन्तु बैंक अधिकारी की परीक्षा उत्तीर्ण कर इण्टरव्यू हेतु प्रयासरत हैं। इनकी कद-काठी मध्यम व व्यक्तित्व आकर्षक है। अपने बैंक इण्टरव्यू के दौरान, इन्होंने हल्के आसमानी रंग की साड़ी, मैचिंग ब्लाउज व माध्यम ऐड़ी वाली साड़ी से मेल खाती सैण्डल पहनी हुई थीं। चेहरे पर हल्का, प्रायः न दिखने वाला मेकअप, बाल सरलता से सँवारे व आभूषणों का प्रयोग न्यूनतम मात्रा में किया गया था।

बैंक पीओ हेतु लिखित परीक्षा उत्तीर्ण करने के पश्चात् इण्टरव्यू हेतु बुलावा आने पर आत्मविश्वास के साथ आयी थी। इस समय उनके हाथ में एक फाइल फोल्डर था, जिसमें उनके प्रमाण-पत्र क्रमानुसार लगे थे। धीमे से कक्षा का द्वार खोल अन्दर आने की आज्ञा माँगती हैं। आज्ञा मिलने के बाद कक्ष में बिना आवाज प्रवेश करती हैं, उसके बाद द्वार बन्द कर मध्यम गति से चलकर इण्टरव्यू बोर्ड के समक्ष पहुँचकर अभिवादन करती हैं।

मेघना नमस्कार श्रीमान।

अध्यक्ष **नमस्कार मेघना जी, बैठिए।**

मेघना धन्यवाद, श्रीमान जी।

अध्यक्ष **हमें आपके जीवन वृत्त से पता चला है कि आप एक इन्जीनियर हैं, फिर भी बैंकिंग को आजीविका हेतु चुनने का क्या कोई विशेष कारण है?**

मेघना श्रीमान मैं यह स्पष्ट करना चाहूँगी कि इन्जीनियरिंग की पढ़ाई के दौरान तीसरे वर्ष तक, मैं अपनी-अपनी आजीविका का क्षेत्र निश्चित करने हेतु दुविधा में थी, इस विषय पर मैंने अपने परिवार के सदस्यों व मित्रों से चर्चा की, इस चर्चा का परिणाम यह हुआ कि मुझे अपना गुण व व्यक्तित्व बैंकिंग करियर में कहीं ज्यादा अनुकूल लगा और इससे प्रेरित होकर मैंने बैंकिंग परीक्षा की तैयारी प्रारम्भ कर दी।

अध्यक्ष **आपके कहने का क्या यह अर्थ है कि आपने अपने परिवार के सदस्यों व मित्रों के कहने पर बैंकिंग को चुना?**

मेघना श्रीमान मैंने अपने परिवार के सदस्यों व मित्रों से इस सन्दर्भ में चर्चा अवश्य की, पर बैंकिंग के क्षेत्र को अपनाने का निर्णय मेरा स्वयं का था, क्योंकि यह मेरे व्यक्तित्व व प्रवृत्ति के कहीं ज्यादा अनुकूल था।

(व्यक्तिगत अभिरुचि एवं पारिवारिक संस्कारों के बेहतर तालमेल के प्रस्तुतीकरण ने मेघना के उत्तर को और अधिक व्यावहारिक बना दिया)

अध्यक्ष **इन्जीनियरिंग की पढ़ाई, बैंकिंग में सेवा के दौरान किस प्रकार आपके काम आएगी?**

मेघना श्रीमान मैंने कम्प्यूटर साइन्स विषय से इन्जीनियरिंग की पढ़ाई की है। अतः मुझे कम्प्यूटर प्रचालन सम्बन्धी आवश्यक जानकारी है, नए सॉफ्टवेयरों पर कार्य करने में कहीं ज्यादा सहज हूँ, साथ ही कम्प्यूटर से सम्बन्धित परेशानियों को मैं दूर भी आसानी से कर सकती हूँ। दूसरे बैंक के ज्यादातर ग्राहक उद्योगपति, व्यवसायी, कारखाने के मालिक आदि होते हैं, जिन्हें अपने उद्योगों के विस्तार हेतु मशीनरी, उपकरण, प्रौद्योगिकी आदि के लिए बैंक से ऋण की आवश्यकता रहती है, इस सन्दर्भ में इन्जीनियरिंग में प्राप्त तकनीकी ज्ञान व वैज्ञानिक मनोवृत्ति मुझे उचित निर्णय लेने में सहायता देगी।

(इन्जीनियरिंग ज्ञान को बैंकिंग से सम्बद्ध कर मेघना ने अद्भुत चतुराई एवं कौशल का परिचय दिया, जिसका बोर्ड पर सकारात्मक प्रभाव पड़ा होगा।)

अध्यक्ष **क्या आप बैंक के कार्य को एक वाक्य में स्पष्ट कर सकती हैं?**

मेघना अगर मैं एक वाक्य में कहूँ तो बैंकों का मूलभूत कार्य जनता को बचत हेतु प्रोत्साहित करना तथा आवश्यकता के समय उन्हें जमा का भुगतान करना व ऋण उपलब्ध कराना है।

सदस्य **आपके अनुसार बैंक में कार्य करने वाले व्यक्ति में क्या गुण होने चाहिए?**

मेघना बैंक में कार्य करने वाले व्यक्ति में सेवा-भावना, सम्प्रेषण क्षमता, धैर्य, सीखने की प्रवृत्ति, संगणनात्मक क्षमता व समस्या सुलझाने की युक्ति आदि गुण होने चाहिए।

सदस्य **अक्सर समाचार-पत्रों में खबर आती है कि रिजर्व बैंक ने बैंक दर बढ़ाई, बैंक दर बढ़ाने से क्या प्रभाव पड़ता है?**

मेघना बैंक दर बढ़ने से बाजार में मुद्रा का प्रवाह कम होता है, जिससे महँगाई में कमी आती है।

सदस्य **मुद्रा का प्रवाह कम होने से महँगाई दर कैसे कम होती है?**

मेघना श्रीमान मुद्रा प्रवाह कम होने से लोगों की क्रय-शक्ति में कमी आती है, जिससे वे खरीदारी कम करते हैं, जिसके फलस्वरूप महँगाई दर में कमी आती है।

सदस्य **मेघना जी, पूँजीवादी अर्थव्यवस्था के बारे में आप क्या जानती हैं?**

मेघना श्रीमान, पूँजीवादी अर्थव्यवस्था में उत्पादन निजी हाथों में होता है। इस प्रकार की अर्थव्यवस्था में आर्थिक गतिविधियाँ निजी लाभ के लिए नियोजित की जाती हैं। इस अर्थव्यवस्था में नियोजन के स्थान पर मूल्य तन्त्र की प्रधानता रहती है। इस अर्थव्यवस्था में उत्पादन के साधनों पर उत्पादक का स्वामित्व होता है। अत: यहाँ वर्ग संघर्ष की सम्भावना रहती है।

अध्यक्ष **डिजिटल मनी से आप क्या समझती हैं?**

मेघना श्रीमान, डिजिटल मनी, कागजी मुद्रा से बिल्कुल अलग है और इसमें नकदी का प्रयोग बिल्कुल नहीं होता। यह कम्प्यूटर स्मार्टफोन या फिर क्रेडिट कार्ड अथवा इण्टरनेट के माध्यम से प्रयोग गें लाई जाती है यह नकदी में तभी परिवर्तित होती है, जब कोई एटीएम या इसे नकदी में परिवर्तित करने वाली अन्य मशीन का उपयोग करता है। इसके माध्यम से मुद्रा के भौतिक परिवहन में अत्यन्त सुविधा उत्पन्न हुई है।

सदस्य **समानान्तर अर्थव्यवस्था से आप क्या समझते हैं?**

मेघना समानान्तर अर्थव्यवस्था से तात्पर्य काले धन के बल पर चलने वाली अर्थव्यवस्था से है। यह अवैध कार्यों से अवैध रूप में अर्जित की गई मुद्रा पर आधारित है और यह अवैध व अनैतिक प्रवृत्तियों को बढ़ावा देती है। अत: देश के विकास के प्रतिकूल है।

अध्यक्ष **एक बैंक अधिकारी के रूप में आप इसे रोकने हेतु क्या कदम उठाएँगी?**

मेघना एक बैंक अधिकारी के रूप में मैं इसे रोकने के लिए कई ठोस कदम उठाऊँगी। मैं ऐसे किसी भी व्यक्ति या फर्म का खाता अपने बैंक में नहीं खुलने दूँगी, जो अनैतिक या अवैध कारोबार में लिप्त हों या ऐसे लोगों से कारोबारी सम्बन्ध रखता हो।

मैं अपने अधीन कर्मचारियों व अधिकारियों के कामकाज व ग्राहकों के साथ सम्बन्धों पर पैनी नजर रखूँगी, जिससे वे अनैतिक प्रवृत्ति के लोगों की मदद न कर सकें। मैं अपने बैंक के पुराने ग्राहकों के खातों के लेन-देन पर भी नजर रखूँगी कि उनमें कहीं कोई अनैतिक या संशयपूर्ण लेन-देन तो नहीं हो रहा है। किसी भी संशय की स्थिति में मैं अपने वरिष्ठ अधिकारियों व भारतीय रिजर्व बैंक को सूचित करूँगी, जिससे वो उचित कार्यवाही कर सकें।

मैं बैंक के नियमानुसार ही सारा कामकाज निष्पादित करूँगी, जिससे कि किसी अनैतिक लेन-देन आदि की सम्भावना ही बाकी न रहे।

(पिछले प्रश्न में सदस्य द्वारा एक समस्या के सन्दर्भ में पूछा गया, उससे अगला प्रश्न उसके समाधान की ओर गया, स्पष्ट है कि एक समस्या के सभी पक्षों की जानकारी, उसके प्रभाव एवं समाधान सम्बन्धी समझ में स्पष्टता होनी चाहिए।)

सदस्य **क्या आप बता सकती हैं कि भारत का सबसे बड़ा बैंक कौन-सा है?**

मेघना श्रीमान, भारतीय स्टेट बैंक भारत का सबसे बड़ा बैंक है।

सदस्य **भारतीय रिजर्व बैंक के विषय में कुछ बताएँ।**

मेघना श्रीमान, भारतीय रिजर्व बैंक हमारे देश का केन्द्रीय बैंक है। यह भारत के सभी सार्वजनिक व निजी क्षेत्र के बैंकों पर नियन्त्रण रखता है। यह वित्त व ऋण नीति निर्धारित करता है तथा मुद्रा (नोट) भी जारी करता है।

अध्यक्ष **वित्तीय समावेशन से आप क्या समझती हैं? भारत में इसके लिए क्या प्रयत्न किए जा रहे हैं?**

मेघना श्रीमान, वित्तीय समावेशन से आशय समाज के अल्पसुविधा प्राप्त वर्गों को बैंकिंग सुविधाएँ उपलब्ध कराने से है। भारत सरकार ने वित्तीय समावेशन के लिए सभी-सरकारी बैंकों को शून्य बैलेंस खाते खोलने के लिए निर्देशित किया है, इसके अलावा देश के ग्रामीण क्षेत्रों में तेजी से बैंकिंग सेवाओं को विकसित किया जा रहा है। अगस्त, 2015 में प्रधानमन्त्री जन-धन योजना इस क्षेत्र में एक बड़ी पहल है। इसके अन्तर्गत 12 करोड़ बैंक खाते खोले जा चुके हैं।

सदस्य **क्या यह सभी तरह के नोट जारी करता है?**

मेघना नहीं श्रीमान, यह एक रुपये के नोटों को छोड़कर बाकी सभी नोट जारी करता है।

सदस्य **बोको हराम क्या है और यह कहाँ सक्रिय है?**

मेघना श्रीमान जी, 'बोको हराम' एक चरमपन्थी आतंकी संगठन है। यह पश्चिमी अफ्रीकी देश नाइजीरिया विशेषकर उत्तर-पूर्वी नाइजीरिया में सक्रिय है। पड़ोसी देशों नाइजर, चाड, कैमरून आदि में भी यह आतंकी वारदातों को अंजाम देता रहता है। यह पश्चिमी देशों की संस्कृति के खिलाफ है। 'बोको हराम' का शाब्दिक अर्थ ही है 'पश्चिमी शिक्षा का निषेध'। वर्तमान में 'अबू बकर शेखू' इस संगठन का मुखिया है।

अध्यक्ष **क्या आपके परिवार वालों को चिन्ता नहीं होगी यदि आपकी नियुक्ति कहीं दूर-दराज के क्षेत्र में की जाएगी?**

मेघना श्रीमान मेरे परिवार वाले इस मामले में बहुत परिपक्व व मददगार हैं। वो मेरे करियर के मामले में कभी अन्यथा दखल नहीं देंगे। जैसा मैंने आपको शुरू में बताया था कि मेरा भाई भी बैंक अधिकारी है और उसके भी कई बार कई दूर-दराज के क्षेत्रों में नियुक्ति व स्थानान्तरण हो चुके हैं। इस बात को लेकर हमारे परिवार में कभी तनाव नहीं रहा। मैं भी इस मामले में पूर्ण आश्वस्त हूँ।

अध्यक्ष **बहुत अच्छा, मेघना यह इण्टरव्यू यहीं समाप्त करते हैं, आप कुछ जानना चाहती हैं?**

मेघना नहीं, धन्यवाद श्रीमान, आप सबका दिन शुभ हो।

विश्लेषण *उपरोक्त इण्टरव्यू में महिला अभ्यर्थी ने पूरी प्रक्रिया के दौरान अपने आत्मविश्वास के स्तर को बनाए रखा था तथा अपने बैंकिंग ज्ञान व अन्य विषयों से सम्बन्धित उत्तरों से भी इण्टरव्यू बोर्ड को प्रभावित किया था। दूर-दराज की नियुक्ति के सन्दर्भ में सामान्यतः महिलाएँ घबरा जाती हैं, पर महिला अभ्यर्थी ने इस स्थिति में भी बिना विचलित हुए; आत्मविश्वास का परिचय दिया। निश्चय ही मेघना चयन हेतु उपयुक्त है।*

मॉडल इण्टरव्यू 10

अंकित श्रीवास्तव जिला कानपुर, उत्तर प्रदेश के एक गाँव के निवासी हैं। मध्यमवर्गीय वर्ग से ताल्लुक रखने वाले अंकित श्रीवास्तव ने कानपुर से ही अर्थशास्त्र में स्नातकोत्तर की शिक्षा पूरी की। आरम्भ से ही प्रतिभाशाली छात्र होने के कारण बैंक पीओ परीक्षा की तैयारी के कुछ समय बाद ही उनका लिखित परीक्षा में चयन हो गया तथा इण्टरव्यू के लिए बुलाया गया। वे अपने पूरे डॉक्यूमेण्ट्स के साथ निर्धारित समय से लगभग 30 मिनट पूर्व ही इण्टरव्यू कक्ष के बाहर पहुँच गए तथा अपनी बारी का इन्तजार करने लगे।

इण्टरव्यू बोर्ड के विषय में

इण्टरव्यू बोर्ड में एक अध्यक्ष तथा तीन अन्य सदस्य थे। अध्यक्ष एक बैंक के क्षेत्रीय प्रबन्ध निदेशक हैं तथा अन्य सदस्य प्रतिष्ठित विद्वान् तथा कुशल प्रशासक हैं।

इण्टरव्यू

अंकित श्रीवास्तव को इण्टरव्यू के लिए बुलाया जाता है, उन्होंने दरवाजे के पास पहुँचकर अन्दर आने की अनुमति माँगी। इसके बाद ....

अध्यक्ष **आइए अंकित जी।**

अंकित आप सभी को मेरा नमस्कार।

अध्यक्ष **नमस्कार, आइए अपना स्थान ग्रहण कीजिए।**

अंकित धन्यवाद सर।

अध्यक्ष **आपका स्थानीय शहर गन्दगी और प्रदूषण मामले में देश में अग्रणी है, ऐसा क्यों?**

अंकित सर, इसका सबसे बड़ा कारण चमड़े और अन्य कारखानों से निकलने वाला अनियन्त्रित तथा असंशोधित कचरा और पानी है, जिसका कुशल निपटारा नहीं होता है।

अध्यक्ष **आपने अर्थशास्त्र से ही स्नातकोत्तर क्यों किया?**

अंकित सर, इसका कारण मेरी पारिवारिक पृष्ठभूमि है। मेरे पिताजी ने भी अर्थशास्त्र में ही अपनी शिक्षा पूरी की तथा अपने कानपुर में एक विद्यालय में अर्थशास्त्र के शिक्षक हैं। वे घर में प्रायः इस विषय से सम्बन्धित समसामयिक घटनाओं की चर्चा करते रहते थे। इसी दौरान मेरी रुचि भी अर्थशास्त्र में हो गई।

(उक्त प्रश्न अभ्यर्थी की शैक्षणिक पृष्ठभूमि पर आधारित है तथा अर्थशास्त्र को विषय के रूप में चुनने के निर्णय का आधार जानने का प्रयास किया गया है, जिसे अभ्यर्थी ने रुचि पर आधारित निर्णय बताकर यह संकेत किया है कि वह आर्थिक मुद्दों पर रुचि के साथ कार्य करने में सक्षम है।)

पहला सदस्य **आप एक बैंक अधिकारी बनना चाहते हैं तथा आप यह भी जानते होंगे कि भारत का केन्द्रीय बैंक रिजर्व बैंक है। आप बताइए कि इस बैंक के नए अधिकार क्या हैं?**

अंकित अगर सामाजिक नियन्त्रण के किसी नियम को कोई बैंक नहीं मानता है या उसको भंग करता है, तब रिजर्व बैंक को यह अधिकार दिया गया है कि वह सम्बन्धित रकम, जिसकी गडबड़ी की गई है, से दोगुना दण्ड दे सकता है।

(RBI का इतिहास, भूमिका, वर्तमान में उसके नियमों/विनियमों में परिवर्तन आदि इण्टरव्यू के दृष्टिकोण से सदैव ही महत्त्वपूर्ण पक्ष रहे हैं।)

दूसरा सदस्य **अच्छा, मि. अंकित चालू खाते और बचत खाते में क्या अन्तर है?**

अंकित सर, चालू खाते में जमा करने वालों को अधिकार है कि बिना किसी पूर्व सूचना के वे जब कभी चाहें, स्वेच्छा से रकम की निकासी कर सकते हैं। अत: अमेरिका में इसे माँग जमा भी कहा जाता है। बचत खाता प्राय: उन व्यक्तियों के लिए उपयुक्त होता है, जो कभी-कभी तथा बहुत छोटी-छोटी मात्राओं में रुपया जमा करना या निकालना चाहते हैं। बचत खाता सामान्यत: निश्चित और कम आय वाले गृहस्थों की सुविधा के लिए तथा उनमें धन संचय की प्रवृत्ति को बढ़ाने के लिए खोला जाता है।

तीसरा सदस्य **चेक से आप क्या समझते हैं?**

अंकित चेक एक प्रकार की हुण्डी है, जो किसी विशेष बैंक को आदिष्ट होता है तथा जिसकी माँग पर भुगतान किया जाता है। यदि चेक धारक नहीं है, तो जोखिम रहित होता है। इससे मनमानी धनराशि का लेन-देन हो जाता है तथा करेन्सी नोटों के भार से बचा जा सकता है। व्यापारियों को अनावश्यक रूप से अधिक रुपया नहीं रखना पड़ता।

चौथा सदस्य **अंकित जी, अभी थोड़ी देर पहले आपसे रिजर्व बैंक के बारे में पूछा गया था। रिजर्व बैंक की स्थापना किन उद्देश्यों के लिए की गई थी, क्या आप बता सकते हैं?**

अंकित सर, इसकी स्थापना के पीछे कई उद्देश्य थे, जिनमें रुपये के आन्तरिक और बाह्य मूल्यों में स्थिरता लाना, सभी बैंकों से नकद कोष प्राप्त करके एक दृढ़ केन्द्रीय कोष का निर्माण करना, जिससे बैंकिंग संकट रोका जा सके तथा मुद्रा बाजार में लोच पैदा हो, देश में साख मुद्रा और मात्रा को उसकी कुल माँग के अनुरूप बनाए रखना, भारतीय मुद्रा व साख व्यवसाय तथा बैंकिंग व्यवसाय आदि सम्बन्धित विविध विषयों पर आँकड़े इकट्ठे करना तथा उन्हें प्रकाशित करना, सरकार के बैंकर के रूप में सरकार की ओर से ऋण लेना, भुगतान करना, विदेशी विनिमय का लेन-देन करना तथा सम्बन्धित विषयों पर सरकार को सलाह देना।

अध्यक्ष **क्या आप 'लीड बैंक' के विषय में जानते हैं?**

अंकित लीड बैंक से तात्पर्य है—नेतृत्व करने वाला बैंक। इस प्रणाली की शुरूआत वर्ष 1969 में हुई थी। यह क्षेत्रीय बैंकिंग की अवधारणा पर आधारित है। प्रत्येक लीड बैंक को विशेष जिले आवण्टित किए गए हैं। यह बैंक उस क्षेत्र की ऋण नीति तथा अन्य क्षेत्रीय आवश्यकताओं का अध्ययन कर एक विकास योजना तैयार करते हैं। इस कार्य में एक से अधिक बैंकों की सहभागिता होती है तथा एक लीड बैंक के नेतृत्व में कार्य करते हैं।

पहला सदस्य **इम्पीरियल बैंक का नाम बदलकर भारतीय स्टेट बैंक कब कर दिया गया था?**

अंकित सर, वर्ष 1955 में इम्पीरियल बैंक का नाम उसके राष्ट्रीयकरण के बाद भारतीय स्टेट बैंक कर दिया गया। ऐसा भारत के इम्पीरियल बैंक संशोधन अधिनियम, 1934 के द्वारा किया गया। उसके बाद से यह भारतीय रिजर्व बैंक के एकमात्र अधिकृत एजेण्ट के रूप में कार्य कर रहा है।

दूसरा सदस्य **अच्छा अंकित जी, आजकल प्लास्टिक मनी का बहुत चलन है। प्लास्टिक मनी क्या है?**

अंकित प्लास्टिक मनी का प्रयोग विभिन्न प्रकार के प्लास्टिक कार्ड्स के लिए किया जाता है। ये हार्ड प्लास्टिक के बने होते हैं। इनमें एटीएम कार्ड, डेबिट कार्ड, क्रेडिट कार्ड आदि शामिल हैं।

दूसरा सदस्य **क्रेडिट कार्ड क्या होते हैं?**

अंकित क्रेडिट कार्ड द्वारा व्यक्ति को सामान खरीदने या एक सीमा तक कैश निकालने की सुविधा प्रदान की जाती है। यह एक प्रकार से उस व्यक्ति को एक सीमा तक दी गई ऋण की रकम है, जिसे वह क्रेडिट कार्ड के माध्यम से उपयोग कर सकता है। इस कार्ड से निकाली गई राशि पर बैंक ब्याज लेता है।

चेयरमैन **मिस्टर अंकित स्टेट बैंक ऑफ इण्डिया का इतिहास बताइए।**

अंकित भारतीय स्टेट बैंक का उदय 2 जून, 1806 को बैंक ऑफ कोलकाता की स्थापना के साथ हुआ। तीन साल बाद 1809 ई. को बैंक को अपना चार्टर प्राप्त हुआ और बैंक ऑफ बंगाल के रूप में पुनर्गठित किया गया। यह एक अद्वितीय संस्था थी और गुलाम भारत का प्रथम संयुक्त पूँजी बैंक था। जिसे बंगाल सरकार द्वारा प्रायोजित किया गया था। बैंक ऑफ बंगाल की स्थापना 1840 ई. में और बैंक ऑफ मद्रास की स्थापना 1843 ई. में की गई थी। इन तीनों बैंकों को 27 जनवरी, 1921 में मिलाकर इम्पीरियल बैंक ऑफ इण्डिया बनाया गया। इसी बैंक को 1 जुलाई, 1855 को स्टेट बैंक ऑफ इण्डिया के रूप में इसका पुनर्गठन हुआ।

चेयरमैन **मिस्टर अंकित ''नोटा (NOTA)'' क्या है?**

अंकित सर, नोटा अर्थात् None of the above भारतीय नागरिकों को दिया गया ''राइट टू रिजेक्ट'' का कानूनी अधिकार है। भारत के सर्वोच्च न्यायालय ने एक ऐतिहासिक फैसला देते हुए देश के मतदाताओं को यह अधिकार दे दिया है कि वे अब मतदान के दौरान सभी प्रत्याशियों को खारिज कर सकेंगे। भारत की शीर्षस्थ अदालत ने चुनाव आयोग को निर्देश दिया है कि वह ईवीएम में ''इनमें से कोई नहीं'' के विकल्प का एक बटन उपलब्ध कराए।

पहला सदस्य **अंकित जी ये ईवीएम क्या है?**

अंकित ईवीएम का पूरा नाम ''इलेक्ट्रॉनिक वोटिंग मशीन'' है, जिसका उपयोग भारत में वर्ष 1999 से मतदान में किया जा रहा है।

(यह प्रश्न अभ्यर्थी की सामान्य सचेतता की परख करता है। सजग भारतीय नागरिकों से यह अपेक्षा की जाती है, वे चुनावों के दौरान उपयोग में लाई जाने वाली ईवीएम मशीन के विषय में परिचित हों।)

दूसरा सदस्य **मिस्टर अंकित चेक और डिमाण्ड ड्राफ्ट में क्या अन्तर है?**

अंकित सर, चेक किसी व्यक्ति द्वारा जारी किया जाता है और डिमाण्ड ड्राफ्ट बैंक द्वारा जारी किया जाता है। चेक के जारी होने के बाद खाते से राशि निर्गत होती है, जबकि डिमाण्ड ड्राफ्ट के लिए राशि जारी होने से पहले जमा करनी पड़ती है।

पहला सदस्य **भारत में लोकसभा और राज्यसभा की सीटों की संख्या कितनी है?**

अंकित भारत में कुल 552 लोकसभा सीट और 250 राज्यसभा सीटें हैं।

दूसरा सदस्य **क्या आप बता सकते हैं कि लोकसभा में कितने सदस्यों को मनोनीत किया जा सकता है?**

अंकित जी हाँ, सर। लोकसभा में 2 एंग्लो इण्डियन को राष्ट्रपति के द्वारा मनोनीत किया जा सकता है।

दूसरा सदस्य **वर्तमान में RBI के गवर्नर कौन हैं?**

अंकित सर, डॉ. रघुराम जी राजन RBI के वर्तमान गवर्नर हैं।

पहला सदस्य **मिस्टर अंकित सर्वाधिक लोकसभा सीटें किस राज्य में हैं?**

अंकित उत्तर प्रदेश में लोकसभा सीट सर्वाधिक 80 हैं।

तीसरा सदस्य **मुद्रा अवस्फीति (Deflation) क्या है?**

अंकित सामान्यत: मुद्रा अवस्फीति, मुद्रास्फीति (Inflation) के विपरीत स्थिति होती है, उसमें मूल्य स्तर में गिरावट के लक्षण दिखाई देते हैं, किन्तु मूल्य में प्रत्येक गिरावट हमेशा मुद्रा अवस्फीति होगी, ऐसा नहीं है। यह वह स्थिति है, जब मुद्रा का मूल्य बढ़ रहा हो तथा मूल्य स्तर घट रहा हो। यदि मौद्रिक आय की तुलना में वास्तविक वस्तुओं का उत्पादन अधिक हो जाए तो बाजार में एक समय के दौरान अधिक वस्तुएँ बिकने के लिए आ जाती हैं, जिससे वस्तुओं का भाव तेजी से गिरने लगता है। इस स्थिति को मुद्रा अवस्फीति कहते हैं।

चौथा सदस्य **अच्छा अंकित जी, बैंक कर्मचारियों की परिलब्धियों के विषय में आपकी क्या राय है?**

अंकित सर, मुझे लगता है कि बैंक कर्मचारियों को पर्याप्त वेतन मिलना चाहिए, जिससे वे एक सम्मानजनक जीवन व्यतीत कर सकें। सभी को अपने कार्य के अनुसार वेतन प्राप्त होना चाहिए।

पहला सदस्य **अंकित जी, आम बजट 2014-15 के आधार पर, क्या आप बता सकते हैं कि किस कर से भारत सरकार को सर्वाधिक आमदनी होती है?**

अंकित सर, भारत सरकार को, निगम कर (Corporate Tax) से सर्वाधिक आमदनी होती है भारत सरकार की कुल आमदनी में से 21%, निगम कर से प्राप्त होती है।

दूसरा सदस्य **वित्तमन्त्री श्री अरुण जेटली ने आम बजट 2014-15 में, भारत के किन दो शहरों के बीच बुलेट ट्रेन चलाने की घोषणा की है?**

अंकित सर वित्तमन्त्री ने अहमदाबाद और मुम्बई के बीच बुलेट ट्रेन चलाने की घोषणा की है इस परियोजना के लिए आवश्यक ₹ 60000 करोड़, पब्लिक प्राईवेट पार्टनरशिप (पीपीपी) के माध्यम से जुटाने का लक्ष्य रखा गया है।

अध्यक्ष **मि. अंकित श्रीवास्तव अब आप जा सकते हैं।**

अंकित धन्यवाद सर। *(अंकित श्रीवास्तव ने बोर्ड के अध्यक्ष एवं अन्य सदस्यों का अभिवादन किया तथा इण्टरव्यू कक्ष से बाहर आया।)*

विश्लेषण *उसका इण्टरव्यू लगभग 20-25 मिनट चला, उससे कुछ औपचारिक प्रश्नों के अतिरिक्त अधिकतर प्रश्न अर्थव्यवस्था से ही पूछे गए, जो बैंकिंग क्षेत्र से सम्बन्धित थे। अंकित श्रीवास्तव ने बहुत ही धीरता के साथ अपनी समझ के अनुसार प्रश्नों के जवाब दिए। इण्टरव्यू के दौरान बोर्ड के अध्यक्ष और सदस्य सभी उससे प्रसन्न थे। इस प्रकार के वातावरण में इण्टरव्यू सम्पन्न होना एक सकारात्मक संकेत है, जो अभ्यर्थी की सफलता की सम्भावना को इंगित करता है।*

मॉडल इण्टरव्यू 11

श्री राम प्रताप वर्तमान में एक सहकारी बैंक में क्लर्क के पद पर कार्यरत हैं तथा प्रोबेशनरी अधिकारी के रूप में चयन प्राप्त करने हेतु प्रयासरत हैं। राम प्रताप गणित विषय के साथ बी एससी उत्तीर्ण हैं। राम प्रताप का व्यक्तित्व सरल है तथा उत्तराखण्ड के जिले ऊधम सिंह नगर से सम्बन्ध रखते हैं। हाल में आईबीपीएस (IBPS) द्वारा आयोजित बैंक पीओ की परीक्षा में चयन होने पर इन्हें इण्टरव्यू के लिए बुलाया गया है।

नाम	राम प्रताप
पिता का नाम	श्री रामेन्द्र प्रताप
माता	श्रीमती सरोजिनी देवी
जन्म तिथि	1 सितम्बर, 1988
शैक्षिक योग्यता	बीएससी (गणित)
सम्बन्धित स्थान	जिला ऊधमसिंह नगर उत्तराखण्ड
रुचियाँ	कविता पढ़ना, संगीत सुनना, नए स्थानों का भ्रमण
वर्तमान में कार्यरत	उत्तराखण्ड सहकारी बैंक, रुद्रपुर

इण्टरव्यू पत्र प्राप्त होने के बाद राम प्रताप इण्टरव्यू के स्थान पर एक घण्टा पहले पहुँचकर सम्बन्धित अधिकारी को सूचित करते हैं। कार्यालय में अपने प्रमाण-पत्रों की जाँच कराने के बाद इण्टरव्यू बोर्ड द्वारा अपने बुलावे का इन्तजार करते हैं। इण्टरव्यू बोर्ड द्वारा बुलाए जाने पर इण्टरव्यू कक्ष को धीमे से खोलकर अन्दर प्रवेश करने की अनुमति प्राप्त करते हैं। इण्टरव्यू बोर्ड में 5 सदस्य थे, जिनमें से एक महिला सदस्य थी। गुड मॉर्निंग के साथ राम प्रताप का इण्टरव्यू शुरू हो जाता है।

अध्यक्ष **राम प्रताप**

राम प्रताप यस सर

अध्यक्ष **टेक योर सीट**

राम प्रताप थैंक यू सर

अध्यक्ष **आपने बायोडाटा में लिखा है कि आप सहकारी बैंक में क्लर्क के रूप में कार्यरत हैं अर्थात् आप बैंक में कार्य करने के व्यवहार और गतिविधियों से अवगत हैं। बैंक में सम्पादित होने वाले किन्हीं दो कार्यों को बताइए, जो लोगों के जीवन-स्तर को ऊँचा उठाने में सहायक हैं।**

राम प्रताप 1. लोगों को ऋण प्रदान करके उनकी क्रयशक्ति को बढ़ाना।

2. वित्तीय समावेशन के द्वारा समाज के वंचित वर्गों को मुख्य धारा में लाना।

यह प्रश्न बैंक में क्लर्क के पद पर कार्यरत राम प्रताप से बैंकिंग गतिविधियों से परिचित होने की अपेक्षा के आधार पर पूछा गया है।

अध्यक्ष **वित्तीय समावेशन क्या है?**

राम प्रताप वह योजना जिसके द्वारा समाज के सभी लोगों को बैंकिंग सुविधाएँ उपलब्ध कराके उन्हें वित्तीय और सामाजिक रूप से सशक्त बनाया जाता है, वित्तीय समावेशन कहलाती है।

अध्यक्ष **किन्हीं चार प्राइवेट सेक्टर के बैंकों के नाम बताइए।**

राम प्रताप आईसीआईसीआई (ICICI) बैंक, एचडीएफसी (HDFC) बैंक, एक्सिस बैंक (Axis), यस (Yes) बैंक।

अध्यक्ष **हाल ही में रिजर्व बैंक ने कुछ नए बैंकों को खोलने के लिए आवेदन स्वीकारे हैं, क्या आपको लगता है यह सही कदम है?**

राम प्रताप जी हाँ सर, मेरे अनुसार यह एक सही निर्णय है। एक तो इससे सरकार की वित्तीय समावेशन की योजना में सहायता मिलती है, दूसरे इसके द्वारा वर्तमान में कार्यरत बैंकों का बोझ कम होगा, जिससे अधिक कार्य सम्पादित होगा, साथ ही बैंकिंग सेवा में पारदर्शिता आएगी।

अध्यक्ष **वर्तमान में सरकार विचार कर रही है कि छोटे बैंकों को मिलाकर बड़े-बड़े बैंकों में तब्दील कर देना चाहिए। क्या आप इस निर्णय से सहमत हैं?**

राम प्रताप जी हाँ, सर मैं इस निर्णय से सहमत हूँ, क्योंकि इससे बैकों के पास अधिक पूँजी होगी, जिससे ऋण व्यवस्था सहित अन्य व्यवस्थाएँ दुरुस्त होंगी। बैंक की वित्तीय स्थिति अधिक सुदृढ़ होगी, जिससे नकारात्मक स्थितियों में बैंकिंग व्यवस्था लड़खड़ाएगी नहीं।

अध्यक्ष **हाल ही में इनमें से किस बैंक में सरकार ने विनिवेश किया है और कितना?**

राम प्रताप सर Axis बैंक में, सरकार ने 9% विनिवेश किया है। अत: अब सरकार की Axis बैंक में 11% हिस्सेदारी रह गई है।

अध्यक्ष **विनिवेश क्यों किया जाता है?**

राम प्रताप विनिवेश के द्वारा सरकार किसी सरकारी उपक्रम को बेचकर पूँजी प्राप्त करती है तथा उसका निवेश अन्य क्षेत्रों के विकास में किया जाता है।

(इस प्रश्न के माध्यम से नीतिगत मामलों पर अभ्यर्थी की राय जानने तथा नीतिगत निर्णयों के परिणामों से अवगत होने की अपेक्षा की गई है।)

अन्य सदस्य **अपने राज्य की एक विशेषता और एक कमी बताइए।**

राम प्रताप **विशेषता** देश का पहला टाइगर रिजर्व कार्बेट नेशनल पार्क, जिला नैनीताल (मुख्य रूप से) उत्तराखण्ड में बनाया गया था।

कमी उत्तराखण्ड देश के अन्य राज्यों की तुलना में उद्योगों के क्षेत्र में अभी तक सन्तोषजनक तरक्की नहीं कर पाया है।

महिला सदस्य **आपने बायोडाटा में लिखा है आपको कविता पढ़ने में रुचि है। आपका मनपसन्द कविता लेखक कौन है? और क्यों?**

राम प्रताप मैडम, गजानन माधव मुक्तिबोध मेरे पसन्दीदा कविता लेखक हैं, इन्होंने समाज की विसंगतियों, राजनीतिक बुराइयों तथा व्यक्ति के आन्तरिक मन की ऊहापोह को उभारा है, इसलिए मुझे इनकी कविताएँ पसन्द हैं।

महिला सदस्य **इनकी किन्हीं दो कविताओं के नाम बताइए।**

राम प्रताप 'अन्धेरे में' और 'ब्राह्मण' इनकी दो प्रसिद्ध कविताएँ हैं।

अध्यक्ष **वर्तमान में भारत में कितने राज्य हैं, जनसंख्या में सबसे बड़ा राज्य कौन-सा है तथा क्षेत्रफल के अनुसार सबसे बड़ा राज्य कौन-सा है?**

राम प्रताप हाल ही में बने राज्य तेलंगाना को मिलाकर अब भारत में 29 राज्य हैं। जनसंख्या के अनुसार सबसे बड़ा राज्य उत्तर प्रदेश तथा क्षेत्रफल के आधार पर सबसे बड़ा राज्य राजस्थान है।

अध्यक्ष **योजना आयोग के बारे में बताइए। संविधान में किस अनुच्छेद में इसका जिक्र हुआ है?**

राम प्रताप योजना आयोग की स्थापना वर्ष 1950 में हुई थी। इसका मुख्य कार्य पंचवर्षीय योजना का प्रारूप तैयार करना था। भारत के प्रधानमन्त्री इसके अध्यक्ष होते थे तथा यह एक असंवैधानिक संस्था थी। हाल ही में सरकार ने इसके स्थान पर नीति (NITI, National Institution for Transforming India) आयोग का गठन किया है। जहाँ तक योजना आयोग का प्रश्न है, संविधान के किसी भी अनुच्छेद में इसका कोई जिक्र नहीं किया गया है।

महिला सदस्य **रेपो रेट और बैंक रेट में क्या-क्या समानता और असमानता हैं?**

राम प्रताप 1. रेपो रेट तथा बैंक रेट दोनों के तहत आरबीआई (RBI) अन्य बैंकों को ऋण उपलब्ध कराता है।
2. बैंक रेट, बैंक की लांग टर्म प्लानिंग तथा रेट शार्ट टर्म प्लानिंग का हिस्सा है।

महिला सदस्य **प्रथम महिला बैंक की स्थापना कहाँ हुई है?**

राम प्रताप मैडम, मुम्बई में 2013 में इसकी स्थापना हुई थी।

महिला सदस्य **इसकी चेयरपर्सन कौन हैं?**

राम प्रताप उषा अनन्तसुब्रह्मण्यम

अन्य सदस्य **NEFT की फुल फॉर्म बताओ।**

राम प्रताप सर नेशनल इलेक्ट्रॉनिक फण्ड ट्रांसफर।

अन्य सदस्य **NEFT क्या होता है?**

राम प्रताप इण्टरनेट के माध्यम से ₹ 1 लाख तक की धनराशि को एक बैंक से दूसरे बैंक में स्वयं खाताधारक द्वारा ट्रांसफर किया जा सकता है, यह प्रणाली 'नेफ्ट' कहलाती है।

अन्य सदस्य **एयरटेल मनी क्या है, इसका बैंकिंग सुविधाओं से क्या सम्बन्ध है?**

राम प्रताप प्रमुख टेलीकॉम कम्पनी एयरटेल द्वारा शुरू की गई सुविधा, जिसके द्वारा कस्टमर एक बार एयरटेल से रजिस्टर्ड होने के बाद अपने मोबाइल फोन द्वारा किसी भी बैंक में पैसों का ट्रांसफर कर सकता है, इसके लिए न तो बैंक जाने की जरूरत है और न ही इण्टरनेट सुविधा की।

अन्य सदस्य **एनपीए क्या होता है? इसका पूरा नाम बताओ।**

राम प्रताप NPA का पूरा नाम है 'गैर-निष्पादित परिराग्पत्ति' (Non Porforming Assets) गैर-निष्पादित परिसम्पत्ति से तात्पर्य बैंकों द्वारा दिए गए ऐसे ऋणों से है, जिनके मूलधन और ब्याज का भुगतान 90 या उससे अधिक दिनों तक नहीं किया गया है तथा इस प्रकार बैंकों की ऋण धारकों पर बकाया राशियाँ एकत्रित हो गई हैं। वर्तमान में यह बैंकिंग सेवा की एक प्रमुख समस्या है।

अन्य सदस्य **आपने बायोडाटा में लिखा है आप शतरंज खेलते हैं शतरंज से जुड़ी भारत की दो महिलाओं के नाम बताइए।**

राम प्रताप सर द्रोणावली हरिका और कोनेरू हम्पी।

अध्यक्ष **अब तक हुई हमारी बातचीत के आधार पर स्वयं को दस में से आप कितने अंक देंगे?**

राम प्रताप सर मैं अपने आप को आठ अंक देना चाहूँगा।

अध्यक्ष **ओके, राम प्रताप बेस्ट ऑफ लक।**

राम प्रताप थैंक यू वेरी मच सर।

विश्लेषण *अपने इण्टरव्यू के दौरान राम प्रताप ने वैयक्तिक क्षेत्र से जुड़े, राजनैतिक क्षेत्र से जुड़े तथा अर्थव्यवस्था और बैंकिंग से जुड़े सभी प्रश्नों का उत्तर बिना किसी हिचकिचाहट के साथ दिया है, जोकि उसके व्यक्तित्व के सकारात्मक पक्ष को दिखाता है चूँकि राम प्रताप पहले से बैंकिंग संस्था के साथ जुड़े हैं। अतः यह पक्ष भी उनके इण्टरव्यू को सही और सकारात्मक दिशा में ले जाने में सफल रहा। अतः राम प्रताप बैंक पीओ के पद के लिए एक उपयुक्त और प्रभावी उम्मीदवार है।*

मॉडल इण्टरव्यू 12

श्री दिनेश कुमार पेशे से शिक्षक हैं, जो ग्राम पंचायत शंकर सरैया तुरकौलिया जिला-पूर्वी चम्पारण में निजी विद्यालय में कार्यरत हैं। वह एक हँसमुख शिष्टाचारपूर्ण व्यक्ति हैं, जो आसानी से सभी से घुल-मिल जाते हैं। उनका कद 5' 6'' है, जो आकर्षक व्यक्तित्व के धनी दिखाई पड़ते हैं। बैंक इण्टरव्यू के दौरान श्री कुमार नेवी ब्ल्यू शर्ट और काले रंग की पैंट पहने हुए थे और पैरों में अच्छी तरह पॉलिश किए हुए काले जूते पहने हुए थे। उन्होंने आत्मविश्वास से चलते हुए इण्टरव्यू कक्ष का द्वार धीरे से खटखटाकर अन्दर आने की आज्ञा माँगी। आज्ञा मिलने पर आत्मविश्वासपूर्वक अन्दर प्रवेश कर गए और धीरे से बिना मुड़े अपने पीछे द्वार बन्द कर दिए, अब वह इण्टरव्यू कक्ष में पहुँचकर इण्टरव्यू लेने वाले एक पैनल, जिसमें एक अध्यक्ष सहित चार सदस्यों का मुस्कराते हुए अभिवादन किया।

कुमार नमस्कार श्रीमान

अध्यक्ष नमस्कार

कुमार धन्यवाद श्रीमान

अध्यक्ष **आप शिक्षक होने के बावजूद इस पद पर क्यों आना चाहते हैं?**

कुमार श्रीमान, मैं आपको यह बताना चाहूँगा कि प्रारम्भ से ही बैंक अधिकारी बनना मेरा सपना था, इसलिए निजी विद्यालय के शिक्षण व्यवस्था से जुड़ा रहा, जिससे मुझे पढ़ने का समय भी मिल जाता था, दूसरी ओर पढ़ना और पढ़ाना मेरी हॉबी भी थी।

सदस्य **इस सफलता के लिए आपने कितने प्रयास किए?**

कुमार श्रीमान मैने बैंक के इस प्रतिष्ठित पद को पाने हेतु दो प्रयास किए प्रथम प्रयास में, मैं इटरव्यू तक पहुँचा, लेकिन अन्तिम रूप से सफल नहीं हो सका, दूसरे प्रयास में, मैं आपके सामने बैठा हूँ।

सदस्य **क्या आप इस सफलता के प्रति आश्वस्त हैं?**

कुमार जी जरूर, कठिन परिश्रम, ईश्वर की असीम कृपा और आप लोगों के सकारात्मक सहयोग द्वारा आश्वस्त हूँ।

अध्यक्ष **आपने इस परीक्षा में उत्तीर्ण होने के लिए क्या किया?**

कुमार इस परीक्षा में अंग्रेजी, गणित, तर्कशक्ति, कम्प्यूटर ज्ञान एवं समसामयिक सामान्य ज्ञान पर आधारित वस्तुनिष्ठ प्रश्न पूछे जाते हैं, जिनके गलत उत्तर देने पर नकारात्मक अंक का भी प्रावधान है।
मैंने पहले उन प्रश्नों को हल किया, जिसमें पूर्णरूप से आशान्वित था, उसके बाद 50-50 अनुपात वाले (हाँ और नहीं) प्रश्नों को आत्मविश्वास और विवेकपूर्ण तरीके से हल किया और जो प्रश्न मुझे बिल्कुल नहीं आते थे, उन प्रश्नों को छोड़ दिया, क्योंकि इसमें ऋणात्मक अंक का खतरा था।

सदस्य **आप बैंक के अधिकारी पद पर चयन होने के लिए आए हैं। क्या आप बता सकते हैं कि 14 बड़े बैंकों का राष्ट्रीयकरण कब हुआ था और किसके काल में हुआ था?**

कुमार श्रीमान 14 बड़े बैंकों का राष्ट्रीयकरण वर्ष 1969 में प्रधानमन्त्री इन्दिरा गाँधी के काल में हुआ था।

सदस्य **वर्तमान में भारत में कितने बैंक राष्ट्रीयकृत हैं?**

कुमार जी, वर्तमान में भारत के 21 बैंक राष्ट्रीयकृत हैं।

अध्यक्ष **क्या इन बैंकों के राष्ट्रीयकरण से कोई लाभ हुआ?**

कुमार जी बिल्कुल, बैंकों का राष्ट्रीयकरण बैंकों की निजी लाभ की भावना से नहीं किया गया था, इसके पीछे देशहित की भावना थी और निश्चित तौर पर देश को इससे बहुत लाभ हुआ। यदि आज देश में कृषि और उद्योग अच्छी स्थिति में हैं, तो इसका अधिकतम श्रेय राष्ट्रीय बैंकों को ही जाता है। जिन्होंने उन्हें सही समय पर खाद, बीज, उपकरण, कच्चा माल तथा नवीनतम प्रौद्योगिकी के लिए उदार ऋण उपलब्ध करवाए और उन्हें उन्नति करने का अवसर दिया।

अध्यक्ष **कुमार, आपके विचार से बैंक किस प्रकार समाज की सेवा बेहतर ढंग से कर सकते हैं?**

कुमार श्रीमान, वैसे तो बैंक पहले से ही समाज सेवा के कार्य में जुटे हैं, फिर भी मेरे विचार में उन्हें विभिन्न दिशाओं में और प्रयास करने चाहिए, जैसे कि समाज के कमजोर वर्ग के लोगों के बच्चों की शिक्षा के लिए कम ब्याज दर पर ऋण उपलब्ध करवाने चाहिए।
आवास तथा कुटीर उद्योगों के लिए उदारतारपूर्वक कम ब्याज दर पर ऋण उपलब्ध करवाने चाहिए।
बेरोजगार लोगों, विशेषकर शिक्षित बेरोजगारों, को कम ब्याज दर पर उपलब्ध करवाने चाहिए।

सदस्य **आप बैंक के कार्य एक वाक्य में बता सकते हैं?**

कुमार बैंक का मूलभूत कार्य जमा रूप में धन स्वीकार करना तथा जमाकर्ता के आदेश पर उसका भुगतान करना होता है।

सदस्य **बैंक में कार्य करने के लिए किसी व्यक्ति में क्या गुण होने चाहिए?**

कुमार श्रीमान बैंक में कार्य करने के लिए किसी व्यक्ति में सेवा की भावना, सुनने तथा वार्ता करने की क्षमता, समस्याएँ सुलझाने की युक्ति, धैर्य, परिपूर्णता तथा सीखने की क्षमता होनी चाहिए।

सदस्य **बैंक की कार्यप्रणाली में सुधारों के विषय में बताइए।**

कुमार पिछले कुछ वर्षों में बैंकों की कार्यप्रणाली में काफी सुधार हुए हैं। अधिकतर बैंकिंग कार्य कम्प्यूटरीकृत होने लगे हैं तथा तेजी से निपटाए जाते हैं। एटीएम तथा ऑनलाइन बैंकिंग जैसी सुविधाओं ने बैंकिंग का कायाकल्प ही कर दिया है। ग्राहकों की समस्याओं के निवारण के लिए बड़े स्तर के अधिकारी भी अब उपलब्ध हैं। बैंकिंग ओम्बुड्समैन (लोकपाल) की भी नियुक्ति की गई है।
(बैंकिंग कार्यप्रणाली के सम्बन्ध में दिनेश कुमार का तकनीकी एवं वैधानिक ज्ञान प्रश्न के संगठित उत्तर के रूप में परिलक्षित होता है, जिसने निःसन्देह उसके आत्मविश्वास में वृद्धि की होगी।)

अध्यक्ष **भारत में बैंकों के महत्त्व के बारे में बताइए।**

कुमार देश की अर्थव्यवस्था के आर्थिक विकास में बैंक महत्त्वपूर्ण भूमिका निभाते हैं। बैंकों का मुख्य उद्देश्य आर्थिक विकास की गति को तीव्र बनाना है। व्यापारिक बैंक अधिकांशतः व्यापार तथा उद्योग को ऋण प्रदान करते हैं। इसके अतिरिक्त बैंकिंग का महत्त्व बहुमूल्य सामग्री को सुरक्षित करने के लिए लॉकर्स की सुविधा उपलब्ध करवाना तथा ग्राहकों की आर्थिक स्थिति एवं साख से सम्बन्धित सूचनाएँ प्रदान करने में है।

सदस्य **कुमार जी, मन्दी से आप क्या समझते हैं?**
(वैश्विक मन्दी विश्व के अधिकांश देशों की अर्थव्यवस्था को प्रभावित करती है। साथ ही बैंकिंग क्षेत्र से इसकी अन्तर्सम्बन्धता इसे नितान्त मौलिक प्रश्न बनाती है, जिसके सम्बन्ध में जानकारी की अपेक्षा एक अच्छे अभ्यर्थी से की जाती है।)

कुमार श्रीमान, मन्दी, अर्थव्यवस्था की उस स्थिति को कहते हैं, जब बाजार में वस्तुओं की पूर्ति की तुलना में माँग कम हो जाए। माँग के कम होने से कम्पनियाँ अपनी वस्तुओं का उत्पादन कम कर देती हैं और अपने यहाँ कर्मचारियों की छँटाई करती हैं परिणामस्वरूप बेरोजगारी में वृद्धि होती है, जिससे लोगों की क्रयशक्ति में और कमी आती है, जो कुल माँग को घटा देती है।

अध्यक्ष **बैंकिंग 'ग्राहक सेवा की दिशा' से क्या तात्पर्य है?**

कुमार श्रीमान, सभी बैंक अपने ग्राहकों को सन्तुष्ट करना चाहते हैं। वह ग्राहक की आवश्यकताओं और हितों को ध्यान में रखकर सेवा की रूपरेखा तैयार करते हैं और उसी के अनुरूप सेवा प्रदान करते हैं।

सदस्य **वर्तमान में बेसल-III मानदण्ड लागू करने हेतु एक समिति का गठन किया गया है। बेसल-III मानदण्ड क्या है?**

कुमार श्रीमान, ये बैंकिंग क्षेत्र के अन्तर्गत विभिन्न क्षेत्रों *(विनियमन, पर्यवेक्षण और जोखिम-प्रबन्धन)* में सुधारात्मक उपायों हेतु मानदण्ड है। बेसल समिति ने वर्ष 2009 में बेसल-III का पहला संस्करण प्रस्तुत किया था, साथ ही बैंकों को समस्त निर्देशों को पूरा करने के लिए लगभग तीन वर्ष का समय दिया गया था। वर्तमान में भारतीय रिजर्व बैंक ने वित्तीय स्थिरता और विकास परिषद् (एफएसडीसी) के अन्तर्गत एक समिति के गठन की घोषणा 7 मार्च, 2014 को की। यह निर्णय आरबीआई के गवर्नर रघुराम राजन की अध्यक्षता वाली एफएसडीसी की उप-समिति की बैठक में लिया गया।

सदस्य **आप नवरत्न उपक्रमों के विषय में कुछ बता सकते हैं।**

कुमार जी श्रीमान, यह सम्मान भारत के 17 उपक्रमों को प्राप्त हो चुका है। वर्ष 1997 में पहली बार भारत सरकार ने 9 उपक्रमों को यह सम्मान उनके उत्कृष्ट प्रदर्शन के लिए दिया था।

सदस्य **विभिन्न क्षेत्रों के बैंकों की संचालन प्रणाली के बारे में आप क्या जानते हैं?**

कुमार श्रीमान, सार्वजनिक क्षेत्र के बैंक सरकारी निकायों द्वारा संचालित होते हैं तथा उसके कर्मचारियों के वेतन आदि सरकारी निधि से चुकाए जाते हैं। निजी क्षेत्र के बैंक निजी एवं व्यावसायिक घरानों द्वारा संचालित होते हैं, किन्तु यह भारतीय रिजर्व बैंक से मंजूरी प्राप्त करके ही खोले जा सकते हैं। दोनों ही प्रकार के बैंक लोगों की सेवा के लिए खोले जाते हैं, किन्तु दोनों की सेवाओं तथा ग्राहकों को दी जाने वाली सुविधाओं में कुछ अन्तर होता है।

अध्यक्ष **एक सफल प्रबन्धक का मुख्य कार्य बैंक में प्रबन्धन करना होता है। एक सफल प्रबन्धन विशेषज्ञ में कौन-से गुण होने चाहिए?**

कुमार मेरे विचार में एक सफल प्रबन्धन विशेषज्ञ में कई गुणों का संयोजन होना चाहिए। एक प्रबन्धक तभी सफल होता है जब वह अधीन कार्य करने वाले लोगों की सुगमता से काम करने वाली टीम का संयोजन कर सके।

उसे अपनी टीम के लोगों का मनोबल बढ़ाना, मार्गदर्शन कराना, विचार तथा दृष्टिकोण समझाना तथा उनकी क्षमताओं और प्रतिभाओं का उचित प्रयोग करते हुए, उनके साथ मिलकर कार्य करते हुए, निर्धारित लक्ष्यों को प्राप्त करना चाहिए। वह रचनात्मक एवं नई चुनौती स्वीकार करने वाला होना चाहिए।

अध्यक्ष **बहुत अच्छे कुमार, यह बताइए आपकी अभिलाषा क्या है?**

कुमार श्रीमान मेरी परम अभिलाषा इस इण्टरव्यू में उत्तीर्ण होकर एक सफल बैंक अधिकारी बनने की है।

अध्यक्ष ***(मुस्कराते हुए)* आपको हमारी ओर से शुभकामनाएँ कुमार, अब आप जा सकते हैं।**

कुमार आप सभी को धन्यवाद श्रीमान आप का दिन शुभ हो।

विश्लेषण *दिनेश कुमार ने सभी प्रश्नों के उत्तर बहुत ही आत्मविश्वास व सूझ-बूझ के साथ दिए हैं। बैंकिंग व अन्य विषयों में उनका ज्ञान उत्तम है, उनकी रुचि भी सकारात्मक है। इण्टरव्यू के अन्त में उसने अपने मनमोहक अन्दाज से सभी का मन जीत लिया।*

मॉडल इण्टरव्यू 13

मुकेश कुमार जोधपुर (राजस्थान) के निवासी हैं, उनके पिताजी सरकारी सेवा में हैं। मुकेश कुमार ने पटना विश्वविद्यालय से इतिहास विषय से स्नातकोत्तर की परीक्षा पास की, पिता की सेवा-निवृत्ति हो जाने के कारण घर की आर्थिक स्थिति को देखते हुए मुकेश को नौकरी की आवश्यकता पड़ी। कठिन परिश्रम करते हुए उन्होंने वर्ष 2013 में बैंक क्लर्क की लिखित परीक्षा उत्तीर्ण कर ली। उक्त परीक्षा को उत्तीर्ण करने के पश्चात् उन्हें इण्टरव्यू हेतु बुलाया गया। मुकेश कुमार समयानुसार निर्धारित इण्टरव्यू के लिए कक्ष के बाहर लगी कुर्सियों पर आकर बैठ गए। कुछ ही समय पश्चात् उन्हें इण्टरव्यू के लिए कक्ष में बुलाया गया, उन्होंने अपने विश्वस्त कदमों से कक्ष के दरवाजे के पास पहुँचकर अन्दर आने की अनुमति माँगी।

इण्टरव्यू बोर्ड में एक महिला अध्यक्ष के अतिरिक्त तीन और सदस्य थे। महिला अध्यक्ष अर्थशास्त्र की विदुषी तथा प्रसिद्ध शिक्षाशास्त्री थी। बोर्ड के अन्य सदस्य भी विभिन्न क्षेत्रों के विशेषज्ञ थे।

मुकेश द्वारा अनुमति माँगने पर उन्हें अन्दर बुलाया गया है। मुकेश ने अन्दर जाकर महिला अध्यक्ष तथा अन्य सभी सदस्यों का अभिवादन किया। इसके बाद ....

महिला अध्यक्ष **आइए बैठिए गि. गुकेश।**

मुकेश धन्यवाद मैडम।

महिला अध्यक्ष **मि. मुकेश आपकी अभिरुचियाँ क्या हैं?**

मुकेश मैडम, मुझे खेल तथा समसामयिक विषयों से अधिक लगाव है।

महिला अध्यक्ष **आपके इतिहास विषय से एमए करने का क्या कारण था?**

मुकेश मैडम, मैंने अपनी रुचि के कारण इतिहास को चुना, विशेष रूप से भारत की संस्कृति मुझे बहुत अच्छी लगती है।

पहला सदस्य **भारत में मन्दिर निर्माण में किन शैलियों को अपनाया गया है?**

मुकेश भारत में मन्दिर निर्माण की तीन शैलियों को अपनाया गया है, वे हैं नागर शैली, द्रविड़ शैली तथा बेसर शैली।

दूसरा सदस्य **मोहिनीअट्टम क्या है?**

मुकेश मोहिनीअट्टम केरल का शास्त्रीय नृत्य है। यह एक नृत्य शैली है, जिसमें कलाकार की वेशभूषा सादी, किन्तु आकर्षक होती है।

(ऊपर महिला अध्यक्ष द्वारा इतिहास में एमए करने के कारण मुकेश ने अपने जवाब में अपनी रुचि के अलावा भारतीय संस्कृति को अच्छा लगना इसलिए बताया ताकि उससे भारतीय संस्कृति से सम्बद्ध प्रश्न पूछे जाएँ, क्योंकि भारतीय संस्कृति में मुकेश की पकड़ अच्छी थी और वह अपने मकसद में कुछ हद तक कामयाब भी हुए।)

तीसरा सदस्य **मुकेश जी, आप एक बैंक कर्मचारी बनने वाले हैं। आप यह बताइए कि शैडो बैंकिंग क्या होती है?**

मुकेश सर, ये ऐसे बैंक हैं, जो सामान्य बैंकिंग प्रणाली में नहीं आते, किन्तु सामान्य बैंकों के निष्पादन तथा नीतियों को प्रभावित कर सकते हैं। इसमें हम निवेश, हेज फण्ड, प्राइवेट इक्विटी तथा संरचित निवेश वहन को रखते हैं।

चौथा सदस्य **कागजी सोना से आप क्या समझते हैं?**

मुकेश अन्तर्राष्ट्रीय मुद्राकोष द्वारा वर्ष 1969 में अन्तर्राष्ट्रीय तरलता में वृद्धि के लिए अपने सदस्य देशों की जमा परिसम्पत्तियों की माप के आधार पर आनुपातिक रूप से भारांश का वितरण किया गया, जिसे कागजी सोना या SDR कहा जाता है, क्योंकि यह मात्र खातों में लिखी गई एक मात्रा होती है।

महिला अध्यक्ष **अवधिपार या स्टेल चेक से आप क्या समझते हैं?**

मुकेश कोई चेक जारी होने के बाद यदि उसे 6 माह तक बैंक में भुगतान हेतु प्रस्तुत नहीं किया जाता है तो यह चेक अवधिपार या स्टेल चेक कहलाता है। इसके बाद बैंक द्वारा इसका भुगतान नहीं किया जाता है, किन्तु 1 अप्रैल, 2012 से तीन माह से पुराने चेक स्टेल चेक कहे जा रहे हैं तथा ये बैंक द्वारा स्वीकार नहीं किए जाते। ऐसा रिजर्व बैंक के निर्देशों के बाद किया गया है।

पहला सदस्य **डॉरमेण्ट अकाउण्ट क्या होता है?**

मुकेश ऐसे खाते जिनमें दो वर्ष तक लेन-देन नहीं होता है, उसे डॉरमेण्ट अकाउण्ट कहा जाता है। रिजर्व बैंक के निर्देशानुसार, पहले खाते को इनएक्टिव में तथा बाद में उसे डॉरमेण्ट में परिवर्तित कर दिया जाता है। एक बार जब खाता डॉरमेण्ट में परिवर्तित हो जाता है, तो उसे फिर से चालू करवाने के लिए बैंक कुछ राशि लेता है।

सदस्य **प्राइमरी सिक्योरिटी क्या होती है? प्राइमरी सिक्योरिटी एवं कोलेटेरल सिक्योरिटी में क्या अन्तर है?**

मुकेश जिस उद्देश्य हेतु ऋण लिया जाता है, उस ऋण से प्राप्त एसेट्स (Assets) ही प्राइमरी सिक्योरिटी है; जैसे-यदि कार हेतु ऋण लिया जाता है, तो कार प्राइमरी सिक्योरिटी है। इस कार हेतु यदि आपने अपना मकान गिरवी किया है, तो यह कोलेटेरल सिक्योरिटी है।

सदस्य **Pledge क्या होता है?**

मुकेश भारतीय अनुबन्ध अधिनियम,1972 के अनुसार, Pledge, सामान को ऋणदाता के यहाँ गिरवी रखना है, जिसका उद्देश्य, किसी ऋण के भुगतान या किसी वायदे के पूरा होने के सम्बन्ध में सिक्योरिटी के रूप में रखना है।

भारतीय अनुबन्ध अधिनियम, 1972 के अनुसार,''Pledge is the Bailment of Goods as Security for Payment of a Debt or Performance of a Promise.''

सामान Pledge करने वाले को Pledger एवं तथा जिसके पास सामान Pledge किया जाता है, उसे Pledgee कहते हैं। Pledge में सामान का मालिकाना हक Pledger में सामान का मालिकाना हक Pledger के पास ही रहता है।

सदस्य **बेस रेट या प्राइम लैंडिंग रेट क्या है?**

मुकेश बेस रेट वह Minimum Lending Rate है, जो बैंकों द्वारा ऋण देते समय कम-से-कम लिए जाते हैं। बेस रेट तय करने के लिए, बैंकों द्वारा जमा मूल्य, CRR,SLR इत्यादि को ध्यान में रखा जाता है।

बेस रेट प्रणाली पूर्व में जारी पी एल आर (Prime Lending Rate System) से अधिक कारगर है। पी एल आर में बैंक, कुछ चुनिंदा ग्राहकों को PLR से भी कम दर पर ऋण दे सकते थे, लेकिन बेस रेट सिस्टम में ऐसा नहीं है। बेस रेट सिस्टम अधिक पारदर्शी सिस्टम है।

प्रत्येक बैंक को अपनी बेस रेट बतानी होती है एवं उसकी गणना (Calculate) की जाए, इसे भी बताना आवश्यक है। बेस रेट सिस्टम के शुरू होने के बाद अब पी एल आर सिस्टम समाप्त हो गया है। बेस रेट सिस्टम दिनांक 01 जुलाई, 2010 से सभी बैंकों पर लागू हो गया है।

महिला अध्यक्ष **पी एल आर (Prime Lending Rate) क्या है?**

मुकेश प्राइम लैंडिंग रेट वह ब्याज दर है, जिस पर बैंकों द्वारा अपने सर्वश्रेष्ठ ग्राहकों को ऋण दिया जाता है। यह वह न्यूनतम रेट इंटरेस्ट है, जो बैंक अपने विश्वस्त ग्राहकों को ऋण देते वक्त चार्ज करते थे। अब यह PLR सिस्टम समाप्त हो गया है एवं बेस रेट सिस्टम शुरू हो गया है।

दूसरा सदस्य SLR (Statutory Liquidity Ratio) क्या है?

मुकेश प्रत्येक बैंक का अपने जमा (Demand and Time Liabilities) का एक निश्चित प्रतिशत RBI के पास स्वर्ण या अन्य सिक्योरिटी के रूप में, हर दिन की समाप्ति पर रखना पड़ता है। यह SLR, 40% अधिकतम तक किया जा सकता है। इस SLR के माध्यम से RBI, देश में बैंक द्वारा दिए गए ऋण की राशि पर नियन्त्रण रखता है। RBI द्वारा SLR का उपयोग बैंकों की ऋण देने की क्षमता पर नियन्त्रण हेतु किया जाता है।

दूसरा सदस्य **क्रॉस चेक क्या होता है?**

मुकेश जब चेक के ऊपर दो समानान्तर रेखाएँ बनाई जाती हैं, तो वह चेक क्रॉस चेक कहलाता है। इस प्रकार के चेक का भुगतान नकद में नहीं किया जा सकता है, बल्कि इस प्रकार के चेक का भुगतान Payee के खाते में या Payee द्वारा किसी आम व्यक्ति के नाम हस्तान्तरण करने के बाद उसके खाते में किया जा सकता है।

तीसरा सदस्य **क्या आपको भारत सरकार की स्वरोजगार योजना में बैंकों की भूमिका के विषय में पता है?**

मुकेश सर, इस योजना के तहत पहले केवल स्नातकों तथा व्यवसायियों आदि को ही ऋण प्रदान किया जाता था, किन्तु अब सरकार ने इसका विस्तार कर इसमें कम पढ़े-लिखे लोगों को भी सम्मिलित कर लिया है। यह ऋण सरकार के उद्योग विभाग, रोजगार कार्यालय तथा बैंकों के संयुक्त कार्य-प्रयासों द्वारा इसके पात्रों तक पहुँचते हैं। इसके तहत ऋण पाने वाले को 25% सब्सिडी और उन्हें केवल 75% ऋण ही चुकाना पड़ता है।

चौथा सदस्य **आप बैंक से क्या समझते हैं?**

मुकेश बैंक सन्नियम की धारा-5 (ख) के अनुसार, बैंकिंग का तात्पर्य कर्ज देने तथा विनियोग के लिए जनता से जमा स्वीकार करना है, जो माँग पर चेक, ड्राफ्ट, आदेश अथवा अन्य किसी प्रकार से देय हो।

महिला अध्यक्ष **बैंक से सम्बन्धित बासेल समिति क्या है?**

मुकेश बैंकिंग पर्यवेक्षण पर बासेल समिति बैंकिंग पर्यवेक्षी प्राधिकारियों की एक ऐसी समिति है, जिसकी स्थापना वर्ष 1985 में दस देशों के एक समूह वाले केन्द्रीय बैंक के गवर्नरों द्वारा की गई थी, इसमें बैंक के पर्यवेक्षी प्राधिकरणों के वरिष्ठ प्रतिनिधियों तथा बेल्जियम, कनाडा, फ्रांस, जर्मनी, इटली, जापान, लक्जमबर्ग, नीदरलैण्ड, स्पेन, स्वीडन, स्विट्जरलैण्ड, ब्रिटेन और संयुक्त राज्य अमेरिका के केन्द्रीय बैंकों का समावेश है। इसकी बैठकें सामान्यत: बासेल में अन्तर्राष्ट्रीय निपटान बैंक में आयोजित होती हैं।

पुनः महिला अध्यक्ष **मुकेश जी यदि आपका चयन हो जाता है तो आपको कार्यभार सँभालने में कितना समय लग सकता है?**

मुकेश मैडम, यह तैनात किए जाने वाले स्थान की दूरी पर निर्भर करता है, फिर भी बिना अधिक समय गँवाए मैं अपना योगदान देने की कोशिश करुँगा।

पुनः महिला अध्यक्ष **ठीक है मुकेश जी आप अब जा सकते हैं।**

मुकेश जी, आप लोगों को धन्यवाद।

विश्लेषण *मुकेश कुमार का इण्टरव्यू लगभग 20 मिनट चला। उनसे, अपने विषय से भी कुछ प्रश्न पूछे गए तथा शेष प्रश्न बैंकिंग से। मुकेश ने बड़े आत्मविश्वास के साथ सभी प्रश्नों के उत्तर दिए। उन्होंने बड़ी शालीनता के साथ इण्टरव्यू बोर्ड का विश्वास जीतने का प्रयास किया। बोर्ड के सदस्य मुकेश के इण्टरव्यू से प्रसन्न लग रहे थे। अत: मुकेश की सफलता निश्चित प्रतीत होती है।*

मॉडल इण्टरव्यू 14

श्री संजय कुमार इण्टरव्यू के लिए उपस्थित एक अन्य अभ्यर्थी हैं। वह आकर्षक व्यक्तित्व वाले उम्मीदवार हैं, बैंक इण्टरव्यू के दौरान उन्होंने हल्के आसमानी रंग की कमीज तथा हल्के नीले (ग्रे) रंग की पेन्ट व टाई पहनी थीं। पैरों में चमकदार जूते तथा भूरे रंग के मोजे पहने थे। वह क्लीन शेव्ड तथा सिर के बाल अच्छी प्रकार से संवारे हुए थे। वह बहुत शालीन प्रवृत्ति के लग रहे थे तथा अन्य अभ्यर्थियों के साथ वर्तमान सामाजिक विषय पर चर्चा कर रहे थे। इण्टरव्यू का बुलावा आने पर अपनी चर्चा रोककर साथी अभ्यर्थियों से विदा लेते हुए आत्मविश्वास से इण्टरव्यू कक्ष की ओर बढ़ गए हैं। इण्टरव्यू कक्ष का द्वार खटखटाकर अन्दर आने की आज्ञा माँग तथा आज्ञा मिलने पर शालीनता से कक्ष के भीतर प्रवेश कर गए हैं। इण्टरव्यू बोर्ड के सामने पहुँचकर उनका अभिवादन किया।

संजय कुमार नमस्कार, श्रीमान जी

अध्यक्ष नमस्कार संजय जी बैठिए।

संजय *(कुर्सी पर बैठते हुए)* धन्यवाद।

अध्यक्ष **आपके जीवन वृत्त से प्रारम्भ करते हैं, आपने एमए की परीक्षा में अर्थशास्त्र विषय ही क्यों चुना?**

संजय श्रीमान, चूँकि मेरी रुचि प्रारम्भ से ही बैंकिंग क्षेत्र में थी और मेरे विचार में बैंकिंग क्षेत्र का अर्थशास्त्र से घनिष्ठ सम्बन्ध है और बैंकिंग स्वयं में भी एक आर्थिक गतिविधि ही है। अत: अर्थशास्त्र के ज्ञान से निश्चित ही बैंकिंग सम्बन्धी कार्यों में सहायता मिलेगी।

सदस्य **क्या आप बता सकते हैं कि रिजर्व बैंक अस्तित्व में कब आया?**

संजय महोदय रिजर्व बैंक अधिनियम, 1934 की घोषणा के फलस्वरूप 1 अप्रैल, 1935 को रिजर्व बैंक आधिकारिक रूप से अस्तित्व में आया।

सदस्य **विश्व के आर्थिक व राजनीतिक परिदृश्य में धुव्रीकरण का क्या अर्थ होगा, आपकी इस सम्बन्ध में क्या राय है?**

संजय मुझे लगता है कि शक्तिशाली देश अपने-अपने समूह बना लेंगे तथा यह समूह विश्व के समूचे आर्थिक व राजनीतिक परिदृश्य को प्रभावित करेंगे। उनकी नीतियाँ सभी राष्ट्रों पर असर डालेंगी। उनकी आर्थिक नीतियाँ उनके हितों से प्रभावित होंगी। छोटी अर्थव्यवस्था स्वयं को निश्चित रूप से हाशिए पर पाएगी।

(संजय से ऐसे विषय पर प्रश्न किया गया, जिसके उत्तर के लिए वर्तमान के ज्ञान के साथ-साथ तथ्यों का सही आकलन करते हुए भविष्य की सम्भावनाओं के सन्दर्भ में भी एक सूक्ष्म अन्तर्दृष्टि की आवश्यकता होती है। प्राय: इस प्रकार के जवाब देने में अभ्यर्थी थोड़ा शंकित रहता है, किन्तु संजय ने आत्मविश्वास के साथ सहजता से अपनी बात रखी।)

सदस्य **निजी और सार्वजनिक क्षेत्र के बैंकों में क्या अन्तर है?**

संजय श्रीमान, सार्वजनिक क्षेत्र के बैंक सरकारी निकायों द्वारा संचालित होते हैं तथा उसके कर्मचारियों के वेतन आदि सरकारी निधि से चुकाए जाते हैं। निजी क्षेत्र के बैंक निजी व व्यावसायिक घरानों द्वारा संचालित होते हैं, किन्तु यह भारतीय रिजर्व बैंक से मंजूरी प्राप्त करके ही खोले जा सकते हैं। दोनों बैंकों का उद्देश्य जनता की सेवा करना है पर दोनों द्वारा सेवाओं व ग्राहकों को दी जाने वाली सुविधा में थोड़ा अन्तर होता है।

सदस्य **क्या आप खेलों में रुचि लेते हैं?**

संजय श्रीमान मैं क्रिकेट खेलता हूँ तथा टेलीविजन पर क्रिकेट के अतिरिक्त टेनिस व फुटबॉल देखना पसन्द करता हूँ।

सदस्य **आपका पसन्दीदा टेनिस खिलाड़ी कौन है?**

संजय जी मेरा पसन्दीदा टेनिस खिलाड़ी राफेल नडाल है।

सदस्य **शून्य ब्याज योजनाएँ अभी चर्चा में रही हैं क्या आप इस सन्दर्भ में कुछ बता सकते हैं?**

संजय श्रीमान 0% ब्याज योजनाओं के तहत वित्तीय संस्थाओं द्वारा दावा किया जाता रहा है कि मासिक किश्तों में किसी प्रकार के ब्याज को नहीं रखा जाएगा, किन्तु प्रोसेसिंग फीस के नाम पर उपभोक्ताओं से अतिरिक्त रकम वसूली जाती है। आरबीआई का मानना है कि 0% ब्याज योजनाओं की प्रोसेसिंग फीस के रूप में विक्रेता ब्याज की वसूली करते हैं। अतः इस सन्दर्भ में भारतीय रिजर्व बैंक *(आरबीआई)* ने वर्ष 2013 में 0% ब्याज दर योजनाओं पर रोक लगाने की घोषणा की है। आरबीआई ने यह कदम उपभोक्ताओं के हितों की रक्षा के लिए उठाया है। इसके साथ ही केन्द्रीय बैंक ने डेबिट कार्ड से उपभोक्ता वस्तुओं के भुगतान पर अतिरिक्त शुल्क लेने पर भी पाबन्दी लगा दी है।

सदस्य **RBI की खुले बाजार की क्रियाओं (Open Market Operations) के बारे में आप क्या जानते हैं?**

संजय श्रीमान यह केन्द्रीय बैंक द्वारा साख नियन्त्रण का एक महत्त्वपूर्ण उपाय है। खुले बाजार की क्रियाओं के अन्तर्गत केन्द्रीय बैंक द्वारा मुद्रा बाजार में किसी भी प्रकार के बिलों अथवा प्रतिभूतियों का क्रय-विक्रय होता है, परन्तु संकीर्ण अर्थ में इसका अभिप्राय केन्द्रीय बैंक द्वारा केवल सरकारी प्रतिभूतियों का क्रय-विक्रय होता है।

(RBI की कार्यप्रणाली के सम्बन्ध में सटीक जानकारी ने संजय के उत्तर को आकर्षक बना दिया)

सदस्य **ऑन-साइट एटीएम के बारे में क्या आपको जानकारी है?**

संजय श्रीमान ऑन साइट एटीएम वैसे होते हैं, जिनकी स्थापना बैंक शाखा के प्राँगण में की जाती है, ताकि ग्राहकों द्वारा बैंक शाखा और एटीएम दोनों का प्रयोग किया जा सके।

(बैंकिंग के सम्बन्ध में नवीन तकनीकी सम्बन्धी ज्ञान ने बोर्ड का ध्यान आकर्षित किया होगा।)

सदस्य **बैंकों के समक्ष सबसे महत्त्वपूर्ण चुनौतियाँ क्या-क्या हैं?**

संजय गैर-निष्पादनीय सम्पत्तियाँ एवं बैंकिंग का ग्रामीण क्षेत्रों में कम प्रसार।

सदस्य **बीमा क्षेत्र में एफ डी आई (फॉरेन डायरेक्ट इन्वेस्टमेंट) के बारे में कुछ बताइए**

संजय श्रीमान जी, केन्द्र सरकार ने हाल ही में बीमा क्षेत्र में 49% एफ डी आई को मंजूरी प्रदान की है। संसद के शीतकालीन सत्र (2014) में इससे सम्बन्धित विधेयकों के पारित न हो पाने के कारण राष्ट्रपति ने इस सम्बन्ध में अध्यादेश जारी किया है। इससे पूर्व बीमा क्षेत्र में 26% एफ डी आई की अनुमति थी।

सदस्य **अच्छा संजय भारत की स्वतन्त्रता के समय आरबीआई का गवर्नर कौन था?**

संजय श्री सीडी देशमुख।

सदस्य **आरबीआई की स्थापना के समय उसका मुख्यालय कहाँ था?**

संजय मुम्बई

सदस्य **क्या आपको पक्का पता है?**

संजय सर, जहाँ तक मैंने पढ़ा है, मुझे यही पता है।

सदस्य **यदि आपको आरबीआई का गवर्नर बना दिया जाए तो आप किस प्रकार के परिमाणात्मक मौद्रिक हथियार का प्रयोग करेंगे।**

संजय बैंक दर, रेपो दर, रिवर्स रेपो दर, सांविधिक तरलता अनुपात, नकद आरक्षण अनुपात।

सदस्य **सार्वजनिक एवं निजी क्षेत्र का सबसे बड़ा बैंक कौन-सा है?**
संजय भारतीय स्टेट बैंक एवं ICICI बैंक।

सदस्य **प्राइम लैंडिंग रेट क्या होता है?**
संजय प्राइम लैंडिंग रेट वह ब्याज दर है, जिसके नीचे बैंकों द्वारा किसी भी क्षेत्र को ऋण उपलब्ध नहीं कराया जाता है।

बोर्ड **भारतीय महिला बैंक सर्वप्रथम कहाँ खोला गया?**
संजय मुम्बई, वैसे भारतीय महिला बैंक का मुख्यालय नई दिल्ली में है।

सदस्य **भारत में इस्लामिक बैंक कहाँ खोला गया है?**
संजय कोच्चि *(केरल)*।

अध्यक्ष **अन्य बैंकों तथा इस्लामिक बैंक की कार्यशैली में क्या अन्तर है?**
संजय इस्लामिक बैंक शरीयत कानून के आधार पर कार्य करता है। शरीयत में ब्याज लेना एवं देना दोनों स्वीकार्य नहीं हैं। अतः नया संस्थान न तो कर्ज पर ब्याज लेगा और न जमा पर ब्याज देगा, जबकि अन्य बैंकों की कार्यशैली में ब्याज महत्त्वपूर्ण होता है।

अध्यक्ष **यदि आपको पता चले कि इस पद के लिए आपका चयन नहीं हुआ तो आपकी क्या प्रतिक्रिया होगी?**
संजय श्रीमान, मुझे पूर्ण विश्वास है कि ऐसा नहीं हो सकता। फिर भी एक क्षण के लिए मैं यह मान लूँ तो भी मैं अपना आत्मविश्वास नहीं हारुँगा और पुनः इस लक्ष्य की प्राप्ति हेतु पूर्ण लगन से लग जाऊँगा। पुनः प्रत्येक अनुभव से हमें बहुत कुछ सीखने को मिलता है, इस परीक्षा व इण्टरव्यू से मैंने इतना कुछ सीख लिया है कि मुझे विश्वास है कि मैं अपने अगले प्रयास में यह लक्ष्य अवश्य ही प्राप्त करने में सफल रहूँगा।

अध्यक्ष **आपका इण्टरव्यू समाप्त हुआ संजय अब आप जा सकते हैं।**
संजय धन्यवाद श्रीमान, आप सभी का दिन मंगलमय हो।

विश्लेषण *प्रस्तुत इण्टरव्यू में अभ्यर्थी ने आत्मविश्वास से परिपूर्ण रहकर प्रश्नों का सरलता से उत्तर देने का प्रयास किया है। इण्टरव्यू बोर्ड द्वारा अभ्यर्थी से बैंक से सम्बन्धित मूलभूत प्रश्नों के साथ समसामयिकी व नवाचार से जुड़े मुद्दों पर प्रश्न पूछे, जिसका उत्तर अभ्यर्थी ने सहजता से दिया, अभ्यर्थी पर मण्डल द्वारा किसी प्रकार का दबाव नहीं डाला गया पूरा इण्टरव्यू तनाव मुक्त वातावरण में सम्पन्न हुआ, जिसमें अभ्यर्थी ने अपने विषय की प्रासंगिकता को बैंकिंग क्षेत्रक के सन्दर्भ में स्पष्ट किया।*

मॉडल इण्टरव्यू 15

कहते हैं, 'कोशिश करने वालों की कभी हार नहीं होती' इस बात को सच साबित कर दिखाया है, 26 वर्षीय अर्चना गुप्ता ने, अर्चना पेशे से पुस्तकालय सहायक हैं। हाल ही में इनका चयन बैंक ऑफ बड़ौदा में परिवीक्षाधीन अधिकारी (पीओ) के पद पर हुआ है। इस पद को पाने का सपना इन्होंने अपनी बारहवीं कक्षा की पढ़ाई के दौरान देखा था। अपने सपने को पूरा करने के लिए इन्होंने स्नातक की पढ़ाई के दौरान इसकी तैयारी की, स्नातक की पढ़ाई के बाद पीओ की एक के बाद एक तीन परीक्षाएँ दीं, किन्तु सफलता नहीं मिली, लेकिन जुनूनी आत्मविश्वासी अर्चना ने हार नहीं मानी और चौथे प्रयास में आखिरकार अपना सपना पूरा कर ही लिया। *अर्चना का व्यक्तिगत परिचय निम्न प्रकार से है*

नाम	अर्चना गुप्ता
पिता का नाम	विकास गुप्ता
शैक्षिक योग्यता	12वीं वाणिज्य विषयों के साथ सीबीएसई (वर्ष 2005) बीकॉम, दिल्ली विश्वविद्यालय (वर्ष 2008) बी लिब, इन्दिरा गाँधी राष्ट्रीय मुक्त विश्वविद्यालय (वर्ष 2009)
निवास	जहाँगीर पुरी, दिल्ली।
शौक/रुचि	लेखन, संगीत सुनना
कार्योत्तर गतिविधियाँ	सर्वशिक्षा अभियान में भागीदारी, स्कूल-स्तर पर
भाषाओं का ज्ञान	हिन्दी एवं अंग्रेजी

अर्चना गुप्ता इण्टरव्यू वाले दिन निर्धारित समय से एक घण्टा पूर्व इण्टरव्यू स्थल पर पहुँच गयी थी। वहाँ अन्य अभ्यर्थी भी इण्टरव्यू के लिए पहुँचे हुए थे। अर्चना साथी अभ्यर्थियों से मिलती है। सभी का अभिवादन करती है। कुछ ही देर में सन्देशवाहक आकर सभी को एक कक्ष में ले जाता है, जहाँ सभी अभ्यर्थियों के शैक्षणिक एवं अन्य गतिविधियों सम्बन्धी प्रमाण-पत्रों की जाँच होनी है अभ्यर्थी सम्बन्धित कक्ष में आकर अपने प्रमाण-पत्रों की जाँच करवाते हैं। उसके बाद निरीक्षक उन्हें एक बैच प्रदान करता है। यही बैच इण्टरव्यू के दौरान अर्चना गुप्ता की पहचान है।

अर्चना का बैच न. 9 एवं समूह 'बी' है। बैच मिलने के बाद अर्चना थोड़ी-सी नर्वस हो जाती है, लेकिन जल्द ही वह स्वयं को उत्साह से लबरेज कर लेती है। आखिर इसमें मिली सफलता ही, तो उसके सपने को पूरा कर एक नई इबारत लिखेगी। कुछ ही क्षण में एक घण्टी बजती है, जो इस बात का सूचक होती है कि अर्चना को इण्टरव्यू के लिए इण्टरव्यू कक्ष में जाना है।

अर्चना इण्टरव्यू कक्ष के दरवाजे को खोलती है, आज्ञा लेकर कक्ष के भीतर प्रवेश करती है। इण्टरव्यू बोर्ड में चार सदस्य हैं। *(तीन पुरुष एवं एक महिला)*

अर्चना सर, नमस्कार।
(महिला सदस्य की ओर देखकर उन्हें अलग से नमस्कार करती है।)

अध्यक्ष नमस्कार अर्चना जी। कृपया स्थान ग्रहण कीजिए।

अर्चना जी, धन्यवाद
(स्वयं के लिए रखी हुई कुर्सी को थोड़ा पीछे खींचकर उस पर बैठने के बाद कहती है।)

अध्यक्ष आप दिल्ली से आई हैं।

अर्चना जी, सर।

अध्यक्ष दिल्ली में कहाँ से?

अर्चना जी, जहाँगीरपुरी से।

अध्यक्ष **बहुत अच्छा, क्या आप मुगल शासक जहाँगीर के बारे में जानती हो?**

(यह प्रश्न दर्शाता है कि किस प्रकार के किसी शब्द, वाक्य यह उसके द्वारा प्रदान की गई किसी अन्य सूचना से इण्टरव्यू का प्रवाह संचालन हो सकता है। अतः आवश्यक है कि अभ्यर्थी नपे तुले शब्दों में उत्तर दें।)

अर्चना जी सर, ये मुगल शासक अकबर के पुत्र थे।

अध्यक्ष **गुड, आप जहाँगीर का दूसरा नाम बता सकती हो।**

अर्चना जी सर, जहाँगीर का दूसरा नाम 'सलीम' था। अकबर इन्हें प्यार से **शेखू बाबा** कहकर पुकारते थे।

अध्यक्ष **अच्छा, ये बताइए 'भुगतान सन्तुलन' क्या होता है?**

अर्चना सर, किसी भी देश का बाहरी देशों से किए गए समस्त आर्थिक लेन-देन का व्यवस्थित रिकॉर्ड 'भुगतान सन्तुलन' कहलाता है।

(अर्चना को थोड़ा-सा आश्चर्य होता है कि जहाँगीर के प्रश्न के बाद उससे सीधे भुगतान सन्तुलन के बारे में पूछा गया, लेकिन हमें नहीं भूलना चाहिए कि यह इण्टरव्यू है कभी भी कोई भी प्रश्न पूछा जा सकता है।)

अध्यक्ष **'विदेशी मुद्रा भण्डार' क्या होता है?**

अर्चना सर, केन्द्रीय बैंक तथा मौद्रिक अधिकरणों द्वारा विभिन्न रूपों में विदेशी मुद्रा के कोष को विदेशी मुद्रा भण्डार कहते हैं।

अर्चना द्वारा जवाब देने के बाद अध्यक्ष अपने प्रथम साथी सदस्य की ओर बात के लिए इशारा करते हैं कि अब वह अर्चना का इण्टरव्यू लें।

प्रथम सदस्य **अर्चना जी, आपने 12वीं एवं स्नातक वाणिज्य विषयों के साथ उत्तीर्ण की है। उसके बाद बी-लिब करने का कोई विशेष कारण।**

अर्चना सर, मेरी हमेशा से बैंकिंग क्षेत्र में जाने की प्रथम रुचि रही है, किन्तु साथ ही पुस्तकालय सहायक एवं लाइब्रेरियन के रूप में मैंने अपने कैरियर का दूसरा विकल्प भी चुन रखा है।

प्रथम सदस्य **क्या आप वर्तमान में कहीं कार्यरत् हैं?**

अर्चना जी सर, मैं वर्तमान में गुरु तेग बहादुर सीनियर सेकण्डरी स्कूल, मॉडल टाउन में पुस्तकालय सहायक के पद पर कार्यरत हूँ।

प्रथम सदस्य **बैंकिंग क्षेत्र में 'बुल एण्ड बीयर' का क्या अर्थ है?**

अर्चना सर, शेयर बाजारों में शेयरों की कीमतों के ऊँचा बढ़ने का विश्वास करने वाला सट्टेबाज बुल एवं कीमतों में गिरावट का विश्वास करने वाला सट्टेबाज बीयर कहलाता है।

प्रथम सदस्य **भारत में क्रेडिट रेटिंग एजेन्सीज के बारे में कुछ बताइए।**

अर्चना सर भारत में आईसीआरए (ICRA) तथा सी आरआईएसआईएल (CRISIL) नामक दो मुख्य क्रेडिट रेटिंग एजेन्सीज कार्यरत हैं। इन एजेन्सीज का कार्य विभिन्न क्षेत्रों व निगमों के प्रदर्शन की रेटिंग निर्धारित करना तथा उसमें सुधार के उपाय व सुझाव देना है।

प्रथम सदस्य **ICRA एवं CRISIL का पूर्ण नाम क्या है?**

अर्चना ICRA का पूर्ण नाम Indian Credit Rating Agency CRISIL का पूर्ण नाम है, Credit Rating Information Services of India Limited.

(प्रथम सदस्य दूसरे सदस्य को इशारा करता है कि वह अर्चना का इण्टरव्यू लें।)

दूसरा सदस्य **अर्चना जी आपने स्कूल स्तर पर सर्व शिक्षा अभियान में भागीदारी की है। क्या है यह?**
(अर्चना के जीवन-वृत्त को देखते हुए।)

अर्चना सर, यह सभी के लिए शिक्षा से जुड़ा कार्यक्रम है, इसकी शुरूआत वर्ष 2001 में हुई थी, इसके तहत 5 लक्ष्य निर्धारित किए गए हैं।

दूसरा सदस्य **कौन-से हैं ये पाँच लक्ष्य?**

अर्चना *सर ये पाँच लक्ष्य हैं*

(i) प्रारम्भिक शिक्षा में सार्वभौमिक पहुँच एवं अवधारण प्राप्त करना।
(ii) लैंगिक एवं सामाजिक श्रेणी के अन्तर को खत्म करना।
(iii) बच्चों के अध्ययन स्तर में महत्त्वपूर्ण वृद्धि हासिल करना।
(iv) इस अभियान को राज्य सरकारों की मदद से कार्यान्वित करना।
(v) शिक्षा के अधिकार अधिनियम के प्रावधानों को इसके जरिए कार्यान्वित करना।

दूसरा सदस्य **'पहल' योजना क्या है?**

अर्चना श्रीमान जी 'पहल' योजना एलपीजी ग्राहकों को डी बी टी एल (डायरेक्ट बेनिफिट ट्रांसफर ऑफ एलपीजी) का लाभ देने के उद्देश्य से भारत सरकार ने नवम्बर, 2014 में रीलांच की है। इससे पूर्व यह जून, 2013 में प्रारम्भ की गई थी। इसके तहत सरकार द्वारा दी गई सब्सिडी सीधे एलपीजी उपभोक्ताओं के बैंक खातों में भेज दी जाती है।

दूसरा सदस्य **अन्तिम सदस्य जोकि एक महिला है, को इशारा करता है कि वह अर्चना का इण्टरव्यू लें।**

तीसरा सदस्य **जेण्डर बजट क्या है?**

अर्चना मैम, जेण्डर बजट की वह प्रणाली है, जिसको लिंग-विशेष के आधार पर तैयार किया जाता है। इस बजट के माध्यम से सरकार द्वारा महिलाओं के विकास, कल्याण और सशक्तीकरण से सम्बन्धित योजनाओं और कार्यक्रमों के लिए प्रतिवर्ष बजट में एक निर्धारित राशि की व्यवस्था सुनिश्चित करने का प्रावधान किया गया है।

तीसरा सदस्य **'निर्भया फण्ड' क्या है?**

अर्चना मैम, निर्भया फण्ड एक ऐसा कोष है, जिसकी स्थापना की घोषणा वर्ष 2013 के आम बजट में वित्त मन्त्री पी. चिदम्बरम जी ने दिल्ली गैंगरेप पीडीता 'निर्भया' की स्मृति में की थी। महिला सशक्तीकरण इस फण्ड का उद्देश्य है। इस फण्ड के द्वारा सरकार ऐसे कदम उठाएगी, जिनसे महिलाओं की सुरक्षा एवं विकास सुनिश्चित हो सके।

(महिला अभ्यर्थी को महिलाओं से सम्बन्धित योजनाओं, कार्यक्रमों के साथ-साथ समाज में विभिन्न भूमिकाओं में महिलाओं के योगदान सम्बन्धी प्रश्न प्राय: पूछे जाने हैं। अत: इनको विशेष रूप से तैयार करना आवश्यक है।)

तीसरा सदस्य **क्या आपको लगता है कि इसमें महिलाओं की सुरक्षा सुनिश्चित हो सकेगी?**

अर्चना मैम, मुझे लगता है कि काफी हद तक इससे महिलाओं की सुरक्षा सुनिश्चित हो सकेगी। महिलाओं के लिए सरकार ऐसी योजनाएँ लाए, जिनसे वह स्वयं का जुड़ाव महसूस कर सके तथा उन्हें मजबूती प्रदान करे, ऐसी महिलाएँ, जो आर्थिक रूप से कमजोर हैं, उनके लिए सरकार को ऐसी कल्याणकारी योजनाएँ बनानी चाहिए, जो उन्हें आर्थिक रूप से सक्षम बनाएँ। उन्हें रोजगार उपलब्ध कराएँ।

तीसरा सदस्य **आप एक महिला हैं, एक महिला होने के नाते क्या आप बता सकती हैं कि महिलाओं को अपनी सुरक्षा के प्रति क्या-क्या जानकारी होनी चाहिए?**

अर्चना जी मैम, मैं ही नहीं; चाहे वह कोई भी महिला हो उसे सरकार द्वारा चलाए जा रहे हेल्प नम्बर महिला सहायता का ज्ञान होना चाहिए। इसके अलावा नजदीकी पुलिस स्टेशन का नम्बर भी उसे पता होना चाहिए। यदि महिला मोबाइल फोन प्रयोग करती है, तो उसके स्पीड डॉयल में उसके सगे-सम्बन्धियों का नम्बर लगा होना चाहिए। इन सब छोटे-छोटे कार्यों के बल पर महिलाएँ अपनी सुरक्षा सुनिश्चित कर सकती हैं।

तीसरा सदस्य **बहुत अच्छा आप एक समझदार एवं जागरूक महिला हैं।**

अर्चना धन्यवाद मैम।

दूसरा सदस्य **अर्चना जी आम बजट 2014-15 के अन्तर्गत, कृषि विकास और किसानों के कल्याण के लिए उठाए गए कुछ कदमों के सम्बन्ध में बताइए।**

अर्चना सर, इस बजट के अन्तर्गत, प्रधानमन्त्री सिंचाई योजना के लिए ₹ 80000 करोड़ ऋण का प्रावधान है। इसके अलावा, किसान टेलीविजन नामक नया चैनल शुरू करने की घोषणा भी इस बजट में की गयी।

चैयरमैन **ओके अर्चना जी, आपका हमारी ओर से इण्टरव्यू पूरा होता है। अब आप जा सकती हैं।**

अर्चना धन्यवाद सर!

(सभी का धन्यवाद करते हुए, अर्चना उठती है एवं थोड़ा पीछे हटकर मुड़ती है एवं सहजता से दरवाजा खोलकर बाहर निकल आती है।)

विश्लेषण *अर्चना गुप्ता ने इण्टरव्यू बोर्ड द्वारा पूछे गए सभी प्रश्नों का पूर्ण आत्मविश्वास के साथ उत्तर दिया। अर्चना ने बैंकिंग के साथ-साथ इतिहास एवं राजनीति से जुड़े विषयों का भी पूरे जोश के साथ उत्तर दिया। ऐसे प्रश्न जो महिला सुरक्षा से जुड़े थे, उन प्रश्नों का भी उसने तर्कपूर्ण जवाब दिया। इण्टरव्यू बोर्ड अर्चना के जवाबों से खुश दिखे। अर्चना को भी पूर्ण विश्वास था कि वह अवश्य ही इस इण्टरव्यू में सफल होगी। हुआ भी वही जब बैंक पीओ की परीक्षा का अन्तिम परिणाम सामने आया, तो वह सफल छात्रों की रैंकिंग सूची में प्रथम 10 अभ्यर्थियों में शामिल थी।*

(आखिरकार अर्चना ने असफलताओं को मात देते हुए सफलता प्राप्त कर ही ली और उसका सपना भी पूरा हुआ।)

Model Interview 16

Harish Chand Baheti is a young man of medium height, with fair complexion and slim body. He is a Commerce graduate. He has glittering black eyes. He presents liveliness, enthusiasm and confidence in his personality. He has a smiling face and speaks in a cheerful, sincere voice. He is dressed in white striped shirt and light green trousers and well-polished black shoes. He presents his papers to the receptionist and joins the company of other candidates waiting in an adjoining room. When he is summoned for the interview, he walks with confidence towards the interview room. He opens the door gently, seeks permission to come in, closes the door slowly and walks towards the board of interview, with firm and steady steps, with a smile on his lips.

Baheti *(With glittering eyes and a cheerful smile on his lips)* Good morning to you all, Sirs.

Chairman Good morning Mr Baheti. Please be seated.

Baheti Thank you, Sir. (He occupies the chair indicated by the Chairman. His sitting posture reflects his readyness to face the questions with calmness. He seems confident, composed and has a smile on his lips.)

Chairman I see from the papers submitted by you that you have completed 3 years NCC training. Did you enjoy it?

Baheti Sir , I found the NCC training very useful and enjoyable. I learned discipline and value of physical fitness during the training.

Chairman That's good. Can you tell us how did it help you?

Baheti Sir, the training helped me a lot .Frankly speaking, I used to get up late and wake up late before I joined NCC. After joining NCC, I had to attend the training at 5 am in the morning , so I had to get up at 4 AM, that soon became my habit. Not only this, I found a very interesting change in my life style, I became very disciplined in the matter of taking lunch, dinner and doing all the things on time.

Moreover, earlier I was never taking exercises but after joining NCC, I started exercising daily atleast for an hour even after attending NCC drill. This brought a lot of change in my outlook also. I became very confident and optimistic.

2nd Member Baheti, have you ever heard about Repo rate? Could you tell us about Repo and Reverse Repo rate?

Baheti Repo (Repurchase) rate is the rate at which the RBI lends short-term money to the banks. When the repo rate increases, borrowing from RBI becomes more expensive. Therefore, we can say that in case, RBI wants to make it more expensive for the banks to borrow money, it increases the repo rate; similarly, if it wants to make it cheaper for banks to borrow money, it reduces the repo rate.

(Knowledge of repo rate indicates that candidate is fully aware of the basic procedure related to banks).

2nd Member **Mr Baheti , what relation do you see between infrastructure and the economic growth particularly in Indian context?**

Baheti Sir, a nation's infrastructure development plays a significant role in its economic growth. A fast growing economy warrants an even faster development of infrastructure. India inherited famine and poverty from its colonial rulers. There was dire need for housing, health facilities, education, roads, power, irrigation projects and drinking water facilities for millions of underprivileged people. This called for proper economic planning. Even today, nearly half of our rural population live in poverty and illiteracy.

However, the most vital part of economic growth, which is infrastructure, hardly matches the demands of even this 30% of urban dwellers, spreading chaos at the slightest provocation with the danger of turning the clock backwards.

2nd Member **Mr Baheti , can you briefly suggest us to what can be done for the development of infrastructure in our country?**

Baheti Sir, we can take a number of steps that would certainly pave the way for faster development of infrastructure.

(i) We should have a proper vision for growth.
(ii) Plan for the long-term.
(iii) Have commitment and show political will.
(iv) Give innovative ideas a chance.
(v) Remove unnecessary controls and road blocks.
(vi) Boost investors' confidence.
(vii) Make human capital productive.
(viii) Leave all doors open, so that corruption is kept away.
(ix) Spread the value of education and make it compulsory.
(x) Review and adjust the demand/supply position of infrastructure from time to time. With these steps, I am sure we shall be able to sustain the growth rate we have achieved and it could be faster also.

3rd Member **Mr Baheti, now-a-days money is regarded as the most powerful tool in the hands of men to make their lives happy and enjoyful, do you agree?**

Baheti *(With a smile on his lips)* Sir, money is an essential, almost indispensable article in the present day world. It is the 'money' through which we can purchase all the necessary comforts and amenities of life.

It is the money which gives man, confidence, credit worthiness, credentials, capacity, capabilities and courage. In present day materialistic world, money has become very powerful.The prestige, respect, social status, commanded by a person is calculated as per his monetary status.

Chairman **Mr Baheti, can you tell us what you understand by the term success?**

Baheti Sir, success means different to different people. For me, success means achieving the goal what I aspire for with fair means.

Chairman **What do you mean by fair means?**

Baheti Fair means mean simply adopting the means that are lawful, justful and socially acceptable. I don't want to get success through recommendations or through copying or through bribing etc.

Chairman **Good! Mr Baheti, your interview is over, do you like to ask any question?**

Baheti No Sir, I don't have any question. I am thankful to all of you for the cooperation and congeniality extended to me during this interview. I am really thankful to all of you.

Analysis *Harish's interview was conducted in a cordial and friendly environment and he answered most of the questions correctly and with confidence which increased the possibility of his selection.*

Model Interview 17

Susheel Bhargava is a young man of height approximately 5' 6", with wheatish complexion, slim body. He has glittering black eyes. He presents liveliness, enthusiasm and confidence in his personality. He has a smiling face and speaks in a cheerful, sincere voice. He is dressed in white striped shirt and light green trousers and well polished black shoes. When he is summoned for the interview, other candidates wish him good luck, he thanks them with a smile on his face and walks towards the interview room. He opens the door gently, seeks permission to come in, closes the door slowly and walks towards the board of interview, with firm and steady steps, with a smile on his lips.

Bhargava Good morning to you all, Sirs.

Chairman Good morning Mr Bhargava, please take your seat and make yourself comfortable. If you require anything in particular please do not hesitate to ask and we shall try to meet your needs.

Bhargava Thank you very much Sir. I am comfortable Sir and I don't need anything particular. Thank you once again, Sir. *(He occupies the chair meant for the candidate smartly).*

Chairman Mr Bhargava, I find from your dossier that you have studied Political Science at the University and secured first division. Doesn't it show your intention to become a politician?

Bhargava (Smiling) No Sir, not at all. I never had any intention to become a politician. I chose Political Science as one of my subjects of academic study as I felt, it would help me to understand the political system in our country *vis-a-vis* political systems of other countries.

Chairman That is interesting. Can you explain the role played by the caste in our political system?

Bhargava Sir, caste has played very important role in the success of Indian democracy by mobilising India's mass electorate to participate in the election process effectively and meaningfully. Use of caste for political purpose has begun long before the introduction of adult franchise. Organisations based on caste for social, economic and political system came into existence even before the Constitution came into force.

Caste has polarised the national politics and caste politics breed caste parties. Not a single party, however avowedly opposed to casteism, is free from the dominant influence of caste. Even the national parties, whether in Congress or BJP while allocating tickets to the candidates, allocating portfolios to the ministers, a proper analysis of caste factor is done. Caste tends to determine electoral nominations, voting behaviour now-a-days . Thus, caste plays very important and determining role in our political system and an unbiased balance analytical answer is expected from candidate.

2nd Member If I am not wrong, you have shown Haryana as your home state, but you have taken all your college and university education in Delhi. Was there any specific reason for that preference?

Bhargava Sir, our family migrated from West Punjab Pakistan. We settled down in Gurgaon. My father and my elder brother are running a small factory at Gurgaon, producing some automobile parts. Gurgaon though lies in Haryana, but it is just an hour's bus journey from Delhi which is a hub of academic education. Hence, I found all my education from Delhi.

2nd Member Can you tell us, what is a bank?

Bhargava Sir, a bank is a financial institution which deals with deposits, advances and other related services. It receives money from those who want to save in the form of deposits and it lends money to those who need it.

3rd Member Mr Bhargava, could you tell us what is a cheque?

Bhargava Sir, in simple language cheque is an important negotiable instrument which can be transferred by mere hand delivery. Cheque is used to make safe and convenient payment. It is less risky and the danger of loss is minimised.
Cheque is used frequently in day-to-day transactions of bank.

3rd Member Mr Bhargava , what is an order cheque?

Bhargava Sir, a cheque is called an order cheque ,when the word *'bearer' appearing on the face of a cheque is cancelled and when in its place the word 'or order' is written on the face of the cheque, the cheque is called an order cheque. Such a cheque is payable to the person specified therein as the payee or to anyone else to whom it is endorsed (transferred).*

3rd Member Mr Bhargava , what do you understand by the term crossing of a cheque?

Bhargava Crossing of cheque means drawing two parallel lines on the face of the cheque with or without additional words like or *account payee* or *not negotiable*. A crossed cheque cannot be encashed at the cash counter of a bank, but it can only be credited to the payee's account.

Chairman Okay Mr Bhargava , your interview is over , you need to ask any question from us , you are welcome.

Bhargava I have no question Sir. Thank you very much and have a nice day to you all, Sirs.

Chairman Have a nice day Mr Bhargava.
(Mr Bhargava leaves the interview room gracefully).

Analysis *Susheel's interview board was friendly and helpful, some thought provoking questions were asked to him and by answering them in proper manner, Susheel ensured that he gets selected.*

Model Interview 18

Mansi is a young lady of height approximately 5'2", with fair complexion. She looks very confident while waiting for her turn to come. She has a smiling face and seems very friendly. She is dressed in black business formals. When she is summoned for the interview, all the candidates wished her good luck, she thanks them with a smile and approaches towards the interview room. She seeks permission to come in, closes the door gently and walks towards the interview panel with a smile.

Mansi Good morning, Sirs.

Chairman Good morning, Miss Mansi. I think you have been waiting for quite sometime for your chance to come. Please take your seat and feel comfortable.

Mansi Thank you, Sir.

Chairman Are you normally a person who has patience and delay does not disturb you?

Mansi Sir, I can understand the reasons for the time taken. Depending upon the occasion, I react to delays.

Chairman How does being patient help in attending to bank work?

Mansi Sir, patience is necessary in dealing with customers of banks. Specially, in case of hearing of grievances. It is important to give a patient hearing as much of the complaints are settled in this way. To me, patience means application of mind to a problem without stress to get an acceptable answer.

Chairman How keen are you on a bank job?

Mansi Sir, I am looking forward to joining your bank.

Member Are you aware that initially you might be posted in rural areas, if selected?

Mansi Sir, I am open to the idea as part of job responsibilities.

Member We see that you are a single women. Would it not be difficult for you to work in a rural place?

Mansi This aspect has been sorted by me as I am interested in a bank career. I am confident about myself and can accept such responsibilities.

Member It is nice to see a confident women who is aware of the different eventualities.
It is generally accepted that women are better borrowers. Do you agree?

Mansi Women are generally less aggressive than men in spending and are scared of risks in non-payment of loans.

Member Please tell us which well-known model of finance is based on the concept of women as better borrowers?

Mansi The Grameen Model of Micro Finance is linked to this idea.

Member **In what way are women approached for lending?**

Mansi Groups of women who are of similar nature from small groups of 15 to 20 women to borrow for distribution of loans among them. These groups are known as Self-Help Groups.

Member **How does the bank lend to such women?**

Mansi Sir, the bank lends to the Self-Help Groups as a unit who in turn decides on the women who require the loan. It is known as bank Self-Help Group Linkage and works on joint liability of group members.

Member **Very well said, Mansi, you have studied Physics upto degree level. What is the SI unit of pressure?**

Mansi Sir, Pascal is the unit of pressure in the SI system.

Member **What is TNT?**

Mansi Sir, TNT is Tri Nitro Toluene, which is highly explosive organic compound. TNT is a unit to measure the power of explosives.

Member **What is Greenhouse effect?**

Mansi Sir, the amount of carbon dioxide in the air is gradually increasing with the rapid use of fuels like coal, CFC, carbon dioxide absorbs a large fraction of Earth's emitted radiation. Thus, Earth's emission is remitted into its surface. As a result, Earth's surface is getting heated gradually. This is known as the Greenhouse effect.

Member **Please tell the method by which a mixture of liquids having close boiling points can be separated?**

Mansi Sir, it is fractional distillation by which a mixture of liquids having different but close boiling points can be separated.

Chairman **All right Miss Mansi, you can go now.**

Mansi Thank you, Sir.

Model Interview 19

Rishi is a tall young man of height approximately 6'1", with wheatish complexion and an athletic built, His personality seems to be full of enthusiasm and confidence. He has a smiling face with firm and polite voice. He is dressed in sky blue shirt and black trousers with black shoes. He is very friendly with the other candidates waiting for interview. When his turn comes, other candidates wished him good luck, he thanks with a smile and wished good luck to them and walks towards the interview room. He opens the door, seeks permission to come in and walks towards the interview board, in a confident manner.

Rishi Good Morning Sirs.

Chairman Good Morning, please have a seat.

Rishi Thank you, Sir.

Chairman We find that this would be your first job if selected. What have you been doing after completing your post graduation?

Rishi Sir, for the last one year I have been busy with my preparation for the bank competitive exams.

Chairman Why did you not get a job and prepare simultaneously?

Rishi I felt that the preparations cannot be of a high standard if one is attending to a job side by side. The attention gets diverted and the preparation suffers.

Member It appears that you are keen on a bank job. Why this special interest in the banking profession?

Rishi Sir, with my background in Economics, I have closely followed the financial sector and various development taking place. This has made me put the maximum efforts for an opening in this sector.

Member OK please tell us the role of banks in an economy?

Rishi Banks are an important part of the financial sector and financial sector is largely responsible for pushing the economy of a country. It promotes savings and mobilises deposits for doing the other activity of lending.

Member Why interest rates on deposits keep moving up and down or fluctuates?

Rishi Sir, interest rates depend on market conditions and the monetary policy of RBI. Interest rates on deposits also are linked to the interest rates on loans. There cannot be a mismatch as net interest income of banks should be kept to the minimum.

Member Very well said, can you tell us about net interest income?

Rishi Sir, net interest income is the difference between interest earned on loans and interest paid on deposits.

Member What is the average net interest income of public sector banks in India?

Rishi Sir, it is between 2.5 to 3% on an average.

Member Banks require deposits for their lending activities. Who are their biggest competitors for retail deposits?

Rishi Sir, post office deposits are also quite popular with the average citizen.

Member Can you name some of the post office schemes?

Rishi Sir, post office offers savings account, fixed deposits, recurring deposits and popular monthly income scheme. They also have tax savings scheme like PPF, NSC which are long term deposit schemes.

Member Recently, these schemes were reviewed by a committee, what is the name of the committee?

Rishi Ms Shyamala Gopinath, Ex Dy-Governor of RBI was the chairman of this committee.

Member Well Mr Rishi, it appears that you prepared well for the interview. As you hail from Bengal, who wrote Vande Mataram?

Rishi Bankim Chandra Chatterjee. We can read Vande Mataram in his novel 'Anand Math'.

Member Who was Bipin Chandra Pal?

Rishi He was a freedom fighter. One of the famous trio of freedom fighters, Lal, Bal and Pal.

Member Who was the first Indian member of Imperial Civil Service?

Rishi Sir, Satyendranath Tagore.

Member Name two novels written by Sharat Chandra.

Rishi Devdas and Shrikant.

Member Who has composed our National Anthem?

Rishi Sir, Rabindranath Tagore.

Chairman Well, Mr Rishi last question for you. Which state in India leads in production of jute?

Rishi With a smiling face, Sir it is Paschim Banga which leads in the production of jute in India.

Chairman Thank you, you can go now.

Rishi Thank you Sir.